Joachim Herrmann / Holger Fritz
Qualitätsmanagement

Joachim Herrmann
Holger Fritz

Qualitätsmanagement

Lehrbuch für Studium und Praxis

3., aktualisierte und erweiterte Auflage

HANSER

Die in diesem Buch enthaltenen Informationen wurden nach bestem Wissen zusammengestellt und mit Sorgfalt geprüft und getestet. Dennoch sind Fehler nicht ganz auszuschließen. Aus diesem Grund sind die im vorliegenden Buch enthaltenen Informationen mit keiner Verpflichtung oder Garantie irgendeiner Art verbunden. Autor und Verlag übernehmen infolgedessen keine Verantwortung und werden keine daraus folgende oder sonstige Haftung übernehmen, die auf irgendeine Art aus der Benutzung dieser Informationen – oder Teilen davon – entsteht.

Ebenso wenig übernehmen Autor und Verlag die Gewähr dafür, dass beschriebene Verfahren usw. frei von Schutzrechten Dritter sind. Die Wiedergabe von Gebrauchsnamen, Handelsnamen, Warenbezeichnungen usw. in diesem Werk berechtigt auch ohne besondere Kennzeichnung nicht zu der Annahme, dass solche Namen im Sinne der Warenzeichen- und Markenschutz-Gesetzgebung als frei zu betrachten wären und daher von jedermann benutzt werden dürften.

Bibliografische Information der Deutschen Nationalbibliothek:
Die Deutsche Nationalbibliothek verzeichnet diese Publikation in der Deutschen Nationalbibliografie; detaillierte bibliografische Daten sind im Internet über http://dnb.d-nb.de abrufbar.

Dieses Werk ist urheberrechtlich geschützt.
Alle Rechte, auch die der Übersetzung, des Nachdruckes und der Vervielfältigung des Buches, oder Teilen daraus, vorbehalten. Kein Teil des Werkes darf ohne schriftliche Genehmigung des Verlages in irgendeiner Form (Fotokopie, Mikrofilm oder ein anderes Verfahren) – auch nicht für Zwecke der Unterrichtsgestaltung – reproduziert oder unter Verwendung elektronischer Systeme verarbeitet, vervielfältigt oder verbreitet werden.

© 2021 Carl Hanser Verlag München
www.hanser-fachbuch.de
Lektorat: Lisa Hoffmann-Bäuml
Herstellung: Carolin Benedix
Coverkonzept: Marc Müller-Bremer, www.rebranding.de, München
Coverrealisation: Max Kostopoulos
Satz: Eberl & Koesel Studio GmbH, Krugzell
Druck und Bindung: Hubert & Co. GmbH und Co. KG BuchPartner, Göttingen
Printed in Germany

Print-ISBN: 978-3-446-46294-6
E-Book-ISBN: 978-3-446-46980-8

Inhalt

Vorwort		IX
1	**Qualität gewinnt an Bedeutung**	**1**
1.1	Warum Qualität an Bedeutung gewinnt	2
1.2	Zusammenfassung	8
1.3	Aufgaben zur Wiederholung und Vertiefung	9
2	**Qualität managen**	**11**
2.1	Management	12
2.2	Qualitätsmanagement	15
2.3	Prozessorientiertes Qualitätsmanagement	20
2.4	Qualitätsmanagementsystem	25
2.5	Zusammenfassung	26
2.6	Aufgaben zur Wiederholung und Vertiefung	28
3	**Qualität**	**31**
3.1	Definition der Qualität	32
3.2	Merkmale	36
3.3	Zusammenfassung	43
3.4	Aufgaben zur Wiederholung und Vertiefung	44
4	**Anforderungen**	**47**
4.1	Begriff der Anforderung	48
4.2	Anforderungen an Produkte	52
4.3	Anforderungen an Prozesse	55
4.4	Anforderungen an Systeme	59

4.5	Zusammenfassung	61
4.6	Aufgaben zur Wiederholung und Vertiefung	61

5 Kundenzufriedenheit — 63

5.1	Kundenzufriedenheit	64
5.2	Bedeutung der Kundenzufriedenheit	67
5.3	Das Kano-Modell	70
5.4	Messung der Kundenzufriedenheit	72
5.5	Zusammenfassung	80
5.6	Aufgaben zur Wiederholung und Vertiefung	81

6 Prozessmanagement — 83

6.1	Der Prozessbegriff	84
6.2	Prozessarten	87
6.3	Prozessorientierung	89
6.4	Die vier Phasen im Prozessmanagement	94
6.5	Einsatz von IT-Tools im Prozessmanagement	105
6.6	Zusammenfassung	111
6.7	Aufgaben zur Wiederholung und Vertiefung	111

7 Messung von Prozessen — 115

7.1	Grundlagen	116
7.2	Entwicklung von Kennzahlen	120
7.3	Ausbeutekennzahlen	122
7.4	Messung des Prozesswirkungsgrads	127
7.5	Prozess-, Maschinen- und Prüfmittelfähigkeit	130
7.6	Balanced Scorecard	137
7.7	Benchmarking	139
7.8	Zusammenfassung	144
7.9	Aufgaben zur Wiederholung und Vertiefung	145

8 Problemlösung — 147

8.1	Qualitätsmanagement und Problemlösung	148
8.2	Modelle der Problemlösung	149
8.3	Six Sigma	159

8.4	Zusammenfassung	167
8.5	Aufgaben zur Wiederholung und Vertiefung	168

9 Sieben elementare Qualitätswerkzeuge 171

9.1	Übersicht	172
9.2	Fehlersammelliste	173
9.3	Flussdiagramm	175
9.4	Histogramm	176
9.5	Pareto-Diagramm	178
9.6	Korrelationsdiagramm	180
9.7	Ursache-Wirkungs-Diagramm	182
9.8	Qualitätsregelkarte	184
9.9	Zusammenfassung	190
9.10	Aufgaben zur Wiederholung und Vertiefung	190

10 Sieben Managementwerkzeuge 193

10.1	Übersicht	194
10.2	Affinitätsdiagramm	195
10.3	Relationendiagramm	197
10.4	Baumdiagramm	198
10.5	Matrixdiagramm	200
10.6	Portfoliodiagramm	203
10.7	Problemscheidungsplan	204
10.8	Netzplan	206
10.9	Zusammenfassung	209
10.10	Aufgaben zur Wiederholung und Vertiefung	210

11 Weitere Qualitätstechniken 213

11.1	FMEA		214
11.2	QFD und House of Quality		225
11.3	DoE – Design of Experiments		230
	11.3.1	Klassische Versuchsplanung	232
	11.3.2	Versuchsplanung nach Taguchi	234
	11.3.3	Versuchsmethodik nach Shainin	237

11.4	Poka Yoke	242
11.5	Zusammenfassung	244
11.6	Aufgaben zur Wiederholung und Vertiefung	244

12 Qualitätsmanagementsysteme und Normen ... 247

12.1	Genormte Qualitätsmanagementsysteme	248
12.2	Die ISO-9000-ff.-Familie	251
	12.2.1 ISO 9000	252
	12.2.2 ISO 9001	254
	12.2.3 ISO 9004	275
12.3	Weitere Normen im Qualitätsmanagement	277
12.4	Normen für andere Managementsysteme	280
12.5	Zusammenfassung	284
12.6	Aufgaben zur Wiederholung und Vertiefung	285

13 Audits, Zertifizierung und Akkreditierung ... 287

13.1	Audits	288
	13.1.1 Systemaudits	291
	13.1.2 Prozess- und Verfahrensaudits	296
	13.1.3 Produktaudits	299
13.2	Zertifizierung	304
13.3	Akkreditierung	309
13.4	Zusammenfassung	313
13.5	Aufgaben zur Wiederholung und Vertiefung	314

14 Total Quality Management ... 317

14.1	Vom Qualitätsmanagement zum Total Quality Management (TQM)	318
14.2	TQM-Preise	322
14.3	Das EFQM-Modell 2020	323
14.4	Die RADAR-Logik	326
14.5	TQM-bezogene Preise	328
14.6	Mit TQM gewinnen	329
14.7	Zusammenfassung	333
14.8	Aufgaben zur Wiederholung und Vertiefung	333

15 Qualität und Wirtschaftlichkeit 335
- 15.1 Qualitätsbezogene Kosten 336
- 15.2 Erfassung und Berichterstattung 342
- 15.3 Was kostet Qualität? 346
- 15.4 Lohnt sich Qualität? 347
- 15.5 Zusammenfassung 353
- 15.6 Aufgaben zur Wiederholung und Vertiefung 354

16 Haftung für mangelhafte Produkte 357
- 16.1 Fehler und Mangel 358
- 16.2 Überblick über die Haftung für mangelhafte Produkte 361
- 16.3 Vertragliche Haftung 362
- 16.4 Deliktische Haftung 365
  - 16.4.1 Produzentenhaftung 365
  - 16.4.2 Produkthaftung 367
- 16.5 Strafrecht 370
- 16.6 Zusammenfassung 372
- 16.7 Aufgaben zur Wiederholung und Vertiefung 373

17 Qualitätsdaten und -berichte 375
- 17.1 Qualitätsdaten 376
- 17.2 Qualitätsberichte 377
- 17.3 Zusammenfassung 381
- 17.4 Aufgaben zur Wiederholung und Vertiefung 382

Literatur 383

Index 389

Die Autoren 397

Vorwort

Innerhalb von wenigen Jahrzehnten hat sich die Qualität eines Produkts zu einem wesentlichen Gesichtspunkt bei der Kaufentscheidung entwickelt. Gleichzeitig wuchs bei den Herstellern die Erkenntnis, dass Produktqualität – wenn sie nicht nur zufällig entstehen soll – eine zweckmäßige Gestaltung der Herstellprozesse voraussetzt und darüber hinaus sogar eine zweckdienliche betriebliche Organisation braucht.

Unser „Lehrbuch für Studium und Praxis" will den Studierenden an den Hochschulen eine Hilfe sein, aber auch den Mitarbeitern in Unternehmen, von denen ein Grundverständnis der Qualität von Produkten, Prozessen und Systemen erwartet wird.

Die dritte Auflage erscheint mit zahlreichen Ergänzungen, Erweiterungen und Aktualisierungen. Unter anderem wurden ein Kapitel über das Prozess-Benchmarking sowie ein Abschnitt über zentrale Aspekte eines Prüfmittelüberwachungssystems eingearbeitet. Außerdem haben wir die Erläuterungen zur ISO 9001 erweitert, einen Abschnitt über IT-Tools zur Unterstützung des Prozessmanagements eingefügt sowie das Kapitel über das EFQM-Modell aktualisiert und ergänzt. Ganz neu hinzugekommen ist ein Kapitel zu qualitätsbezogenen Daten und zur Qualitätsberichterstattung.

Wir haben auch gern der Deutschen Gesellschaft für Qualität Gelegenheit gegeben, sich im Buch vorzustellen. Sie wurde schon bald nach dem Ende des Zweiten Weltkriegs vom deutschen Qualitätspionier Walter Masing gegründet und hat sich zur größten Organisation dieser Art in Europa entwickelt.

Schließlich danken wir allen, die mit ihren Kommentaren und Ergänzungswünschen zur Weiterentwicklung des Buchs beigetragen haben. Insbesondere danken wir den Herren Tobias Krippendorf und Peter Liebens vom Institut für berufliche Hochschulbildung (IBH) GmbH, Köln für zahlreiche konstruktive Vorschläge zur Weiterentwicklung der dritten Auflage und insbesondere für die Bereitstellung der kapitelbegleitenden Story.

Prof.-Dr.-Ing. Joachim Herrmann
Prof.-Dr.-Ing. Holger Fritz

1 Qualität gewinnt an Bedeutung

Worum es geht

Der Begriff Qualität wird in der Umgangssprache mit unterschiedlichen Bedeutungen verwendet. Eine weitgehend gemeinsame Auffassung könnte so beschrieben werden: Ein Produkt oder eine Dienstleistung ist dann von guter Qualität, wenn derjenige, der sie erworben hat und nutzt, damit zufrieden ist. In der Vergangenheit sind einerseits die Anforderungen seitens der Kunden ständig gestiegen, zudem hat sich die Kundenzufriedenheit zu einem strategischen Erfolgsfaktor für die Unternehmen entwickelt. Dafür gibt es mehrere Erklärungen, die im Folgenden aufgeführt werden.

1.1 Warum Qualität an Bedeutung gewinnt

Wachsender Wohlstand

Hilfreich für das Verständnis dieses Abschnitts ist ein Motivationsmodell, das vom Psychologen Abraham Maslow veröffentlicht wurde (Maslow 1943). Es ist unter dem Namen Bedürfnispyramide bekannt geworden (Tabelle 1.1).

Tabelle 1.1 Bedürfnispyramide nach Maslow

Pyramide	Bedürfnisebene	Beispiele für Bedürfnisse
	Selbstverwirklichung	Religion, Philosophie, Kunst
	Soziale Anerkennung	Status und Statussymbole, Macht, Karriere
	Soziale Beziehungen	Freunde, Partner, Fürsorge
	Äußere Sicherheit	Schutz vor Naturereignissen, Auskommen, Ordnung
	Physische Grundbedürfnisse	Essen und Trinken, Schlaf, Sex

Die Bedürfnispyramide enthält menschliche Bedürfnisse und ordnet ihnen Prioritäten zu, die von unten nach oben abnehmen. So müssen beispielsweise die Bedürfnisse der untersten Ebene – sie zielen auf die Erhaltung der Art – befriedigt sein, bevor die nächsthöhere Bedürfnisebene relevant wird. Für die klinische Arbeit mit Patienten oder für Motivationsprogramme in Organisationen werden statt der Bedürfnispyramide inzwischen mehrdimensionale Motivationsmodelle verwendet. Die Bedürfnispyramide stellt aber nach wie vor ein gutes Erklärungsmodell für das Verhalten von Käufern in industriell geprägten Märkten dar. Die Bedürfnisse der unteren drei Schichten der Pyramide nennt man auch *Defizitbedürfnisse*, weil deren Nichterfüllung von den Menschen als Mangel wahrgenommen wird. Die Bedürfnisse der oberen zwei Schichten heißen *Wachstumsbedürfnisse.* Sie stellen eher eine Möglichkeit der Weiterentwicklung dar. Nicht jeder strebt nach Macht oder Karriere und viele interessieren sich nicht für Kunst oder Religion, ohne das Gefühl zu haben, dass ihnen im Leben etwas fehlt.

Stellen wir uns beispielsweise die Situation in Deutschland nach dem Zweiten Weltkrieg vor. Viele Häuser waren zerstört und damit die meisten Gegenstände des täglichen Lebens verloren gegangen. Die Menschen brauchten dringend neben Nahrung auch solche Dinge wie Kleidung, Kochgeschirr, Öfen und Möbel, um ihr Leben wieder erträglich zu gestalten. Solche Bedürfnisse lassen sich im Wesentlichen der zweiten Ebene der Pyramide zuordnen. Jeder Anbieter konnte die genannten Produkte schnell verkaufen, die Qualität war dabei unwichtig. Man bezeichnet einen solchen Markt als *Verkäufermarkt*.

Mit wachsendem Wohlstand veränderten sich die Bedürfnisse der Menschen. An die Produkte wurden höhere Ansprüche gestellt, etwa zusätzliche Funktionen, höhere Leistung und besserer Komfort. Mit der Ware aus der unmittelbaren Nachkriegszeit war man nicht mehr zufrieden. Aus dem Verkäufermarkt, der alles Angebotene aufnahm, wurde ein *Käufermarkt*. In einer solchen Situation kaufen die Menschen, um Vorhandenes zu ersetzen, und die Qualität der Produkte beeinflusst zunehmend die Kaufentscheidung. Ein Sprichwort sagt: „Der Arme will mehr, der Reiche will Besseres."

Ein gesättigter Markt ist dadurch gekennzeichnet, dass das Volumen verkaufter Produkte vorwiegend zum Ersatz vorhandener Güter dient. Eine Familie mit zwei Kindern, die in einer Vier-Zimmer-Wohnung lebt, kann heute durchaus vier Fernseher besitzen. Sie wird aber kein fünftes Fernsehgerät mehr kaufen, sondern höchstens von Zeit zu Zeit eines der vier Geräte durch ein neues ersetzen, das etwa eine größere Bilddiagonale oder ein schärferes Bild liefert.

Gesättigte Märkte

Soziale Anerkennung wird von vielen auch durch den Besitz hochwertiger Produkte mit entsprechendem Geltungswert angestrebt. Die „Premiummarke" wird zunehmend zum Kaufargument – mit entsprechenden Erwartungen an die Qualität.

In gesättigten Märkten ändern sich also die Bedürfnisse weiter. Nachdem die Defizitbedürfnisse befriedigt sind, gewinnen die Wachstumsbedürfnisse an Bedeutung, die in den oberen zwei Schichten der Bedürfnispyramide dargestellt sind. In einem gesättigten Markt werden markentreue Wiederkäufer benötigt. Markenloyalität, d. h. die Bereitschaft, im Bedarfsfall wieder ein Produkt derselben Marke zu kaufen, wird wesentlich von der Produkt- und Dienstleistungsqualität beeinflusst. Der Preis der Ware im Vergleich zu den Wettbewerbsprodukten und die Lieferbarkeit sind allerdings ebenfalls von Bedeutung.

Fehler beeinträchtigen die Qualität eines Produkts, man kann umgekehrt gute Qualität als die Abwesenheit von Fehlern bezeichnen.

Fehlerkosten

Fehlerhafte Produkte, die noch vor Auslieferung entdeckt werden, müssen nachgearbeitet werden. Wenn eine Nacharbeit nicht möglich ist, sind sie im Regelfall zu verschrotten. Durch Fehler im Herstellprozess können also Nacharbeit oder Ausschuss anfallen. In beiden Fällen entstehen zusätzliche Kosten, die man als interne

Fehlerkosten bezeichnet und die den Gewinn eines Unternehmens um denselben Betrag mindern.

Noch unangenehmer ist es, wenn fehlerhafte Produkte ausgeliefert und anschließend von den Kunden beanstandet werden. Die Kosten für eine entsprechende Reparatur (externe Fehlerkosten) werden unter Gewährleistung oder Kulanz abgerechnet und sind bei einem gleichen Fehler deutlich höher als die Kosten bei einer internen Fehlerabstellung. Zusätzlich riskiert das Unternehmen, seine Kunden zu verärgern und als künftige Käufer zu verlieren.

Zunehmendes Umweltbewusstsein

Ein zunehmendes Umweltbewusstsein führt dazu, dass die Umweltverschmutzung eingeschränkt und der Verbrauch an Ressourcen durch Wirtschaften in Kreisläufen verringert wird. Die Wegwerfmentalität schwindet. Zunehmend werden langlebige und wirtschaftlich zu betreibende Produkte gekauft. Diese Tendenzen stellen neue Anforderungen an die Produkte, aber auch an die Produktionsverfahren.

Anfallende Nacharbeit bedeutet, dass am fehlerhaften Produkt zusätzliche Arbeitsschritte vorgenommen werden müssen, um den Fehler zu beheben. Damit ist ein Einsatz von Ressourcen wie Arbeitszeit, Energie und Material verbunden, der eine unnötige Verschwendung darstellt. Zum Ausschuss wird ein fehlerhaftes Produkt erklärt, wenn der vorhandene Fehler nicht behoben werden kann. Die Verschwendung ist hierbei noch größer, weil sie alle bis zu diesem Zeitpunkt eingesetzten Ressourcen beinhaltet.

Nacharbeit und Ausschuss mindern nicht nur den Gewinn eines Herstellers, sondern stellen darüber hinaus eine zusätzliche und unnötige Belastung der Umwelt dar.

Zunehmende Technisierung des Alltags

Durch die Technisierung der Lebensführung werden die Menschen immer stärker von der Funktionssicherheit der benutzten Geräte und damit von deren Qualität abhängig. Ausfälle dieser Geräte bedeuten Störungen des Alltags, im Grenzfall Katastrophen.

Beispielsweise verlassen sich die Haushalte darauf, dass ein Tiefkühlgerät über zehn Jahre oder länger einwandfrei arbeitet. Ein Ausfall kommt unerwartet und führt oft dazu, dass ein größerer Vorrat an Lebensmitteln zum Ärger der Besitzer verdirbt. In ähnlicher Weise verlassen sich Autofahrer wie selbstverständlich darauf, dass ihr Fahrzeug während einer Fahrt nicht liegenbleibt. Falls es doch geschieht, können mehr oder weniger wichtige Termine nicht wahrgenommen werden, man erreicht etwa sein Flugzeug nicht rechtzeitig, im schlimmsten Fall sind Unfälle die Folge.

Die Leonardo-Welt

„Wir leben in einer Welt, die zu einem Werk des Menschen geworden ist. Wohin wir in dieser Welt auch gehen, der analysierende, der erkennende, der bauende, der wirtschaftende und der verwaltende Verstand waren immer schon da. ‚Natürliche' Welten existieren nur noch am Rande dieser Welt und sie werden immer weniger und immer schwächer. Eine solche Welt nenne ich die ‚Leonardo-Welt' – nach dem großen Renaissanceingenieur, Wissenschaftler und Künstler Leonardo da Vinci. Es ist eine Welt, in der sich der Mensch in seinen eigenen Werken begegnet und in der er ein Teil seines eigenen Werks wird.

… Moderne Gesellschaften sind in einem Maße von Wissenschaft und Technik abhängig geworden, dass jede Veränderung im Wissenschafts- und Techniksystem unmittelbar ihre Grundlagen berührt. … Besonders deutlich ist dies im Ernährungs-, Gesundheits- und Energiesektor. Ohne Wissenschaft und Technik geht hier nichts mehr, ohne neue Energien der Wissenschaft und der Technik gehen auch der Welt die Energien aus.

… Was für die moderne Gesellschaft im Allgemeinen gilt, gilt auch für den modernen Menschen. Wissenschaft und Technik beginnen, ihn selbst als potenzielle neue Leonardo-Welt zu erkennen und in Anspruch zu nehmen. … Nicht nur die physische und die gesellschaftliche Welt werden mehr und mehr zu einem Artefakt, zu einem Werk des Menschen, das sich an die Stelle der natürlichen Welt setzt; das Gleiche gilt auch für den Menschen selbst. Er hat weitaus konsequenter, als dies frühere Gesellschaften taten, seine Evolution in die eigene, wissenschaftliche und technische Hand genommen.

Die Frage ‚Machen wir uns selbst?' bleibt nicht bei der kulturellen Natur des Menschen stehen, sondern wird auch an seine physische und biologische Natur gestellt. Mit den Fortschritten der Biologie und Medizin beginnt sich ein neues Bild des Menschen zu formen, das Bild eines Menschen, der sich selbst, auch in seiner physischen und biologischen Natur, macht … und die alte Frage ‚Was macht den Menschen zum Menschen?', bezogen auf die neuen biologischen und medizinischen Interventionsmöglichkeiten, zur offenen Frage wird."

(Mittelstraß 2003)

Viele der gebräuchlichen Produkte sind mit der Zeit auch komplexer geworden, einige Mittelklasseautos haben heute beispielsweise mehr Elektronik an Bord als ein Kampfflugzeug. Da durch die Zunahme an Komponenten die Ausfallwahrscheinlichkeit des Gesamtsystems steigt, sind höhere Forderungen an Sicherheit und Zuverlässigkeit aller Einzelteile die Folge.

Allein in Deutschland wurden 2013 etwa 800 000 Zahnimplantate und 400 000 Hüft-, Knie- und Schulterendoprothesen eingesetzt (Endoprothesen sind Implantate, die dauerhaft im Körper verbleiben und das geschädigte Gelenk ganz oder teilweise ersetzen). Auch hier verlassen sich die Patienten darauf, dass diese technischen Gebilde über Jahrzehnte fehlerfrei funktionieren.

Diese Erfahrungen aus dem Alltag werden vom Philosophen Jürgen Mittelstraß auf einer höheren Ebene erklärt (Kasten „Die Leonardo-Welt").

Besserstellung der Verbraucher durch umfassende Information

Das Unverständnis des durchschnittlichen Kunden gegenüber der zunehmend komplexeren Technik führt zu einem fortschreitenden Bedürfnis nach Information und Beratung vor der Kaufentscheidung. Im Internet findet ein Kaufinteressent bereits ein großes Informationsangebot samt Erfahrungsberichten zu zahlreichen Produkten vor.

Besondere Bedeutung hat in Deutschland die Stiftung Warentest erlangt. Sie wurde auf Beschluss der Bundesregierung 1964 gegründet und hat seitdem die Aufgabe, Produkte verschiedener Anbieter vergleichend zu untersuchen und neutral zu bewerten. Durch ihre sorgfältige und unabhängige Arbeitsweise hat die Stiftung Warentest einen hohen Bekanntheitsgrad und Aufmerksamkeitswert erreicht. Ihre Testurteile werden von zahlreichen Medien publiziert und führen oft – je nachdem, wie sie ausfallen – zu Umsatzgewinnen oder -verlusten der jeweiligen Anbieter im Markt. Die Vergleichstests in zahlreichen Fachzeitschriften wie etwa *Auto Motor und Sport* erleichtern ebenfalls den potenziellen Käufern die Kaufentscheidung innerhalb der entsprechenden Produktgruppen.

Das Internet ermöglicht den Kaufinteressenten für ein Produkt auch eine direkte Kommunikation mit Personen, die damit schon Erfahrungen gesammelt haben. Als Beispiele seien die Erfahrungen von Hotelgästen (z. B. bei HRS oder Booking.com) oder die Bewertung von Büchern genannt.

Durch die zunehmende Transparenz im Markt kann sich ein Hersteller immer weniger erlauben, schlechte Qualität auszuliefern.

Besserstellung der Verbraucher durch die Gesetzgebung

Unter *Produkthaftung* versteht man die Haftung eines Herstellers für Schäden, die als Folge der Nutzung seines fehlerhaften Produkts dem Nutzer entstehen. Eine wichtige Anspruchsgrundlage dafür ist das Produkthaftungsgesetz (ProdHaftG von 1990). Dieses Gesetz geht auf eine Richtlinie der EU zurück, die alle EU-Staaten verpflichtet, ein vergleichbares nationales Recht zu schaffen. Danach haftet ein Hersteller auch dann für Fehlerfolgeschäden, wenn ihm weder Vorsatz noch Fahrlässigkeit bei der Herstellung des Produkts nachgewiesen werden kann. Als Anspruchsgrund ist nur erforderlich, dass der entstandene Schaden auf einen Produktfehler zurückzuführen ist (mehr dazu siehe auch unter IHK Köln 2011).

Produkthaftungsfälle können für die Hersteller von Produkten offensichtlich weit höhere Kosten verursachen als der Ersatz oder die Reparatur der fehlerbehafteten Produkte selbst.

Diese zivilrechtlich geregelte Kostenfrage, so teuer sie ein Unternehmen zu stehen kommen kann, ist nicht die einzige Bedrohung. Wenn ein fehlerhaftes Produkt Leben und Gesundheit der Nutzer verletzt, wird ein Tatbestand des Strafrechts erfüllt und die Staatsanwaltschaft schaltet sich ein. Ermittelt wird meist wegen fahrlässiger Tötung oder fahrlässiger Körperverletzung mit Freiheitsstrafen bis zu fünf Jahren.

Die Produkthaftung wird in Kapitel 16 „Haftung für mangelhafte Produkte" genauer beschrieben.

Wenn ein Hersteller vermutet, fehlerhafte Produkte ausgeliefert zu haben, organisiert er häufig Rückrufaktionen. Dabei werden die möglicherweise fehlerbehafteten Produkte auf eigene Kosten repariert oder ersetzt, noch bevor es zu Folgeschäden bei den Nutzern kommen kann. Rückrufaktionen haben also den Zweck, drohende Produkthaftungsfälle zu vermeiden. Die Anzahl der Rückrufe in Deutschland steigt ständig und betrifft beispielsweise Lebensmittel, Haushaltsgeräte, Autos und Spielzeuge. Die Kosten dafür sind erheblich.

Mit dem Begriff *Globalisierung* bezeichnet man den seit mehreren Dekaden ständig wachsenden weltweiten Warenhandel sowie die ähnlich stark wachsenden ausländischen Direktinvestitionen der produzierenden Unternehmen. An diesen Entwicklungen sind vorwiegend die Industrieländer und die Schwellenländer beteiligt.
Globalisierung

Die Industrieländer sind daran interessiert, ihr Produktionsvolumen und dementsprechend ihren Gewinn ständig zu steigern. Da sie meistens in einem gesättigten Heimatmarkt agieren, müssen sie den Exportanteil erhöhen, um dieses Ziel zu erreichen. Die Importländer – zunehmend Schwellen- und Entwicklungsländer, die zu den Niedriglohnländern zählen – verlangen im Gegenzug, dass sie an der Wertschöpfung der Importware beteiligt werden. Das bedeutet, dass sie entweder Einzelteile von einheimischen Betrieben herstellen und den Exportfirmen zuliefern oder dass die Exportfirmen selbst Produktionsstätten in den Abnehmerländern aufbauen, in denen sie einheimische Arbeitskräfte beschäftigen. Die Exportfirmen können damit ihre Lohnkosten senken.

Tatsächlich haben viele deutsche Unternehmen mittlerweile Produktionsstätten in Osteuropa und Asien eingerichtet und gleichzeitig Tausende von Arbeitsplätzen in ihren deutschen Fabriken abgebaut. In dieser Situation ist überlegene Qualität ein entscheidendes Argument, um Produktionsarbeitsplätze in den Hochlohnländern zu erhalten.

Was muss ein Unternehmen für seinen guten Ruf tun? Das Meinungsforschungsinstitut Emnid befragte 3162 Personen. Acht Eigenschaften standen zur Wahl, bis zu vier konnten genannt werden. Das Ergebnis ist in Tabelle 1.2 zusammengefasst (auch wenn die Befragung bereits einige Jahre zurückliegt, dürften sich die Angaben nicht wesentlich verändert.
Unternehmensimage und Qualität

Tabelle 1.2 Image und Qualität (Quelle: *Capital* 3/96)

Eigenschaften	Nennungen in %
Topqualität bieten	77,3
Kundenorientiert sein	69,5
Offen und ehrlich informieren	51,2
Umweltfreundlich sein	39,8
Innovativ sein	36,1
Ertragsstark sein	30,6
Ein attraktiver Arbeitgeber sein	25,2
Etwas für die Allgemeinheit unternehmen	19,3

Gerade in gesättigten Märkten ist das Unternehmensimage ein wichtiger Faktor bei der Kaufentscheidung und die beiden häufigsten Nennungen in Tabelle 1.2 haben offensichtlich mit der Produktqualität zu tun.

1.2 Zusammenfassung

In diesem Kapitel sind eine Reihe von Entwicklungen aufgeführt, die zu einer wachsenden Bedeutung der Qualität geführt haben. Diese Entwicklungen finden auf allen sich frei entwickelnden Märkten statt.

- Wachsender Wohlstand verändert die Bedürfnisse der Menschen, indem sie höhere Anforderungen an Produkte stellen.
- In gesättigten Märkten werden vorwiegend Ersatzkäufe getätigt, wobei an die gekauften Produkte oft ein höherer Anspruch gestellt wird.
- Fehlerhafte Produkte führen zu erhöhten Kosten in der Herstellung und zu zusätzlichen Gewährleistungskosten und mindern entsprechend den Unternehmensgewinn. Außerdem werden durch Nacharbeit und Ausschuss unnötigerweise Ressourcen verbraucht und damit die Umwelt belastet.
- Durch eine zunehmende Technisierung des Alltags werden die Menschen immer abhängiger von der Funktionsfähigkeit von Geräten, an deren Qualität deswegen ein entsprechend hoher Anspruch gestellt wird.
- Mithilfe des Internets können sich die Kunden mit wenig Aufwand und umfassend vor dem Kauf über die Qualität von Produkten informieren.
- Eine zunehmend verbraucherfreundliche Rechtsprechung führt dazu, dass es sich die Hersteller immer weniger leisten können, fehlerhafte Produkte auf den Markt zu bringen.

- Die Globalisierung der Märkte führt dazu, dass die Hersteller unter Preisdruck geraten, und eine bessere Produktqualität kann helfen, höhere Preise durchzusetzen.
- Gute Produktqualität und eine konsequente Kundenorientierung tragen wesentlich zu einem guten Ruf eines Unternehmens bei.

1.3 Aufgaben zur Wiederholung und Vertiefung

1. Warum ist in einem Käufermarkt die Produktqualität wichtiger als in einem Verkäufermarkt? Geben Sie ein Beispiel aus dem Lebensmittelbereich.
2. Wodurch ist ein gesättigter Markt gekennzeichnet? Warum ist für ein Unternehmen in einem solchen Markt die Markenloyalität von besonderer Bedeutung? Geben Sie ein Beispiel aus dem Bereich der Haushaltsgeräte.
3. Wie hat das zunehmende Umweltbewusstsein die Beschaffenheit von Produkten im Markt verändert? Finden Sie drei Beispiele.
4. Welche möglichen Ursachen für die steigende Bedeutung von Qualität gibt es?
5. Versuchen Sie zunächst eine schnelle Schätzung der Anzahl von Elektroantrieben, die in Ihrem Haushalt vorhanden sind. Listen Sie anschließend die Geräte mit Elektroantrieb auf, die Ihnen bei längerem Denken einfallen. Was folgern Sie aus dem Ergebnis dieser Übung?
6. Sie besitzen seit acht Jahren einen Fernseher. In dieser Zeit hatte er zweimal, nachdem die Garantiefrist abgelaufen war, einen Bildausfall, woraufhin Sie das Gerät zum Händler zwecks Reparatur bringen mussten. Inzwischen denken Sie daran, einen neuen Fernseher mit einem größeren Bildschirm zu kaufen. Würden Sie wieder ein Gerät derselben Marke kaufen?
7. Falls Sie in der Vergangenheit Ihre Telefongesellschaft gewechselt haben, was war der Grund dafür?
8. Ein Auto ist ein komplexes Produkt, dessen Merkmale unterschiedliche Bedürfnisse des Besitzers ansprechen. Ordnen Sie die folgenden Merkmale den fünf Ebenen der Bedürfnispyramide von Maslow zu:
    - Zuverlässigkeit (Häufigkeit von Liegenbleiben),
    - Kraftstoffverbrauch,
    - Automarke,
    - Styling,

- Crashverhalten,
- Lebensdauer,
- Wasserdichtigkeit,
- Straßenlage,
- Korrosionsbeständigkeit,
- Höchstgeschwindigkeit,
- Abgasverhalten.

> **Story**
>
> Wir stellen Ihnen hier eine kapitelbegleitende Übungsstory bereit, anhand derer Sie praxisnah das Erlernte anwenden können.
>
> Sie sind zunächst federführend am Aufbau eines Qualitätsmanagementsystems in Ihrem Unternehmen – der *Getränke-Flow GmbH* – beteiligt. Die Getränke-Flow GmbH produziert und verkauft in Deutschland Erfrischungsgetränke (Marke: FreshFlow), Smoothies (Marke: HealthyFlow) und Energydrinks (Marke: Power-Flow) in diversen Geschmacksrichtungen mit Bio-Siegel. Nach dem Aufbau eines Qualitätsmanagementsystems strebt die Getränke-Flow GmbH den Erhalt eines Zertifikats nach DIN EN ISO 9001:2015 an. Vor der Kontaktierung einer akkreditierten Zertifizierungsstelle sollen Sie als interner Auditor agieren, um sich zu vergewissern, dass das System in vollem Umfang der zugrunde liegenden Norm entspricht. Ausgerichtet an den Forderungen der Normenfamilien DIN EN ISO 9000 ff. und DIN EN ISO/IEC 17000 ff. bereiten Sie den angestrebten Zertifizierungszyklus daher gewissenhaft vor.
>
> Im ersten Kapitel Ihrer Story beschäftigen Sie sich mit der zunehmenden Bedeutung von Qualität.
>
> - Nehmen Sie eine Einschätzung vor, ob Sie sich mit Ihrem Unternehmen eher in einem Käufer- oder eher in einem Verkäufermarkt befinden. Welchen Einfluss hat Ihre Einschätzung auf die Qualität Ihrer Produkte? Erläutern Sie Ihre Sichtweise.
> - Nehmen Sie eine Einschätzung vor, ob Sie sich mit Ihrem Unternehmen in einem gesättigten Markt bewegen. Hat dies einen Einfluss auf die Markenloyalität? Begründen Sie Ihre Einschätzung.
> - Ihr Unternehmen arbeitet umweltbewusst und verdeutlicht dies auch in seiner Außenwirkung, indem mit einem Bio-Siegel geworben wird. Welche Anforderungen stellt das hohe Umweltbewusstsein Ihres Unternehmens an die Produkte der Getränke-Flow GmbH? Erläutern Sie Ihre Sichtweise.

2 Qualität managen

 Das vorherige Kapitel

Der Begriff *Qualität* wird in der Umgangssprache mit unterschiedlichen Bedeutungen verwendet. Eine weitgehend gemeinsame Auffassung könnte so beschrieben werden: Ein Produkt oder eine Dienstleistung ist dann von guter Qualität, wenn derjenige, der sie erworben hat und nutzt, damit zufrieden ist. In der Vergangenheit sind einerseits die Anforderungen an Produkte seitens der Kunden ständig gestiegen, zudem hat sich die Kundenzufriedenheit zu einem strategischen Erfolgsfaktor für die Unternehmen entwickelt.

 Worum es geht

Weil Qualität für den Unternehmenserfolg wichtig ist, muss sie im Rahmen des Unternehmensmanagements sichergestellt werden. Wir erläutern den Begriff des Managements im Allgemeinen und das Qualitätsmanagement als Teil des gesamten Unternehmensmanagements. Dieses folgt einem prozessorientierten Modell, wie es in der DIN EN ISO 9001:2015 beschrieben wird. Weicht ein Unternehmen von den Abläufen des Qualitätsmanagements ab, kann es zu Produktfehlern mit schwerwiegenden Folgen kommen.

2.1 Management

Im vorangegangenen Kapitel wurde dargelegt, wie wichtig eine gute Produktqualität für den Erfolg eines Unternehmens ist. Daher darf die Produktqualität nicht dem Zufall überlassen bleiben, sondern muss sorgfältig geplant und während des gesamten Produktentstehungsprozesses überwacht werden. Ein systematisches Vorgehen bei einer strategisch wichtigen Größe erfolgt sinnvollerweise im Rahmen der Unternehmensführung, wofür sich auch das Wort *Management* eingebürgert hat. Mit Unternehmensführung sei hier auch das Führen von Institutionen jeder Art gemeint, also neben produktherstellenden Unternehmen auch beispielsweise Behörden, Verbände und Parteien.

Bevor wir auf das Managen der Qualität im Einzelnen eingehen, soll der Begriff Management im Allgemeinen geklärt werden.

Dimensionen des Managements

Mit *Management* können drei unterschiedliche Sichtweisen (Dimensionen) der Unternehmensführung gemeint sein:

- die Personen, die das Unternehmen führen (personelle Dimension),
- die Aufbauorganisation des Unternehmens, in der die Führungsstellen und die zugehörigen Weisungsbefugnisse dargestellt sind (strukturelle Dimension), und
- die Tätigkeiten, aus denen das Führen des Unternehmens besteht (prozessuale Dimension).

Im Folgenden soll nur die prozessuale Dimension weiterverfolgt werden. Die Bezeichnung prozessual kommt daher, dass zusammengehörende Tätigkeiten auch als Prozess bezeichnet und dargestellt werden können, beispielsweise in Form eines Flussdiagramms.

Das Management kann also als eine bestimmte Menge von Tätigkeiten beschrieben werden, die man wiederum zu Prozessen zusammenfassen kann.

Managementprozesse

In der Fachliteratur gibt es unterschiedliche Auffassungen, welche Tätigkeiten zum Management gehören. Sie unterscheiden sich jedoch nicht wesentlich voneinander. Tabelle 2.1 zeigt beispielsweise Modelle des Managements mit drei, fünf und sieben Phasen oder Prozessen.

Aus dem Vergleich dieser drei Modelle stellt man fest, dass zusätzliche Phasen durch eine weitere Unterteilung einzelner Prozesse entstehen. Der Phase „Planung" des dreistufigen Modells entsprechen etwa „Zielbildung, Problemanalyse, Entscheidung und Durchsetzung" des siebenstufigen Modells. Ebenso wird die „Kontrolle" in „Kontrolle und Abweichungsanalyse" unterteilt.

Tabelle 2.1 Managementmodelle

Drei Phasen	Fünf Phasen	Sieben Phasen
1. Planung 2. Realisierung 3. Kontrolle	1. Planung 2. Organisation 3. Personaleinsatz (Realisierung) 4. Führung 5. Kontrolle	1. Zielbildung 2. Problemanalyse 3. Entscheidung 4. Durchsetzung 5. Realisieren 6. Kontrolle 7. Abweichungsanalyse
(Quelle: Wirtschafts-lexikon24)	(Quelle: Online-Verwaltungs-lexikon)	(Quelle: Schierenbeck/Wöhle 2008)

Für die weitere Betrachtung soll ein Managementmodell angenommen werden, das aus den folgenden Phasen (Tätigkeiten) besteht:

8. Ziele setzen: Auf Grundlage einer Marktanalyse und der vorhandenen Ressourcen legen die Geschäftsführer des Unternehmens Ziele fest, die bei einem bestimmten Vorhaben zum Ende einer Berichtszeit zu erreichen sind.
9. Planen: Die notwendigen Ressourcen wie Personal, Arbeitsverfahren, Betriebsmittel und Rohmaterial werden bereitgestellt.
10. Realisieren: Das Vorhaben wird umgesetzt.
11. Kontrollieren: Es wird festgestellt, ob die gesetzten Ziele erreicht wurden. Wenn nicht, soll eine Abweichungsanalyse mit den entsprechenden Ursachen erfolgen.

Die Phasen 1 und 2 nennt man proaktiv, weil sie der Umsetzung des Vorhabens vorangehen. Die Phase 3 besteht aus der Umsetzung selbst und ist daher aktiv. Phase 4 folgt der Umsetzung und wird daher als postaktiv bezeichnet.

Die Phasen „Ziele setzen" und „Kontrollieren" sind unverzichtbare Bestandteile des Modells. Man sagt auch, dass die Kontrolle die „Zwillingsschwester" der Zielsetzung sei:

Zielsetzung ohne Kontrolle ist sinnlos, Kontrolle ohne Zielsetzung ist unmöglich.

Die Tätigkeiten fallen nicht nur einmal an. Sie müssen bei jedem neuen Vorhaben wiederholt werden. Auch für den Fall, dass am Ende der Berichtszeit Ziele nicht erreicht wurden, müssen die Geschäftsführer entweder eine neue Zielsetzung vereinbaren oder eine neue Planung aufsetzen, die zur Zielerreichung in der nächsten Berichtsperiode führt.

Die Managementtätigkeiten müssen also immer wieder in bestimmten Zeitzyklen durchgeführt werden. Deshalb werden sie in der Literatur auch in einem kreisförmigen Modell dargestellt, das man den *Managementkreis* nennt (Bild 2.1).

Managementkreis

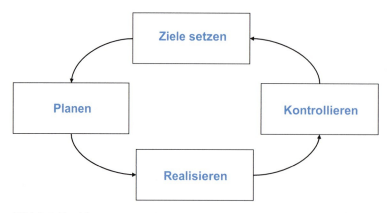

Bild 2.1 Der Managementkreis

PDCA-Zyklus

Die Aussage des Managementkreises findet sich wieder im PDCA-Zyklus (Bild 2.2). Dieses Modell wurde etwa ab 1940 durch Vorträge und Seminare von W. Edwards Deming in Japan und später in den USA sehr bekannt. Es besteht aus den vier Phasen Plan, Do, Check und Act und diese entsprechen den Phasen Planen, Realisieren, Kontrollieren und Ziele setzen aus Bild 2.1. Dass dieses Modell häufig mit dem Qualitätsmanagement in Verbindung gebracht wird, hängt damit zusammen, dass Deming in seinen Veranstaltungen vor allem auf eine Qualitäts- und Effizienzverbesserung der japanischen Nachkriegsindustrie hinwirkte. Der PDCA-Zyklus diente Deming auch als einfaches Problemlösungsmodell (siehe auch Kapitel 8).

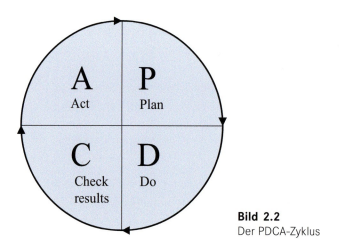

Bild 2.2 Der PDCA-Zyklus

Wir werden im Folgenden mit diesem Modell weiterarbeiten, weil es als ein grundlegendes Konzept in der Norm DIN EN ISO 9001:2015 verwendet wird.

An dieser Stelle verweisen wir auf die Normenfamilie DIN EN ISO 9000 ff. Sie besteht aus einem Satz von einzelnen, international eingeführten Normen, die sich alle auf das Qualitätsmanagement beziehen. Diese Normen werden in späteren Abschnitten ausführlich behandelt. Eine davon ist die DIN EN ISO 9000:2015, in der die wesentlichen Begriffe zum Qualitätsmanagement definiert sind.

Die Qualitätswissenschaft hat durch diese Norm den Vorteil erlangt, dass ihre Fachbegriffe widerspruchsfrei in einer durchgängigen Weise festgelegt wurden. Dadurch können viele Missverständnisse in der Kommunikation vermieden werden.

Der Nachteil einer Fachsprache besteht darin, dass einige ihrer Begriffe in der Umgangssprache anders belegt und deshalb missverstanden werden können.

Im professionellen Qualitätsmanagement ist es unverzichtbar, dass alle Beteiligten ein gemeinsames Verständnis der qualitätsbezogenen Begriffe haben. Daher werden wir uns im Folgenden an die genormten Definitionen halten und schließen diesen Abschnitt mit der entsprechenden Definition des Managementbegriffs ab.

Aufeinander abgestimmte Tätigkeiten zum Führen und Steuern einer Organisation.

Anmerkung 1 zum Begriff: Management kann das Festlegen von Politiken, Zielen und Prozessen zum Erreichen dieser Ziele umfassen.

Anmerkung 2 zum Begriff: Gelegentlich bezieht sich die Bezeichnung „Management" auf Personen, d. h. eine Person oder Personengruppe mit Befugnis und Verantwortung für die Führung und Steuerung einer Organisation. Wird „Management" in diesem Sinn verwendet, sollte es nicht ohne eine Art von Bestimmungswort verwendet werden, um Verwechslungen mit dem oben definierten Begriff Management zu vermeiden. Beispielsweise ist die Formulierung „Das Management muss ..." abzulehnen, während „Die oberste Leitung muss..." annehmbar ist, andernfalls sollten andere Benennungen eingeführt werden, um den Begriff zu vermitteln, wenn er sich auf Personen bezieht, z. B. leitende Personen oder Manager.

(DIN EN ISO 9000:2015)

Der Ausdruck „Führen und Steuern" ist die Übersetzung aus dem englischen „direct and control" in der Originalfassung des Normentextes. Daraus kann man besser erkennen, dass „Führen" die Phasen der „Zielsetzung und Planung" beinhaltet, „Steuern" dagegen die Phasen der „Umsetzung und Überwachung".

Die Anmerkung 2 weist darauf hin, dass diese Definition die prozessuale Dimension des Managements beschreibt.

■ 2.2 Qualitätsmanagement

Nach den Ausführungen im vorigen Abschnitt ist der Übergang von *Management* zu *Qualitätsmanagement* leicht zu vollziehen.

Im Rahmen des Managements werden alle Ziele für ein Unternehmen festgelegt und systematisch verfolgt. Solche Ziele können beispielsweise die Entwicklung, den Vertrieb, das Personalwesen, die Finanzen, die Produktion, die Umwelt oder die Qualität betreffen.

Die Managementaktivität, die qualitätsbezogene Ziele setzt und verfolgt, wird als *Qualitätsmanagement* bezeichnet.

Entsprechend gibt es in den Unternehmen weitere Aktivitäten wie Entwicklungsmanagement, Vertriebsmanagement, Personalmanagement, Finanzmanagement, Produktionsmanagement und Umweltmanagement.

Mit anderen Worten: Das Qualitätsmanagement ist eine Untermenge des Unternehmensmanagements.

Qualitätsmanagement

Management bezüglich Qualität.

Anmerkung zum Begriff: Qualitätsmanagement kann das Festlegen der Qualitätspolitiken und der Qualitätsziele sowie Prozesse für das Erreichen dieser Qualitätsziele durch Qualitätsplanung, Qualitätssicherung, Qualitätssteuerung und Qualitätsverbesserung umfassen.

(DIN EN ISO 9000:2015)

Nach den Ausführungen zum Management im Allgemeinen bedarf diese Definition keiner weiteren Erklärung.

Die Anmerkung verdient besondere Aufmerksamkeit, weil sie die Tätigkeiten oder Prozesse des Qualitätsmanagements auflistet. Korrekturbedürftig ist der Ausdruck „Festlegen der Qualitätspolitik und der Qualitätsziele", weil das Festlegen der Qualitätsziele, wie im Folgenden beschrieben, zur „Qualitätsplanung" gehört.

Als Grundlage der Tätigkeiten des Qualitätsmanagements dient die *Qualitätspolitik* des Unternehmens. Sie steht nicht für sich, sondern ist ein Teil der Unternehmenspolitik insgesamt.

Politik bezüglich Qualität.

Anmerkung 1 zum Begriff: Üblicherweise steht die Qualitätspolitik mit der übergeordneten Politik der Organisation in Einklang, sie kann der Vision und Mission der Organisation angepasst werden und bildet den Rahmen für die Festlegung von Qualitätszielen.

Anmerkung 2 zum Begriff: Qualitätsmanagementgrundsätze dieser internationalen Norm können als Grundlage für die Festlegung einer Qualitätspolitik dienen.

(DIN EN ISO 9000:2015)

Die Unternehmenspolitik und damit auch die Qualitätspolitik beinhalten allgemein gehaltene Aussagen zum Wertesystem (Kultur) und zur strategischen Ausrichtung des Unternehmens. Zur Amtszeit des Vorstandsvorsitzenden Shoichiro Toyoda erschien eine Anzeige in der Presse, die beispielsweise in emotionaler Weise etwas über das Wertesystem seines Automobilunternehmens aussagt (Bild 2.3).

New emblem for TOYOTA worldwide

Toyota President Shoichiro Toyoda:

„We consider customer satisfaction the starting point of automobile manufacture."

Emblem Philosophy: Compromised of three ellipses.

Horizontal and vertical ellipses represent the heart of the customer and the heart of the vehicle.

Encompassing ellipse represents Toyota's ever-expanding technological advancement and opportunities in the future.

Bild 2.3 Presseanzeige eines Automobilherstellers

Als weiteres Beispiel seien die Unternehmensleitlinien eines deutschen Automobilzulieferers angeführt (Tabelle 2.2). Man erkennt in beiden Beispielen, dass es sich um eine allgemeine Ausrichtung des Unternehmens handelt, in der auch Aussagen zur Qualität (Qualitätspolitik) gemacht werden.

Tabelle 2.2 Unternehmensleitlinien der Kautex Bayern GmbH

Ein Team setzt sich durch
Die vollkommene Zufriedenheit unserer Kunden bestimmt unser Handeln.
Wir handeln wirtschaftlich.
Der Mitarbeiter ist unser höchstes Gut.
Wir sind ein Team.
Qualität ist die Grundlage zu unserem Erfolg.
Wir handeln umweltbewusst.
Wir sind erfolgreich.

Für die tägliche Arbeit in einem Unternehmen werden darüber hinaus konkrete Ziele benötigt, die mit der Unternehmenspolitik in Einklang stehen müssen. Unter *Ziel* versteht man eine nach Umfang und Termin festgelegte Aufgabe. Erst dadurch werden Ziele verfolgbar.

Qualitäts-
planung

Teil des Qualitätsmanagements, der auf das Festlegen der Qualitätsziele und der notwendigen Ausführungsprozesse sowie der zugehörigen Ressourcen zum Erreichen der Qualitätsziele gerichtet ist.

Anmerkung zum Begriff: Das Erstellen von Qualitätsmanagementplänen kann Teil der Qualitätsplanung sein.

(DIN EN ISO 9000:2015)

Am Begriff der *Qualitätsplanung* wird die Problematik der Fachsprache sichtbar. Hier geht es nicht um eine Planung der Qualität, wie man nach der Umgangssprache vermuten würde, sondern um das Planen und Festlegen der qualitätsbezogenen Ziele, der sogenannten Qualitätsziele.

Qualitätsziele beschreiben vor allem die geforderte Beschaffenheit der hergestellten Produkte, die an Kunden ausgeliefert werden. Im modernen Qualitätsmanagement legt man häufig auch Qualitätsziele für die entsprechenden Herstellprozesse sowie für darin eingesetzte Betriebsmittel, Hilfsmittel, aber auch für Ressourcen wie Informationen oder Mitarbeiterqualifikation fest (siehe auch Kapitel 12).

Qualitäts-
steuerung

Teil des Qualitätsmanagements, der auf die Erfüllung von Qualitätsanforderungen gerichtet ist.

(DIN EN ISO 9000:2015)

Qualitätsanforderungen an ein Produkt oder eine Dienstleistung gehen meist auf Kundenwünsche oder -erwartungen zurück. Wenn ein Unternehmen darauf eingehen will, wird es diese (externen) Anforderungen zu (internen) Qualitätszielen erklären. Qualitätsanforderungen sind in dieser Definition mit Qualitätszielen gleichzusetzen.

Der Begriff Steuerung (englisch: control) wurde bereits in der Definition für Management erläutert. Die *Qualitätssteuerung* beinhaltet vorbeugende, überwachende und korrigierende Tätigkeiten während des Realisierungsprozesses mit dem Zweck, das gesetzte Qualitätsziel zu erreichen. In einer mechanischen Fertigung ist das Messen des Werkstücks eine typische Überwachungstätigkeit. Wenn das Messergebnis vom Soll-Wert unzulässig abweicht, besteht eine korrigierende Tätigkeit beispielsweise im Nachstellen des Werkzeugs.

Wenn für den Herstellprozess auch Qualitätsziele festgelegt wurden, etwa eine nicht zu überschreitende Fehlerquote, ist auch hier Qualitätssteuerung gefordert.

Qualitäts-
sicherung

 Teil des Qualitätsmanagements, der auf das Erzeugen von Vertrauen darauf gerichtet ist, dass Qualitätsanforderungen erfüllt werden.
(DIN EN ISO 9000:2015)

Der Definitionstext ist erklärungsbedürftig. Zur *Qualitätssicherung* gehören grundsätzlich zwei Maßnahmen.

Die erste wird häufig *Qualitätsmanagementdarlegung* genannt. Es geht dabei um eine systematische und detaillierte Beschreibung der einzelnen Abläufe und Strukturen des Qualitätsmanagements in einem Unternehmen. Dadurch wird das Qualitätsmanagement sowohl prozessual als auch strukturell dokumentiert. Diese Dokumentation wird meistens unter dem Namen *Qualitätsmanagementhandbuch* (QM-Handbuch) geführt.

Als zweite Maßnahme sollte das Qualitätsmanagement in einem Unternehmen regelmäßig auditiert werden. Das *Audit* stellt eine besondere Art der Prüfung im Auftrag der Geschäftsführung dar. Dadurch kann sich die Führungsspitze informieren, ob das Qualitätsmanagement im Unternehmen entsprechend den vorgeschriebenen Abläufen durchgeführt wird. Wegen der Bedeutung des Audits als Managementinstrument wird es in Kapitel 13 ausführlich behandelt.

Diese Maßnahmen können in der Tat Vertrauen erwecken, dass schließlich die Qualitätsziele erreicht werden. Das Vertrauen entsteht zunächst im Unternehmen selbst (interne Vertrauensbildung), denn die Beteiligten erfahren genau, worin ihre Arbeit besteht und in welchem Zusammenhang sie zu der Tätigkeit anderer steht. Wenn Teile des QM-Handbuchs Kunden gegenüber offengelegt werden, kann aber auch bei diesen Vertrauen erzeugt werden, dass das Unternehmen aufgrund seiner internen Regelungen ein zuverlässiger Lieferant sein wird (externe Vertrauensbildung).

Qualitäts-
verbesserung

 Teil des Qualitätsmanagements, der auf die Erhöhung der Fähigkeit zur Erfüllung der Qualitätsanforderungen gerichtet ist.
Anmerkung zum Begriff: Die Qualitätsanforderungen können jeden beliebigen Aspekt betreffen, wie Wirksamkeit, Effizienz oder Rückverfolgbarkeit.
(DIN EN ISO 9000:2015)

Hier führt uns die Umgangssprache wieder in eine falsche Richtung. Es geht nicht darum, die Qualität der Produkte unmittelbar zu verbessern. Die „Erhöhung der Eignung zur Erfüllung der Qualitätsanforderungen" bezieht sich auf Prozesse im Unternehmen. Damit sind in erster Linie die produktherstellenden Prozesse gemeint. Sie sollen in ihrem Ablauf so gestaltet werden, dass sie ausschließlich fehlerfreie Produkte erzeugen.

Bei einer Abfüllanlage, an deren Ausgang 10 % der Flaschen die geforderte Mindestfüllmenge unterschreiten, sollten beispielsweise Qualitätsverbesserungsmaßnahmen im Sinne dieser Definition erfolgen, um den Anteil von Flaschen mit der deklarierten Füllmenge zu erhöhen.

Qualitätsverbesserung kann grundsätzlich bei allen Prozessen ansetzen, die die Produktqualität beeinflussen können, etwa bei Mess- oder Wartungstätigkeiten.

■ 2.3 Prozessorientiertes Qualitätsmanagement

Während in der DIN EN ISO 9000:2015 die Begriffe des Qualitätsmanagements definiert werden, ist in der Norm DIN EN ISO 9001:2015 ein Modell für prozessorientiertes Qualitätsmanagement beschrieben. Die Darstellung entspricht in der Grundform einem Managementkreis, ergänzt aber diesen durch weitere qualitätsbezogene Prozesse (Bild 2.4). Das Modell wird als prozessorientiert bezeichnet, weil es die prozessuale Dimension des Qualitätsmanagements abbildet.

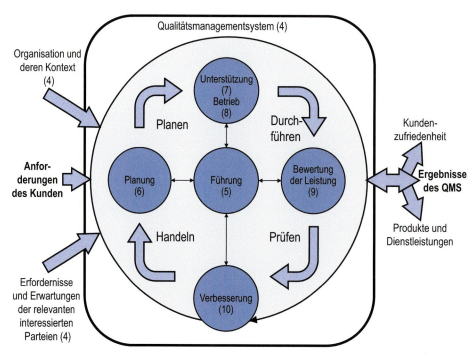

Bild 2.4 Modell des prozessorientierten Qualitätsmanagements (DIN EN ISO 9001:2015)

Der strichpunktierte Rahmen stellt die Systemgrenze einer Organisation dar. Das Qualitätsmanagement besteht zunächst aus vier Hauptprozessen, die auch im PDCA-Zyklus aufgeführt werden:

- Planen,
- Durchführen,
- Prüfen sowie
- Handeln.

Modell des prozessorientierten Qualitätsmanagements

Die ersten zwei Hauptprozesse können dem Begriff *Führen*, die letzten zwei dem Begriff *Steuern* der Qualitätsmanagementdefinition zugeordnet werden.

Die Kunden geben ihre Anforderungen an Produkte und Dienstleistungen als Input in die Organisation. Die Ergebnisse werden als Output an die Kunden ausgeliefert.

Die Kunden werden mit den Produkten und Dienstleistungen mehr oder weniger zufrieden sein. Diese Zufriedenheit zu ermitteln ist die Aufgabe des Hauptprozesses „Bewertung der Leistung (9)". Hierfür werden auch Messungen innerhalb des Durchführungsprozesses vorgenommen. Falls die Kundenanforderungen nicht erfüllt sind und die Kundenzufriedenheit niedrige Werte aufweist, sollen die Ursachen dafür analysiert und Verbesserungsmaßnahmen erarbeitet werden. Es obliegt daraufhin der Unternehmensleitung, durch „Unterstützung (7)" die dafür notwendigen Mittel bereitzustellen. Die Ziffern, die eingeklammert den Begriffen folgen, verweisen auf die jeweiligen Abschnitte in der Norm DIN EN ISO 9001:2015. Eine ausführlichere Beschreibung des Modells findet sich in Kapitel 12.

Dass es sich um ein Qualitätsmanagementmodell handelt, wird dadurch deutlich, dass die Kunden mit ihren Anforderungen und ihrer Zufriedenheit am Anfang und am Ende der gesamten Betrachtung erscheinen.

Der innerbetriebliche Prozess, in dem die Produkte und Dienstleistungen erzeugt werden und in der Norm als „Betrieb (8)" bezeichnet, umfasst in den meisten Fällen eine große Anzahl von einzelnen Tätigkeiten. Für eine feinere Betrachtung ist es sinnvoll, ihn in Teilprozesse zu zerlegen.

Dekomposition eines Prozesses

In Bild 2.5 ist z. B. die vereinfachte Prozesslandschaft einer Organisation dargestellt, die einfache Drehteile fertigt und vertreibt. Der Hauptprozess „Betrieb" kann zunächst in die Teilprozesse „Entwicklung", „Beschaffung" und „Produktion" zerlegt werden. Eine solche Zerlegung bezeichnet man auch als Dekomposition. Der Teilprozess „Produktion" wird aber ebenfalls noch sehr komplex sein. Er lässt sich immer weiter unterteilen, bis man schließlich die Ebene einzelner Tätigkeiten erreicht. Ein einfacher Produktionsprozess eines Drehteils könnte z. B. aus den Tätigkeiten „Vordrehen", „Drehen" und „Schleifen" bestehen.

Der PDCA-Zyklus als Modell des prozessorientierten Qualitätsmanagements lässt sich auf allen Ebenen der Dekomposition sinnvoll anwenden und sollte schon auf der Tätigkeitsebene einsetzen, denn bei jeder einzelnen Tätigkeit soll fehlerfrei gearbei-

Selbstähnlichkeit des Qualitätsmanagements

tet werden. In der Verantwortung des ausführenden Mitarbeiters muss es liegen, am Ende seiner Tätigkeit – in diesem Beispiel das Vordrehen *(Durchführen)* – das Ergebnis zu *prüfen* und bei Abweichung von der Vorgabe entsprechende Korrekturmaßnahmen durchzuführen, also zu *handeln*. Durch Änderung seiner Arbeitsweise sollte er das Vorkommen des Fehlers in der Zukunft vermeiden. Korrekturen, die der Mitarbeiter in eigener Verantwortung vornehmen darf, muss er entsprechend *planen*.

Qualitätsmanagement muss auch auf der nächsthöheren Prozessebene erfolgen, in diesem Beispiel an allen Produktionstätigkeiten in einer Organisation, also am Prozess „Produktion", wobei die Verantwortung beim jeweiligen Prozesseigner (Produktionsleiter) liegt. Damit ist in diesem Beispiel die Führungskraft gemeint, die für die gesamte Produktion verantwortlich ist. Eines ihrer Ziele muss darin bestehen, dass bei allen produzierenden Tätigkeiten der Organisation, also auch an den Dreh- und Schleifarbeitsplätzen, fehlerfrei gearbeitet wird. Falls Abweichungen auftreten, muss sie sicherstellen, dass an den beteiligten Arbeitsplätzen Korrekturen erfolgen. In den Fällen, in denen die Produktionsmitarbeiter die Probleme nicht selbst lösen können, muss der Produktionsleiter die notwendigen Ressourcen bereitstellen.

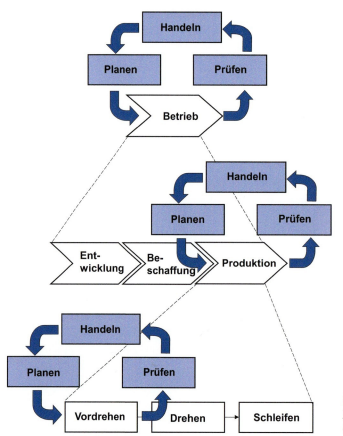

Bild 2.5
Zur Selbstähnlichkeit des Qualitätsmanagements

Der PDCA-Zyklus ist auch auf die oberste Führungsebene anwendbar. Hier wird die Leitung der Organisation im Rahmen der Qualitätsplanung qualitätsbezogene Ziele setzen. Dazu können Fehlerquoten, Wirkungsgrade oder qualitätsbezogene Kosten gehören. In sinnvollen Zeitabständen lässt die Leitung den Ist-Zustand feststellen und berichten. Wenn nötig, sind dann Korrektur- und Verbesserungsmaßnahmen zu vereinbaren und notwendige zusätzliche Ressourcen bereitzustellen.

In Bild 2.5 erkennt man, dass der Wirkungskreis des Qualitätsmanagements sich auf jeder Zerlegungsebene wiederholt. Deshalb nennt man diese Struktur *selbstähnlich*.

Der Regelkreis

Ein Regelkreis ist ein geschlossener Wirkungsweg, der sich aus einer Regelstrecke und einer Regeleinrichtung zusammensetzt. Seine Aufgabe besteht darin, eine Regelgröße, die in der Regelstrecke auftritt, in einem festgelegten Wertebereich (Soll-Wert) zu halten.

Ein Sensor (Messglied) erfasst regelmäßig den aktuellen Wert der Regelgröße (Ist-Wert) und meldet ihn an den Regler. Der Regler vergleicht den Ist- mit dem Soll-Wert. Falls eine unzulässige Abweichung auftritt, sendet der Regler ein Stellsignal an einen Aktuator (Stellglied). Der Aktuator verändert den Input oder eine Einstellgröße der Regelstrecke derart, dass der Wert der Regelgröße wieder in den festgelegten Bereich wandert (Bild 2.6).

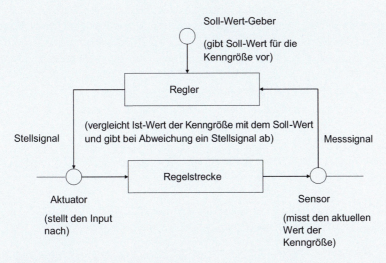

Bild 2.6 Aufbau eines Regelkreises

Regelkreise werden nicht nur in der Technik häufig verwendet, sondern als kybernetische Systeme auch in der Biologie, Ökonomie und Soziologie beobachtet.

Der Sojamilch-Fall

Qualitätsmanagement dient dazu, die gesetzten Qualitätsziele zu erreichen und damit die Kundenanforderungen zu erfüllen und die Kunden zufriedenzustellen. Wenn in den Prozessen des Qualitätsmanagements einzelne Tätigkeiten fehlerhaft ausgeführt oder sogar ausgelassen werden, kann es zu schwerwiegenden Fehlern an den Produkten und Dienstleistungen und zu entsprechenden Folgeschäden kommen, bis hin zu Verletzungen und Todesfällen. Das lässt sich gut am Beispiel eines Vorfalls erkennen, der als „Sojamilch-Fall" bekannt wurde (Kasten „Der Sojamilch-Fall (1)").

Der Sojamilch-Fall (1)

2003 entwickelte die Humana GmbH mit Sitz in Herford eine koschere Babymilch auf Sojabasis, die von ihrer israelischen Vertriebsfirma Remedia unter dem Namen „Super Soya 1" in Israel vertrieben wurde.

Im Lauf der Entwicklung, einem Teilprozess der Produktrealisierung (Bild 2.5), irrte sich ein Mitarbeiter bei der Interpretation der Analysedaten zweier Vorgängerprodukte. Als Folge wurde auf den sonst üblichen Zusatz von Vitamin B_1 verzichtet. Die mangelhafte Rezeptur wurde an die Produktion übergeben, die nach den Angaben der Entwicklungsabteilung eine erste Charge von 10 000 kg Babymilch herstellte. Die Fertignahrung enthielt im Durchschnitt 33 µg Vitamin B_1 je 100 g. Der Soll-Wert lag jedoch bei 385 µg Vitamin B_1 je 100 g.

Vor der endgültigen Versandfreigabe sandte die Qualitätsabteilung Proben aus der Charge an ein externes Labor zur Bestimmung der Inhaltsstoffe. Durch einen Übertragungsfehler kam der Untersuchungsauftrag nicht vollständig beim Labor an und gerade die Vitaminanalysen wurden nicht durchgeführt. Das fiel einer Mitarbeiterin aus der Humana-Entwicklung auf. In einem Telefonat mit ihr bot das Labor an, die fehlenden Analysen nachzureichen. Der Entwicklungsleiter lehnte dieses Vorgehen aber ab, weil durch das Warten auf die Analyseergebnisse die Charge verspätet ausgeliefert worden wäre. Er beauftragte das Labor, die fehlenden Analysen bei der Prüfung der zweiten Charge nachzuholen.

Humana verfügt über ein eigenes chemisches Zentrallabor, in dem eine Vollanalyse der ersten Charge des neuen Produkts hätte durchgeführt werden können. Der Laborleiter verzichtete jedoch darauf.

Der Leiter der Qualitätsabteilung gab daraufhin die Charge frei, obwohl ein wichtiger Teil der chemischen Analyse ausstand. Die Charge wurde verpackt und nach Israel versandt.

Nach israelitischer Gesetzgebung oblag es der Firma Remedia als Importeur, sich zu vergewissern, dass die Babynahrung den Vorschriften entsprach. Das wurde unterlassen.

Der Mangel an Vitamin B_1 führte dazu, dass von den Säuglingen, die mit „Super Soja 1" gefüttert wurden, zwei starben und weitere 20 schwer erkrankten.

Aufgrund dieser Vorfälle stoppten die zuständigen Behörden in den Ländern Russland, Georgien, Aserbaidschan, Armenien und Iran den Verkauf aller Humana-Produkte. In Israel wurden alle Sojamilch-Produkte von Humana vom Markt genommen.

Mehrere Familien in Israel reichten Klagen gegen Humana mit Schadensersatz- und Schmerzensgeldforderungen ein.

Als die Folgen der fehlerhaften Milchrezeptur bekannt wurden, leitete die Humana GmbH interne Untersuchungen ein.

Zunächst wurden die Fehler im Produktrealisierungsprozess identifiziert und das Qualitätsmanagement wurde um die folgenden Vorschriften ergänzt:

„Ab sofort wird bei sämtlichen Neurezepturen und Rezepturänderungen vor der Freigabe zur Erstproduktion eine labortechnische Vollanalyse der Inhaltsstoffe zwingend vorgeschrieben. Erst wenn das externe Labor bestätigt, dass die Angaben zu den Inhaltsstoffen korrekt sind, darf das Produktionsverfahren freigegeben werden.

Bei jeder Neurezeptur oder Rezepturänderung müssen in Zukunft die verantwortlichen Geschäftsführer sowohl der Produktentwicklung als auch der Qualitätsabteilung die Einhaltung des Prüfverfahrens schriftlich bestätigen. Vorher erfolgt keine Freigabe der Produkte zur Auslieferung." (Humana 2003)

Als personelle Konsequenz wurden vier Mitarbeiter fristlos entlassen:

- Der Sachbearbeiter in der Entwicklung, der Analysedaten von Vorgängerprodukten falsch interpretierte und daraus schloss, dass eine zusätzliche Vitamin-B_1-Supplementierung unnötig sei. Der Verzicht auf die Supplementierung sei so ungewöhnlich, dass er zu einer neuen Berechnung der Vitaminwerte hätte führen müssen.
- Der Leiter der Entwicklung, der trotz fehlender Analysewerte wissentlich auf der Auslieferung der Charge bestand.
- Der Leiter des firmeneigenen chemischen Zentrallabors, der eine Vollanalyse der ersten Charge als Kann-Bestimmung deutete und darauf verzichtete.
- Der Leiter der Qualitätsabteilung, der nicht die fehlenden Analyseteile des externen Laborberichts bemerkte und zuließ, dass die Charge trotz einer nicht vollständigen Analyse in den Vertrieb ging.

Fortsetzung: Kasten „Der Sojamilch-Fall (2)" in Kapitel 16

2.4 Qualitätsmanagementsystem

In der Praxis benutzt man häufig den Begriff *Qualitätsmanagementsystem* (abgekürzt QM-System oder QMS). Auch hier wollen wir zunächst die genormten Definitionen zurate ziehen.

Satz zusammenhängender und sich gegenseitig beeinflussender Elemente.
(DIN EN ISO 9000:2015)

System

Der Oberbegriff System ist abstrakt definiert als eine Menge von Elementen, die Einheiten verschiedenster Art sein können.

Qualitätsmanagementsystem

 Teil eines Managementsystems bezüglich der Qualität.
(DIN EN ISO 9000:2015)

Qualitätsmanagement

 Management bezüglich Qualität.
(Die Anmerkung zum Begriff wird hier nicht zitiert, führt aber verschiedene Tätigkeiten als mögliche Bestandteile des Qualitätsmanagements auf).
(DIN EN ISO 9000:2015)

Aus einem Textvergleich dieser drei Definitionen ergibt sich, dass es sowohl beim Qualitätsmanagement als auch beim Qualitätsmanagementsystem um das Führen und Steuern einer Organisation bezüglich der Qualität geht. Der Unterschied besteht darin, dass das Qualitätsmanagement aus einer Menge von *Tätigkeiten* besteht, das Qualitätsmanagementsystem dagegen aus einer Menge von *Elementen*.

In diesem Sinn ist das Qualitätsmanagementsystem der umfassendere Begriff, denn der Satz von Elementen kann zusätzlich zu den Tätigkeiten auch Elemente wie Materialien, Betriebsmittel, Messzeuge, Personen, Information und Infrastruktur umfassen – kurz: Ressourcen –, die bei den Tätigkeiten eingesetzt werden und ebenfalls die Produktqualität beeinflussen können.

■ 2.5 Zusammenfassung

Die Produktqualität gehört zu den strategisch wichtigen Wettbewerbsfaktoren. Daher muss sie systematisch im Rahmen des Unternehmensmanagements sichergestellt werden.

Das dafür entwickelte Qualitätsmanagement ist also ein Bestandteil des Managements einer Organisation. In der Normenfamilie DIN EN ISO 9000 ff. sind unter anderem die Begriffe zum Qualitätsmanagement definiert und ist das Modell eines prozessorientierten Qualitätsmanagements beschrieben.

Weicht ein Unternehmen von den Abläufen, die im Qualitätsmanagement festgelegt werden, ab, kann es zu schwerwiegenden Produktfehlern und daraus entstehenden Folgeschäden kommen.

Im deutschen Sprachraum benutzt man häufig den Begriff Qualitätsmanagementsystem (QM-System). Er ist im Vergleich zum Qualitätsmanagement der umfassendere Begriff, denn er umfasst zusätzlich zu den qualitätsbezogenen Tätigkeiten auch Elemente wie Materialien, Betriebsmittel, Messzeuge, Personen, Information und Infrastruktur, die bei diesen Tätigkeiten eingesetzt werden.

In Bild 2.7 sind die in diesem Kapitel verwendeten Definitionen in ihrer Beziehung zueinander dargestellt. Die waagerechten und senkrechten Linien im Beziehungsdiagramm kennzeichnen Ober- und Untermengen. Beispielsweise ist das Qualitätsmanagement ein Teil des Managements und die Qualitätspolitik ein Teil des Qualitätsmanagementsystems.

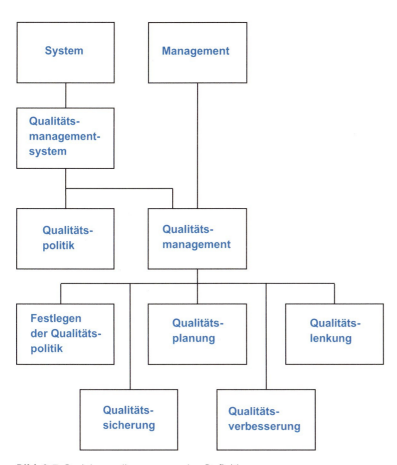

Bild 2.7 Beziehungsdiagramm zu den Definitionen

2.6 Aufgaben zur Wiederholung und Vertiefung

1. Wie ist Management nach der DIN EN ISO 9000:2015 definiert? Welche sind die drei Dimensionen des Managementbegriffs?
2. Auf welche Dimension beziehen sich die folgenden Aussagen?
   - Das Topmanagement der ORBIT AG kam zu einer zweitägigen Klausurtagung zusammen.
   - Aufgrund der Vorkommnisse im Sojamilch-Fall hat die Humana GmbH wichtige Lücken in ihrem Qualitätsmanagement geschlossen.
   - Die neuen Eigentümer haben inzwischen das Management des Automobilherstellers umgebaut.
3. Erläutern Sie den Managementkreis. Worauf weist die Kreisform hin?
4. Was unterscheidet ein Ziel von einer Aufgabe? Welche der beiden Aussagen beinhaltet ein Ziel?
   - „Wir streben einen deutlich höheren Marktanteil an."
   - „Bis zum Jahresende soll der Anteil fehlerhafter Wafer am Ausgang der Produktionsanlage auf maximal 10 % gesenkt werden."
5. Wiederholen Sie den Begriff Qualitätsmanagement nach ISO 9000. Was unterscheidet grundsätzlich das Qualitätsmanagement vom Entwicklungsmanagement?
6. Erläutern Sie die folgenden wesentlichen Begriffe im Qualitätsmanagement anhand der in der ISO 9000 getroffenen Definitionen:
   a) Qualitätspolitik,
   b) Qualitätsplanung,
   c) Qualitätsziel,
   d) Qualitätssteuerung,
   e) Qualitätssicherung,
   f) Qualitätsverbesserung.
7. Versuchen Sie, das prozessorientierte Modell des Qualitätsmanagements in seinen Grundzügen darzustellen.
8. Das prozessorientierte Modell des Qualitätsmanagements weist in der Darstellung Ähnlichkeiten mit einem Regelkreis auf, wie er in der Technik häufig ange-

wendet wird (gleichnamiger Kasten). Ein Regelkreis beinhaltet unter anderem Bauelemente wie Regelstrecke, Regler, Sensor und Aktuator.

9. Welchen Phasen des PDCA-Zyklus würden Sie die Funktionen dieser Bauelemente zuordnen?

> **Story**
>
> Im zweiten Kapitel Ihrer Story setzen Sie sich mit der Produktqualität auseinander, die es im Rahmen des Unternehmensmanagements sicherzustellen gilt.
>
> - Erläutern Sie die einzelnen Phasen (Tätigkeiten) des Managementkreises anhand eines Beispiels in der Getränke-Flow GmbH.
> - Wie managen Sie Qualität in Ihrem Unternehmen? Welche Aspekte von Qualitätsmanagement (nach DIN EN ISO 9000:2015) bedenken Sie – und inwiefern? Erläutern und begründen Sie Ihre Ausführungen.
> - Formulieren Sie zentrale Unternehmensleitlinien für die Getränke-Flow GmbH und gehen Sie dabei insbesondere auf die Qualität (Qualitätspolitik) ein.
> - Formulieren Sie verschiedene Qualitätsziele für die Getränke-Flow GmbH, die sich beispielsweise auf die Herstellungsprozesse, Informationen oder Mitarbeiterqualifikationen beziehen können.

3 Qualität

 Das vorherige Kapitel

Weil Qualität für den Unternehmenserfolg wichtig ist, muss sie im Rahmen des Unternehmensmanagements sichergestellt werden. Wir erläutern den Begriff des Managements im Allgemeinen und das Qualitätsmanagement als Teil des gesamten Unternehmensmanagements. Es folgt einem prozessorientierten Modell, wie es in der DIN EN ISO 9001:2015 beschrieben wird. Weicht ein Unternehmen von den Abläufen des Qualitätsmanagements ab, kann es zu Produktfehlern mit schwerwiegenden Folgen kommen.

 Worum es geht

Ein wirksames Qualitätsmanagement setzt voraus, dass alle Mitglieder der Organisation unter „Qualität" dasselbe verstehen.

In diesem Kapitel wird die international gültige Qualitätsdefinition erläutert, die vom allgemeinen Sprachgebrauch wesentlich abweicht.

Der in dieser Definition vorkommende Merkmalsbegriff wird ebenfalls einer eingehenden Betrachtung unterzogen und jeweils in unterschiedliche Klassen eingeteilt.

3.1 Definition der Qualität

Qualität im Sprachgebrauch

 Das Wort *Qualität* stammt aus dem Lateinischen und lässt sich bis in die Antike zurückverfolgen.

- qualitas, atis *f* → Beschaffenheit

Entsprechend sind ihm mit der Zeit unterschiedliche Bedeutungen zugeschrieben worden, von denen eine Vielzahl auch heute im Gebrauch ist. Einige Beispiele aus Werbung und Berichterstattung zeigt Bild 3.1.

Bild 3.1 Beispiele für die Verwendung des Worts Qualität

In Fachpublikationen, Lexika und Literatur findet man eine Vielzahl von Definitionen zum Qualitätsbegriff. Garvin hat daraus die folgenden fünf Kategorien von Qualitätsdefinitionen identifiziert und mit Beispielen belegt (Garvin 1988).

Transzendente Definitionen

Transzendente Definitionen verbinden Qualität entweder mit einer innewohnenden Vorzüglichkeit, die ohne Weiteres erkennbar ist, oder erklären sie als nicht definierbar. Solche Definitionen sind weder hilfreich noch zweckmäßig. Beispiele:

„Qualität ist weder Geist noch Materie, sondern eine dritte, von den beiden unabhängige Einheit. Obwohl Qualität nicht definiert werden kann, weiß man, was sie bedeutet."

(Robert M. Pirsig)

> „Qualität ist ein ausgezeichneter Zustand, der edle Qualität als Kontrast zu schlechter Qualität beinhaltet. Qualität strebt den höchsten Standard an, da sie sich nicht mit Schlamperei oder Schummel zufriedengibt."
>
> (Barbara W. Tuchman)

> „Wenn ich sie (die Qualität) sehe, erkenne ich sie."
>
> (John Guaspari)

Produktbezogene Definitionen führen Qualität auf messbare Eigenschaften oder Bestandteile eines Produkts zurück, in dem Sinne, dass je mehr (oder weniger) davon vorhanden ist, desto besser die Qualität wird. Beispiele: *(Produktbezogene Definitionen)*

> „Unterschiede in der Qualität sind auf Unterschiede in der Quantität eines gewünschten Bestandteils oder Merkmals zurückzuführen."
>
> (Lawrence Abbott)

> „Die Qualitäten eines Dings sind die zufälligen Eigenschaften desselben, d. h. diejenigen, welche ihm nicht notwendig und allgemein zukommen, welche dasselbe aber in einem bestimmten Fall besitzt."
>
> (Meyers Konversationslexikon 1978)

Benutzerbezogene Definitionen basieren auf dem Grundsatz, dass „die Schönheit im Auge des Betrachters" liegt. Dieser Ansatz nimmt in Kauf, dass die Benutzer Individuen sind und deshalb unterschiedliche Bedürfnisse und Präferenzen haben. Beispiele: *(Benutzerbezogene Definitionen)*

> „Qualität ist die Fähigkeit, Bedürfnisse zu befriedigen."
>
> (Corwin D. Edwards)

> „Nach der abschließenden Marktanalyse hängt die Qualität eines Produkts davon ab, wie gut es sich mit den Vorlieben der Konsumenten deckt."
>
> (Alfred A. Kuehn und Ralph I. Day)

> „Qualität ist die Eignung zum Gebrauch."
>
> (J. M. Juran)

Produktionsbezogene Definitionen führen Qualität auf die Einhaltung von Zeichnungsvorschriften bzw. anderer Spezifikationen in der Fertigung zurück. Beispiele: *(Produktionsbezogene Definitionen)*

> „Qualität bedeutet Erfüllung von Anforderungen."
>
> (Philip B. Crosby)

> „Qualität ist der Grad der Konformität eines bestimmten Produkts mit einem Design oder einer Spezifikation."
>
> (H. L. Gilmore)

Wertbezogene Definitionen

Wertbezogene Definitionen bringen zusätzlich zu den Leistungsmerkmalen eines Produkts dessen Herstellkosten bzw. Preis ein. Ein „überteuertes" Produkt kann damit definitionsgemäß kein Produkt von hoher Qualität sein. Beispiele:

„Qualität ist der Grad der Vortrefflichkeit zu einem akzeptablen Preis und eine beherrschte Streuung zu akzeptablen Kosten."

„Qualität bedeutet das Beste in Hinsicht auf bestimmte Bedingungen des Kunden. Diese Bedingungen betreffen die tatsächliche Nutzung und den Verkaufspreis des Produkts."

(Armand v. Feigenbaum)

Wenn eine Organisation Qualitätsmanagement betreiben will, müssen der Begriff der Qualität und deren Messbarkeit eindeutig definiert und von allen Mitarbeitern in derselben Weise verstanden und benutzt werden. Entsprechendes gilt für Handelsgeschäfte zwischen Vertragspartnern. Deshalb wurde in der bereits mehrfach zitierten Begriffsnorm der Qualitätsbegriff branchenübergreifend festgelegt.

 Grad, in dem ein Satz inhärenter Merkmale eines Objekts Anforderungen erfüllt.

Anmerkung 1 zum Begriff: Die Benennung „Qualität" kann zusammen mit Adjektiven wie schlecht, gut oder ausgezeichnet verwendet werden.

Anmerkung 2 zum Begriff: „Inhärent" bedeutet im Gegensatz zu „zugeordnet" „einem Objekt innewohnend".

(DIN EN ISO 9000:2015)

Diese Definition, die in der Fachwelt nunmehr als verbindlich gilt, hat nach langjährigen Diskussionen und mehrfacher Überarbeitung in den Normungsausschüssen einen Abstraktionsgrad erreicht, der zu ihrem Verständnis mehrerer Erläuterungen bedarf.

Die Objekte, die das moderne Qualitätsmanagement betrachtet, sind Produkte und Dienstleistungen, Prozesse und Systeme. Sie bilden gleichzeitig drei Ebenen der Qualitätsbetrachtung.

Drei Ebenen der Qualitätsbetrachtung

Bis in den 30er-Jahren des 20. Jahrhunderts hat das Qualitätsmanagement ausschließlich materielle Produkte betrachtet, beispielsweise Häuser, Waffen, Bekleidung und Haushaltsgegenstände.

Produkt

Inzwischen unterscheidet die Begriffsnorm vier verschiedene Produktkategorien.

Ergebnis einer Organisation, das ohne jegliche Transaktion zwischen Organisation und Kunden erzeugt werden kann.

Anmerkung 1 zum Begriff: Die Erzeugung eines Produkts wird erreicht, ohne dass notwendigerweise zwischen Anbieter und Kunde eine Transaktion stattfindet, sie kann jedoch dieses Dienstleistungselement bei der Lieferung an den Kunden einschließen.

Anmerkung 2 zum Begriff: Das vorherrschende Element eines Produkts ist, dass es üblicherweise materiell ist.

Anmerkung 3 zum Begriff: Hardware ist materiell, wobei ihre Menge ein zählbares Merkmal darstellt. Verfahrenstechnische Produkte sind materiell, wobei ihre Menge ein kontinuierliches Merkmal (z. B. Treibstoff und Erfrischungsgetränke) darstellt. Hardware und verfahrenstechnische Produkte werden häufig als Waren bezeichnet. Software besteht aus Informationen, ungeachtet des Liefermediums (z. B. Computerprogramm, Anwendungen für Mobiltelefone, Bedienungsanleitung, Wörterbuchinhalte, Urheberrecht musikalischer Kompositionen, Fahrerlaubnis).

(DIN EN ISO 9000:2015)

Die Definition bedarf keiner weiteren Erklärung. In früheren Fassungen der DIN EN ISO 9000 wurde eine Dienstleistung ebenfalls als eine Produktkategorie betrachtet. In der aktuellen Norm wird sie getrennt vom Produkt definiert. Einen Prozess, der als Ergebnis eine Dienstleistung erbringt, nennt man Dienstleistungsprozess.

 Produkte und Dienstleistungen bilden die erste Betrachtungsebene der Qualität.

In den 30er-Jahren des 20. Jahrhunderts wuchs die Erkenntnis, dass die Qualität eines Produkts wesentlich davon abhängt, wie sein Herstellungsprozess, also der *Produktrealisierungsprozess*, gestaltet ist.

Prozess

Betrachten wir beispielsweise ein Drehteil, das einen bestimmten Durchmesser und eine bestimmte Rauheit der Oberfläche aufweisen soll und das auf einer Drehmaschine hergestellt wird. Beim Drehprozess können Schnittgeschwindigkeit, Vorschub und Schnitttiefe unterschiedlich eingestellt werden. Ebenso kann man Drehwerkzeuge mit unterschiedlicher Schneidengeometrie und unterschiedliche Schneidöle oder Emulsionen einsetzen. Je nachdem, welche Kombination dieser Einstellgrößen gewählt wird, verändern sich die Form und die Oberfläche des Drehteils. Ein Prozess kann also aufgrund seiner aktuellen Einstellung mehr oder weniger geeignet sein, die gewünschte Beschaffenheit des Produkts zu erzeugen.

Das moderne Qualitätsmanagement beschränkt sich daher nicht nur auf die Prüfung der Produkte und Dienstleistungen, sondern betrachtet auch den jeweiligen Produkt- beziehungsweise Dienstleistungsrealisierungsprozess.

Der Prozess bildet die zweite Betrachtungsebene der Qualität.

System
Da es in einer Organisation außer den Realisierungsprozessen für Produkte und Dienstleistungen auch andere Prozesse und Systembestandteile gibt, welche die Ergebnisse beeinflussen, betrachtet das Qualitätsmanagement schließlich das gesamte *System* der Organisation. Dieser Zusammenhang ist in Bild 3.2 dargestellt, wobei der Begriff Produkt auch stellvertretend für eine Dienstleistung steht.

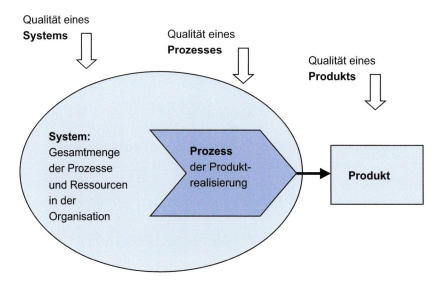

Bild 3.2 Drei Ebenen der Qualitätsbetrachtung

 Das System bildet die dritte Betrachtungsebene der Qualität.

■ 3.2 Merkmale

Die genormte Definition für Qualität enthält die beiden wichtigen Begriffe der Merkmale und die an sie gestellten Anforderungen.

Im Folgenden wollen wir den Begriff *Merkmal* weiter vertiefen.

Kennzeichnende Eigenschaft

Anmerkung 1 zum Begriff: Ein Merkmal kann inhärent oder zugeordnet sein.

Anmerkung 2 zum Begriff: Ein Merkmal kann qualitativer oder quantitativer Natur sein.

Anmerkung 3 zum Begriff: Es gibt verschiedene Klassen von Merkmalen, z. B.:

a) physikalische (z. B. mechanische, elektrische, chemische oder biologische Merkmale);
b) sensorische (z. B. bezüglich Geruch, Berührung, Geschmack, Sehvermögen, Gehör);
c) verhaltensbezogene (z. B. Höflichkeit, Ehrlichkeit, Aufrichtigkeit);
d) zeitbezogene (z. B. Pünktlichkeit, Zuverlässigkeit, Verfügbarkeit, Kontinuität);
e) ergonomische (z. B. physiologische oder auf Sicherheit für den Menschen bezogene Merkmale);
f) funktionale (z. B. Spitzengeschwindigkeit eines Flugzeugs).
(DIN EN ISO 9000:2015)

Die drei Anmerkungen weisen auf drei unterschiedliche Klassifizierungen von Merkmalen. Die erste Klassifizierung unterteilt die Merkmale in *inhärente* und *zugeordnete Merkmale*.

Erste Klassifizierung

Inhärente Merkmale sind solche, die einem Objekt „innewohnen", die nicht ohne Weiteres ausgetauscht werden können und mit denen die *Beschaffenheit* der Einheit beschrieben wird.

Inhärente Merkmale

Inhärente Merkmale eines Produkts wie ein Bleistift sind beispielsweise seine Länge, seine Holzart, die Farbe des Lacks, die Härte und die Farbe der Mine. Mit der Gesamtheit seiner inhärenten Merkmale ist die Beschaffenheit eines Bleistifts vollständig beschrieben.

Qualität ist definiert als der Grad, in dem ein Satz inhärenter Merkmale eines Objekts die Anforderungen erfüllt. Die gestellten Anforderungen betreffen meistens nicht alle inhärenten Merkmale eines Objekts, sondern nur eine Untermenge davon, eben den genannten Satz inhärenter Merkmale, die man deshalb auch Qualitätsmerkmale nennt (Bild 3.3).

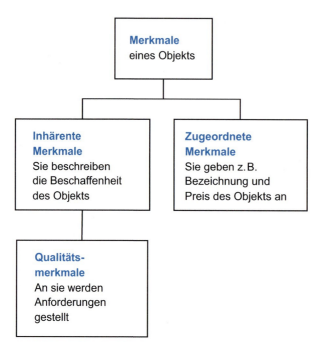

Bild 3.3 Inhärente und zugeordnete Merkmale eines Objekts

Bei einem Bleistift etwa stellen die meisten Kunden Anforderungen an die Farbe und Härte der Mine, nicht aber an die Holzart.

Qualitätsmerkmal

 Inhärentes Merkmal eines Objekts, das sich auf eine Anforderung bezieht.
(DIN EN ISO 9000:2015)

Zugeordnete Merkmale

Zugeordnete Merkmale beziehen sich nicht auf die Beschaffenheit eines Objekts und sind leicht austauschbar.

Beim Bleistift sind das beispielsweise der Preis und die Bezeichnung.

Zweite Klassifizierung

Eine zweite Klassifizierung teilt die Merkmale in *quantitative* und *qualitative Merkmale* ein (Bild 3.4). Hier ist zu beachten, dass die Bezeichnung qualitativ an dieser Stelle nicht mit dem Qualitätsbegriff assoziiert ist, sondern lediglich als „nicht quantitativ" zu verstehen ist.

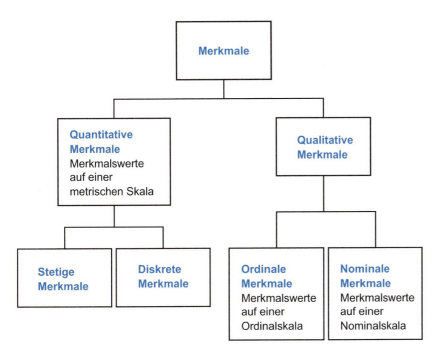

Bild 3.4 Quantitative und qualitative Merkmale

Zum Verständnis dieser Klassifizierung ist zwischen Merkmal und Merkmalswert, auch Merkmalsausprägung genannt, zu unterscheiden. Ein Merkmal als Eigenschaft einer Einheit kann unterschiedliche Merkmalswerte annehmen.

Im Beispiel des Bleistifts ist die Länge ein Merkmal dieses Produkts. Im Einzelfall kann sie verschiedene Merkmalswerte annehmen, etwa 190 mm im Neuzustand oder 148,3 mm nach einigem Gebrauch.

Quantitative Merkmale sind solche, deren Merkmalswerte mit Zahlen ausgedrückt werden. Dabei unterscheidet man *stetige* und *diskrete* Merkmale (Bild 3.4). Deren Merkmalswerte sind auf einer metrischen Skala (Kardinalskala) definiert. Die stetigen Merkmalswerte können dabei alle reellen Zahlenwerte annehmen, während diskrete Merkmalswerte nur die natürlichen Zahlen annehmen können.

Quantitative Merkmale

Die Länge eines Bleistifts ist ein quantitativ stetiges Merkmal. Sie kann z. B. 190 mm oder 180 mm betragen, aber auch alle Werte dazwischen, z. B. 183,572 mm.

Die Anzahl der Lackfehler an einem Bleistift ist dagegen ein diskretes Merkmal, denn die Merkmalswerte können nur die Zahlen 0, 1, 2 oder mehr annehmen.

Merkmalswerte, die auf einer metrischen Skala angeordnet sind, bieten den Vorteil, dass man mit ihnen Rechenoperationen durchführen kann:

Metrische Skala (Kardinalskala)

- Sie lassen sich voneinander unterscheiden, wenn sie nicht identisch sind.
- Weiterhin sind die Unterschiede zwischen je zwei Werten miteinander vergleichbar.

- Darüber hinaus können zwischen den Merkmalswerten Verhältnisse gebildet werden. Das ist jedoch nur zulässig, wenn auf der Skala ein natürlicher Nullpunkt vorhanden ist.

Betrachten wir als Beispiel vier Bleistifte mit den Längen 120, 140, 180 und 200 mm.

Offensichtlich sind sie von verschiedener Länge, man kann sie daher unterscheiden. Darüber hinaus erkennt man, dass die ersten beiden Bleistifte dieselbe Längendifferenz von 20 mm aufweisen wie die letzten beiden. Eine Längenskala hat einen natürlichen Nullpunkt, denn es gibt keine negativen Längenwerte. Daher kann man auch sinnvolle Längenverhältnisse zwischen den Bleistiften berechnen. Der dritte Bleistift ist z. B. 1,5-mal so lang wie der erste.

Qualitative Merkmale

Die qualitativen Merkmale werden in *ordinale* und *nominale* Merkmale unterteilt.

Ordinalskala

Die Werte ordinaler Merkmale sind auf einer Ordinalskala (Rangskala) aufgetragen. Damit sind sie voneinander unterschieden und ihre Position auf der Skala sagt etwas über die Vorzüglichkeit der Merkmalswerte aus. Dagegen ist keine Aussage über die Abstände zwischen den Merkmalswerten möglich.

Eine Schulnote ist ein Beispiel für ein ordinales Merkmal. Die Merkmalswerte können die natürlichen Zahlen von 1 bis 5 annehmen. Eine mit 2 benotete Leistung wird als besser erkannt als eine Leistung mit der Note 3. Man kann aber nicht sagen, dass die Noten 2 und 3 denselben Leistungsunterschied abgrenzen wie die Noten 3 und 4. Man kann auch nicht ableiten, dass die mit der Note 3 bewertete Leistung um 50 % schlechter ist als die mit der Note 2 bewertete.

Nominalskala

Anhand nominaler Merkmalswerte, die auf einer Nominalskala angegeben sind, kann lediglich eine Unterscheidung erfolgen. Es ist weder eine Rangfolge zu erkennen, noch können Abstände oder Verhältnisse angegeben werden.

Eine Postleitzahl ist ein nominales Merkmal. Sie kann beispielsweise die Merkmalswerte 10711 und 10712 annehmen. Damit ist klar, dass es sich um zwei unterschiedliche Zustellbezirke handelt. Es ist aber nicht gesagt, dass der Zustellbezirk 10711 besser ist als 10712. Man könnte die beiden Zahlen voneinander abziehen oder dividieren, aber die jeweiligen Ergebnisse ergäben keinen Sinn. Die Merkmalswerte stellen lediglich eine Bezeichnung (einen Namen) dar.

Wie die aufgeführten Beispiele zeigen, können auch bei qualitativen Merkmalen die Merkmalswerte mit Zahlen ausgedrückt werden. Solche Zahlen stellen aber lediglich eine Bezeichnung dar. Sie könnten auch durch Buchstaben oder Namen ersetzt werden, denn Rechenoperationen kann man mit ihnen ohnehin nicht sinnvoll durchführen. Für die Schulnoten werden in den angelsächsischen Ländern keine Zahlen, sondern die Buchstaben A bis D benutzt. Ebenso findet man in anderen Ländern statt der Postleitzahlen Kombinationen von Zahlen und Buchstaben.

Weitere Beispiele für quantitative und qualitative Merkmale sind in Tabelle 3.1 aufgeführt.

Tabelle 3.1 Beispiele für quantitative und qualitative Merkmale

Merkmal	Merkmalswert	Merkmalsart
Stromstärke	12,4 A	quantitativ stetig
Gewicht	160,0 N	quantitativ stetig
Anzahl Kratzer je Heckklappe	3	quantitativ diskret
Anzahl fehlerhafter Teile im Los	16	quantitativ diskret
Gehaltsgruppe	BAT III	qualitativ ordinal
Abitur-Gesamtnote	13 Punkte	qualitativ ordinal
Blutgruppe	A	qualitativ nominal
Diamantenfarbe	Top Wesselton	qualitativ nominal

Die dritte Klassifizierung in der Normdefinition teilt die Merkmale in die folgenden Klassen ein:

- physische,
- sensorische,
- verhaltensbezogene,
- zeitbezogene,
- ergonomische und
- funktionale.

Sie sind im Normentext hinreichend erklärt, sodass sich ein weiterer Kommentar erübrigt.

Die Gesamtheit der inhärenten Merkmalswerte einer Einheit beschreibt ihre Beschaffenheit.

Abschließend soll der Begriff *Fehler* eingeführt werden. Er ist seit jeher Teil der deutschen Umgangssprache. Die aktuelle Version der Begriffsnorm lässt ihn weiterhin zu, bevorzugt jedoch den aus dem Englischen stammenden Begriff der *Nichtkonformität*.

Nichtkonformität

Fehler

Nichterfüllung einer Anforderung.

Anmerkung zum Begriff: Dieser Begriff stellt eine der gemeinsamen Benennungen und der Basisdefinitionen für ISO-Managementsystemnormen dar.

(DIN EN ISO 9000:2015)

Das Qualitätsmanagement betrachtet die Gesamtheit der inhärenten Merkmale eines Objekts, also ihre Beschaffenheit. Inhärente Merkmale, an die eine Anforderung gestellt wird, nennt man Qualitätsmerkmale. Wenn ein Qualitätsmerkmal nicht die gestellte Anforderung erfüllt, liegt eine Nichtkonformität bzw. ein Fehler vor. Ein Objekt ist dann fehlerhaft, wenn mindestens eines seiner Qualitätsmerkmale nicht die entsprechende Anforderung erfüllt.

Unter Verwendung des Fehlerbegriffs kann man gute Qualität eines Objekts auch als dessen fehlerfreie Beschaffenheit beschreiben: Alle Qualitätsmerkmale des Objekts erfüllen die Anforderungen.

Deutsche Gesellschaft für Qualität e. V. (DGQ)

Lange Tradition

Die Deutsche Gesellschaft für Qualität e. V. (DGQ) ist die größte nationale Qualitätsgesellschaft und dient als Ansprechpartner und Moderator für die deutsche Qualitäts-Community. Sie unterstützt Unternehmen bei ihrem Vorhaben, hochwertige Produkte und Dienstleistungen anzubieten, und bei der Weiterentwicklung ihrer Qualitätsmanagementsysteme.

Gegründet wurde sie 1952 unter dem Namen „Ausschuss für Technische Statistik im Ausschuss für wirtschaftliche Fertigung (AWF)" durch den deutschen Qualitätspionier Dr. Walter Masing. Seit 1972 ist sie unter ihrem heutigen Namen rechtlich selbstständig.

Gemeinnütziger Verein mit mehr als 6000 Mitgliedern

740 Mitgliedsfirmen und mehr als 5700 persönliche Mitglieder nutzen die DGQ als Plattform für fachbezogenen Informationsaustausch. Mit rund 60 Regionalkreisen und fünf Geschäftsstellen bildet der Verein ein bundesweit flächendeckendes Netzwerk von Qualitätsexperten. Jedes Jahr besuchen mehr als 8000 Teilnehmer die Netzwerkveranstaltungen der DGQ. Durch den Dialog mit Vertretern von Wirtschaft und Politik wirkt die DGQ als Impulsgeber für die Weiterentwicklung von Managementsystemen, die als wesentliche Einflussfaktoren auf den wirtschaftlichen Erfolg gelten.

Anbieter für Weiterbildung

Eine weitere Kernkompetenz der DGQ liegt in der betrieblichen Weiterbildung in Form von Lehrgängen, Seminaren und Workshops. Jährlich nehmen mehr als 15 000 Fach- und Führungskräfte aus Industrie, Dienstleistung und öffentlicher Verwaltung an über 1100 Veranstaltungen zu qualitätsbezogenen Themen teil. Als Dozenten stehen etwa 300 erfahrene und hochspezialisierte Dozenten zur Verfügung.

Zertifizierungsstelle

Die DGQ ist international als akkreditierte Zertifizierungsstelle für Management- und Fachpersonal anerkannt und vergibt jährlich mehr als 9500 entsprechende Zertifikate. Die Inhalte der Zertifizierungen orientieren sich an den aktuellen Marktforderungen.

Forschungsgemeinschaft

Die Satzung der DGQ sieht ausdrücklich die Förderung qualitätsbezogener Forschung vor. In diesem Zusammenhang wurde im Jahr 1989 die Forschungsgemeinschaft Qualität e. V. (FQS) gegründet. In Zusammenarbeit mit mehr als 20 Forschungseinrichtungen setzt sie Projekte im Rahmen der industriellen Gemeinschaftsforschung um. Dabei wird sie vom Bundesministerium für Wirtschaft und Energie gefördert.

Partner auf nationaler und internationaler Ebene

Die DGQ arbeitet in nationalen und internationalen Kooperationen, Verbänden und Normungsgremien mit und gestaltet auch die für Deutschland gültigen qualitätsbezogenen Normen mit. Sie ist Mitglied der European Foundation for Quality Management (EFQM) und der European Organisation for Quality (EOQ). Wichtige Kooperationspartner sind das Deutsche Institut für Normung (DIN) und der Deutsche Verband Technisch-Wissenschaftlicher Vereine (DVT).

3.3 Zusammenfassung

Das Wort Qualität lässt sich bis in die Antike zurückverfolgen und hat im Lauf der Jahrtausende als Bestandteil der Umgangssprache unterschiedliche Bedeutungen angenommen. Auch in der Literatur findet man verschieden lautende Definitionen von Qualität, von denen einige in diesem Kapitel vorgestellt wurden.

In einer Organisation, die auf professionelle Weise Qualitätsmanagement betreibt, muss der zentrale Begriff der *Qualität* für alle Mitarbeiter dieselbe Bedeutung haben. Das gilt auch für Handelspartner im In- und Ausland. Daher wurde in der international gültigen Norm DIN EN ISO 9000:2015 Qualität definiert. Diese Definition wird ausführlich diskutiert. Sie bezieht sich nicht nur auf Produkte, sondern auch auf Prozesse und Systeme.

Qualität ist der Grad, in dem ein inhärenter Satz von Merkmalen eines Objekts Anforderungen erfüllt. Es wird erläutert, was Merkmale sind und wie man sie nach unterschiedlichen Gesichtspunkten einteilen kann.

Eine Nichtkonformität bzw. ein Fehler liegt vor, wenn eines der inhärenten Merkmale des Objekts die gestellte Anforderung nicht erfüllt. Damit ist auch das Objekt fehlerhaft.

3.4 Aufgaben zur Wiederholung und Vertiefung

1. Erläutern Sie die Unterschiede zwischen den fünf Kategorien von Qualitätsdefinitionen nach Garvin.
2. Wie ist Qualität nach DIN EN ISO 9000:2015 definiert? Was ist ein inhärentes Merkmal im Gegensatz zu einem zugeordneten? Geben Sie zehn inhärente Merkmale für ein Produkt Ihrer Wahl an.
3. Welche drei Ebenen der Qualitätsbetrachtung werden üblicherweise diskutiert?
4. Man unterscheidet zwischen quantitativen und qualitativen Merkmalen, die wiederum in kontinuierliche und diskrete bzw. in ordinale und nominale Merkmale unterteilt werden. Ordnen Sie die folgenden Merkmale einer dieser vier Gruppen zu:
   - Jährliches Bruttoeinkommen eines Angestellten
   - Steuerklasse dieses Angestellten
   - Alter des Angestellten, aufgerundet auf volle Jahre
   - Anzahl der Kinder eines Ehepaars
   - Durchschnittliche Anzahl der Kinder pro Ehepaar aus einer Stichprobe von 100 Ehepaaren, die in Berlin-Mitte angemeldet sind
   - Anzahl der fehlerhaften Stücke in einer Stichprobe von 200 Stück
   - Anteil der fehlerhaften Stücke in einer Stichprobe von 200 Stück
5. Welche Vorteile bieten Merkmalswerte, die auf einer Kardinalskala aufgetragen werden, gegenüber ordinal skalierten Merkmalswerten?
6. Das Merkmal Temperatur ist ein quantitatives Merkmal, dessen Werte häufig auf einer Celsius-Skala angegeben werden. Ist Wasser mit 40 °C doppelt so warm wie Wasser mit 20 °C? Begründen Sie Ihre Antwort.
7. Warum ist eine Prüfungsnote wie etwa 1,3 kein quantitativ stetiges Merkmal?
8. Welche Produktkategorien unterscheidet die DIN EN ISO 9000:2015?
9. Welche sind die Betrachtungsebenen des modernen Qualitätsmanagements?
10. Die Kundenzufriedenheit wird hauptsächlich durch die Qualität der Produkte beeinflusst.
    - Warum befasst sich das Qualitätsmanagement mit Prozessen?
    - Um welche Prozesse geht es dabei?
11. Was versteht man unter einem Fehler?
12. Wie viele Fehler kann eine Einheit höchstens aufweisen?

Story

Im dritten Kapitel Ihrer Story befassen Sie sich mit dem zentralen Begriff der Qualität.

- Formulieren Sie eine Reihe inhärenter sowie zugeordneter Merkmale für die Produkte der Getränke-Flow GmbH.
- Geben Sie einige Beispiele für quantitativ stetige und quantitativ diskrete Merkmale für Ihr Unternehmen.
- Geben Sie einige Beispiele für qualitativ ordinale und nominale Merkmale für Ihr Unternehmen.

4 Anforderungen

 Das vorherige Kapitel

Ein wirksames Qualitätsmanagement setzt voraus, dass alle Mitglieder der Organisation die qualitätsbezogenen Begriffe in derselben Weise benutzen. Den Schwerpunkt des Kapitels bildet die international gültige Qualitätsdefinition, die vom allgemeinen Sprachgebrauch wesentlich abweicht.

Ebenso wird der Begriff des Merkmals einer eingehenden Betrachtung unterzogen und jeweils in unterschiedliche Klassen eingeteilt.

 Worum es geht

Bei der Beurteilung der Qualität vergleicht man die Merkmalswerte eines Objekts mit den Anforderungen, die daran gestellt werden. In diesem Kapitel geht es um den Begriff der Anforderung, um die Frage, von welcher Seite Anforderungen kommen, sowie um Anforderungen, die an Produkte, Prozesse und Systeme gestellt werden.

Schließlich wird auf die besondere Schwierigkeit hingewiesen, Anforderungen an verhaltensbezogene Merkmale operational zu definieren.

4.1 Begriff der Anforderung

Die Qualität eines Objekts ergibt sich aus dem Vergleich ihrer inhärenten Merkmale mit den Anforderungen, die an diese Merkmale gestellt werden. Ohne Kenntnis der Anforderungen ist keine Qualitätsaussage möglich. Daher soll im Folgenden der Begriff der *Anforderung* genauer besprochen werden.

Anforderung

> Erfordernis oder Erwartung, das oder die festgelegt, üblicherweise vorausgesetzt oder verpflichtend ist.
>
> Anmerkung 1 zum Begriff: „Üblicherweise vorausgesetzt" bedeutet, dass es für die Organisation und interessierte Parteien üblich oder allgemeine Praxis ist, dass das entsprechende Erfordernis oder die entsprechende Erwartung vorausgesetzt wird.
>
> Anmerkung 2 zum Begriff: Eine festgelegte Anforderung ist eine, die beispielsweise in dokumentierter Information enthalten ist.
>
> Anmerkung 3 zum Begriff: Ein Bestimmungswort kann verwendet werden, um eine spezifische Anforderungsart zu bezeichnen, z. B. Produktanforderung, Qualitätsmanagementanforderung, Kundenanforderung, Qualitätsanforderung.
>
> Anmerkung 4 zum Begriff: Anforderungen können von verschiedenen interessierten Parteien oder durch die Organisation selbst aufgestellt werden.
>
> Anmerkung 5 zum Begriff: Zum Erreichen hoher Kundenzufriedenheit kann es erforderlich sein, eine Erwartung eines Kunden zu erfüllen, auch wenn diese weder festgelegt noch üblicherweise vorausgesetzt oder verpflichtend ist.
>
> Anmerkung 6 zum Begriff: Dieser Begriff stellt eine der gemeinsamen Benennungen und der Basisdefinitionen für ISO-Managementsystemnormen dar ...
>
> (DIN EN ISO 9000:2015)

Forderung oder Anforderung?

Die Begriffsnorm DIN EN ISO 9000:2015 wurde aus einem englischen Text übersetzt, der vorher international abgestimmt worden war. In diesem „Originaltext" findet sich das Wort „requirement". Die Fachleute in Deutschland waren sich mit großer Mehrheit einig, dass „Forderung" die richtige deutsche Übersetzung dafür gewesen wäre.

„Forderung" drückt das Verlangen nach einem bestimmten Tatbestand aus, mithin auch nach einer bestimmten Beschaffenheit. Beispielsweise „fordert das Volk freie und geheime Wahlen".

Dagegen drückt „Anforderung" das Verlangen aus, in den Besitz einer Sache zu gelangen. Zum Beispiel „fordert der Minister die Akten zu den Vorgängen auf dem Segelschulschiff an".

Der damalige Direktor des Deutschen Instituts für Normung e. V. (DIN) setzte im Jahr 2000 die Übersetzung „Anforderung" durch. Mehrere ausgewiesene Qualitätsmanagement-Fachleute beendeten daraufhin verärgert ihre Mitarbeit in den DIN-Ausschüssen.

Wir werden in diesem Buch wider besseres Wissen den Begriff Anforderung verwenden, um die Verbindlichkeit einer geltenden Norm zu respektieren.

 In diesem Zusammenhang soll die Arbeit von Prof. Dr.-Ing. *Walter Geiger* gewürdigt werden, einem herausragenden deutschen Qualitätswissenschaftler. Geiger leitete das Zentrale Qualitätswesen der Kabelmetall AG und arbeitete danach als beratender Ingenieur mit dem Schwerpunkt Qualitätsmanagement. 16 Jahre lang war er Honorarprofessor an der Universität Hannover. Seit den 1970er-Jahren wirkt er mit großem Einsatz in deutschen und internationalen Normenausschüssen mit. Dabei hat er sich um die logische und sprachliche Klarheit der qualitätsbezogenen Begriffe verdient gemacht, auch bei der Übersetzung ins Deutsche. Auf die Unzulänglichkeiten, die heute noch bestehen, hat er deutlich hingewiesen.

Walter Geiger wurde mit der DIN-Ehrennadel ausgezeichnet und ist Ehrenmitglied der Deutschen Gesellschaft für Qualität (DGQ).

Walter Geiger

Mit Organisation ist das Unternehmen gemeint, das mittels seines Produktrealisierungsprozesses ein Produkt herstellt und an seine Kunden vertreibt (Anmerkung 1). „Üblicherweise vorausgesetzte" Anforderungen kann man auch als trivial bezeichnen. Wenn man ein Boot kauft, kann man selbstverständlich davon ausgehen, dass es schwimmt. Ein Bleistift sollte selbstverständlich schreiben, ein Drucker drucken. Solche Anforderungen brauchen in einem Vertrag nicht dokumentiert zu werden, der Kunde wird sie auch ohne vorherige Festlegung einklagen können.

Die Anmerkung 2 besagt, dass Anforderungen in einem Dokument enthalten sein können, also beispielsweise in einem Kaufvertrag, in einer technischen Zeichnung oder Tabelle, in einem Lastenheft, durch Bezug auf ein Normblatt oder Verweis auf ein physisches Muster. Diese Art der Festlegung ist üblich unter Firmen, die miteinander Lieferbeziehungen unterhalten.

Mit „verpflichtend" sind beispielsweise Anforderungen gemeint, die der Gesetzgeber in einem Land vorschreibt, etwa die Position der Blinker an einem Pkw oder die Farbe des Fahrlichts. Es kann in einer Organisation aber auch interne verpflichtende Anforderungen an ein Produkt geben, etwa die Einhaltung von innerbetrieblichen Normen oder die Herstellbarkeit auf vorhandenen Anlagen.

In der Anmerkung 1 wird darauf hingewiesen, dass Anforderungen nicht nur von Kunden, sondern auch von anderen „interessierten Parteien" gestellt werden können. Das ist ein Hinweis auf das Konzept des Total Quality Management (siehe Kapitel 14), bei dem die folgenden Interessenpartner einer Organisation genannt werden:

- Kunden,
- Lieferanten (Partner),

- Mitarbeiter,
- Kapitalgeber und
- Gesellschaft.

Schließlich gestattet die Anmerkung 3 zusätzliche Bestimmungswörter, aus denen hervorgeht, woran die Anforderung gestellt wird oder von wem sie stammt. Eine Produktanforderung wird an ein Produkt gestellt, eine Qualitätsmanagementanforderung an einen Prozess, eine Kundenanforderung stammt von einem Kunden.

Nicht alle Kunden haben denselben Anspruch und stellen die gleichen Anforderungen an ein Produkt.

In bestimmten Kreisen der Gesellschaft wird mit silbernem Besteck gegessen, während andere sich mit einem Besteck aus rostfreiem Stahl begnügen. Wer einen Löffel aus Silber haben will, nimmt in Kauf, dass er dafür wesentlich mehr bezahlen muss als für einen Stahllöffel. Das liegt hauptsächlich am teureren Material.

In der Umgangssprache sagt man, der Silberlöffel sei von besserer Qualität als ein Stahllöffel. Im Sinne der genormten Qualitätsdefinition ist diese Aussage sinnlos. Gute Qualität in der Fachsprache bedeutet, dass der Löffel, aus welchem Material auch immer, in seiner Ausführung den geforderten Merkmalen entspricht. Diese Merkmale mit ihren Merkmalswerten sind aus der jeweiligen technischen Zeichnung zu entnehmen. Wenn sowohl der Silber- als auch der Stahllöffel ihrer Zeichnung entsprechen, sind sie von gleich guter Qualität. Was sie unterscheidet, sind unterschiedliche Anforderungen, insbesondere an das Material. Dadurch gehören sie zu einer unterschiedlichen *Anspruchsklasse*.

Anspruchs-
klasse

Kategorie oder Rang, die oder der den verschiedenen Anforderungen an ein Objekt mit demselben funktionellen Gebrauch zugeordnet ist.

Beispiel: Klassen bei Flugscheinen und Kategorien von Hotels in einem Hotelkatalog.

Anmerkung zum Begriff: Bei der Festlegung einer Qualitätsanforderung ist die Anspruchsklasse üblicherweise angegeben.

(DIN EN ISO 9000:2015)

In der Definition werden die Beispiele der Flugscheine mit den Anspruchsklassen First Class, Business Class und Economy Class und der Hotelkategorien genannt. Bei den Letzteren wird die Anspruchsklasse mit einer Zahl von Sternen angegeben.

Die Anmerkung im Definitionstext ist von eher geringer praktischer Bedeutung. Unter Qualitätsanforderungen sind Anforderungen an die Beschaffenheit des Objekts zu verstehen. In der Produktentwicklung legt man die Anforderungen an die Beschaffenheit im Einzelnen erst dann fest, nachdem die Entscheidung für eine Anspruchsklasse gefallen ist.

Die Kundenzufriedenheit hängt wesentlich von der Erfüllung der Kundenanforderungen ab. Zu Beginn eines Produktrealisierungsprozesses geht es entsprechend darum, aufgrund der Kundenanforderungen die Merkmale und Merkmalswerte des Produkts festzulegen. Dies erfolgt im Rahmen der *Qualitätsplanung*. Die Merkmalswerte müssen derart festgelegt werden, dass sie eindeutig und objektiv erfasst werden können. Man nennt eine solche Definition *operational*.

> Eine operationale Definition einer Anforderung ist ein eindeutiges und messbares (ersatzweise zahlbares oder beurteilbares) Annahmekriterium für den Merkmalswert, auf den sich die Anforderung bezieht.

Operationale Definition einer Anforderung

Deshalb weist eine Anforderung dieselbe Maßeinheit auf wie der Merkmalswert, auf den sie sich bezieht, muss aber gegebenenfalls mit einer Toleranz versehen werden, um die Herstellung zu ermöglichen (Tabelle 4.1).

Tabelle 4.1 Anforderungen an Merkmalswerte

Merkmal	Anforderung an einen Merkmalswert
Länge	(120,0 + 0,5) mm
Rauheit R_a	≤ 5 µm
Temperatur	≥ 20 °C
Antwortzeit	≤ 10 s
Anzahl von Schadensfällen in einem Jahr	≤ 3

Die operationale Definition der Merkmalswerte macht es möglich, die realisierte Beschaffenheit eines Produkts (oder allgemein eines Objekts) mit der geforderten Beschaffenheit zu vergleichen. Insofern stellt sie ein Annahmekriterium dar: Wird die geforderte Länge eines Bauteils von (120,0 + 0,5) mm, die gleichzeitig ein Qualitätsziel darstellt, bei der Herstellung nicht eingehalten, kann das Bauteil nicht angenommen werden, sondern ist zurückzuweisen. Das inhärente Merkmal Länge erfüllt die Anforderung nicht. In Bezug auf dieses Merkmal weist das Produkt einen Fehler auf.

Wie in Kapitel 3 ausgeführt, wird die Qualität nicht nur in Bezug auf Produkte definiert, sondern allgemein in Bezug auf ein Objekt. Das moderne Qualitätsmanagement betrachtet drei grundsätzlich verschiedene Objekte, die man auch als Betrachtungsebenen des Qualitätsmanagements bezeichnen kann: Produkte und Dienstleistungen, Prozesse und Systeme. An diese Einheiten werden unterschiedlich geartete Anforderungen gestellt, die wir deshalb in jeweils einem eigenen Abschnitt behandeln wollen (Bild 4.1).

Drei Arten von Anforderungen

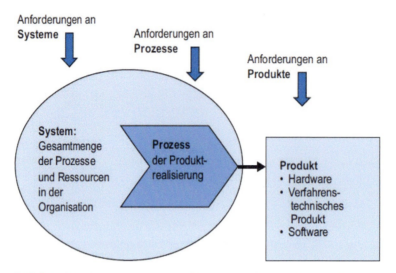

Bild 4.1 Anforderungen in den drei Betrachtungsebenen des Qualitätsmanagements

4.2 Anforderungen an Produkte

Nach dem Modell des prozessorientierten Qualitätsmanagements werden die Anforderungen an ein Produkt von den potenziellen Kunden gestellt. Allerdings werden dort auch „andere interessierte Parteien" erwähnt. Welche diese sind und welcher Art ihr Interesse ist, fasst Tabelle 4.2 beispielhaft zusammen (siehe dazu auch Kapitel 14).

Tabelle 4.2 Anforderungen interessierter Parteien an Produkte

Interessierte Partei	Anforderungen
Kunden	… hinsichtlich des Gebrauchs
Lieferanten	… hinsichtlich der Verfügbarkeit der Rohstoffe … hinsichtlich der rechtzeitigen Übermittlung einer vollständigen Spezifikation
Mitarbeiter	–
Kapitalgeber	… hinsichtlich der erzielbaren Kaufpreise und damit Gewinne
Gesellschaft	… hinsichtlich des Umweltschutzes und der Sicherheit in der Gebrauchsphase

Im Folgenden sollen nur die Anforderungen der Kunden weiter betrachtet werden. Dabei ist zwischen zwei typischen Hersteller-Kunden-Beziehungen zu unterscheiden, wenngleich auch Mischformen existieren:

- Lieferbeziehung zwischen zwei oder mehr Unternehmen, der ein Liefervertrag zugrunde liegt. Eine solche Lieferbeziehung wird oft als „Business-to-Business" oder abgekürzt B2B bezeichnet.
- Lieferbeziehung zwischen einem Hersteller und meist einer Vielzahl von privaten Kunden, auch „Business-to-Customer" oder B2C genannt.

Produkte, die Gegenstand einer B2B-Lieferbeziehung sind, werden meist für die Geschäftstätigkeit gebraucht (Investitionsgüter), sei es als Betriebsmittel oder als Zwischenprodukte, die als Bestandteil größerer Module weiterverkauft werden.

Lieferbeziehung zwischen zwei Unternehmen

Die Produkte sind seitens der Kunden in ihrer Soll-Beschaffenheit meist vollständig beschrieben, beispielsweise mithilfe technischer Zeichnungen, Tabellen und Mustern. Der Hersteller kennt damit die Anforderungen der Kunden und muss lediglich Produkte liefern, deren Merkmalswerte diesen Anforderungen entsprechen.

Beispiel

Ein Hersteller von Kunststoffteilen liefert Gehäuse für ein elektromechanisches Relais an einen Elektrogerätehersteller. Alle für die Herstellung benötigten Angaben zu Abmessungen und Werkstoffeigenschaften des Gehäuses sind (neben Lieferterminen und -mengen) Bestandteile des Liefervertrags.

Bei den Produkten in einer B2C-Lieferbeziehung handelt es sich meist um Verbrauchsgüter, die laut Definition nicht einem Geschäftszweck dienen. Dazu zählen beispielsweise nicht nur Zahnpasta und Geschirrtücher, sondern auch Autos und Segelboote.

Lieferbeziehung zwischen Hersteller und privaten Kunden

Nehmen wir den häufigen Fall an, dass ein Hersteller ein solches Produkt in einer größeren Stückzahl fertigen und verkaufen will. Da er seine künftigen Kunden noch nicht kennt, und außerdem jeder von ihnen wahrscheinlich andere Wünsche äußern würde, bleibt ihm nichts anderes übrig, als die inhärenten Merkmale und ihre Soll-Ausprägungen selbst festzulegen.

Beispiel

Ein Hersteller von Fahrrädern plant die Produktion von Mountainbikes für den europäischen Markt. Angestrebt wird ein jährlicher Absatz von 100 000 Rädern. Da die künftigen Käufer und ihre Wünsche im Einzelnen nicht bekannt sind, muss der Fahrradhersteller selbst die Anforderungen an das Mountainbike und an seine Einzelteile festlegen.

Um zu erreichen, dass das Produkt später genügend Käufer findet, wird der Hersteller im Rahmen des Marketings etwa die folgenden Untersuchungen im Markt durchführen:

- Beobachtung der Marktentwicklung,
- Analyse etwaiger Konkurrenzprodukte und
- Ermittlung möglicher Zielgruppen.

Unter Zielgruppen versteht man Teilgruppen von Käufern im Markt. Man kann sie nach unterschiedlichen Kriterien identifizieren, beispielsweise nach Einkommen, sozialer Schicht oder Alter. Für das Beispiel des Mountainbikes könnte man auch die Bedürfnispyramide nach Maslow sinngemäß heranziehen. Es wäre dabei zu untersuchen,

- wie viele Käufer zum ersten Mal ein Mountainbike kaufen würden und dabei sehr preisbewusst auftreten,
- wie viele Käufer Ersatzkäufe tätigen und dabei besonderen Wert auf die Sicherheit im Gebrauch legen und
- wie viele Käufer das Bike als Statussymbol mit entsprechender Ausstrahlung ansehen und bereit sind, dafür einen höheren Preis zu bezahlen.

Im nächsten Schritt würde der Hersteller jeweils Stichproben von Käufern aus den Zielgruppen nach ihren Wünschen hinsichtlich eines Mountainbikes befragen.

Aus den Ergebnissen kann man für das neue Produkt eine oder mehrere Anspruchsklassen definieren, die zu unterschiedlichen Produkten führen.

Das Ergebnis des Marketingprozesses liefert also Vorstellungen und Wünsche von potenziellen Kunden bezüglich des geplanten Produkts. Sie sind allerdings unscharf formuliert, wie etwa:

- leichtes Mountainbike,
- steifer Rahmen,
- sichere Bremsen,
- gute Federung,
- gutes Preis-Leistungs-Verhältnis,
- auffälliges Styling.

Für die Herstellung des Mountainbikes benötigt man jedoch eine Liste aller Einzelteile und jedes Einzelteil muss durch seine inhärenten Merkmale genau beschrieben sein.

Eine Methode, mit der aus den unscharf formulierten Kundenwünschen operational definierte Anforderungen an das Produkt abgeleitet werden können, ist das Quality Function Deployment (QFD). Es wird in Kapitel 11 im Einzelnen beschrieben.

4.3 Anforderungen an Prozesse

Wenn wir von Anforderungen an Prozesse sprechen, sind damit oft Produktrealisierungsprozesse gemeint, oft auch Herstellprozesse genannt (Bild 4.1). Das Interesse des Qualitätsmanagements an diesen Prozessen ist darin begründet, dass die Art und Weise, wie sie gestaltet sind und geführt werden, die Qualität der hergestellten Produkte wesentlich beeinflusst. In diesem Sinn sind auch an Herstellprozesse Anforderungen zu stellen.

Ähnlich wie bei Produkten erkennt man auch hier interessierte Parteien mit eigenen Anforderungen (Tabelle 4.3).

Tabelle 4.3 Anforderungen interessierter Parteien an Prozesse

Interessierte Partei	Anforderungen
Kunden	… an Prozesse zur Erbringung von Dienstleistungen
Lieferanten	… bezüglich rechtzeitiger und zuverlässiger Lieferprognosen
Mitarbeiter	… hinsichtlich der Gesundheits- und Unfallrisiken beim Betrieb
Kapitalgeber	… hinsichtlich der Wirtschaftlichkeit
Gesellschaft	… hinsichtlich des Umweltschutzes und eines schonenden Umgangs mit Ressourcen

Die Kunden kennen in den meisten Fällen nicht die Herstellprozesse der Produktanbieter, deshalb treten sie als interessierte Partei nicht in Erscheinung. Eine Ausnahme bilden die Prozesse zur Erbringung von Dienstleistungen, worauf wir am Ende dieses Abschnitts zurückkommen.

Das Qualitätsmanagement strebt in erster Linie eine gute Qualität der Produkte und Dienstleistungen an. So sollen in diesem Abschnitt Anforderungen an Prozesse genannt werden, die gerade darauf abzielen. Es geht also nicht um die Kosten, die durch das Betreiben des Prozesses entstehen, und meistens auch nicht um die Dauer der Produkterstellung. Vielmehr stellt sich die Frage, welche inhärenten Merkmale eines Prozesses die Qualität der erzeugten Objekte beeinflussen.

In der Praxis wird am häufigsten mit zwei Merkmalen dieser Art gearbeitet:
- Prozessausbeute und
- Prozessfähigkeit.

In Kapitel 7, das sich mit der Messung von Prozessen befasst, werden mehrere Kennzahlen für die Prozessausbeute beschrieben. Aus jeder dieser Kennzahlen kann eine Anforderung an den Prozess abgeleitet werden, beispielsweise:

Prozessausbeute

$FPY \geq 99\,\%$

FPY ist eine Abkürzung für First Pass Yield (Anfangsausbeute) und gibt an, welcher Anteil der Produkte den Prozess im ersten Anlauf, d. h. ohne Nacharbeit, fehlerfrei durchläuft.

Prozessfähigkeit

Eine häufig herangezogene Kennzahl für die Prozessfähigkeit ist der Prozessfähigkeitsindex c_{pk}, und eine Anforderung an den Herstellprozess kann beispielsweise lauten:

$$c_{pk} \geq 1{,}33.$$

Das bedeutet, dass der Prozess hinsichtlich des betrachteten Merkmals einen Überschreitungsanteil von höchstens 30 ppm (parts per million) ausbringen darf. Weitere Kennzahlen zur Prozessfähigkeit und deren Ableitung finden sich in Kapitel 7.

Beim Kommentar zu Tabelle 4.3 wurde ausgeführt, dass die Kunden im Allgemeinen keine Forderungen an Prozesse stellen, die Hardware-, Software- oder verfahrenstechnische Probleme ausbringen. Das liegt daran, dass die Kunden diese Prozesse nicht kennen. Sie wissen nicht,

- wann,
- wo,
- wie und
- durch wen

die Produkte hergestellt wurden. Das gilt nicht für eine *Dienstleistung,* die wie folgt definiert ist:

Dienstleistung

Ergebnis einer Organisation mit mindestens einer Tätigkeit, die notwendigerweise zwischen der Organisation und dem Kunden ausgeführt wird.

Anmerkung 1 zum Begriff: Die vorherrschenden Elemente einer Dienstleistung sind üblicherweise immateriell.

Anmerkung 2 zum Begriff: Dienstleistung umfasst häufig Tätigkeiten an der Schnittstelle zum Kunden, um Kundenanforderungen festzulegen, sowie bei der Erbringung der Dienstleistung und kann eine kontinuierliche Beziehung einschließen, wie etwa Banken, Buchführungen oder öffentliche Einrichtungen, z. B. Schulen und Krankenhäuser.

Anmerkung 3 zum Begriff: Zur Erbringung einer Dienstleistung kann z. B. Folgendes gehören:

eine Tätigkeit, die an einem vom Kunden gelieferten materiellen Produkt ausgeführt wird (z. B. an einem zu reparierenden Auto),

eine Tätigkeit, die an einem vom Kunden gelieferten immateriellen Produkt ausgeführt wird (z. B. am für die Erstellung einer Steuerrückerstattung erforderlichen Einkommensnachweis).

(DIN EN ISO 9000:2015)

Während in der Umgangssprache unter Dienstleistung eine *Tätigkeit* verstanden wird, ist sie nach der obigen Definition ein *Ergebnis* eines Betriebs.

Eine Besonderheit der Dienstleistung liegt darin, dass sie an der „Schnittstelle" zwischen Lieferant und Kunde erbracht wird. Der Kunde muss also meist anwesend sein, während der Dienstleistungsprozess abläuft. Er ist notwendigerweise Zeuge und manchmal auch Mitwirkender im Dienstleistungsprozess. Daher stellen Kunden häufig nicht nur Anforderungen an die empfangene Dienstleistung, sondern auch an den Dienstleistungsprozess.

Bild 4.2 stellt den Dienstleistungsprozess „Bedienung im Restaurant" dar. An diesem Dienstleistungsprozess als Beispiel soll gezeigt werden, welche Erwartungen oder Wünsche die Restaurantbesucher haben und wie sie mit einer Qualitätstechnik mit dem Namen „Critical-to-Quality-Baum (CTQ-Baum)" in operationale Anforderungen an den Prozess umgesetzt werden können.

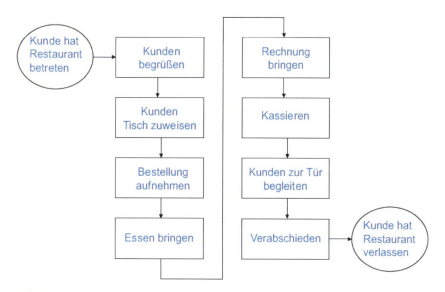

Bild 4.2 Dienstleistungsprozess „Bedienung im Restaurant"

Kunden äußern ihre Anforderungen meist in umgangssprachlicher Form. Sie ist entsprechend unscharf und lässt keine direkten Rückschlüsse auf bestimmte Merkmale zu. Eine Kundenforderung, die der Kunde selbst mit hoher Priorität versehen hat, bezeichnet man als *Critical to Customer* (CTC).

Critical-to-Quality-Baum

Beispielsweise könnte ein Kunde äußern, von großer Bedeutung für ihn während eines Restaurantbesuchs sei eine „gute Bedienung" (CTC). Es handelt sich hier um einen Dienstleistungsprozess, der vom Personal im Restaurant dem Gast gegenüber erbracht wird. „Gute Bedienung" ist allerdings nicht eindeutig und kann von den einzelnen Bedienern unterschiedlich ausgelegt werden.

Es stellt sich die Frage, welche einzelnen Merkmale des Bedienungsprozesses beim Kunden den Eindruck erwecken, es handele sich um eine „gute Bedienung". Diese Merkmale bezeichnet man als *Critical to Quality* (CTQ).

Sie müssen in einem planvollen Vorgehen aus den Kundenanforderungen, die zunächst in der Sprache der Kunden vorliegen, herausgearbeitet werden. Wie das mittels des sogenannten CTQ-Baums geschieht, ist in Tabelle 4.4 dargestellt.

Tabelle 4.4 CTQ-Baum für einen Dienstleistungsprozess

Kundenforderung (CTC)	Treiber	Wichtige Produktmerkmale (CTQ)	Operationale Definition der CTQ
Gute Bedienung	Schnelle Bedienung	Schnelles Bringen der Speisekarte	Gäste werden innerhalb von zwei Minuten, nachdem sie Platz genommen haben, mit der Speisekarte versorgt
		Schnelle Weitergabe der Bestellung an die Küche	Bestellungen werden innerhalb von zwei Minuten an die Küche weitergegeben
		Kurze Wartezeit auf das Essen	Wartezeit auf das Essen darf maximal 15 Minuten betragen
	Freundliche Bedienung	Höfliche Begrüßung und Verabschiedung	Festgelegte Grußformeln verwenden (guten Morgen, guten Tag, guten Abend, gute Nacht, danke für Ihren Besuch, auf Wiedersehen)
		Augenkontakt	Bei Begrüßung und bei Bestellungen Augenkontakt herstellen
		Fragen nach Zufriedenheit	Vor Bezahlung Gast nach Zufriedenheit fragen
		Geleiten zum Platz und zur Tür	Gast zum Platz und zur Tür begleiten, indem man vorangeht

In einem ersten Schritt wird angenommen oder durch weiteres Befragen des Kunden in Erfahrung gebracht, dass gute Bedienung sich durch schnelle und freundliche Bedienung äußert (Treiber). Diese Begriffe kann man weiter unterteilen, wie in der dritten Spalte der Tabelle gezeigt. Damit erhält man bereits Merkmale des Prozesses „Bedienung", die für die Zufriedenheit des Gasts wichtig sind und damit als Critical to Quality (CTQ) definiert werden.

Es fehlt noch ein letzter Schritt, in dem die entsprechenden Merkmalswerte operational festgelegt werden. Im vorliegenden Fall handelt es sich bei den gewählten Merkmalen um zeitbezogene und um verhaltensbezogene Merkmale (siehe auch Definition in Kapitel 3).

Gerade verhaltensbezogene Merkmale wie etwa „Freundlichkeit" lassen sich schwer operational definieren. „Freundlich lächeln" beispielsweise stellt keinen geeigneten

Merkmalswert dar, denn er ist nicht operational, ebenso wenig wie „sympathische Ausstrahlung". Im vorliegenden Beispiel werden als Merkmalswerte für „freundliche Bedienung" festgelegte Grußformeln, Herstellen von Augenkontakt oder Begleiten zum Tisch und zum Ausgang ausgewählt. Diese Merkmalswerte können das Konzept der Freundlichkeit nicht vollständig abdecken, aber sie sind dem Personal vermittelbar und können eindeutig und objektiv auf Vorhandensein geprüft werden.

Der CTQ-Baum wurde als Technik innerhalb der Six-Sigma-Problemlösungsmethode entwickelt (siehe auch Kapitel 8). Er stellt eine einfache und schnell anzuwendende Alternative zum Quality Function Deployment (QFD) dar.

4.4 Anforderungen an Systeme

Dem Thema dieses Buchs folgend geht es hier um Anforderungen an das Qualitätsmanagementsystem einer Organisation. Es besteht aus den vier Hauptprozessen

- Planen,
- Durchführen,
- Prüfen sowie
- Handeln

und aus den dazu benötigten Ressourcen, wie etwa benötigte Personen, Infrastruktur, Mittel zur Überwachung und Messung und Wissen. Die Norm DIN EN ISO 9001:2015, im folgenden Text der Kürze wegen als die Norm bezeichnet, beinhaltet eine Auflistung von Anforderungen sowohl an die genannten Hauptprozesse als auch an die qualitätsrelevanten Ressourcen. Der Inhalt der Norm ist in Kapitel 12 eingehend beschrieben und soll an dieser Stelle nicht wiederholt werden.

In Abschnitt 2.4 wurde ausgeführt, dass das Qualitätsmanagementsystem einerseits aus den Tätigkeiten des Qualitätsmanagements und andererseits aus den dazu notwendigen Ressourcen besteht und damit der umfassendere Begriff ist. Da die *Anforderungen an Prozesse* schon im vorigen Abschnitt des Kapitels behandelt wurden, wollen wir im Folgenden die *Anforderungen an die Ressourcen* betrachten.

Die Anforderungen sind in der Norm jedoch allgemein formuliert, denn ein Unternehmen soll die Freiheit haben, sie nach seinen Verhältnissen und Bedürfnissen auszugestalten. Das ist auch der Grund dafür, dass das Qualitätsmanagementhandbuch einer Organisation nicht lediglich den Normtext wiedergeben kann, sondern eine organisationsspezifische und konkrete Version darstellen muss. Mit anderen Worten: Die Organisation muss die allgemein beschriebenen Anforderungen des Normtexts für den eigenen Bedarf operational definieren.

Das soll an einem Beispiel verdeutlicht werden. Die Ressourcen werden im Rahmen der Norm in Kapitel 7 „Unterstützung" als Unterabschnitt 7.1 behandelt. Dieser ist wiederum in weitere Unterabschnitte unterteilt, von denen einer „7.1.5.2 Messtechnische Rückführbarkeit" heißt. Darin finden wir die Anforderungen an den Umgang mit Messmitteln.

Ein Unternehmen kann diese Anforderungen für seinen innerbetrieblichen Bedarf so operationalisieren, wie es Tabelle 4.5 zeigt.

Tabelle 4.5 Gegenüberstellung von Norm- und operationalisierten Anforderungen

Prüfmittel (Messmittel, die zur Erfüllung einer Qualitätsforderung dienen) müssen in festgelegten Abständen kalibriert werden.	Für jedes Prüfmittel wird eine Stammkarte mit den folgenden Daten angelegt - Inventarnummer, - Benutzerkostenstelle, - Prüfmittelgruppe, - Messbereich, - Zeitraum zwischen Kalibrierungen, - Kalibrierergebnis mit Datum. Die Stammkarte wird im Feinmessraum angelegt und geführt. Eine aktuelle Kopie liegt in der Benutzerkostenstelle. Die Kalibrierung wird im Feinmessraum durchgeführt, der dafür eine Kalibrieranweisung erstellt und pflegt. Die Kostenstelle ist in der Bring- und Holpflicht zum und vom Feinmessraum, wenn eine Kalibrierung ansteht.
Der Kalibrierstatus muss auf den Prüfmitteln erkennbar sein.	Nach jeder Kalibrierung versieht der Feinmessraum das Prüfmittel mit einem standardisierten Aufkleber, der das Kalibrierdatum, Ergebnis und den nächsten Kalibriertermin enthält. Dieselben Angaben werden auch in die beiden Exemplare der Stammkarte eingetragen.
Messmittel müssen vor Einstellungsänderungen, Beschädigung oder Verschlechterung, was den Kalibrierstatus ungültig machen würde, geschützt sein.	Für jedes Prüfmittel im Betrieb muss eine Aufbewahrung vorgesehen werden, die vom Feinmessraum freigegeben und regelmäßig überprüft wird.

Damit kann ein Auditor bei einem Systemaudit eindeutig feststellen, ob die Organisation nach den im Qualitätsmanagementhandbuch beschriebenen Anforderungen handelt.

4.5 Zusammenfassung

Um die Qualität einer Einheit zu bestimmen, muss man nicht nur die aktuellen Werte ihrer inhärenten Merkmale kennen (ihre aktuelle Beschaffenheit), sondern auch die Anforderungen daran (den Soll-Zustand). Insofern ist die Festlegung der Anforderungen, die in der genormten Fachsprache als Qualitätsplanung bezeichnet wird, eine der Grundlagen des Qualitätsmanagements.

In diesem Kapitel wurden die Begriffe *Anforderung* und *Anspruchsklasse* erläutert und dabei die Notwendigkeit herausgestellt, Merkmalswerte und dazugehörige Anforderungen operational zu definieren, damit sie eindeutig und objektiv verglichen werden können.

Die Anforderungen an Produkte, Dienstleistungen, Prozesse und Systeme sind von der Art her unterschiedlich und wurden ausführlich erläutert.

Beim Qualitätsmanagement von Dienstleistungen tritt die Besonderheit auf, dass die Kunden nicht nur Empfänger des Produkts, sondern gleichzeitig Zeugen und sogar Mitwirkende im Dienstleistungsprozess sein können. Das führt dazu, dass Empfänger von Dienstleistungen nicht nur Anforderungen an die Dienstleistung selbst stellen, sondern auch an den Dienstleistungsprozess.

Schließlich wurde auf die besondere Schwierigkeit hingewiesen, Anforderungen an verhaltensbezogene Merkmale operational zu definieren.

4.6 Aufgaben zur Wiederholung und Vertiefung

1. Definieren Sie den Begriff Anforderung entsprechend der ISO 9000.
2. In der genormten Definition der Anforderung wird angemerkt, dass Anforderungen von verschiedenen interessierten Parteien gestellt werden können. Der Zuwachs an Wissen ihrer Studierenden ist eine der Dienstleistungen, die eine Hochschule anbietet. Welche interessierten Parteien können Sie sich bei dieser Dienstleistung vorstellen?
3. Was versteht man unter einer operationalen Definition und warum müssen inhärente Merkmale eines Produkts genauso wie die Anforderungen daran operational definiert werden?
4. Diskutieren Sie den Unterschied zwischen den Begriffen Qualität und Anspruchsklasse.

5. Ist die Qualität eines Mercedes S-Klasse besser als die Qualität eines SEAT Ibiza? Begründen Sie Ihre Antwort und erklären Sie, warum der Preisunterschied zwischen den beiden Automodellen nicht mit ihrer Qualität zu begründen ist.
6. Die Länge eines Gegenstands ist ein quantitativ stetiges Merkmal. Warum kann man nicht einen Metallquader mit einer Länge von genau 120,0 mm herstellen?
7. Nennen Sie drei Beispiele einer Dienstleistung, bei deren Erstellung der Kunde persönlich anwesend sein muss.
8. Nennen Sie drei Beispiele von Dienstleistungsprozessen, bei denen die Mitwirkung des Kunden das Ergebnis wesentlich beeinflusst.
9. Nennen Sie drei Beispiele von Dienstleistungsprozessen, bei denen Hardware eingesetzt wird.
10. Denken Sie an eine Vorlesung und stellen Sie eine Liste von Erwartungen (Wünschen) auf, die Sie daran stellen, ohne sie weiter zu operationalisieren.
    - Ist die Vorlesung eine Dienstleistung oder ein Dienstleistungsprozess?
    - Was ist das Ergebnis einer Vorlesung?
    - Sehen Sie sich Ihre Liste an und ordnen Sie die Erwartungen jeweils dem Dienstleistungsprozess und dem Ergebnis zu.

> **Story**
>
> Im vierten Kapitel Ihrer Story beschäftigen Sie sich mit den Anforderungen.
>
> Bestimmen Sie die interessierten Parteien, die Ihrem Unternehmen gegenüberstehen.
>
> Definieren Sie für die im dritten Kapitel formulierten inhärenten Merkmale jeweils Anforderungen an die Merkmalswerte, um so die realisierte Beschaffenheit eines Produkts mit der geforderten Beschaffenheit vergleichen zu können.
>
> Welche Anforderungen stellt die jeweilige interessierte Partei an Ihre Produkte, Ihre Prozesse und Ihre Systeme? Wie geht die Getränke-Flow GmbH mit diesen Anforderungen um? Begründen Sie Ihre Position.

5 Kundenzufriedenheit

 Das vorherige Kapitel

Im vorhergehenden Kapitel haben wir den Begriff Anforderungen näher erläutert. Er spielt im Qualitätsmanagement eine zentrale Rolle, da sowohl die Definition für Qualität (siehe Kapitel 3) als auch die für Kundenzufriedenheit darauf Bezug nehmen.

 Worum es geht

Diejenigen Unternehmen haben den größten Erfolg, die auf Kundenzufriedenheit setzen. Wir erläutern den Begriff Kundenzufriedenheit und stellen dar, wie sie entsteht und wie sie gemessen werden kann.

5.1 Kundenzufriedenheit

Zahlreiche Untersuchungen belegen: Diejenigen Unternehmen haben den größten Erfolg, die auf *Kundenzufriedenheit* setzen (Homburg 2008). Das verwundert vielleicht, da im Allgemeinen von Qualitätsmanagement anstatt von Kundenzufriedenheitsmanagement gesprochen wird. Doch auch im grundlegenden Regelwerk für Qualitätsmanagement, der Normenreihe DIN EN ISO 9000 ff., wird in den Grundsätzen des Qualitätsmanagements im Abschnitt 2.3 der DIN EN ISO 9000:2015 die Bedeutung der Kundenzufriedenheit als erster Grundsatz genannt. Dort wird formuliert: „Der Hauptschwerpunkt des Qualitätsmanagements liegt in der Erfüllung der Kundenanforderungen und dem Bestreben, die Kundenerwartungen zu übertreffen."

Es stellt sich deshalb die Frage, ob man die Begriffe Qualität und Kundenzufriedenheit gleichstellen darf. Daher sollen zunächst der Begriff der Kundenzufriedenheit und deren Bedeutung geklärt werden, bevor wir auf die Messung der Kundenzufriedenheit eingehen.

Kundenzufriedenheit

> Wahrnehmung des Kunden zu dem Grad, in dem die Erwartungen des Kunden erfüllt worden sind.
>
> Anmerkung 1: Es kann sein, dass die Kundenerwartung der Organisation oder sogar dem besagten Kunden unbekannt ist, bis das Produkt geliefert oder die Dienstleistung erbracht wird. Zum Erreichen hoher Kundenzufriedenheit kann es erforderlich sein, eine Kundenerwartung zu erfüllen, auch wenn sie weder festgelegt noch üblicherweise vorausgesetzt oder verpflichtend ist.
>
> Anmerkung 2: Reklamationen sind ein üblicher Indikator für Kundenunzufriedenheit, doch bedeutet ihr Fehlen nicht notwendigerweise hohe Kundenzufriedenheit.
>
> Anmerkung 3: Selbst wenn Kundenanforderungen mit dem Kunden vereinbart und erfüllt worden sind, bedeutet dies nicht notwendigerweise, dass die Kundenzufriedenheit damit sichergestellt ist.
>
> (DIN EN ISO 9000:2015)

Ausschlaggebend für die Kundenzufriedenheit ist also die *Wahrnehmung* des Kunden. Damit ist im Gegensatz zum objektiven Qualitätsbegriff („Grad der Erfüllung von Anforderungen") die Kundenzufriedenheit subjektiv. Jeder Kunde wird den Grad der Erfüllung seiner Erwartungen aus seiner Sicht bewerten und bei gleicher Qualität werden verschiedene Kunden unterschiedliche Kundenzufriedenheit erlangen und angeben.

Neu in der DIN EN ISO 9000:2015 ist die Verwendung des Begriffs *Erwartung* in der Definition anstatt des bisherigen Begriffs *Anforderung*. Im Abschnitt 3.6.4 wird Anforderung als Oberbegriff für Erfordernis und Erwartung definiert. Insofern wird die Norm nun stärker zum Ausdruck gebracht, dass dem Kunden seine eigenen Erfordernisse vielleicht nicht bewusst sind und demzufolge deren Nichterfüllung von ihm nicht wahrgenommen würde.

Wie aus Anmerkung 3 der Definition deutlich wird, können wir eine hohe Kundenzufriedenheit auch nicht durch die Erfüllung der vereinbarten Anforderungen sicherstellen. Dafür gibt es zwei Gründe:

Zum einen lassen sich die Kundenanforderungen niemals vollständig festlegen und vereinbaren, da der Kunde das gewünschte Produkt eventuell nicht vollständig beschreiben kann und sich seiner Erwartungen – die über die festgelegten Anforderungen hinausgehen – eventuell nicht bewusst ist. Darüber hinaus setzt der Kunde bestimmte Eigenschaften einfach als selbstverständlich voraus, z. B. dass ein Auto über eine Kofferraumbeleuchtung verfügt. Werden diese vorausgesetzten Anforderungen (= Kundenerwartungen) nicht erfüllt, ist er enttäuscht und unzufrieden.

Zum anderen ist eben die Bewertung des Grads der Erfüllung der Erwartungen subjektiv. Auch wenn der Leistungsanbieter von einer hundertprozentigen Erfüllung ausgeht, muss der Kunde das nicht notwendigerweise genauso beurteilen.

Tatsächlich wird die *Kundenzufriedenheit* durch zahlreiche Faktoren beeinflusst, die mit den Erwartungen des Kunden zusammenhängen und in Bild 5.1 beispielhaft aufgeführt sind.

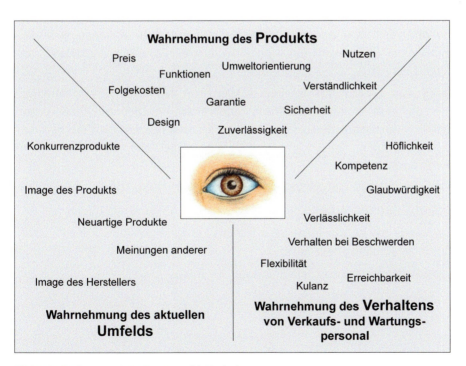

Bild 5.1 Einflüsse auf die Kundenzufriedenheit

Produkt

Unsere Zufriedenheit wird von einer Vielzahl eher technischer Faktoren beeinflusst. Aber Bild 5.1 stellt dar, dass auch der *Preis* wesentlich für die Kundenzufriedenheit ist, während er bei der Bewertung der Qualität definitionsgemäß nicht berücksichtigt wird, er ist kein inhärentes Merkmal.

Viele Kunden werden auf die Frage nach ihrer Zufriedenheit zunächst eine Meinung über das Preis-Leistungs-Verhältnis äußern. Das führt gelegentlich zu der Auffassung, dass die Qualität gegenüber dem Preis eine untergeordnete Rolle spielen würde. Besonders deutlich wurde das an Slogans wie „Geiz ist geil" (siehe Kasten). Ein Sprichwort sagt jedoch: „Der Ärger über die schlechte Qualität eines Produkts währt länger als die Freude über den niedrigen Preis."

Verhalten

Neben den technischen und funktionalen Erwartungen an die Qualität des Produkts/ der Dienstleistung gibt es eine Vielzahl emotional besetzter Einflussgrößen und Erwartungen. Hierzu zählen z. B. die Höflichkeit der Mitarbeiter sowie Flexibilität und Motivation. Studien belegen, dass für eine hohe Kundenzufriedenheit oft gerade diese „weichen" Faktoren ausschlaggebend sind, insbesondere das Verhalten des Anbieters bei aufgetretenen Problemen (Homburg/Fürst 2003). Wird ein Problem schnell, kostengünstig und für den Kunden angenehm gelöst, führt das letztlich oft zu einer höheren Kundenzufriedenheit, als wenn es überhaupt kein Problem gegeben hätte (Homburg 2008). Für den Kunden wird nämlich klar, dass er bei diesem Anbieter mit seinen Problemen nicht alleine gelassen wird.

Viele Anbieter, insbesondere im Einzelhandel, haben auf dieses Kundenbedürfnis mit großzügigen Regelungen für Umtauschwünsche, Garantieabwicklungen und auch Kulanz reagiert.

Umfeld

Schließlich wird die Kundenzufriedenheit aber nicht nur durch das Verhalten des Anbieters und sein Produkt beeinflusst, sondern wir verarbeiten darüber hinaus eine Reihe von Informationen aus dem Umfeld. Assoziationen, die wir mit bestimmten Marken verbinden, spielen hier genauso eine große Rolle wie Meinungen aus unserem Bekanntenkreis.

Nach Seghezzi (2013) ist deshalb Kundenzufriedenheit

- … ganzheitlich (integral): Sie ergibt sich aus einer Vielzahl von Einflüssen.
- … subjektiv: Sie ist trotz identischer Einflüsse nicht notwendigerweise für unterschiedliche Kunden gleich hoch.
- … relativ: Sie hängt vom Umfeld und von der Zeit ab.

Geiz ist geil

Dieser Slogan wurde im Jahr 2004 zum Gegenstand öffentlicher Diskussion, da er einen Teil des deutschen Zeitgeists widerspiegelte und die aktuelle Entwicklung im deutschen Wettbewerb auszudrücken schien, in dem einzig der Kaufpreis einer Ware etwas zählte, ohne auf Merkmale wie Qualität, Langlebigkeit, Funktionsumfang, Betriebskosten oder den Service im Fachhandel zu achten.

„Die reine Orientierung am *Preis* ist überholt", sagt Peter Wippermann, Gründer des Hamburger Trendbüros. „Heute geht es um *Werte* statt um Preise. Die Kunden wollen in ein Produkt wieder Vertrauen haben." Diese Einstellung ist auch bei Unternehmen wie Media Markt und Saturn angekommen. Wippermann hat beobachtet, dass sie „seit einiger Zeit versuchen, den Servicegedanken zu verstärken".

Qualität hat wieder einen wesentlich höheren Stellenwert. „Anbieter in diesem Segment verdienen gut", sagt Oliver Nickel von der Markenberatung icon.

In Anlehnung an *Spiegel online* (2007)

■ 5.2 Bedeutung der Kundenzufriedenheit

Kundenzufriedenheit ist für alle Unternehmen ein wesentlicher Faktor für den nachhaltigen wirtschaftlichen Erfolg (DIN EN ISO 9000:2015, Abschnitt 2.3.1.2). Empirischen Studien zufolge sind zufriedene Kunden loyal und treu, kaufen das gleiche Produkt immer wieder bei dem gleichen Anbieter und werden, wenn möglich, auch andere Produkte bei diesem Anbieter kaufen *(Cross-Selling)*. Zufriedene Kunden sind weniger preissensitiv und äußern sich gegenüber anderen zufrieden und positiv über das Unternehmen. Das führt insgesamt zu höheren Umsätzen und reduziert die notwendigen Ausgaben für Werbung und Neukundenakquisition (Wünschmann 2007).

Wirtschaftlicher Erfolg

Aufgrund der gesättigten Märkte ist eine Neukundenakquisition und damit Wachstum oft nur zulasten von Mitbewerbern möglich. Das erfordert einerseits hohe Aufwendungen und oft die Werbung mit einem niedrigeren Preis. Insofern ist das Bemühen um *Kundenbindung* auf der Basis von Kundenzufriedenheit die Option der Wahl für viele Unternehmen geworden.

Letztlich müssen sich die Ziele zur Steigerung der Kundenzufriedenheit bzw. -bindung aber stets dem Hauptziel des Unternehmens, meist die Maximierung des Gewinns, unterordnen. Es dürfen also nur wirtschaftlich vertretbare Maßnahmen realisiert werden.

Kunden-bindung

Was man exakt unter *Kundenbindung* versteht, ist in der Literatur nicht einheitlich definiert. Unter Kundenbindung wollen wir hier die Schaffung einer dauerhaften Beziehung zwischen Kunden und Anbietern, also den Aufbau einer Geschäftstreue oder Markentreue, verstehen.

Kundenbindung umfasst sowohl das bisherige Verhalten als auch die Verhaltensabsicht eines Kunden gegenüber einem Anbieter oder dessen Leistungen. Zum bisherigen Verhalten zählt das tatsächlich gezeigte Wiederkauf- und Weiterempfehlungs*verhalten*, die Verhaltensabsicht ist unter anderem durch Wiederkauf-, Zusatzkauf- sowie Weiterempfehlungs*absicht* gekennzeichnet.

Damit hat auch die Kundenbindung eine vergleichbar hohe wirtschaftliche Bedeutung wie die Kundenzufriedenheit und offenbar gibt es einen Zusammenhang zwischen Kundenzufriedenheit und Kundenbindung. Dieser ist jedoch nicht eindeutig und linear. Er lässt sich zweckmäßig in die in Bild 5.2 dargestellten vier Quadranten unterteilen (vgl. Herrmann, Johnson 1999).

Bild 5.2 Zusammenhang Kundenzufriedenheit und -bindung

Bei der Gruppe der *Söldner* ist trotz einer hohen Kundenzufriedenheit die -bindung gering. Wenn diese Kunden ein für sie ähnliches Produkt bei einem anderen Anbieter zu einem niedrigeren Preis erhalten können, werden sie den Anbieter wechseln.

Andererseits kann trotz permanenter Unzufriedenheit die Kundenbindung hoch sein. Das ist insbesondere der Fall, wenn der Anbieter ein Monopol besitzt. Hier wird zwangsläufig die Wiederkaufrate hoch ausfallen müssen. Wir sprechen deshalb von den *Gefangenen*.

Die *Loyalen* bzw. *Fans* repräsentieren sehr treue Kunden. Sie sind sehr zufrieden mit den Leistungen des Unternehmens und werden deshalb immer wieder bei ihm kaufen.

Am anderen Ende der Skala finden wir die sogenannten *Terroristen* bzw. *Miesmacher*. Diese zeichnen sich durch eine hohe Unzufriedenheit mit den gebotenen Leistungen aus und kommunizieren diesen Unmut – mit Freude – an weitere Konsumenten.

 Aufgrund der hohen wirtschaftlichen Bedeutung der Kundenzufriedenheit wird diese von allen Regelwerken für Qualitätsmanagement in den Mittelpunkt gestellt.

Beispielhaft sei hier die herausgehobene Position der Kundenzufriedenheit und ihrer Messung in der *DIN EN ISO 9001:2015* genannt. Wie schon erwähnt sind Kundenzufriedenheit und deren Erhöhung das hauptsächliche Ziel der DIN EN ISO 9001:2015. Im Abschnitt 9.1.2 wird zusätzlich die Überwachung der Kundenzufriedenheit gefordert und in Abschnitt 9.1.3 die Analyse der dabei erhobenen Daten (DIN EN ISO 9001:2015).

Bedeutung der Kundenzufriedenheit im Qualitätsmanagement

Ziel dieser Analyse ist die Herausarbeitung von Verbesserungspotenzialen. Entsprechend dem im Modell dargestellten Kreislauf der ständigen Verbesserung *(PDCA-Zyklus)* müssen diese Verbesserungen in Verantwortung der obersten Leitung realisiert werden. Für die Kundenzufriedenheit kann man dementsprechend einen speziellen Kreislauf ableiten (Bild 5.3).

Verbesserung ist das Ziel

Bild 5.3
Verbesserungen anhand der Messung der Kundenzufriedenheit

Die hohe Bedeutung der Kundenzufriedenheit legt vielleicht nahe, diese auch als Qualitätskennzahl zu nutzen. Das wäre aber sinnlos, denn damit würde man die objektiv messbare Qualität mit der subjektiven Kundenzufriedenheit gleichsetzen und somit auch Qualität zu einer subjektiven Größe machen! Außerdem ist es nicht möglich, Kundenzufriedenheit in beliebig engen Zeitintervallen zu messen, wie es bei Qualitätsdaten für die Steuerung notwendig ist. Aufgrund des integralen Charakters der Kundenzufriedenheit wäre es weiterhin unmöglich, diese für Einzelteile eines Produkts – z. B. das Bodenblech eines Autos – zu erheben.

Kundenzufriedenheit ist keine Qualitätskennzahl!

Daraus folgt: Kundenzufriedenheit und Qualitätskennzahlen müssen voneinander unterschieden und getrennt betrachtet werden.

5.3 Das Kano-Modell

Kano-Modell

Das nach seinem Entwickler benannte *Kano-Modell* der Kundenzufriedenheit bildet die Grundlage, die zufriedenheitsbeeinflussenden Faktoren bzw. Anforderungen zu ermitteln (Kano et al. 1984). Diese Anforderungen werden nach der Art ihres Einflusses auf die Kundenzufriedenheit klassifiziert. Das Modell unterscheidet drei Arten von Faktoren, die unterschiedliche Zufriedenheitsniveaus verursachen (Bild 5.4).

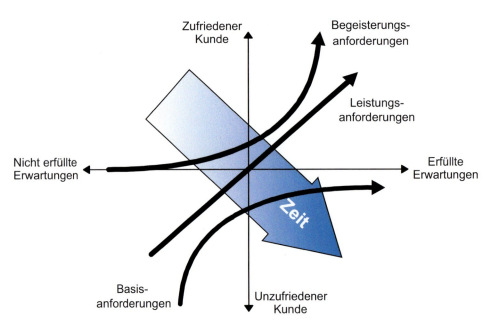

Bild 5.4 Das Kano-Modell

Basisanforderungen: Kunden setzen diese als selbstverständlich voraus, sodass bei Nichterfüllung Unzufriedenheit entsteht und bei Erfüllung ein neutraler Zustand der Nichtunzufriedenheit, nicht jedoch Zufriedenheit. Basisanforderungen sind so selbstverständlich, dass sie vom Kunden nicht extra benannt werden. Erst wenn diese Anforderungen nicht erfüllt werden, fallen sie dem Kunden auf und er ist unzufrieden. Sie entsprechen den üblicherweise vorausgesetzten Anforderungen laut Definition der DIN EN ISO 9000:2015.

Beispiele für Basisanforderungen an ein Auto:

- Auto fährt,
- grundlegende Sicherheitsausstattung ist vorhanden (Airbag, ABS).

Leistungsanforderungen: Dies sind grundlegende Anforderungen, deren Nichterfüllung zu massivem Unmut beim Kunden führt. Es besteht ein linearer Zusammenhang zwischen dem Grad der Erfüllung dieser Anforderungen, d.h. der erbrachten Leistung, und der Zufriedenheit des Kunden. Investitionen zur Erfüllung dieser Anforderungen zahlen sich also im Allgemeinen aus. Üblicherweise wird der Kunde diese Anforderungen konkret benennen und spezifizieren. Sie sind vergleichbar mit den festgelegten Anforderungen in der Definition der DIN EN ISO 9000:2015. Insbesondere durch den technischen Fortschritt werden jedoch mit der Zeit aus Leistungsanforderungen Basisanforderungen.

Beispiele für Leistungsanforderungen an ein Auto:

- Zuverlässigkeit des Autos,
- zusätzliche Sicherheitsausstattung (z.B. Abstandswarner),
- Spritverbrauch/CO_2-Ausstoß.

Begeisterungsanforderungen: Sie kommen in der von der DIN EN ISO 9000:2015 genormten Definition nicht vor und sind latent vorhandene Anforderungen, die die Kunden häufig nicht einmal beschreiben können und deren Erfüllung sie somit auch nicht erwarten. Deshalb führt die Nichterfüllung dieser Anforderungen auch nicht zur Unzufriedenheit des Kunden. Wird ihm aber ein unerwarteter Zusatznutzen geboten, ist der Kunde begeistert und seine Zufriedenheit steigt stark an.

Mit der Zeit gewöhnt sich der Kunde aber an diesen Zusatznutzen und erwartet ihn ausdrücklich. Aus den Begeisterungsanforderungen werden Leistungsanforderungen. Hierbei spielt der Wettbewerb zwischen verschiedenen Anbietern eine wesentliche Rolle.

Beispiele für Begeisterungsanforderungen an ein Auto:

- Sonderausstattungen wie z.B. Einparkassistent oder integrierter Fahrradträger.

Airbags im Auto

Unter Airbag versteht man ein Prallkissen, das bei einem Unfall automatisch aufgeblasen wird und die Fahrzeuginsassen davor schützt, gegen harte Teile des Fahrzeugs, etwa das Lenkrad, geschleudert zu werden. Gemeinsam mit den Sicherheitsgurten erhöhen Airbags die passive Sicherheit beim Autofahren.

In Deutschland wurde 1980 zum ersten Mal ein Fahrer-Airbag, untergebracht im Lenkrad, in einem Auto der Oberklasse angeboten und von den Käufern trotz des Aufpreises sehr gut aufgenommen. In den Folgejahren nahmen fast alle Hersteller den Fahrer-Airbag in ihr Angebot auf, selbst für die Modelle der Mittelklasse.

> 1985 rüstete ein Sportwagenhersteller erstmals seine Modelle serienmäßig mit Fahrer- und Beifahrer-Airbag aus. Ein Argument in der Werbung, dass nun auch die eigene Ehefrau im Auto besser geschützt sei, erwies sich als wirksam. Schnell folgten auch hier die meisten Wettbewerber und boten den zusätzlichen Beifahrer-Airbag an.
>
> Etwa 1990 brachte ein schwedischer Hersteller erstmalig Seiten-Airbags auf den Markt. Sie blähen sich bei einem seitlichen Aufprall schützend zwischen den Insassen auf den vorderen Sitzen und den Türen.
>
> Es folgten in den späten 1990er-Jahren ein Knie-Airbag eines koreanischen Herstellers, dann zusätzliche Kopf-Airbags für die Passagiere auf der Rückbank in deutschen und schwedischen Automodellen und 2009 sogar ein Heck-Airbag in einem japanischen Kleinwagen.
>
> Mittlerweile gehören Fahrer- und Beifahrer-Airbags zur Serienausstattung aller in Deutschland angebotenen Automodelle einschließlich der Kleinwagen. In der Mittelklasse und Oberklasse werden ohne Aufpreis weitere Airbag-Systeme eingebaut. ∎

5.4 Messung der Kundenzufriedenheit

„Messen" oder „Bestimmen"?

Da laut DIN EN ISO 9000:2015 der Begriff *Messung* als ein Prozess zum Bestimmen eines Werts definiert ist, können wir auch vom *Messen* der Kundenzufriedenheit sprechen. Laut DIN 1319-1 ist eine Messung allerdings ein quantitativer Vergleich mit einer Einheit. Eine solche Einheit gibt es für die Kundenzufriedenheit nicht, sodass der Begriff *Bestimmen* in diesem Zusammenhang eigentlich bevorzugt werden sollte. Trotzdem hat sich im allgemeinen Sprachgebrauch eingebürgert, von einer Messung der Kundenzufriedenheit zu sprechen.

Bild 5.5 verdeutlicht, welche Möglichkeiten dabei prinzipiell zur Verfügung stehen.

Bewertung der Methoden

Schon die Vielfalt der Methoden in Bild 5.5 zeigt, dass es vermutlich nicht *den* Königsweg zur Ermittlung der Kundenzufriedenheit gibt. Jede der Methoden hat Vor- und Nachteile, die es vor einem konkreten Einsatz gegeneinander abzuwägen gilt. *Primärdatenerhebungen* sind oft aufwendig und kostenintensiv, liefern dafür aber ein präziseres Kundenfeedback als Sekundärdatenerhebungen. Somit ist das Ableiten konkreter Verbesserungspotenziale und -maßnahmen in der Regel einfacher und mit höherer Treffgenauigkeit möglich.

Bild 5.5 Methoden zur Erhebung der Kundenzufriedenheit (in Anlehnung an Weyers 2007)

Sekundärdatenerhebungen sind demgegenüber weniger aufwendig, liefern aber bei nicht sorgfältiger Interpretation leicht falsche Ergebnisse. Wie in zahlreichen Studien nachgewiesen wurde, ist z. B. die ausschließliche Beobachtung des Beschwerdegeschehens kein aussagefähiger Indikator für die Kundenzufriedenheit, da sich nur ein Teil der unzufriedenen Kunden auch tatsächlich beschwert, ein Großteil aber einfach den Anbieter wechselt. Insofern wird durch Beschwerdequoten nur die Zufriedenheit der bestehenden Kunden und nicht die der abgewanderten erfasst (Stauss/Seidel 2007). Je nach Studie liegt der Anteil der Beschwerdeführer nur bei 1 % bis 5 % der unzufriedenen Kunden.

Im Folgenden wollen wir deshalb auf die direkte Kundenbefragung etwas näher eingehen.

Kundenbefragungen haben einen breiten Anwendungsbereich. Wir alle kennen die Befragungen in Hotels und Verkehrsmitteln, aber auch innerhalb der Industrie sind solche Befragungen zur Ermittlung der Kundenzufriedenheit üblich.

Kundenbefragungen

Kundenbefragungen haben den Vorteil, dass man ganz gezielt und direkt nach bestimmten Merkmalen des Produkts oder der Dienstleistung fragen kann. Außerdem sind sie für große Stichproben geeignet, denn die Auswertung ist relativ einfach und kann zumindest teilweise mit geringem Aufwand automatisiert werden.

Meistens wird eine solche Befragung schriftlich durchgeführt. Das ist der Weg mit dem geringsten Aufwand. Andererseits bietet eine mündliche Befragung den Vorteil des direkten Kundenkontakts. Dadurch werden Probleme und Unzufriedenheit des Kunden mit höherer Sicherheit entdeckt und es bietet sich auch gleich die Chance, ausgleichend auf den Kunden einzuwirken. Damit wird ein wesentlicher Beitrag zur Erhöhung der Kundenzufriedenheit geleistet.

Immer größere Verbreitung finden auch computergestützte Befragungen, häufig direkt über das Internet. Der Vorteil liegt hier in der einfachen automatisierten Auswertung – die Daten liegen ja schon im IT-System bereit. Als Nachteile sind aber die Beschränkung auf vorgegebene (standardisierte) Fragen und Antworten sowie die hohen Anfangsinvestitionen zu nennen.

Fragebögen

Fragebögen sind das Kernstück der Kundenbefragung. Entsprechend dem Grad der Standardisierung der Fragen und Antworten wird unterschieden zwischen standardisierter, teilstandardisierter und offener Befragung. Bei der *standardisierten Befragung* sind Fragen und mögliche Antworten komplett vorgegeben. Damit eignet sie sich besonders für automatisierte Auswertungen. *Teilstandardisierte Befragungen* geben nur die Fragen vor und lassen den Kunden die Antworten selber formulieren, während *offene Befragungen* nur die Aufforderung an den Kunden zur Meinungsäußerung beinhalten. Diese werden ausschließlich bei mündlichen Befragungen angewendet und bieten die größte Chance, bisher verborgene Verbesserungspotenziale zu entdecken.

Auch bei standardisierten Fragebögen sollte aber stets *eine* offene Frage enthalten sein.

Für die vorgegebenen Antworten in standardisierten Fragebögen wählt man in der Regel eine gerade Anzahl von Möglichkeiten. Dadurch wird der Ausfüllende gezwungen, sich zu positionieren, und kann nicht den bequemen Weg einer mittleren Bewertung wählen. Selbstverständlich muss für alle Fragen auch die Auswahl „nicht zutreffend" bzw. „weiß nicht" ermöglicht werden.

Eine zentrale Frage bei dem Entwurf eines Fragebogens ist: „Welche Fragen soll ich stellen?" Dabei sollte man zweckmäßigerweise versuchen, zunächst einmal *alle* Merkmale des Produkts bzw. der Dienstleistung zusammenzustellen. Daraus sollte man dann die *aus Kundensicht* wesentlichsten Kriterien auswählen. Neben der Qualität eines Produkts sind dabei der Vertrieb, Service und weitere Bereiche zu berücksichtigen, an die der Kunde Erwartungen hat. Hilfestellung bei der Auswahl kann hier Bild 5.1 mit den Determinanten der Kundenzufriedenheit geben.

Wenn nicht aus vorangegangenen Untersuchungen klar ist, welche Merkmale des Produkts oder der Dienstleistung für den Kunden die höchste Bedeutung haben, kann und sollte neben der Frage zur Zufriedenheit jeweils auch die Bedeutung des Kriteriums hinterfragt werden. Dazu verwendet man wiederum geradzahlige Auswahlmöglichkeiten (Bild 5.6).

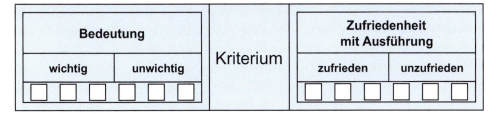

Bild 5.6 Doppelskala zur Ermittlung von Zufriedenheit und Bedeutung

Beispielsweise könnte man bei der Ermittlung der Kundenzufriedenheit mit einer Mensa die Kriterien:

- Geschmack des Essens,
- Größe der Portionen und
- Ambiente

abfragen und über die Ermittlung der jeweiligen Bedeutung herausbekommen, ob eher der Geschmack oder die Portionsgröße verbessert werden muss, wenn die Zufriedenheit mit beiden Punkten gleich gut (oder schlecht) ist.

Bild 5.7 zeigt einen gut gelungenen Fragebogen eines Anlagenherstellers. Neben konkreten Fragen zu Kompetenz und Verhalten der Mitarbeiter, zur Produktqualität und zum Service wird zusätzlich mit zwei pauschalen Fragen ermittelt, ob der Kunde insgesamt zufrieden ist. Das erkennt man am besten an dem Willen zur Weiterempfehlung bzw. zur erneuten Zusammenarbeit.

Ein grundsätzliches Problem bei der schriftlichen Befragung ist oft die geringe Rücklaufquote. Nur ein geringer Anteil der Kunden – manchmal nur 5 % – macht sich die Mühe, den Fragebogen zu beantworten. Um die Rücklaufquote zu erhöhen, ist eine entsprechende Gestaltung des Fragebogens wesentlich:

- Der Fragebogen sollte eine gut formulierte Motivation für die Befragung enthalten.
- Es sollte nur die unbedingt notwendige Anzahl von Fragen verwendet werden. Hier gilt: Weniger ist mehr.
- Fragen und Antworten sollten eindeutig und leicht verständlich sein.

Aber auch durch eine gelungene Gestaltung des Ablaufs der Befragung lässt sich die Rücklaufquote erhöhen:

Rücklaufquote erhöhen

- Dem Kunden dürfen keine Kosten für die Rücksendung des Fragebogens entstehen.
- Das Bedürfnis des Kunden nach Anonymität sollte berücksichtigt werden, d.h. die Angabe des Namens muss freiwillig bleiben.

- Eine Kopplung mit einem Gewinnspiel sorgt für eine höhere Beteiligung.
- Wann immer möglich, sollte der Kunde persönlich oder telefonisch zur Beantwortung der Fragen aufgefordert werden.
- Zwischen zwei Befragungen bei demselben Kunden sollte eine angemessene Zeit vergehen und in der vorhergehenden Befragung benannte Verbesserungspotenziale sollten umgesetzt worden sein. Sonst gewinnt der Kunde den Eindruck, dass seine Meinung nicht ernst genommen wird.

Firmenlogo

!!! Wir möchten wissen, wie Sie uns sehen !!!

Deshalb möchten wir von Ihnen wissen, womit Sie zufrieden oder unzufrieden sind. Wir bitten Sie, die folgenden Fragen zu beantworten. Natürlich werden alle Angaben streng vertraulich behandelt.

Bitte bewerten Sie mit einem Schulnotensystem von 1 bis 6
(1 ist die beste Bewertung, 6 ist die schlechteste Bewertung, nz Frage ist nicht zutreffend).

Fachkompetenz und Verhalten der Mitarbeiter   1 2 3 4 5 6 nz

1. Haben Sie den Eindruck, dass unsere Mitarbeiter Sie fachkundig über unsere Produkte beraten haben? ☐ ☐ ☐ ☐ ☐ ☐ ☐
2. Wie sind unsere Mitarbeiter auf Ihre Wünsche eingegangen? ☐ ☐ ☐ ☐ ☐ ☐ ☐
3. Wie bewerten Sie die Freundlichkeit unserer Mitarbeiter? ☐ ☐ ☐ ☐ ☐ ☐ ☐

Qualität der Produkte   Wie beurteilen Sie …

4. … die Eignung der Anlage zum vorgesehenen Gebrauch? ☐ ☐ ☐ ☐ ☐ ☐ ☐
5. … die Bedienbarkeit der Anlage? ☐ ☐ ☐ ☐ ☐ ☐ ☐
6. … die Qualität der Bedienungsanleitung? ☐ ☐ ☐ ☐ ☐ ☐ ☐
7. … die Qualität der Einweisung? ☐ ☐ ☐ ☐ ☐ ☐ ☐

Service und Zuverlässigkeit   Wie beurteilen Sie …

8. … die Erreichbarkeit des Services? ☐ ☐ ☐ ☐ ☐ ☐ ☐
9. … die Kompetenz des Services? ☐ ☐ ☐ ☐ ☐ ☐ ☐
10. … die Dauer bis zum Eintreffen des Services? ☐ ☐ ☐ ☐ ☐ ☐ ☐
11. … die Termintreue unserer Lieferung? ☐ ☐ ☐ ☐ ☐ ☐ ☐

Gesamtzufriedenheit   ja   nein

12. Würden Sie uns weiterempfehlen? ☐ ☐
13. Würden Sie wieder mit uns zusammenarbeiten? ☐ ☐

Eine offene Frage zum Schluss

Bitte nutzen Sie diesen Platz, um uns mitzuteilen, was Sie uns schon immer sagen wollten oder auch was wir sonst noch für Sie tun können.

_____
_____
_____

Ausgefüllten Fragebogen bitte an Fax-Nr. XXXXXXX senden oder einem unserer Mitarbeiter mitgeben!

Herzlichen Dank für Ihre Unterstützung!

Bild 5.7 Fragebogen zur Ermittlung der Kundenzufriedenheit

Bei der Auswertung der ausgefüllten Fragebögen geht es um die Ermittlung von Verbesserungspotenzialen.

Auswertung der Fragebögen

Unbedingt sollte eine Einzelauswertung der Antworten erfolgen. Dabei müssen stark negative Bewertungen – bei einer Antwortskala von 1 bis 6 wären das z. B. die 4, 5 und 6 – identifiziert werden. Das lässt sich unter anderem mithilfe der bedingten Formatierung von Zellen bei Microsoft Excel einfach bewerkstelligen. Die Bild 5.8 verdeutlicht dies wieder anhand unseres Anlagenherstellers. Je nach Zellinhalt können die Zahlen im Datensammelblatt auch farblich hinterlegt werden.

Nr.	Bewertung													Kundenbemerkungen	MW
	Mitarbeiter			Produktqualität				Service			T	Zufried.			
	1. fachkundige Beratung	2. Eingehen auf Kundenwünsche	3. Freundlichkeit	4. Eignung der Anlage	5. Bedienbarkeit	6. Bedienungsanleitung	7. Einweisung	8. Erreichbarkeit Service	9. Kompetenz Service	10. Dauer bis zum Eintreffen	11. Termintreue Lieferung	12. Weiterempfehlung	13. erneute Zusammenarbeit		
1	4	3	2	1	1	1	1	1	3	1	2	j	j	gutes Preis-/Leistungsverhältnis	1,8
2	nz	1	2	4	5	6	1	2	2	2	3	n	n		2,8
3	4	3	2	2	2	2	2	5	4	5	4	n	n	Service ist zu langsam!	3,2
4	4	3	2	1	1	1	1	1	3	1	2	j	j		1,8

Bild 5.8 Beispiel für eine Einzelauswertung in Microsoft Excel

Wenn der Kunde – wie innerhalb der Industrie üblich – den Fragebogen mit seiner Adresse versehen hat, sollte diese Einzelauswertung in eine Analyse der Ursachen für die Verärgerung des Kunden münden. Es sollte dann auch direkt auf den Kunden zugegangen werden, um den Sachverhalt zu klären bzw. für den Kunden eine befriedigendere Situation zu schaffen.

Neben der Einzelauswertung muss die Information aus den einzelnen Fragebögen zu einem Gesamtbild verdichtet werden. Hier werden oft ein Mittelwert der Antworten zu jeder Frage sowie ein Gesamtmittelwert der Kundenzufriedenheit berechnet. Allerdings ist der Mittelwert empfindlich gegen Ausreißer, sodass der robustere Parameter Median bevorzugt werden sollte. Bei starker Streuung der Werte sollte man sich auch die Form der Verteilung – d. h. Häufigkeit der Vergabe der einzelnen Bewertungen – ansehen.

5 Kundenzufriedenheit

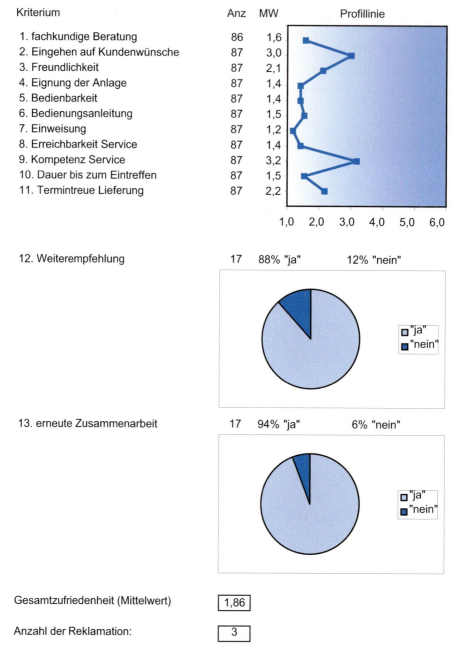

Bild 5.9 Auswertebogen

Eine Visualisierung bildet die Grundlage für die Diskussion der erreichten Ergebnisse mit den Mitarbeitern und Führungskräften, die notwendig ist, um weitere Verbesserungen zu erreichen. Profillinien helfen bei der leichten Identifizierung von besonders schlechten Bewertungen, wie das Beispiel in Bild 5.9 zeigt. Damit ein Gesamtbild der Kundenzufriedenheit entsteht, wird hier auch die Anzahl der Kundenbeschwerden im Betrachtungszeitraum mit dargestellt.

Der *Net Promotor Score* (siehe gleichnamigen Kasten und Bild 5.10) misst ausschließlich die Weiterempfehlungswahrscheinlichkeit, da diese die größte wirtschaftliche Bedeutung hat (Reichheld 2006).

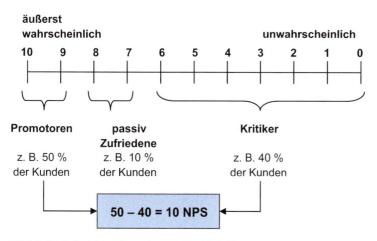

Bild 5.10 Beispiel zur Berechnung des NPS (Quelle: Vocatus 2007)

 Net Promoter Score

Der Net Promoter Score (NPS) ist eine Kennzahl, die ausschließlich die Weiterempfehlungswahrscheinlichkeit misst. Diese Weiterempfehlungswahrscheinlichkeit ist ein wesentliches Maß für das Umsatzwachstum eines Unternehmens und es wird zu Recht davon ausgegangen, dass nur zufriedene Kunden das Unternehmen weiterempfehlen. Insbesondere bei Unternehmen mit vielen Endkunden ist diese Art der Ermittlung der Kundenzufriedenheit beliebt, da der Aufwand zur Erhebung und Auswertung gering ist und eindeutige Ergebnisse liefert. Darüber hinaus gibt es über nationale und internationale Vergleichsdaten die Möglichkeit, sich an anerkannten Benchmarks zu messen. Ein Nachteil des NPS ist die fehlende einfache Möglichkeit, aus einem erreichten NPS auf die dafür verantwortlichen Ursachen zu schließen.

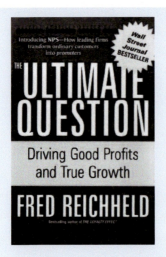

Die Methode wurde von Satmetrix Systems, Bain & Company und Fred Reichheld entwickelt und basiert auf dem Loyalty Business Model von Fred Reichheld. Er hat dabei die Korrelation zwischen NPS und Unternehmenswachstum für über 30 Branchen empirisch belegt (Reichheld 2006).

Die Kunden sollen auf einer Bewertungsskala von 0 (unwahrscheinlich) bis 10 (äußerst wahrscheinlich) die Wahrscheinlichkeit angeben, dass sie das Unternehmen einem Freund oder Kollegen weiterempfehlen. Entsprechend der Bewertung werden dann drei Gruppen gebildet:

- Kritiker: Bewertung 0 bis 6
- Passiv Zufriedene: Bewertung 7 und 8
- Promotoren (Werber): Bewertung 9 und 10

Der NPS wird dann nach der einfachen Formel

NPS = Promotoren (%) − Kritiker (%)

berechnet. Das Ergebnis kann somit zwischen plus 100 und minus 100 liegen.

5.5 Zusammenfassung

Die Kundenzufriedenheit ist die zentrale Größe im Qualitätsmanagement. Ein Unternehmen kann am Markt nur erfolgreich bestehen, wenn es dauerhaft eine hohe Kundenzufriedenheit erreicht. Entsprechend dem Kano-Modell verändern sich die Anforderungen des Kunden aber mit der Zeit. Deshalb ist es wichtig, in regelmäßig wiederkehrenden Zeitabständen die Kundenzufriedenheit zu messen. Nur so kann rechtzeitig auf Veränderungen reagiert werden. Die erhobenen Daten müssen dafür zur Ermittlung von Verbesserungspotenzialen konsequent analysiert werden.

5.6 Aufgaben zur Wiederholung und Vertiefung

1. Warum ist die Kundenzufriedenheit subjektiv?
2. Sie wollen sich ein neues Handy kaufen.
   - Stellen Sie alle Anforderungen zusammen, die dabei für Sie für eine hohe Kundenzufriedenheit ausschlaggebend wären.
   - Welche Anforderungen setzen Sie stillschweigend voraus?
   - Ordnen Sie alle Anforderungen den drei Anforderungsarten des Kano-Modells zu.
3. Welche Klasse von Anforderungen beschreibt das Kano-Modell zusätzlich zu der Definition von Anforderungen nach DIN EN ISO 9000:2015? Was sagt der nach unten rechts gerichtete Zeitpfeil aus?
4. Der Kasten „Airbags im Auto" beschreibt, wie zunächst der Fahrer-Airbag und danach weitere Airbag-Varianten für Autos entwickelt und eingesetzt wurden. Kommentieren Sie diese Entwicklung auf der Basis des Kano-Modells.
5. Erläutern Sie den Zusammenhang zwischen Kundenzufriedenheit und -bindung.
6. Worauf sollte ein Unternehmen das größte Augenmerk richten: hohe Qualität oder hohe Kundenzufriedenheit? Begründen Sie Ihre Entscheidung.
7. Warum dürfen wir streng genommen nicht von einer Messung der Kundenzufriedenheit reden?
8. Stellen Sie die verschiedenen Methoden zur Erhebung der Kundenzufriedenheit kritisch gegenüber und diskutieren Sie dazu die entsprechenden Vor- und Nachteile.
9. Was ermitteln wir mit einer sogenannten Doppelskala?
10. Sie sind Qualitätsmanager eines Mobilfunkunternehmens. Entwerfen Sie einen Kundenfragebogen zur Ermittlung der Zufriedenheit und der Bedeutung der von Ihnen vorgeschlagenen Kriterien.
11. Ein Kfz-Hersteller hat 2500 Kunden nach der Wahrscheinlichkeit einer Weiterempfehlung durch sie befragt und folgende Ergebnisse erhalten. Berechnen Sie daraus den NPS. Wie ist das Ergebnis zu werten?

„0"	„1"	„2"	„3"	„4"	„5"	„6"	„7"	„8"	„9"	„10"	ges.
234	83	52	43	63	487	146	334	197	286	575	2500

Story

Im fünften Kapitel Ihrer Story setzen Sie sich damit auseinander, wie Kundenzufriedenheit entsteht und wie sich diese messen lässt.

- Versetzen Sie sich in die Lage eines Kunden, der ein Getränk Ihres Unternehmens kaufen möchte. Welche Basis-, Leistungs- und Begeisterungsanforderungen (siehe Kano-Modell) müssten erfüllt sein, damit Sie vollumfänglich zufrieden sind? Begründen Sie Ihre Ausführungen.
- Welche Methoden zur Erhebung der Kundenzufriedenheit kennen Sie? Welche davon bringen Sie in der Getränke-Flow GmbH zum Einsatz – und warum?
- Entwickeln Sie einen Kundenfragebogen zur Ermittlung der Zufriedenheit mit den angebotenen Produkten der Getränke-Flow GmbH.

6 Prozessmanagement

Das vorherige Kapitel

Im vorhergehenden Kapitel haben wir den Begriff Kundenzufriedenheit erläutert und welche Bedeutung sie für eine Organisation hat. Außerdem haben wir dargestellt, wie die Kundenzufriedenheit gemessen werden kann.

Ein wesentlicher Faktor für die Kundenzufriedenheit ist die Qualität der Produkte und Dienstleistungen.

Worum es geht

Die Qualität der Produkte und Dienstleistungen hängt in entscheidendem Maß von den zugrunde liegenden Prozessen ab. Nur wer die Prozesse beherrscht, kann die Qualität der Produkte und Dienstleistungen gewährleisten. Deshalb stellen wir hier dar, was unter einem Prozess zu verstehen ist und wie man Prozesse gestaltet. Weiterhin erläutern wir die vier Phasen des Prozessmanagements sowie verschiedene IT-Unterstützungen für das Prozessmanagement.

Die Grundlagen der Prozessmessung sowie der Begriff Prozessfähigkeit werden, obwohl zu Phase 2 des Prozessmanagements gehörend, aufgrund ihrer Bedeutung in Kapitel 7 „Messung von Prozessen" gesondert behandelt.

6.1 Der Prozessbegriff

Heute – spätestens seit Veröffentlichung der prozessorientierten DIN EN ISO 9001 im Jahr 2000 – wird ausschließlich von prozessorientierten Qualitätsmanagementsystemen gesprochen. Dem liegt die Erkenntnis zugrunde, dass ein gewünschtes Ergebnis leichter und sicherer erreicht wird, wenn die dazu notwendigen Tätigkeiten und die benötigten Ressourcen als Prozess verstanden und entsprechend gelenkt werden. Insofern bilden die Begriffe Qualitätsmanagement einerseits und Prozessmanagement andererseits eine *untrennbare Einheit.* Dabei geht es im Qualitätsmanagement nicht nur um das Managen voneinander unabhängiger und isolierter Prozesse, sondern um einen sogenannten *systemorientierten Managementansatz,* der die Wechselbeziehung zwischen den Prozessen berücksichtigt und gestaltet (Wagner/Käfer 2017). Die aktuelle Ausgabe der DIN EN ISO 9001:2015 betont diesen Sachverhalt noch stärker als die vorangegangenen Ausgaben, indem der prozessorientierte Ansatz im Kapitel 4.4 der DIN EN ISO 9001:2015 explizit gefordert wird (DIN EN ISO 9001:2015).

Einen vergleichbaren Ansatz verfolgt das Geschäftsprozessmanagement, auf Englisch *Business Process Management* genannt. Auch dabei handelt es sich um eine Managementmethode, die das ganze Unternehmen einschließt. Der Unterschied zum Qualitätsmanagement liegt darin, dass im Qualitätsmanagement der Fokus nahezu ausschließlich auf Kundenzufriedenheit und Qualität bzw. Effektivität gerichtet, also gegenüber dem Geschäftsprozessmanagement eingeschränkt ist. Im Geschäftsprozessmanagement sind neben der Effektivität z. B. auch die Effizienz und das wirtschaftliche Ergebnis Gegenstand der Optimierung.

Zunächst soll hier als Grundlage der Begriff *Prozess* eingeführt werden, bevor wir uns dann mit den verschiedenen Prozessarten und dem Management von Prozessen im Detail beschäftigen.

Prozess

 Satz zusammenhängender oder sich gegenseitig beeinflussender Tätigkeiten, der Eingaben zum Erzielen eines vorgesehenen Ergebnisses verwendet.

Anmerkung 1: Ob das „vorgesehene Ergebnis" eines Prozesses Ergebnis, Produkt oder Dienstleistung genannt wird, ist abhängig vom Bezugskontext.

Anmerkung 2: Eingaben für einen Prozess sind üblicherweise Ergebnisse anderer Prozesse und Ergebnisse aus einem Prozess sind üblicherweise Eingaben für andere Prozesse.

Anmerkung 3: Zwei oder mehr zusammenhängende und sich gegenseitig beeinflussende, aufeinanderfolgende Prozesse können auch als ein Prozess bezeichnet werden.

Anmerkung 4: Prozesse in einer Organisation werden üblicherweise geplant und unter beherrschten Bedingungen durchgeführt, um Mehrwert zu schaffen.

> Anmerkung 5: Ein Prozess, bei dem die Konformität des dabei erzeugten Ergebnisses nicht ohne Weiteres oder in wirtschaftlicher Weise validiert werden kann, wird häufig als „spezieller Prozess" bezeichnet.
>
> (DIN EN ISO 9000:2015)

Unter einem Prozess wird somit eine Abfolge von wechselwirkenden *Tätigkeiten* verstanden, die zu Ergebnissen führt. Anliegen des Qualitäts- und Prozessmanagements ist es, die Abfolge der Tätigkeiten und deren Ablauf so zu gestalten, dass nicht irgendein Ergebnis entsteht, sondern das beabsichtigte Ergebnis. Damit es entstehen kann, werden Ressourcen benötigt. Dazu zählen wir z. B. Mitarbeiter mit ihren Fähigkeiten, Betriebsmittel, Kapital, Informationen, Energie usw. All diese Ressourcen müssen wir also mit den Tätigkeiten verknüpfen. Bild 6.1 verdeutlicht den Zusammenhang.

Tätigkeiten und Ressourcen

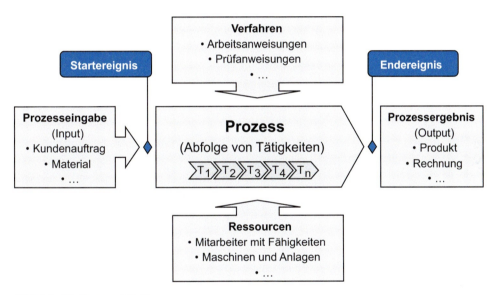

Bild 6.1 Die Prozessdefinition

Die *Prozesseingabe* hat eine herausgehobene Stellung. Hierunter wollen wir all das verstehen, was explizit in den Prozess hineingegeben wird, um das Ergebnis zu erzeugen. Das können sowohl materielle Dinge sein – z. B. Komponenten in einem Montageprozess, Energie oder Rohstoffe – oder auch immaterielle Eingaben wie Informationen. Als Beispiel sei hier ein Kundenauftrag genannt, der Art und Menge der zu erzeugenden Produkte sowie zumindest teilweise die Anforderungen des Kunden beschreibt.

Prozesseingabe („Input")

Verknüpfte Prozesse

Die Anmerkung 2 in der Definition der DIN EN ISO 9000:2015 weist auf die *Verknüpfung von Prozessen* hin. Sowohl die Eingabe in einen Prozess als auch die Ressourcen, die in dem Prozess verwendet werden, sind das Ergebnis (Output) anderer Prozesse. Umgekehrt wird das Ergebnis des betrachteten Prozesses von nachfolgenden Prozessen als Input verwendet. Entsprechend der obigen Definition kann somit die Tätigkeit in der gesamten Organisation als ein einziger Prozess (vgl. Anmerkung 3) betrachtet werden, in dem Roh-, Hilfs- und Betriebsstoffe eingesetzt und nach festgelegten Regeln und Informationen zu Ergebnissen umgewandelt werden.

Prozessaufgabe

Für die verständliche Beschreibung eines Prozesses ist es hilfreich, die Aufgabe des Prozesses klar zu formulieren. Dabei sollten die wesentlichen erwarteten Ergebnisse benannt werden. Die *Prozessaufgabe* des ganz allgemeinen Prozesses in Bild 6.1 könnte z. B. als „Kundenaufträge in Produkte und Rechnungen umsetzen" beschrieben werden.

Start- und Endereignis

Es ist einleuchtend, dass ein Prozess eines bestimmten Anstoßes bedarf, um in Gang gesetzt zu werden. Unser Prozess in Bild 6.1 setzt nur dann Kundenaufträge in Produkte um, wenn ein Auftrag vorliegt. Wir sprechen hier von einem *Startereignis* oder *Startpunkt*, der eintreten muss und der in dem Beispiel das Vorliegen eines Auftrags oder aber auch das Eintreffen des benötigten Materials sein könnte. Das Startereignis bildet also somit die zeitliche Komponente des Prozessinputs, mit dem es in einem engen inhaltlichen Zusammenhang steht.

Irgendwann ist die Prozessaufgabe erfüllt oder es wird klar, dass diese nicht mehr erfüllt werden kann. Dann ist das *Endereignis* oder der *Endpunkt* erreicht. Dieses ist inhaltlich also mit dem Prozessergebnis verknüpft.

Somit hat jeder Prozess mindestens ein Start- und ein Endereignis. Wir werden im Abschnitt 6.4 darauf zurückkommen.

 Prozessbeispiel Hausbau

Am Prozess zum Bau eines Einfamilienhauses wollen wir die schon erläuterten Bestandteile eines Prozesses verdeutlichen:

Prozessaufgabe: Bau eines Einfamilienhauses entsprechend den vom Bauherrn vorgelegten Zeichnungen.

Ressourcen: ein Bauingenieur zur Planung und Überwachung der Arbeiten, Tiefbauer, Maurer, Elektriker, Installateure, Dachdecker, Tischler usw. sowie Betonmischer, Bagger, Kran, Bohrmaschinen usw.

Verfahren: alle einschlägigen DIN-Normen zur Bauausführung.

Prozesseingabe: Kundenauftrag (unterzeichneter Bauvertrag), Bauzeichnungen des Kunden, Steine, Holz, Dachziegel, Zement usw.

Startereignis: Vorliegen der behördlichen Baugenehmigung UND Eintreten des vereinbarten Termins für den Baubeginn.

Endereignis: Bauabnahme durch den Kunden ODER der Kunde hat die Schlussrechnung bezahlt.

Prozessergebnis: mängelfreies Haus entsprechend der Baubeschreibung, Schlussrechnung wurde dem Kunden zugestellt.

6.2 Prozessarten

Drei Arten von Prozessen

 In prozessorientierten Managementsystemen hat es sich eingebürgert, die Prozesse in drei Gruppen zu unterteilen:

Management- oder Führungsprozesse,

Leistungs- bzw. Kernprozesse und

unterstützende Prozesse.

Manchmal werden die den Abschnitten 9 und 10 der DIN EN ISO 9001:2015 (siehe Kapitel 8 dieses Buchs) zugeordneten *Leistungsbewertungs-* und *Verbesserungsprozesse* als eine eigenständige vierte Art geführt (Wagner/Käfer 2010), in der Regel aber zu den unterstützenden Prozessen gerechnet.

Durch die Einteilung der Prozesse in verschiedene Arten wird die Übersichtlichkeit erhöht, insbesondere bei der Erstellung einer grafischen Prozessübersicht.

Wenn man nun noch die Kernaussage der DIN EN ISO 9001:2015 berücksichtigt, dass Leistungsprozesse durch Anforderungen eines Kunden ausgelöst werden und das Ergebnis des Prozesses dem Kunden zur Verfügung steht, entsteht Bild 6.2. Das Bild verdeutlicht, wie die einzelnen Prozessarten zusammenwirken und auf die Erfüllung des Kundenwunsches abzielen.

Diese Prozesse werden oft auch Führungsprozesse genannt und umfassen die Prozesse, die der *strategischen Ausrichtung* der Organisation und der Weiterentwicklung ihrer Abläufe und Mitarbeiter mithilfe von konkreten Zielen dienen. Managementprozesse legen den Rahmen für Leistungs- und Unterstützungsprozesse fest. Sie sorgen für die notwendige Prozess-, Kunden- und Mitarbeiterorientierung und die Bereitstellung der benötigten Ressourcen.

Managementprozesse

Beispiele für diese Prozesse sind die strategische Planung, das Risikomanagement sowie Planung, Bereitstellung und Aufrechterhaltung von Ressourcen, z. B. der Infrastruktur.

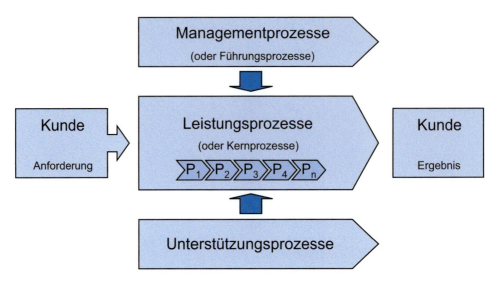

Bild 6.2 Übersicht über das Zusammenwirken der Prozessarten

Leistungs-
prozesse

Der Name dieser Prozessart weist schon darauf hin: Hier wird die *Leistung einer Organisation* erbracht. Weil sie deshalb eine zentrale Rolle spielen, werden sie oft auch Kernprozesse genannt.

Es sind Prozesse, die der *Wertschöpfung* bei der Erstellung von Produkten oder Dienstleistungen dienen. Sie bringen somit direkten Kundennutzen und der Kunde ist bereit, dafür zu zahlen. Produkte können Hardware, Software oder verfahrenstechnische Produkte (z. B. Treibstoff, Erfrischungsgetränke) sein.

Welche Prozesse den Leistungsprozessen zuzurechnen sind, ergibt sich aus dem Unternehmenszweck. Für ein Unternehmen, das Werkzeugmaschinen herstellt, ist es z. B. die gesamte Prozesskette von der Entwicklung der Maschinen bis hin zur Fertigung und dem Service. Demgegenüber ist für einen Autohändler der Vertrieb der Autos der wesentliche Leistungsprozess, eventuell noch die Instandhaltung. Bei Dienstleistungsunternehmen, z. B. einer Reinigungsfirma, ist die Durchführung der Reinigung der Kernprozess.

Unter-
stützende
Prozesse

Leistungsprozesse müssen durch eine Vielzahl von Hilfsprozessen unterstützt werden, die die Erbringung der Leistung überhaupt erst ermöglichen. Dabei handelt es sich um Prozesse, für die der Kunde nicht direkt zahlt, deren ordnungsgemäße Durchführung er aber voraussetzt. Bei unserem Werkzeugmaschinenbauer sind das z. B. der Prozess zur regelmäßigen Kalibrierung der Prüfmittel oder auch die Beschaffung und Bevorratung von Material.

Wir wollen hier in diese Kategorie auch alle in den Abschnitten 9 und 10 der DIN EN ISO 9001:2015 geforderten Bewertungs- und Verbesserungsprozesse hinzuzählen, also z. B. die Durchführung interner Audits, die Datenanalyse und die Durchführung von Korrektur- und Vorbeugemaßnahmen.

Heutzutage sind in der Industrie sogenannte Integrierte Managementsysteme Standard, die neben der Qualität mindestens auch die Aspekte Umwelt- und Arbeitsschutz berücksichtigen. Die dafür notwendigen Prozesse zur Überprüfung und Sicherstellung der *Rechtskonformität* sind ebenso den unterstützenden Prozessen zuzurechnen.

Offenbar beinhaltet diese Prozessart gegenüber den anderen beiden die größte Anzahl von Prozessen.

Abschließend sei hier noch darauf hingewiesen, dass manche Unternehmen sich aus verschiedenen Gründen für eine in manchen Punkten abweichende Zuordnung der einzelnen Prozesse zu einer Prozessart entscheiden. Oft spielt hier eine Rolle, dass man einzelne Prozesse aus der großen Gruppe der unterstützenden Prozesse hervorheben möchte, z. B. die Beschaffung von Material und Dienstleistungen, die dann den Leistungsprozessen zugerechnet wird. Die Zuordnung von Prozessen zu den Prozessarten soll also kein Dogma sein.

Die Zuordnung ist kein Dogma

■ 6.3 Prozessorientierung

 Prozessorientierung bedeutet eine Abkehr von der funktionsorientierten Organisation hin zu einer bereichsübergreifenden Prozessorganisation. Alle Tätigkeiten werden im Kontext unterschiedlicher, aufeinander abgestimmter Prozesse betrachtet.

Schauen wir uns also erst einmal an, was eine funktionsorientierte Organisation ist: Bild 6.3 stellt ein sogenanntes *Organigramm* dar, das die *Aufbauorganisation* eines Unternehmens veranschaulicht. Darin werden die Hierarchieebenen (von oben nach unten) und in der Regel durch Pfeile die disziplinarischen Abhängigkeiten – also wer weisungsberechtigt gegenüber anderen Organisationseinheiten ist – dargestellt. Jedes Kästchen bedeutet eine Funktion (z. B. Geschäftsführer) oder eine Funktions- bzw. Organisationseinheit (z. B. Abteilung Beschaffung). Ob man in den einzelnen Ebenen von Bereichen, Abteilungen, Gruppen oder Teams spricht, ist nicht einheitlich geregelt. Die Linie, die in unregelmäßiger Art und Weise verschiedene Kästchen mit den Nummern 1 bis 6 verbindet, soll den Durchlauf eines Kundenauftrags symbolisieren.

Funktionsorientierung

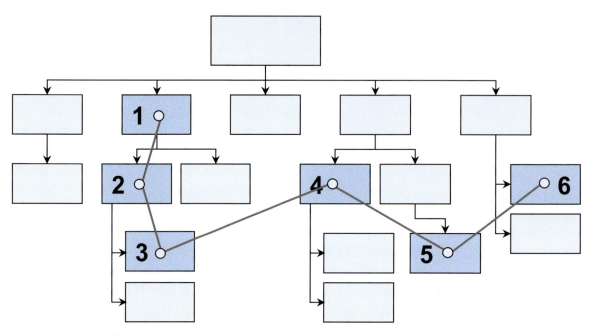

Bild 6.3 Funktionsorientierung

Wir sehen, dass der Auftrag nicht innerhalb eines vertikalen Teils der Struktur abgearbeitet werden kann, sondern eine Vielzahl unterschiedlicher Funktionsbereiche betrifft, die jeweils in unterschiedlichen Verantwortungen liegen. Damit wird die Kommunikation z. B. zwischen den Schritten 3 und 4 in Bild 6.3 erheblich erschwert. Diese darf in der Regel nur über die übergeordnete Hierarchiestufe laufen. Wenn Fehler passieren, ist die Versuchung groß, die Ursache dafür in allen anderen Funktionseinheiten außer in der jeweils eigenen zu suchen. Es fehlt also oft an einem gemeinsamen Interesse, den Kundenauftrag wirklich ordnungsgemäß abzuwickeln. Die Verantwortlichkeit ist auf die eigene Einheit beschränkt. Damit können die Verantwortlichen aufgrund des begrenzten Wissens über andere Bereiche, der fehlenden Zusammenhänge und aufgrund nicht vorhandener Befugnis nur ihre eigenen Bereiche optimieren. Zusätzlich kommen noch unterschiedliche, oft widersprüchliche Ziele der einzelnen Funktionseinheiten hinzu.

Diese Schwierigkeiten können durch eine prozessorientierte Organisation beseitigt werden.

Prozess-
orientierung

In einer prozessorientierten Organisation steht die Abfolge der Tätigkeiten – also genau die Prozesse – im Vordergrund und die Aufbauorganisation wird entsprechend davon abgeleitet (Bild 6.4).

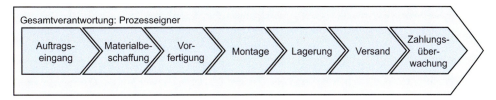

Bild 6.4 Prozessorientierung

Es gibt eine einheitliche, durchgängige Verantwortung für den Gesamtprozess, die von einem Prozesseigner wahrgenommen wird.

Die Effekte der *Schnittstellen* – oft auch *Nahtstellen* genannt – werden reduziert. Es wird klar, dass innerhalb des Gesamtprozesses jeder Teilprozess einerseits den Input für den nachfolgenden Prozess liefert und andererseits Kunde des vorhergehenden Prozesses ist. Wir sprechen hier von einer *internen Kunden-Lieferanten-Beziehung*, die besonders bei der Betrachtung der gesamten Lieferkette die Gleichwertigkeit dieser internen Beziehungen mit den externen Beziehungen deutlich macht.

Bild 6.5 verdeutlicht diesen Zusammenhang. Leistungen bzw. Ergebnisse werden entlang der Prozesskette weitergegeben und der Output des einen Prozessschritts ist gleichzeitig der Input des darauffolgenden Prozessschritts. Um sicherzustellen, dass das erreichte Endergebnis den Kundenerwartungen entspricht, werden diese in der gesamten Prozess- und Lieferkette bekannt gemacht.

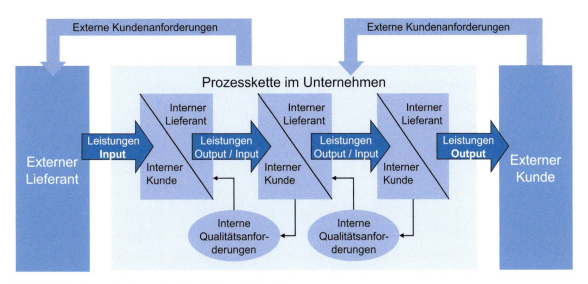

Bild 6.5 Interne und externe Kunden-Lieferanten-Beziehungen

Nutzen der Prozessorientierung

Prozessorientierung erfordert und ermöglicht, im Sinne eines Gesamtprozesses verantwortlich zu agieren und „in Prozessen zu denken". Die Prozesse werden am externen und internen Kunden ausgerichtet. Insofern werden die Chancen, dem Kunden zum vereinbarten Termin ein Produkt in der vereinbarten Qualität zu liefern, das seine Erwartungen erfüllt, wesentlich erhöht. Weitere Vorteile der Prozessorientierung sind:

- Transparenz über die Prozesse einer Organisation wird geschaffen. Die Mitarbeiter und Führungskräfte kennen und verstehen ihre eigenen sowie die vor- und nachgelagerten Prozesse.
- Damit wird eine Basis für systematische und nicht nur punktuelle Verbesserung geschaffen. Prozesse werden hinsichtlich Qualität, Zeit und Kosten optimiert.
- Vernetztes Denken und funktionsübergreifende Zusammenarbeit werden gefördert.
- Kürzere Entscheidungswege erhöhen die Flexibilität und ermöglichen schnellere Reaktionen auf sich verändernde Anforderungen.
- Die Prozessleistung wird messbar und Ursache-Wirkungs-Zusammenhänge können hergestellt werden.

Matrixorganisation

Vor allem aufgrund „gewachsener" Hierarchien und arbeitsrechtlicher Beschränkungen ist es oft nicht möglich, die Aufbauorganisation eines Unternehmens ganz konsequent an den Prozessen auszurichten. In diesen Fällen belässt man es oft bei der hergebrachten vertikalen hierarchischen Struktur und regelt mit ihr die notwendigen disziplinarischen Vorgänge (Einstellung von Mitarbeitern, Urlaubs- und Dienstreisegenehmigung usw.) in der Organisation. Quer dazu, also entsprechend dem Durchlauf von Kundenprojekten, wird die Prozessorientierung verankert. Dabei übernehmen Führungskräfte aus der klassischen Organisationsstruktur die Verantwortung über ausgewählte Prozesse, z. B. für die einzelnen Produktlinien (Bild 6.6).

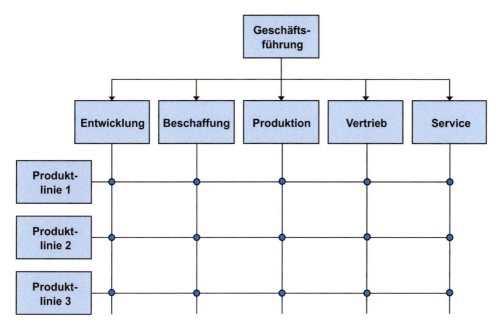

Bild 6.6 Matrixorganisation

Fehlt eine durchgängige Prozessorientierung, sehen die Mitarbeiter immer nur einen kleinen Ausschnitt des Problems und können nicht entsprechend reagieren, wie der Cartoon in Bild 6.7 verdeutlicht.

Bild 6.7 Die Folgen fehlender Prozessorientierung (Quelle: Buchholz 2006)

6.4 Die vier Phasen im Prozessmanagement

Prozessmanagement

 Prozessmanagement umfasst
- planerische,
- organisatorische und
- kontrollierende Maßnahmen

zur optimalen Gestaltung und Steuerung der Wertschöpfungskette von Organisationen hinsichtlich
- Qualität,
- Zeit,
- Kosten und
- Kundenzufriedenheit (Gaitanides et al. 1994).

Wie bereits dargestellt, ist Prozessmanagement eine Kernaufgabe im modernen Qualitätsmanagement. Um dieser Aufgabe gerecht zu werden, bedarf es einer schlagkräftigen Qualitäts- bzw. Projektorganisation, die im Folgenden kurz skizziert werden soll.

Rollen im Prozessmanagement

Die Hauptverantwortung für das Qualitäts- und damit auch das Projektmanagement für die Einführung trägt die oberste Leitung der Organisation. Sie sollte einen oder mehrere Beauftragte benennen und mit entsprechenden Verantwortungen und Befugnissen ausstatten (vgl. Kapitel 5.3 der DIN EN ISO 9001:2015).

Der *Prozesseigner* ist – wie der Name sagt – der Besitzer des Prozesses. Er ist dafür verantwortlich, dass die Soll-Vorgaben für den Prozess festgelegt und in einem dementsprechenden Ablauf berücksichtigt werden. Er alleine hat das Recht, eine Prozessbeschreibung für die Anwendung freizugeben, und die Pflicht, den Prozess weiterzuentwickeln.

Demgegenüber trägt der *Prozessverantwortliche* die Verantwortung für die Umsetzung des Prozesses im Tagesgeschäft.

Oft werden diese beiden Rollen auch in einer Verantwortung zusammengefasst (vgl. z.B. Wagner/Käfer 2010).

Ein *Prozessteam* unterstützt den Prozesseigner bei der Erarbeitung und Verbesserung einer Prozessbeschreibung.

Eine wesentliche Rolle kommt auch den *internen Auditoren* zu. Sie überprüfen nach Implementierung des Qualitätsmanagementsystems, ob alle Anforderungen der DIN EN ISO 9001 erfüllt sind und die Prozesse wie beschrieben angewendet werden. Wie diese Überprüfung durchgeführt wird, erläutern wir in Kapitel 16 näher.

Es hat sich bewährt, das Prozessmanagement in vier Phasen zu unterteilen (Füermann/Dammasch 2008). Dabei gehen wir hier davon aus, dass eine Organisation sich erstmals mit ihren Prozessen beschäftigt (Bild 6.8).

Phasen des Prozessmanagements

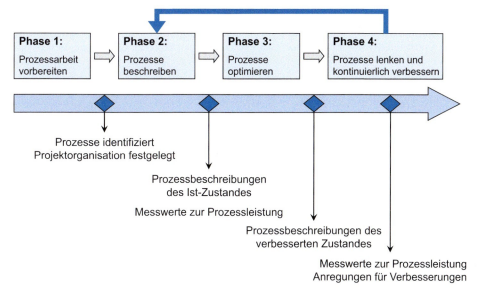

Bild 6.8 Die vier Phasen des Prozessmanagements

In Phase 1 muss die Grundlage für ein erfolgreiches Projekt gelegt werden. Dazu gehört insbesondere, mögliche oder tatsächliche Widerstände in der Organisation zu überwinden. Am sichersten wird das durch eine Einbeziehung von Vertretern aus allen Unternehmensbereichen und -ebenen in das Projekt gelingen. Aus diesen Vertretern wird ein *Projektteam* gebildet, das die notwendigen Arbeiten plant, koordiniert und kontrolliert.

Phase 1: Vorbereitung

Eine der ersten Aufgaben des Projektteams ist dann die Identifizierung der im Unternehmen ablaufenden Prozesse sowie der in diese Prozesse involvierten Organisationseinheiten. Damit lässt sich dann schon ein praktikabler *Projektzeitplan* aufstellen. Dabei müssen die benötigten Zeitressourcen sorgfältig geplant werden. Oft scheitern Projekte dieser Art, weil zu Projektbeginn der Arbeitsaufwand unterschätzt und demzufolge das Projekt mit zu geringen Ressourcen ausgestattet wurde.

Die Bildung eines *Lenkungskreises* mit Mitgliedern der obersten Leitung der Organisation erleichtert bei auftretenden Problemen deren Lösung und macht allen Mitgliedern der Organisation deutlich, dass die oberste Leitung voll hinter dem Projekt steht.

In einer Startveranstaltung sollten möglichst viele Mitglieder der Organisation über Projektziele und mögliche Belastungen informiert und für das Projekt motiviert werden.

Da bisher die zu beschreibenden Prozesse erst mal identifiziert worden sind, müssen diese nun zunächst noch in eine sinnvolle Ordnung gebracht werden. Dazu werden alle Prozesse aufgelistet, die Prozessaufgabe, der Input und das Prozessergebnis kurz beschrieben. Vorhandene Lücken zwischen dem Ende eines Prozesses und dem Beginn des Folgeprozesses werden durch Erweiterung der Prozessaufgabe geschlossen. Im Ergebnis müssen die Prozesse ohne Lücke oder Überlappung klar voneinander abgegrenzt sowie einer der drei Prozessarten zugeordnet worden sein.

Mit diesen Informationen kann dann ein Prozessnetz – auch Prozesslandschaft genannt – erstellt werden, das die Abfolge und Wechselwirkung der einzelnen Prozesse visualisiert (Bild 6.9).

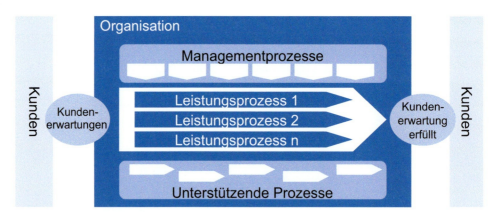

Bild 6.9 Prozessnetz

Bevor nun die einzelnen Prozesse im Detail beschrieben und visualisiert werden können, müssen noch die *Prozesseigner* als Verantwortliche benannt und *Prozessteams* für die Erarbeitung der Prozessbeschreibung aufgestellt werden.

Phase 2: Prozesse beschreiben

Aufgabe der Prozessteams ist es, für den zu bearbeitenden Prozess die Kunden des Prozesses sowie das erwartete Ergebnis zu beschreiben. Dann werden der Input des Prozesses sowie die ihm zugeordneten Lieferanten zusammengestellt.

Auf dieser Basis kann jetzt begonnen werden, alle Tätigkeiten sowie ihre Abfolge zu erfassen. Dafür hat sich eine simple Darstellung in Form von mit Pfeilen verbundenen Rechtecken am besten bewährt. Wir nennen diese Darstellung *Blockdiagramm* (Bild 6.10).

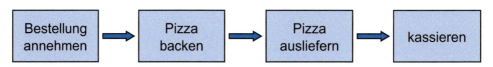

Bild 6.10 Blockdiagramm-Beispiel Pizzaservice

Für eine höhere Übersichtlichkeit der Darstellung bei gleichzeitig höherem Detaillierungsgrad bietet sich eine Aufgliederung in maximal drei Ebenen an. Diese wird auch als *Dekomposition* bezeichnet. Von Ebene zu Ebene nimmt dabei der Detaillierungsgrad zu. Die Prozesse der obersten Ebene wollen wir *Hauptprozesse* nennen (nicht mit den Kernprozessen verwechseln!) und die der nachfolgenden Ebenen *Teilprozesse* (Bild 6.11).

Dekomposition

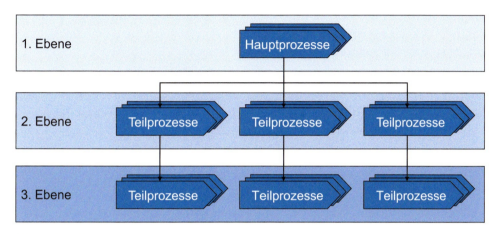

Bild 6.11 Dekomposition in Haupt- und Teilprozesse

Für das Beispiel Pizzaservice sieht das Ganze dann wie in Bild 6.12 aus.

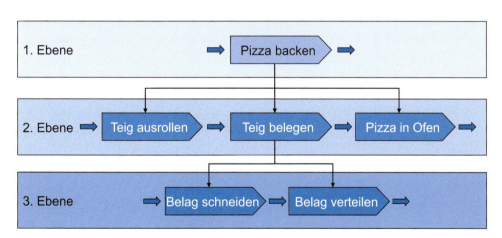

Bild 6.12 Dekomposition am Beispiel Pizzaservice

Für die endgültige Darstellungsform ist das noch nicht ausreichend, denn bisher wurden nur die reinen Tätigkeiten erfasst. Nun müssen durch eine geeignete Form diese noch mit den Ressourcen sowie Verfahren verknüpft werden. Man muss auch

Wahl der Darstellungsform

berücksichtigen, dass es innerhalb eines Prozesses nicht nur Tätigkeiten, sondern auch Ereignisse (mindestens ein Start- und Endereignis), Entscheidungen, Verzweigungen usw. gibt. Wir müssen den Satz unserer Symbole – der im Moment nur aus Rechtecken besteht – entsprechend erweitern. Dabei hilft, wie oft im Leben, eine DIN-Norm. Die Symbole der *DIN 66001 „Informationsverarbeitung; Sinnbilder und ihre Anwendung"* haben sich als der gebräuchlichste Standard durchgesetzt. Wenn wir diese Symbole nun noch durch Pfeile verbinden, um die Abfolge der Tätigkeiten (Bild 6.13) zu verdeutlichen, haben wir eine Darstellung, die *Flussdiagramm* bzw. auf Englisch *Flowchart* genannt wird. Wir gehen in Kapitel 9 näher auf Flussdiagramme ein, da sie eine der sieben Qualitätstechniken sind.

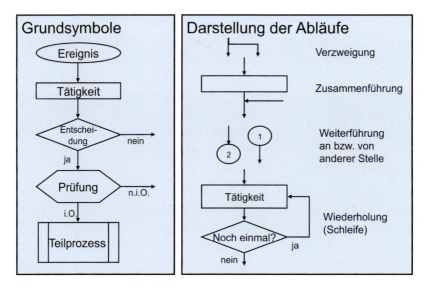

Bild 6.13 Symbole der DIN 66001

Unterstützt wird die einfache Nutzung dadurch, dass in vielen gängigen Softwareanwendungen diese Symbole bereits vorhanden sind und sich damit Anschaffungskosten erübrigen. Schauen Sie doch mal in Ihrem Microsoft Word oder PowerPoint in der Symbolleiste „Zeichnen" in die Rubrik „Autoformen". Dort finden Sie unter dem Eintrag „Flussdiagramm" genau diese Symbole und noch einige mehr.

Es gibt auch verschiedene Software, die einen komfortableren Umgang mit diesen Symbolen ermöglichen. Genannt seien hier nur ViFlow der Firma ViCon bzw. Microsoft Visio.

Es ist nützlich, die Symbole mit Nummern zu versehen. Diese Nummern können dann in begleitenden Spalten oder Textfeldern aufgegriffen werden und ermöglichen die einfache Zuordnung von Ressourcen und Verfahren zu den Tätigkeiten. Eine anfängliche Nummerierung in Zehnerschritten vereinfacht das spätere Einfügen neuer Tätigkeiten.

Bild 6.14 zeigt einen Ausschnitt aus einer Prozessbeschreibung. Dabei handelt es sich um einen Prozess zur Qualifizierung der Mitarbeiter, der die entsprechenden Anforderungen der DIN EN ISO 9001 erfüllt. Die Abkürzung GF bedeutet „Geschäftsführer" und BR „Betriebsrat".

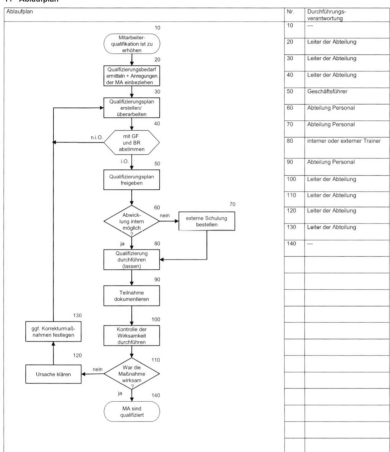

Bild 6.14 Ausschnitt aus einem kompletten Prozess „Mitarbeiterqualifizierung"

Idealerweise wird ein solches Layout doppelseitig so gedruckt, dass im aufgeschlagenen Buch immer links der Ablauf und rechts daneben die Tabelle mit den Erläuterungen zu sehen ist.

Tätigkeiten werden immer mit einem Verb beschrieben (z. B. „Rechnung erstellen" statt „Rechnungserstellung"). Das verbessert die Lesbarkeit des Ablaufs. Bei Verzweigungen (in Bild 6.14 z. B. bei Schritt 110) empfiehlt es sich, zunächst einen Zweig komplett zu bearbeiten und auch die Nummern dementsprechend zu vergeben.

Andere Darstellungsformen

Insbesondere wenn man den Durchlauf eines Prozesses durch mehrere Organisationseinheiten verdeutlichen will, empfiehlt sich ein sogenanntes *Matrix-Flussdiagramm*. Dabei wird jeder beteiligten Organisationseinheit eine eigene Spalte zugeordnet, wie das Beispiel in Bild 6.15 zeigt.

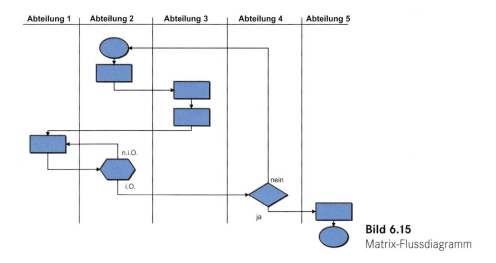

Bild 6.15
Matrix-Flussdiagramm

Je nach gewünschtem Format kann dieselbe Information auch horizontal abgebildet werden. Wir sprechen dann von einem *Swimlane-Flussdiagramm* (Bild 6.16).

Service Blueprint

Für den Bereich der Dienstleistungsunternehmen hat sich eine spezielle Art des Flussdiagramms als besonders nützlich erwiesen, der *Service Blueprint*. Hier ist von besonderer Bedeutung, den Mitarbeitern der Organisation deutlich zu machen, welche Aktivitäten der Kunde unmittelbar bemerkt. Wenn dabei Fehler auftreten, führt das direkt zu einer Verringerung der Kundenzufriedenheit. Dazu wird eine *Linie der Interaktion* in das Diagramm eingezeichnet sowie eine *Linie des Sichtbaren*. Wenn Fehler auftreten, können diese oberhalb der Linie des Sichtbaren nicht korrigiert werden, ohne dass der Kunden den Fehler bemerkt. Der Schaden ist also angerichtet. Deshalb werden in diese Diagramme häufig auch wesentliche Fehlermöglichkeiten eingezeichnet, in unserem Beispiel durch das eingekreiste „F" (Bild 6.17).

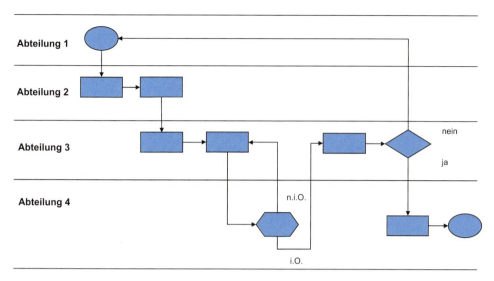

Bild 6.16 Swimlane-Flussdiagramm

Insofern sind diese Diagramme besonders zur Schulung der Mitarbeiter geeignet.

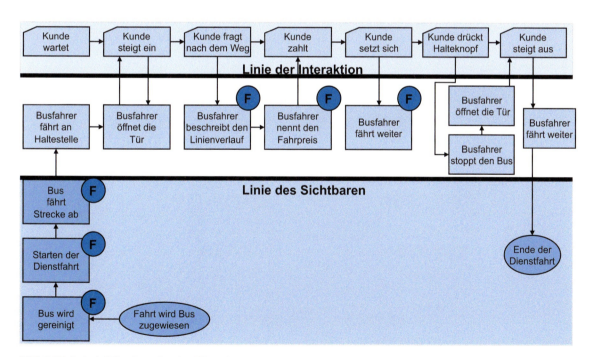

Bild 6.17 Beispiel für einen Service Blueprint

> **Grafische Darstellung oder Prozessmanagementtool?**
>
> Mithilfe geeigneter Software zum Prozessmanagement kann man viel mehr tun, als den Prozess nur zu visualisieren. Wir gehen auf diese Thematik im Abschnitt 6.5 näher ein.

Nachdem die Prozesse dargestellt und analysiert wurden, gilt es, diese Prozesse messbar zu machen. Wie das geschieht, beschreibt Kapitel 7 in diesem Buch.

Phase 3: Prozesse optimieren

In Phase 2 wurden die Prozesse in dem aktuell ausgeführten Stand visualisiert. Auf der Basis dieser Visualisierung ist es jetzt viel einfacher und erfolgversprechender, die Prozesse zu optimieren. Wir erinnern uns: Das ist letztendlich die Hauptaufgabe des Prozessmanagements.

Um die Notwendigkeit der Prozessoptimierung zu erkennen, greifen wir auf die Ergebnisse der in Phase 2 entwickelten Prozessmessung zurück. Den Bedarf zur Prozessoptimierung erkennen wir an einem permanenten, systembedingten Nichterreichen der Ziele. Hierbei spielt die Leistungsmessung (siehe Kapitel 7) eine hervorgehobene Rolle. Manchmal hilft aber die Methode des „scharfen Hinsehens" schon viel weiter.

Für die Optimierung haben sich einige grundlegende Ansätze bewährt, die wir hier kurz diskutieren wollen. Bild 6.18 zeigt zunächst jedoch die grafische Übersicht.

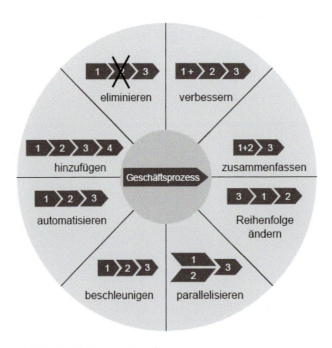

Bild 6.18 Verbesserungsregeln

- Prozessschritte verbessern:
- Dazu werden einzelne Prozessschritte durch geänderte Verfahren optimiert.
- Prozessschritte zusammenfassen:
- Die Zusammenlegung auf eine Arbeitsstation reduziert Schnittstellenprobleme, z. B. Transport- und Wartezeiten.
- Reihenfolge der Prozessschritte ändern:
- Dadurch können unnötige Rückfragen und Abhängigkeiten reduziert werden.
- Prozessschritte parallelisieren:
- Das gleichzeitige Ausführen von Prozessschritten führt zu einer insgesamt verkürzten Prozessdauer.
- Prozessschritte beschleunigen:
- Durch Einsatz verbesserter Ressourcen oder Verfahren können einzelne Schritte beschleunigt und dadurch die Prozessdauer insgesamt verkürzt werden.
- Ganze Prozesse oder Prozessschritte automatisieren:
- Mithilfe der Automatisierung werden Fehler vermieden und wird die Durchlaufzeit reduziert.
- Prozessschritte hinzufügen:
- Auch wenn es zusätzliche Zeit und Geld kostet, manchmal ist für die Absicherung des Prozessergebnisses ein zusätzlicher Schritt notwendig. In der Regel wird es sich dabei um Prüfaufgaben handeln. Dadurch wird dann verhindert, dass in fehlerbehaftete Produkte weiter Material und Zeit investiert wird.
- Prozessschritte eliminieren:
- Nicht wertschöpfend oder unterstützend wirkende Prozessschritte müssen eliminiert werden.

Verbesserungsregeln

Spätestens in dieser Phase werden die in den Projektteams entwickelten Prozessbeschreibungen in die Anwendung überführt. Nun kommt es darauf an, die entwickelten Soll-Prozesse diszipliniert anzuwenden. Dabei ist es hilfreich, wenn gut strukturierte und leicht verständliche Formulare zur Verfügung stehen. Diese sind eine große Arbeitserleichterung für die Beteiligten und ermöglichen gleichzeitig auf einfache Art und Weise, die konsequente Anwendung der Prozesse zu überprüfen.

Phase 4: Prozesse lenken

Manchmal wird in der Phase der Anwendung deutlich, dass sich nicht alle geplanten Verbesserungen tatsächlich so umsetzen lassen. Dann müssen die Prozessbeschreibungen nochmals geändert werden, d. h., man muss wieder zu Phase 2 des Prozessmanagements zurückkehren. In Bild 6.8 haben wir das durch Pfeile angedeutet.

Nach Abschluss des Projekts zur Implementierung des Prozessmanagements sollte man sich vergewissern, welchen Stand man jetzt erreicht hat. Dazu ist ein Prozessreifegradmodell eine gute Hilfe. Dabei wird je nach erreichtem Stand dem Prozess-

Reifegradmodell

management ein Reifegrad mit den Stufen 0 bis 4 zugeordnet. Das Modell in Bild 6.19 verdeutlicht, welche Anforderungen an ein hoch entwickeltes Prozessmanagement gestellt werden. In der Spalte „Level 4" – dem höchsten Niveau – finden wir dann auch Formulierungen wie „Prozesskultur wird bewusst gelebt" oder „Eine ganzheitliche Prozess-/Qualitätsverantwortung ist in den Köpfen verankert".

Level 0 (initial)	Level 1 (wiederholbar)	Level 2 (definiert)	Level 3 (gesteuert)	Level 4 (optimiert)
				Die Rahmenbedingungen werden kontinuierlich überwacht
			Das Prozessportfolio ist an der Strategie ausgerichtet	Das Prozessportfolio wird kontinuierlich neu bewertet/ausgerichtet
		Ein einheitliches Prozessverständnis ist etabliert	Kritische Erfolgsfaktoren sind abgebildet	Routineprozesse laufen automatisiert
Nur wenige Aktivitäten sind strukturiert	Wiederkehrende Prozesse werden wahrgenommen	Verschiedene Prozesse sind dokumentiert	Prozesse werden quantifiziert, gemessen und bewertet	Rollen, Organisation und Infrastruktur sind entlang der Prozesse ausgerichtet
Prozesse laufen zufällig und unkontrolliert	Die Organisation ist bestrebt, erfolgreiche Prozesse zu wiederh.	Erfolgreich laufende Prozesse werden zum Standard erklärt	Abweichungen vom Plan werden überwacht, Maßnahmen eingeleitet	Eine ganzheitliche Prozess-/Qualitätsverantwortung ist in den Köpfen verankert
				Prozesskultur wird bewusst gelebt

Bild 6.19 Reifegradmodell für Prozessmanagement (Quelle: Veitz 2006)

Erst wenn dieser Zustand erreicht ist, ist der Übergang von der funktionsorientierten zur prozessorientierten Organisation nachhaltig gelungen.

Zur weiteren Verbesserung der erfolgreich eingeführten Prozesse werden Methoden eingesetzt, die unter der Überschrift *Kontinuierlicher Verbesserungsprozess* zusammengefasst werden.

KVP

Kontinuierlicher Verbesserungsprozess (KVP) bedeutet, die Fähigkeit aller Mitarbeiter zur ständigen Verbesserung der Geschäftsprozesse zu wecken und im Sinne des Unternehmens und seiner Ziele zu nutzen.

Es geht also um eine Politik der kleinen, aber fortlaufenden und wiederkehrenden Verbesserungsschritte zum Steigern der Leistung (vgl. DIN EN ISO 9001:2015, Abschnitt 3.3.2). Diese sind notwendig, um den durch Innovationen erreichten Fortschritt stabilisieren und weiterentwickeln zu können.

Bild 6.20 verdeutlicht dieses Prinzip. Ohne KVP verläuft Fortschritt stark sägezahnförmig und wesentlich langsamer.

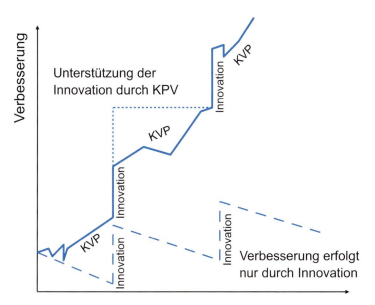

Bild 6.20 Die Wirkung des KVP

Da der KVP – begleitet durch Innovationen – niemals zu Ende ist, ist Prozessmanagement eine Aufgabe, die ebenfalls niemals endgültig abgeschlossen werden kann. Selbst wenn man entsprechend dem *Reifegradmodell* in Bild 6.19 Level 4 erreicht hat, bedeutet das ja nur, dass man in der Lage ist, sein Prozessportfolio ständig an sich ändernde Rahmenbedingungen anzupassen. Diese Anpassungsfähigkeit ist also letztlich das im Prozessmanagement zu erreichende Ziel. Das setzt eine entsprechende Denkweise und Kultur voraus.

6.5 Einsatz von IT-Tools im Prozessmanagement

Mithilfe geeigneter Software zum Prozessmanagement kann man viel mehr tun, als den Prozess nur zu visualisieren. Neben der Unterstützung bei der Lenkung von Prozessen und insbesondere Prozessbeschreibungen gibt es auch eine Vielzahl an Tools für das Management von Nachweisen, die in den Prozessen entstehen. Außerdem gibt es Tools, die durch Verknüpfung mit geeigneten Datenbanken Ressourcen dynamisch zuweisen sowie Kosten und Durchlaufzeiten berechnen bzw. simulieren. Das erleichtert die Optimierung von Prozessen erheblich.

Allen IT-Systemen gemeinsam sind zunächst folgende Vorteile gegenüber papierbasierten Lösungen:

- unmittelbarer Zugriff der Mitarbeiter auf dokumentierte Information (Vorgaben und Nachweise),
- zielgerichtete Lenkung der dokumentierten Information durch zentrale Rechtevergabe,
- die Problematik veralteter Vorgaben entfällt, wenn auf Ausdrucke konsequent verzichtet wird,
- hoher Komfort für die Anwender durch z. B. Suchfunktionen und Verlinkung von Informationen.

Auf der anderen Seite erfordert eine solche Software oft einen größeren Investitionsaufwand sowie hohe Kosten zur Schulung der Mitarbeiter. Insofern muss je nach Anwendungsfall entschieden werden, ob sich der Einsatz einer speziellen Prozessmanagementsoftware lohnt. Wir wollen hier einen Überblick über die Möglichkeiten sowie die Vor- und Nachteile solcher Lösungen geben.

Fileserver

Sehr häufig eingesetzt und ohne Zusatzkosten verfügbar sind klassische Fileserver. Die dokumentierte Information wird dabei in strukturierten Verzeichnissen abgelegt, für die sich eine Nummernsystematik bewährt hat. Dadurch kann z. B. eine einheitliche Ablage für alle Audits oder alle Projekte erreicht werden. Bild 6.21 zeigt ein Beispiel für eine einfache Ordnerstruktur für Beratungsprojekte.

- 00 Ausschreibung, Kundenanfrage
- 10 Angebot, Vertrag und Rechnung
- 20 Planung und Aufwandsverfolgung
- 30 Informationen, Material
- 40 Vorlagen
- 50 Projektpräsentationen
- 60 Protokolle
- 70 Ergebnisse
- 99 Historie

Bild 6.21
Beispiel für einen strukturierten Projektordner

Dokumentenmanagementsysteme (DMS) bieten sehr viel weitreichendere Unterstützung bei der Entwicklung, Überarbeitung, Speicherung, Lenkung und Verteilung von Dokumenten. Notwendige Basis dafür ist die Erfassung aller Dokumente im DMS. Auf Papier vorliegende Dokumente (z. B. Rechnungen) werden mit Scannern digitalisiert und auch im DMS gespeichert. Alle digitalen Dokumente werden dann katalogisiert, indiziert und kategorisiert. Das erfolgt weitgehend automatisch. Durch die Verschlagwortung mittels sogenannter Meta Tags entsteht ein digitales Archiv mit komfortablen Suchmöglichkeiten. Gefundene Dokumente können einfach bearbeitet und wieder im DMS abgelegt werden. Dadurch ist eine vollständige Versionskontrolle möglich.

Tabelle 6.1 Vor- und Nachteile von Fileservern

Vorteile	Nachteile
keine Zusatzkosten	reines Tool zur Ablage, kaum Unterstützung bei der Dokumentenverteilung
keine spezielle Schulung notwendig	keine automatische Versionsverwaltung
Zugriffsrechte sind (eingeschränkt) regelbar	beschränkte Suchfunktion, da keine Datenbank
	wird schnell unübersichtlich
	erfordert disziplinierte Ablage
	keine Datenbank-Unterstützung bei der Änderung von Dokumenten, z. B. bei der Notwendigkeit, in allen Dokumenten eine Abteilung umzubenennen

Im Rahmen von DMS sind umfangreiche Rechte-Verwaltungen vorgesehen, sodass nur berechtigte Mitarbeiter Lese- bzw. sogar Schreibrechte für bestimmte Dokumente bekommen.

Dokumentenmanagementsysteme

Um mit den mit der Zeit ausufernden Datenbeständen umgehen zu können, werden spezielle hierarchische Speichermanagementsysteme verwendet. Diese speichern neue und oft genutzte Dokumente auf schnellen Speichermedien und lagern ältere auf andere Medien (z. B. Bandlaufwerke) aus.

Am Markt sind zahlreiche DMS verfügbar. Vor allem mittelständische DMS-Anbieter punkten mit zielgruppengerechten Lösungen und individuellem Zuschnitt (Softselect 2021).

Tabelle 6.2 Vor- und Nachteile von Dokumentenmanagementsystemen (DMS)

Vorteile	Nachteile
Standardisierte Erstellung, Bearbeitung, Speicherung von Dokumenten	keine Unterstützung für Prozessvisualisierung und -verknüpfung
digitale Archive mit effizienter Suchfunktion	disziplinierte Nutzung notwendig, da sonst Dokumente nicht ins DMS integriert werden
Versionierung von Dokumenten mit automatischer Aufzeichnung, wer wann was geändert hat	mit der Zeit ausufernde Datenbestände
unterstützen rechtssichere Dokumentationen	
komfortable Rechteverwaltung	

Intranet-lösungen

Einige Unternehmen verbessern den Nutzwert von Fileserver-Lösungen, indem sie als Oberfläche html-Seiten im Intranet bereitstellen, die über Hyperlinks auf die Dokumente verweisen. Allerdings ist heutzutage über Intranetlösungen eine sehr viel weitergehende Funktionalität möglich.

MS SharePoint®

Sehr gute Unterstützung bietet dabei Microsoft SharePoint (Microsoft 2021). Damit lassen sich Team-Websites erstellen, die neben dem Zugriff auf Dokumente auch für die Verteilung von Informationen und für Kommunikation geeignet sind. Über die Einbindung von weiteren Werkzeugen und Apps lassen sich automatisierte Workflows für die Durchführung von Prozessen (z. B. dem Änderungsmanagement im Engineering oder Dokumentenfreigabe) sowie Formulare, Listen, Bibliotheken usw. kreieren. SharePoint kann als Oberfläche auf existierende Filestrukturen zugreifen (Listen) oder die dokumentierte Information in SharePoint speichern (Bibliotheken).

Durch die Web-Browser-basierte Oberfläche ist die Bedienung intuitiv und ohne aufwendige Schulung möglich. Am Markt sind fertige, konfigurierbare Lösungen für die Unterstützung von QMS und Prozessmanagement verfügbar.

Tabelle 6.3 Vor- und Nachteile von Intranet bzw. MS-SharePoint-basierten Lösungen

Vorteile	Nachteile
intuitiv bedienbare, WEB-Browser-basierte Oberfläche → kaum Schulungsaufwand für Nutzer	Zusatzkosten
die bekannten MS-Office-Programme zur Erstellung und Änderung von Dokumenten sind integriert	hoher Aufwand bei Eigenentwicklung komplexerer Lösungen oder Abhängigkeit von IT-Dienstleistern
gute Verwaltung von Lese- und Schreibrechten, personalisierte Ansichten und Einstellungen sind möglich	keine Datenbank-Unterstützung bei der Änderung von Dokumenten, z. B. bei der Notwendigkeit, in allen Dokumenten eine Abteilung umzubenennen
Dokumentenmanagement mit Versionskontrolle	
Volltextsuche	
automatisierte Workflows möglich	
individuelle Lösungen möglich	
sehr universell	
Verknüpfung mit Schulungsunterlagen z. B. zur Einarbeitung neuer Mitarbeiter möglich	

ViFlow®

Einen ähnlichen Funktionsumfang und vergleichbare Vor- und Nachteile bieten speziell für das Management von Prozessen entwickelte Softwaretools wie z. B. das recht weit verbreitete ViFlow (ViCon GmbH 2021). Der Vorteil liegt hier in einer „schlüsselfertigen" Lösung, die insbesondere auch auf Unternehmen mit notwendigen Zertifizierungen zielt. Neben dem Visualisieren und Verknüpfen von Prozessen enthält ViFlow auch ein Dokumentenmanagementsystem. Es bietet vorgefertigte Unterstützung für eine Reihe von Managementsystemnormen wie z. B. ISO 9001, IATF 16949, ISO 14001, ISO 45001, ISO 50001 und IRIS/ ISO/TS 22163.

Bild 6.22 zeigt exemplarisch eine in ViFLow erstellte Beispielsprozesslandkarte, die dem Nutzer als Einstieg in die Prozesswelt dient. Dazu können die entsprechenden Prozesse bzw. Prozessgruppen durch Anklicken ausgewählt werden.

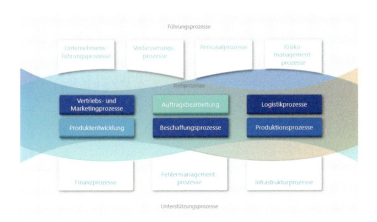

Bild 6.22 Beispiel für eine ViFlow-Prozesslandkarte (Quelle: ViCon GmbH 2021)

Einen anderen, weitergehenden Ansatz als die bisher vorgestellten Lösungen verfolgen Geschäftsprozessoptimierungstools. In diesen wird die komplette Aufbau- und Ablauforganisation (Prozesswelt) gespeichert und miteinander verknüpft. Dadurch entsteht ein Unternehmensmodell, das das Denken in Rollen und Prozessen hervorragend unterstützt. Beispielsweise wird deutlich, welche Rollen und Aufgaben man in den Prozessen verwendet, und das Tool „erzwingt" die Festlegung entsprechender Rollen- bzw. Funktionsbeschreibungen. Wird an einer Stelle etwas geändert, weist das Tool sofort auf entstandene Inkonsistenzen hin. Außerdem ist die Einbeziehung von Ergebnisdaten (Kosten, Durchlaufzeiten, Qualitätsdaten usw.) möglich, was die Simulation von Prozessen erlaubt. Beispielsweise kann man einfach errechnen lassen, wie sich das Hinzufügen von Prüfschritten oder der Austausch von Maschinen auf Durchlaufzeiten und Kapazitäten auswirken würde.

Prozessoptimierungstools

Damit ein wirklich konsistentes Unternehmensmodell entsteht, muss durch die Anwender die durch das Tool vorgegebene Denkweise und Systematik konsequent eingehalten werden. Ein späterer Wechsel zu einem anderen Tool ist oft schwer bis unmöglich. Man muss also bei der Auswahl des Tools sehr sorgfältig vorgehen. Außerdem resultiert daraus, dass Mitarbeiter ohne intensive Schulung praktisch nicht in der Lage sind, korrekte Prozessmodelle zu entwerfen. Viele Unternehmen erlauben daher den Mitarbeitern zunächst die Darstellung von Prozessen mit Flussdiagrammen, die dann später von „Superusern" in dem Tool in entsprechende Prozessmodelle umgeschrieben werden. Diese Doppelarbeit ist aber letztlich nicht sehr effizient.

Einmal erstellte Prozessmodelle werden wie bei den dargestellten Intranetlösungen den Mitarbeitern über Web-Browser zur Verfügung gestellt.

Zahlreiche Zusatzmodule erweitern die Funktionalität weiter. Dazu gehören z. B. Kennzahlen-Cockpits, Verknüpfungen zum ERP-System, Dokumentenmanagement usw.

Tabelle 6.4 Vor- und Nachteile von Prozessmanagement- und -optimierungstools

Vorteile	Nachteile
durch Datenbanklösungen wird ein vollständiges, konsistentes und homogenes Unternehmensmodell geschaffen	hohe Kosten für Anschaffung und Modellentwicklung
sehr mächtiger Funktionsumfang, noch erweiterbar durch Zusatzmodule und Schnittstellen	oft aufwendige Datenerhebung als Basis der Simulation notwendig, Erkenntnisgewinn durch die Simulation aber häufig gering
browserbasierte Schnittstelle für Anwender → Intranetlösung	Komplexität und Methodik erfordern hohen Schulungsaufwand
widerspruchsfreie und vollständige Definitionen von Rollen inklusive Verantwortungen und Befugnissen wird unterstützt	
Datenbankunterstützung bei der Änderung von Dokumenten, z. B. bei der Notwendigkeit, in allen Dokumenten eine Abteilung oder Rollen umzubenennen	

Auswahl der Tools

Aufgrund des sehr umfangreichen und sich ständig verändernden Angebots für Geschäftsprozessoptimierungssoftware wollen wir hier auf eine Darstellung und Hervorhebung einzelner Tools verzichten und abschließend nur ein paar Hinweise zur Auswahl der Tools geben. Folgende inhaltliche Aspekte sollten unbedingt beachtet werden:

- sorgfältige Ermittlung des tatsächlichen Bedarfs an Funktionalität,
- Kosten für Software, Schulung, Service und Unterstützung sowie ggf. notwendige zusätzliche/erneuerte Hardware (z. B. Monitorgrößen),
- mögliche Einsparungen bzw. Verbesserungen die sich aus dem Einsatz der Software ergeben,
- benötigte Schnittstellen und Verknüpfungsmöglichkeiten mit vorhandenen Datenbanken, z. B. dem vorhandenen ERP-System oder DMS,

- Einfachheit und Verständlichkeit des zugrundeliegenden Modellierungsansatzes sowie der entstehenden Prozessvisualisierungen.
- Wie immer bei der Einführung eines umfassenden und mächtigen IT-Tools müssen auch kulturelle Aspekte beachtet und die Mitarbeiter mit einbezogen werden, um die stets vorhandenen Widerstände gegen Neues rechtzeitig minimieren zu können.

■ 6.6 Zusammenfassung

Prozessmanagement ist eine der Kernaufgaben im Qualitätsmanagement. Die Qualität der Produkte lässt sich nur über die Qualität der Prozesse, die zu diesem Produkt führen, sicherstellen. Es hat sich bewährt, das Prozessmanagement in vier Phasen zu unterteilen. Nachdem in Phase 1 die Prozessarbeit organisatorisch und inhaltlich vorbereitet wurde, werden in Phase 2 die Prozesse im Ist-Zustand beschrieben. Dabei werden üblicherweise die Symbole aus der DIN 66001 in Flussdiagrammen kombiniert. Phase 3 konzentriert sich auf die Optimierung der Prozesse und in Phase 4 beginnt dann der Kontinuierliche Verbesserungsprozess.

Durch die Selbstbewertung anhand eines Reifegradmodells kann die Organisation überprüfen, welches Niveau sie im Prozessmanagement erreicht hat. Die höchste erreichbare Stufe ist dabei durch die Fähigkeit der Organisation gekennzeichnet, ihre Prozesse ständig an die sich ändernden Bedingungen anpassen zu können. Das setzt eine entsprechende Denkweise und Kultur voraus.

IT-Tools im Prozessmanagement bieten je nach Ausrichtung eine sehr weitgehende Unterstützung für das Prozessmanagement, das Dokumentenmanagement, die Prozessoptimierung und vor allem für die Visualisierung von Prozessen. Hier müssen durch den potenziellen Anwender der Bedarf und mögliche Kostenrahmen gründlich analysiert sowie die Vor- und Nachteile abgewogen werden.

■ 6.7 Aufgaben zur Wiederholung und Vertiefung

1. Definieren Sie den Begriff Prozess entsprechend der ISO 9000.
2. Geben Sie für den Prozess „Schreiben einer Klausur" die Prozessaufgabe, benötigte Ressourcen und Verfahren, Start- und Endereignis sowie Prozessinput und -output an.

3. Verdeutlichen Sie sich das Zusammenspiel der folgenden Prozessarten, indem Sie im Internet versuchen, Prozesslandkarten verschiedener Unternehmen zu finden:

   Management- oder Führungsprozesse,

   Leistungs- bzw. Kernprozesse sowie

   Unterstützungsprozesse.

4. Ordnen Sie für einen Automobilhersteller die folgenden Prozesse den drei diskutierten Prozessarten zu:
   - Entwicklung des Designs des Autos,
   - Beurteilung und Weiterentwicklung von Zulieferern,
   - Qualifizierung der Mitarbeiter,
   - Prüfmittelmanagement,
   - Lackierung der Karosserien.

5. Welche Probleme birgt eine rein funktionsorientierte Organisation?

6. Wo liegen demgegenüber die Vorteile der Prozessorientierung?

7. Was wird unter Prozessmanagement verstanden?

8. Erläutern Sie kurz die wesentlichen Inhalte der vier Phasen des Prozessmanagements.

9. Entwerfen Sie ein vollständiges Flussdiagramm zum Kauf eines Notebooks, in dem folgende Tätigkeiten bzw. Ereignisse vorkommen. Achten Sie auf die korrekte Anwendung der Symbole und benennen Sie Start- und Endereignis korrekt.
   - Startereignis,
   - Zusammenstellen der Anforderungen an das Notebook,
   - Auswahl eines Notebooks,
   - Prüfung, ob das Budget reicht, wenn nicht: anderes Notebook wählen,
   - Kaufentscheidung,
   - Bezahlung,
   - Endereignis.

10. Nennen Sie mindestens fünf Verbesserungsregeln für Prozesse.

11. Welches Niveau hat eine Organisation im Prozessmanagement erreicht, die verschiedene Prozesse dokumentiert und zum Standard erklärt sowie ein einheitliches Prozessverständnis erlangt hat? Beziehen Sie sich bei Ihrer Antwort auf das Reifegradmodell nach Veitz.

12. Was verstehen wir unter KVP? Wozu wird er benötigt?

13. Welche grundlegenden Vorteile sehen Sie bei der Unterstützung des Prozessmanagements durch intranetbasierte Lösungen, z. B. MS SharePoint?
14. Welche Hauptpunkte sind bei der Auswahl von Tools zur Geschäftsprozessoptimierung zu berücksichtigen?
15. Sie sind der Leiter eines kleineren Unternehmens (ca. 100 Mitarbeiter), das zertifizierte Managementsystem entsprechend ISO 9001, 14001 und 45001 betreibt. Überlegen Sie, welche Anforderungen und Restriktionen bei der Auswahl eines IT-Tools für die Unterstützung im Prozess- und Dokumentenmanagement bestehen. Welche Art von Tool würden Sie favorisieren?

Story

Im sechsten Kapitel Ihrer Story befassen Sie sich mit dem Prozessmanagement, das eine Kernaufgabe im Rahmen des Qualitätsmanagements darstellt.

- Formulieren Sie für den Prozess „Produktion eines Erfrischungsgetränks" die Prozessaufgabe, benötigte Ressourcen, Verfahren, Prozesseingabe, Start- und Endereignis sowie Prozessergebnis.
- Nach welchen Prozessarten unterteilen Sie Ihr Managementsystem? Welche einzelnen Prozesse in der Getränke-Flow GmbH werden welcher Prozessart zugeordnet?
- Ist Ihr Unternehmen funktions- oder prozessorientiert? Begründen Sie Ihre Position.
- Welche Phasen lassen sich im Rahmen Ihres Prozessmanagements identifizieren? Wie lassen sich diese Phasen charakterisieren? Erläutern und begründen Sie Ihre Ausführungen.
- Entwerfen Sie ein vollständiges Flussdiagramm für die „Produktion eines Erfrischungsgetränks".
- Welche IT-Tools im Prozessmanagement bringen Sie in Ihrem Unternehmen zum Einsatz – und warum?

7 Messung von Prozessen

 Das vorherige Kapitel

Im vorhergehenden Kapitel haben wir erläutert, dass die Qualität der Produkte und Dienstleistungen in entscheidendem Maße von den zugrunde liegenden Prozessen abhängt. Nur wer die Prozesse beherrscht, kann die Qualität der Produkte und Dienstleistungen gewährleisten. Es wurde erklärt, was unter einem Prozess zu verstehen ist und wie man Prozesse gestaltet. Weiterhin wurden die vier Phasen des Prozessmanagements erläutert sowie ein Reifegradmodell zur Bewertung des erreichten Stands.

 Worum es geht

Die Grundlagen der Prozessmessung sowie der Begriff Prozessfähigkeit werden, obwohl zu Phase 2 des Prozessmanagements gehörend, aufgrund ihrer Bedeutung in diesem Kapitel gesondert behandelt.

Neben einer Einführung in die Messung von Prozessen sowie die Bildung von Kennzahlen werden wir spezielle Kennzahlen zur Messung der Ausbeute (englisch: yield) und des Prozesswirkungsgrads erläutern.

Die Bewertung der Fähigkeit von Prozessen rundet das Kapitel ab.

7.1 Grundlagen

Prozessmanagement und Performance Measurement (Kennzahlen) gehören untrennbar zusammen (Gladen 2008). Eine grundlegende Erkenntnis im Prozessmanagement besagt: „If you can't measure it, you can't manage it." Prozesse ohne Kennzahlen managen zu wollen, wäre vergleichbar mit dem Lenken eines Autos ohne Straßenkarte, Hinweisschilder, Kompass oder Navigationssystem und auch noch ohne Tachometer und Kilometerzähler – also im sprichwörtlichen Blindflug.

Das Beispiel verdeutlicht die Notwendigkeit von Kennzahlen. Dabei geht es nicht darum, irgendwelche oder möglichst viele Kennzahlen zu verfolgen, sondern die richtigen. Das ist leicht gesagt, wirft aber die Frage auf: Woran erkenne ich, ob eine Kennzahl die richtige ist? Das wollen wir in diesem Kapitel versuchen zu beantworten.

Kennzahlen

 Kennzahlen sind Zahlen, die quantitativ erfassbare Sachverhalte in konzentrierter Form abbilden.

Mit der Einführung von Kennzahlen werden im Allgemeinen folgende *Ziele* verbunden:

- Prozessmerkmale sollen quantifizierbar gemacht werden.
- Veränderungen – zum Guten oder Schlechten – sollen erkennbar und messbar werden.
- Das zielgerichtete Eingreifen in den Prozess soll ermöglicht werden, entweder zur Korrektur unbefriedigender Zustände oder zur weiteren Verbesserung.

Perspektiven der Prozessmessung

Aus dem letzten Punkt ergibt sich die Notwendigkeit, für einen Prozess nicht einfach nur Messwerte zur Verfügung zu stellen, sondern auch *Zielwerte*. Diese bilden die Vorgaben für den Prozess und beziehen sich zunächst auf die drei Perspektiven *Qualität* (des Produkts oder Dienstleistung), *Zeit* und *Kosten* (Bild 7.1). Scheinbar können diese Kategorien nur gleichsinnig optimiert werden: Beispielsweise wird häufig angenommen, dass eine höhere Qualität auch mehr Zeit und höhere Kosten erfordert. Wie wir in Kapitel 15 „Qualität und Wirtschaftlichkeit" erläutern, ist die Annahme nicht korrekt, denn Qualität bedeutet die Erfüllung von Anforderungen. Wenn Anforderungen nicht erfüllt werden, spielen der Preis bzw. die Kosten letztlich eine untergeordnete Rolle, da der Kunde nicht zufrieden sein wird, woraus wiederum interne und externe Fehlerkosten resultieren.

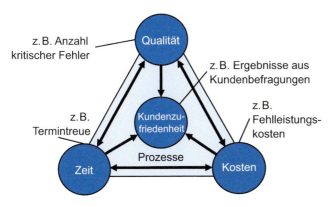

Bild 7.1 Perspektiven der Prozessmessung im Qualitätsmanagement

Wir führen hier deshalb als vierte Perspektive die *Kundenzufriedenheit* ein. Diese ist, wie in Kapitel 5 „Kundenzufriedenheit" ausgeführt, ausschlaggebend für den nachhaltigen Unternehmenserfolg und damit eine „Richtschnur" für die anderen drei Perspektiven, deren Zielwerte damit so gesetzt werden müssen, dass der Kunde zufrieden ist.

Eine gemeinsame Optimierung in die gleiche Richtung ist dabei nur über die Verbesserung der zugrunde liegenden Prozesse möglich.

Wohl jeder kennt den Spruch: „Traue keiner Statistik, die du nicht selbst gefälscht hast." Dabei ist das Fälschen einer Statistik oder Kennzahl oft gar nicht notwendig. Es reicht, die Bezugsgröße geeignet zu wählen, und schon liefert das Ergebnis die gewünschte Aussage. Daraus ergeben sich verschiedene Arten von Kennzahlen. Diese liegen in den Unternehmen in vielen Varianten vor (Schmelzer/Sesselmann 2010).

Arten von Kennzahlen

Absolute Kennzahlen – auch Grundzahlen genannt – setzen die erhobenen Werte nicht in Bezug zu anderen Werten, sondern sind einfach ermittelte Messwerte. Ein Beispiel wäre die Anzahl der Reklamationen im vorangegangenen Jahr.

Absolute Kennzahlen

Auf den ersten Blick wirken diese Zahlen sehr direkt, bereiten aber bei der Bewertung von Trends Probleme. Wenn sich beispielsweise die Anzahl der Reklamationen gegenüber dem Vorjahr von 100 auf 110 verändert hat, legt das den Schluss nahe, die Qualität sei schlechter geworden. Hat sich jedoch in dem gleichen Zeitraum die Anzahl der verkauften Produkte verdoppelt, stimmt die Aussage so nicht mehr.

Wir benötigen also *relative Kennzahlen*, oft auch als *Verhältniskennzahlen* bezeichnet. Wir sprechen auch von einer *Beziehungskennzahl*, weil wir inhaltlich ungleiche Daten zueinander ins Verhältnis setzen.

Relative Kennzahlen

Damit könnten wir also z.B. die Anzahl der Reklamationen in einem bestimmten Zeitraum ins Verhältnis zur Anzahl der verkauften Produkte setzen. Vorsicht ist aber auch hier geboten: Sind nur noch vier statt fünf von 100 Teilen fehlerhaft, hat sich die Fehlerrate relativ um 20 % verbessert, absolut betrachtet aber nur um 1 % (vgl. Gigerenzer 2004).

Gliederungskennzahlen

Bei *Gliederungskennzahlen* setzen wir demgegenüber eine Teilgröße ins Verhältnis zur Gesamtgröße. Ein Beispiel wäre z. B. das Verhältnis von durch Fehler entstandenen Kosten (Fehlerkosten) zu den Gesamtkosten der Produktion.

Indexkennzahlen

Eine weitere Möglichkeit wäre der Bezug von inhaltlich gleichen Werten auf unterschiedliche Perioden. Wir sprechen hier von *Indexkennzahlen*, beispielsweise das Verhältnis der Fehlerkosten im Februar zu den Fehlerkosten im Januar.

Es gibt also viele Arten, Kennzahlen zu bilden. Damit muss die Frage beantwortet werden: Wann ist eine Kennzahl sinnvoll?

Anforderungen

Damit eine Prozesskennzahl Sinn macht, muss sie die nachfolgenden Anforderungen erfüllen. In dem Kasten „Abfahrtspünktlichkeit an der Haltestelle" wird die Anwendung dieser Kriterien beispielhaft erläutert.

- **Kennzahlen müssen zur Steuerung geeignet sein.** Das ist eine absolute Grundforderung. Schließlich wollen wir mithilfe der Kennzahl ein verbessertes Prozessmanagement erreichen. Zur Steuerung ist eine Kennzahl dann geeignet, wenn der Verantwortliche das Ergebnis beeinflussen kann (manipulieren ist damit aber nicht gemeint). Es muss also einen direkten Ursache-Wirkungs-Zusammenhang geben.

- **Die Kennzahlen und die Datenbasis müssen genau definiert sein.** Dazu gehört auch, vordergründig klare Begriffe wie z. B. Liefertermintreue festzulegen. Wann gilt ein Termin als eingehalten, ab wann ist die Lieferung verspätet oder verfrüht? Dazu müssen die mit dem Kunden getroffenen Vereinbarungen berücksichtigt werden. Es muss auch klar herausgearbeitet werden, woher die Daten kommen und welche Qualität (Vollständigkeit, Richtigkeit usw.) sie haben.

- **Der Aufwand zur Erfassung der Daten muss möglichst gering sein.** Bei sehr hohem Aufwand wird die Kennzahl nach einiger Zeit ohnehin nicht mehr erhoben und der wirtschaftliche Nutzen der Kennzahl ist von vornherein zweifelhaft. Wann immer möglich, sollten computergestützte Systeme genutzt werden.

- **Kennzahlen müssen mit einem Zielwert untersetzt sein.** Ohne diesen Zielwert kann mit der Kennzahl nicht gesteuert werden, sie hätte dann einen rein informativen, berichtenden Charakter.

- **Die Auswertung muss zur Ableitung von Maßnahmen führen können, insbesondere auch Maßnahmen präventiver Art.** Bereits vor Einführung und Anwendung der Kennzahl muss man überlegen, welche Maßnahmen bei einer Verfehlung von Zielwerten getroffen werden könnten. Aus einer solchen Überlegung resultieren dann zusätzlich präventive – vorbeugende – Maßnahmen, die verhindern, dass das Ziel verfehlt wird. Wenn keine Maßnahmen gefunden werden, liegt das oft an einem fehlenden Ursache-Wirkungs-Zusammenhang und die Kennzahl ist dann nicht zur Steuerung geeignet.

- **Die Auswertungen müssen visualisiert und mit den Mitarbeitern diskutiert werden.** Bereits in der Entwurfsphase sollte eine Visualisierung überlegt werden. Die Mitarbeiter sind letzlich für die Erfüllung einer Kennzahl verantwortlich. Also müssen ihnen der Sinn und Inhalt der Kennzahl sowie der aktuell erreichte Stand erläutert werden und auch konkrete Maßnahmen bei Verfehlung der Ziele. Hierzu ist eine gute, verständliche Visualisierung die Voraussetzung.

Abfahrtspünktlichkeit an der Bushaltestelle

Für ein Busunternehmen wurde die Kennzahl „Abfahrtspünktlichkeit an der Haltestelle" vorgeschlagen. Eine Überprüfung anhand der genannten Kriterien ergibt, dass diese Kennzahl keinen Sinn macht:

Zunächst fehlt ein direkter Ursache-Wirkungs-Zusammenhang. Wenn der Straßenverkehr durch Stau oder Baustellen beeinträchtigt ist, kann der Verantwortliche – der Busfahrer – die Pünktlichkeit nicht mehr sicherstellen. Es lassen sich auch keine realistischen Maßnahmen finden, die für den Fall eines Staus trotzdem die Pünktlichkeit erhalten.

Als Alternative wird dann die „Abfahrtspünktlichkeit vom Bushof bei Schichtbeginn" vorgeschlagen. Hier gibt es auf jeden Fall einen Ursache-Wirkungs-Zusammenhang. Wenn der Bus nicht pünktlich abfahren kann, liegt es entweder am zu spät gekommenen Busfahrer oder an einem defekten Bus, also in der Verantwortung der Werkstatt.

Demzufolge lassen sich Maßnahmen finden, um solche Fälle zu verhindern, z. B. Durchführung einer Probefahrt nach jedem Werkstattaufenthalt oder die Verpflichtung der Mitarbeiter, 15 Minuten vor Beginn der Fahrt einzutreffen.

Jetzt muss diese Kennzahl genau definiert werden: Was bedeutet pünktlich? Üblich ist dabei eine Toleranz von zwei oder fünf Minuten. Außerdem müssen wir die Art der Kennzahl und die konkrete Berechnungsvorschrift festlegen.

Ob man diese Kennzahl anwenden kann, hängt letztlich von den Möglichkeiten der Datenerfassung ab. Einen Mitarbeiter abzustellen, der in eine Liste die Abfahrtszeiten aller Busse einträgt, ergibt wenig Sinn. Demgegenüber würde ein funkgesteuertes System uns automatisch die gewünschten Daten liefern und sie könnten auch direkt in der EDV weiterverarbeitet werden.

7.2 Entwicklung von Kennzahlen

Bild 7.2 zeigt die vier wesentlichen Schritte bei der Entwicklung von Kennzahlen. Ausgehend von den aus Sicht des Kunden kritischen Prozessmerkmalen werden unter Berücksichtigung der Anforderungen aus Abschnitt 7.1 Kennzahlen entworfen. Danach müssen das anzuwendende Messverfahren und die einzuhaltenden Zielwerte festgelegt werden.

Bild 7.2 Schritte bei der Entwicklung von Kennzahlen

Grundsätzlich sollte nicht zu jedem wichtigen Prozessmerkmal eine Kennzahl entwickelt werden. Das ist z. B. überflüssig für Prozessmerkmale bzw. Kundenanforderungen, die problemlos erfüllt werden. Deshalb sprechen wir hier von kritischen Merkmalen.

Das sei hier am Beispiel der Fertigung eines Produkts nach Kundenwunsch erläutert. Von den vielen denkbaren kritischen Prozessmerkmalen wählen wir die Zeitkomponente aus:

- Kundenanforderung: kurze Auftragsabwicklungszeit
- Prozesskennzahl: Durchlaufzeit
- Berechnungsvorschrift: Zeitpunkt Kundenabnahme minus Zeitpunkt Auftragseingang
- Messverfahren: Daten aus EDV-System
- Zielwert: zwei Arbeitstage

Ein Formblatt (siehe Tabelle 7.1) unterstützt den Prozess der Entwicklung von Kennzahlen und hilft, alle wesentlichen Informationen zu erfassen. Für dieses Beispiel wählen wir die häufig angewendete Kennzahl zur Messung der Liefertermintreue, auf Englisch: On-Time Delivery.

Tabelle 7.1 Kennzahleneinzelblatt

Kennzahleneinzelblatt	
Bezeichnung der Kennzahl:	*On-Time Delivery*
Symbol für die Kennzahl:	*OTD*
Beschreibung	
Ziel der Kennzahl:	*Verbesserung der Liefertreue*
Aussage der Kennzahl:	*Maß für Anteil termingerechter Lieferungen*
Zugehörige Prozesse:	*Fertigung, Versand*
Verantwortlichkeiten	
Verantwortung für Datenerhebung:	*Versand*
Verantwortung für Datenauswertung:	*Abteilung QM*
Auswertungsdefinition	
Grunddaten (Quellen):	*Bestelldatum (SAP-System), Lieferdatum (SAP-System)*
Formel zur Berechnung und Einheit:	*Anzahl der termingerechten Lieferungen : Anzahl aller Lieferungen, %*
Zielwert:	*98 %*
Erhebungszeitraum:	*Spitzenauslastungsmonate Mai bis September*
Erhebungsfrequenz:	*Kontinuierlich*
Auswertungsfrequenz:	*Monatlich*
Formular (Datensammelblatt):	*Entfällt*
Vorschlag zur Visualisierung:	*Balkengrafik OTD pro Monat mit eingetragener Ziellinie*

Die darin vorgeschlagene Visualisierung zeigt Bild 7.3. Anhand einer solchen Grafik kann den Mitarbeitern z. B. für die Monate Mai und Juni leicht die Notwendigkeit einer verbesserten Termintreue erläutert werden. Ob die dann vereinbarten Maßnahmen wirken, lässt sich ebenso einfach an einem Über- oder Unterschreiten der Ziellinie im Folgemonat erkennen.

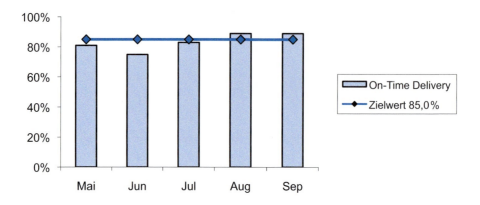

Bild 7.3 Visualisierung der Kennzahl OTD

7.3 Ausbeutekennzahlen

Eine besondere Bedeutung kommt Kennzahlen zu, die die Ausbeute eines Prozesses messen (Harry/Schroeder 2000). Damit lassen sich der wirtschaftliche Erfolg des Prozesses sowie das Maß der erforderlichen Nacharbeit – also die Qualität der im Prozess erzeugten Produkte – messen.

Ausbeute

> Die Kenngröße Ausbeute gibt an, mit welchem Anteil bzw. welcher Wahrscheinlichkeit Einheiten, die in den Prozess gegeben werden, diesen fehlerfrei verlassen.
>
> Sie kann sich auf die Anzahl fehlerhafter Einheiten oder auf die Anzahl der Fehler im Prozess beziehen.

Wir unterscheiden bei der Ausbeute (englisch: yield) zwei grundsätzliche Arten: die *einheitenbezogene Ausbeute* sowie die *fehlerbezogene Ausbeute*.

Die *einheitenbezogene Ausbeute* wird nach Durchführung des Prozesses ermittelt. Dazu werden die Einheiten gezählt, an denen Fehler entdeckt werden. Fehlerhafte Einheiten mit mehreren Fehlern zählen nur einfach, da vor der Freigabe der Einheit alle Fehler beseitigt werden müssen. Insofern sagt die einheitenbezogene Ausbeute nichts über das Ausmaß notwendiger Nacharbeit aus. In der Regel werden diese Kennzahlen in Prozent angegeben, aber es ist auch die Angabe in ppm – parts per million – gebräuchlich.

Demgegenüber enthält die *fehlerbezogene Ausbeute* Informationen über die Fehleranzahl im Prozess und damit über den notwendigen Nacharbeitsaufwand. Diese Kennzahl kann auch verwendet werden, um anhand von Erfahrungswerten die Ausbeute zukünftiger Lose vorherzusagen. Diese Kennzahlen werden in Prozent angegeben.

Für beide Arten der Ausbeute werden mehrere Kennzahlen abgeleitet. Bild 7.4 stellt diese in einer Übersicht dar.

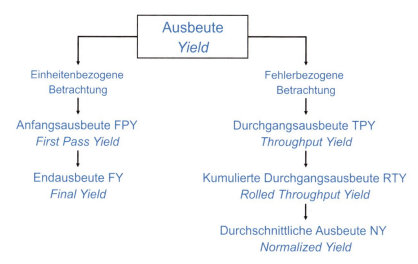

Bild 7.4 Kennzahlen zur Messung der Prozessausbeute

 Die Anfangsausbeute *First Pass Yield* (FPY) gibt an, welcher Anteil der Einheiten den Prozess im ersten Anlauf, d.h. ohne Nacharbeit, fehlerfrei durchläuft.

$$FPY = \left(1 - \frac{\text{Anzahl fehlerhafter Einheiten ohne Nacharbeit}}{\text{Anzahl Einheiten im Input}}\right)[\%]$$

Anfangs-
ausbeute

Beispiel: Wenn wir in einen Prozess 100 Einheiten – oder das entsprechende Material – hineingeben und während der Bearbeitung drei Einheiten fehlerhaft werden, ergibt sich somit ein FPY von 97%.

 Die Endausbeute *Final Yield* (FY) gibt an, welcher Anteil der Einheiten den Prozess nach Abschluss der notwendigen Nacharbeit bzw. aller Prozessschritte fehlerfrei verlässt.

$$FY = \left(1 - \frac{\text{Anzahl fehlerhafter Einheiten nach Nacharbeit}}{\text{Anzahl Einheiten im Input}}\right)[\%]$$

Endausbeute

Beispiel: Von den genannten drei fehlerhaften Teilen lassen sich zwei durch Nacharbeit reparieren, eines muss verschrottet werden. FY ist also 99%.

Ausbeute bei mehreren Prozess-schritten

 Produkte entstehen durch verkettete Prozessschritte. Wenn uns die Ausbeute am Ende der Prozesskette interessiert, berechnet sich diese als Produkt der Ausbeuten der einzelnen Schritte. Das trifft sowohl für FPY als auch für FY zu. Wir sprechen von kumulierten Ausbeuten.

$$FY = \prod_{i=1}^{m} FY_i$$

$$FPY = \prod_{i=1}^{m} FPY_i$$

i: Nummer des Prozessschritts
m: Anzahl der Prozessschritte
FPY_i: Anfangsausbeute Schritt i
FY_i: Endausbeute Schritt i

Bei der Berechnung muss darauf geachtet werden, die Einzelwerte als Bruchteile anstatt als Prozentwerte anzugeben.

Beispiel für FPY:

Schritt 1: Von 100 Teilen erhält man 90 Gutteile: FPY_1 = 90 : 100 = 0,900

Schritt 2: Aus den 90 Teilen erhält man 86 Gutteile: FPY_2 = 86 : 90 = 0,956

Schritt 3: Aus den 86 Teilen erhält man 80 Gutteile: FPY_3 = 80 : 86 = 0,930

FPY = 90 : 100 · 86 : 90 · 80 : 86 = 80 : 100 = 80 %

Von den 100 Teilen, die in den Prozess gegeben werden, sind im ersten Anlauf 80 verwendbar.

Durchgangs-ausbeute

 Die fehlerbezogene Durchgangsausbeute *Throughput Yield* (TPY) gibt die Wahrscheinlichkeit an, mit der ein Prozessschritt fehlerfrei durchlaufen wird.

$$TPY_i = P(X=0) = \frac{e^{-\lambda} \lambda^X}{X!} = e^{-\lambda} = e^{-DPU_i} \, [\%]$$

DPU: Defects per Units = D : U
D: Defects = Anzahl Fehler
U: Units, im Input des Prozesses
i: Nummer des Prozessschritts

Sie wird auf Basis der Poisson-Verteilung berechnet. Die Poisson-Verteilung gibt uns die Wahrscheinlichkeit an, in einer Stichprobe genau x Fehler zu finden. Wir müssen also für ein fehlerfreies Produkt x = 0 in die Formel der Poisson-Verteilung einsetzen und erhalten die Formel für TPY.

Beispiel: Wir geben in einen Lackierprozess 100 Teile. An diesen sind nach dem ersten Prozessschritt, dem Sandstrahlen, zwölf Fehler zu beobachten. Wir berechnen TPY zu $e^{-0,12} = 88,69\,\%$.

Die Wahrscheinlichkeit, fehlerfreie Teile aus diesem Prozess zu bekommen, beträgt also 88,69 %.

 Die kumulierte Durchgangsausbeute *Rolled Throughput Yield* (RTY) gibt die Wahrscheinlichkeit für das fehlerfreie Durchlaufen mehrerer Prozessschritte an. Wir berechnen sie als Produkt der Durchgangsausbeute der einzelnen Schritte.

$$RTY = \prod_{i=1}^{m} TPY_i$$

i: Nummer des Prozessschritts
m: Anzahl der Prozessschritte
TPY_i: Durchgangsausbeute Schritt i

Kumulierte Durchgangsausbeute

Beispiel:

Schritt 1: An 100 Teilen entstehen zwölf Fehler:

DPU = 12 : 100 = 0,1200; TPY_1 = 0,8869

Schritt 2: An den verbleibenden 95 Teilen entstehen neun Fehler:

DPU = 9 : 95 = 0,0947; TPY_2 = 0,9096

Schritt 3: An den verbleibenden 86 Teilen entstehen drei Fehler:

DPU = 3 : 86 = 0,0349; TPY_3 = 0,9657

RTY = 0,8869 · 0,9096 · 0,9657 = 0,779 = 77,9 %

Die Wahrscheinlichkeit, dass alle drei Prozessschritte fehlerfrei durchlaufen werden, beträgt nur 77,9 %!

Da mit jedem fehlerbehafteten Prozessschritt die Ausbeute sinkt, macht diese Kennzahl in besonderem Maße die wirtschaftliche Problemstellung deutlich. Wenn man nur auf die einzelnen Ausbeuten im Beispiel schaut, erscheinen 88,7 % oder erst recht 96,6 % als vielleicht nicht so schlecht. Durch die Verkettung entwickelt sich aber eine dramatische Situation.

Durchschnittliche Durchgangsausbeute

 Die durchschnittliche Durchgangsausbeute *Normalized Yield* (NY) gibt die mittlere Wahrscheinlichkeit des fehlerfreien Durchlaufens mehrerer Prozessschritte an und entspricht dem geometrischen Mittelwert der Durchgangsausbeute der einzelnen Prozessschritte.

$$NY = \sqrt[m]{\prod_{i=1}^{m} TPY_i}$$

$$NY = \sqrt[m]{RTY}$$

i: Nummer des Prozessschritts
m: Anzahl der Prozessschritte
TPY_i: Durchgangsausbeute Schritt i
RTY: kumulierte Durchgangsausbeute

Die durchschnittliche Durchgangsausbeute ist also die m-te Wurzel aus der kumulierten Durchgangsausbeute.

Damit ergibt sich für unser Beispiel zu RTY: NY = 92,0 %.

Dieser Wert bedeutet, dass wir eine gleiche kumulierte Durchgangsausbeute von 77,9 % wie in dem Beispiel zur RTY erzielen würden, wenn alle drei Schritte eine Durchgangsausbeute von 92,0 % hätten.

Bild 7.5 stellt den Zusammenhang zwischen den drei fehlerbezogenen Ausbeuten grafisch dar. Die Zahlenwerte ergeben sich dabei aus den bisher betrachteten Beispielen:

TPY des Schritts i	RTY nach Schritt i	NY der Schritte 1 – 3
88,69 %	88,7 %	
90,96 %	80,7 %	
96,57 %	77,9 %	92,0 %

Wir erkennen, dass TPY und RTY im ersten Schritt denselben Wert haben. Im weiteren Verlauf sinkt RTY immer weiter ab, obwohl TPY steigt. Die Ursache liegt in den zu geringen Werten für TPY. Nur wenn die Durchgangsausbeute TPY eines Schritts 100 % betragen würde, bleibt die kumulierte Durchgangsausbeute RTY auf dem vorher erreichten Wert. Ein Wiederansteigen während eines Prozessschritts ist nicht möglich.

Die durchschnittliche Durchgangsausbeute NY der drei Prozessschritte stellt sich als waagerechte Linie dar. Man erkennt, dass es sich nicht um den arithmetischen Mittelwert der drei TPY-Werte handelt: Dann läge die Kurve etwas höher.

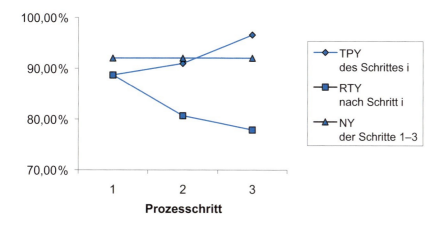

Bild 7.5 Beispiel fehlerbezogene Ausbeutekennzahlen

7.4 Messung des Prozesswirkungsgrads

Kernaufgabe eines Unternehmens ist es, Geld zu verdienen. Die Prozesskosten beeinflussen dabei wesentlich die Kosten, zu denen ein Produkt hergestellt werden kann. Das wiederum hat Einfluss auf die mögliche Preisgestaltung des Produkts, die andererseits die Konkurrenzfähigkeit des Unternehmens bestimmt. Insofern ist eine monetäre Kennzahl zur Bestimmung des *Prozesswirkungsgrads* hilfreich, um notwendige Verbesserungspotenziale erkennen zu können.

Ausgehend von der allgemeinen Definition eines Wirkungsgrads als Verhältnis der bgeführten zu der zugeführten Leistung wird der Prozesswirkungsgrad nach Kamiske und Tomys folgendermaßen definiert (Tomys 1994):

 Der Prozesswirkungsgrad W_p ist das Verhältnis der Nutzleistung zu der zugeführten Leistung. Diese setzt sich zusammen aus der Nutz-, Stütz-, Blind- und Fehlleistung.

$$W_p = \left(\frac{\text{Nutzleistung}}{\text{Nutzleistung} + \text{Stützleistung} + \text{Blindleistung} + \text{Fehlleistung}} \right) [\%]$$

Prozesswirkungsgrad

Die *Nutzleistung* beinhaltet dabei das monetäre Maß aller Aktivitäten und Ressourcen, die direkt zur Wertschöpfung beitragen, den Wert des Produkts also erhöhen. Indirekt zur Wertschöpfung tragen unsere bereits in Kapitel 6 diskutierten unterstützenden Prozesse bei. Diese und die notwendigen unterstützenden Ressourcen (z. B. Lagerfläche) werden in der *Stützleistung* zusammengefasst. Es gibt auch Aktivi-

Nutzleistung, Stützleistung, Blindleistung, Fehlleistung

täten, die nicht zur Wertschöpfung beitragen. Zu dieser *Blindleistung* gehören mehrfach ausgeführte Arbeitsgänge genauso wie sinnlose Arbeitsgänge. Sinnlos ist eine Tätigkeit z.B. dann, wenn sie nur aufgrund von überholten oder überflüssigen Anweisungen ausgeführt wird. Geradezu verheerend wirken sich Tätigkeiten aus, die den Wert mindern, anstatt ihn zu erhöhen. Ein Beispiel wäre das Setzen eines falschen Bohrlochs in ein Teil, das bis dahin fehlerfrei gewesen ist. Auch dieses Bohren kostet Zeit und Geld und schmälert zusätzlich die aus dem Prozess entnehmbare Nutzleistung. Wir nennen diese Fehler erzeugende Leistung *Fehlleistung*.

Blind- und Fehlleistung sind grundsätzlich vermeidbar. Dafür ist es hilfreich, die Sinnhaftigkeit einzelner Tätigkeiten gezielt zu hinterfragen:

- Dient die Aktivität unmittelbar einem internen oder externen Kunden?
- Dient die Aktivität der Fehlererkennung und/oder -vermeidung?
- Dient die Aktivität der Unternehmenssteuerung?
- Was passiert, wenn diese Aktivität weggelassen würde?
- Beruht die Aktivität auf überholten oder überflüssigen Vorschriften?
- Ist es möglich, die Aktivität auf andere Art und Weise effizienter zu erbringen?

Blind- und Fehlleistung entstehen in der Regel ungeplant – es sei denn, der Planungsprozess ist fehlerhaft durchgeführt worden. Auch beim Erkennen dieser Fehler helfen die gezielten Fragen weiter.

Bild 7.6 verdeutlicht die einzelnen Leistungsarten.

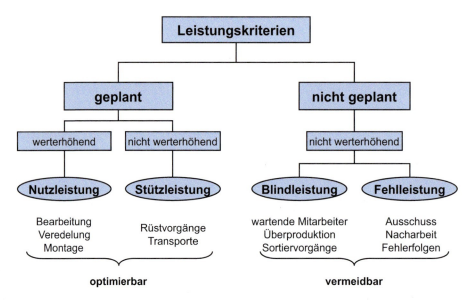

Bild 7.6 Leistungskriterien zur Messung der Prozessleistung

Der Prozesswirkungsgrad sollte genauso wie die Ausbeutekennzahlen für einzelne Teilprozesse oder auch Prozessschritte gesondert betrachtet werden. Das erleichtert das Auffinden von Problemen.

Die Vorteile dieser Kennzahl sind dann:

- Alle Veränderungen im Prozess und Handeln der beteiligten Mitarbeiter werden in ihrer Auswirkung objektiv und direkt messbar.
- Ein Vergleich von Prozessen und Teilprozessen anhand der gleichen Kennzahl ist möglich.
- Im Gegensatz zu Ausbeutekennzahlen wird nicht nur der Prozessoutput, sondern auch der dafür notwendige Input berücksichtigt.

Abschließend sei hier anhand eines Praxisbeispiels das hohe Ausmaß von Blind- und Fehlleistungen selbst in einem hochmodernen Industriezweig dargestellt:

Praxisbeispiel

Im Jahr 2003 wurde durch die Fraunhofer-Gesellschaft eine Studie im Automobilbau durchgeführt (siehe Bild 7.7). Diese ergab, dass Blind- und Fehlleistung zusammen einen Anteil von 30 % bezogen auf die Gesamtleistung haben. Weitere 35 % der Gesamtleistung werden durch Stützleistung verbraucht, sodass wir eine tatsächliche Nutzleistung von nur 25 % erhalten (also W_P = 25 %). Das bedeutet ein erhebliches Optimierungspotenzial!

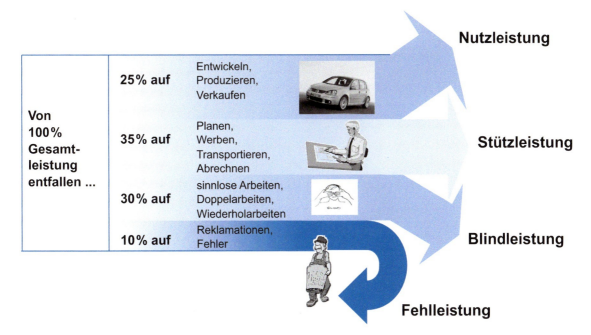

Bild 7.7 Prozessleistung am Beispiel der Automobilindustrie (Quelle: Fraunhofer-Gesellschaft 2003)

■ 7.5 Prozess-, Maschinen- und Prüfmittelfähigkeit

Unter Fähigkeit wird im Allgemeinen das Verhältnis zwischen dem tatsächlichen *Können* und dem, *was man will* bzw. *soll*, verstanden. Diese Grundlage wollen wir hier auch auf Prozesse anwenden und somit eine Kennzahl erzeugen, die beschreibt, ob und in welchem Maße der Prozess in der Lage ist, an ihn gestellte Anforderungen zu erfüllen. Fähige Prozesse sichern die Qualität der Produkte und die Zuverlässigkeit der Folgeprozesse. Außerdem reduzieren sie den notwendigen Prüfaufwand. Sie haben somit für die Industrie eine große Bedeutung.

Zunächst gehen wir aber wieder auf einige grundlegende Begriffe ein.

Fähigkeit

Eignung eines Objekts zum Realisieren eines Ergebnisses, das die Anforderungen an dieses Ergebnis erfüllen wird.
(DIN EN ISO 9000:2015)

Aus dieser Definition lässt sich direkt die Definition für Prozessfähigkeit ableiten, sie ist ja letztendlich schon darin enthalten. Trotzdem werden im DIN- bzw. ISO-Regelwerk die Prozessfähigkeit und damit zusammenhängende Begriffe in einer gesonderten Norm festgelegt, aktuell in der DIN ISO 3534-2:2013-12.

Prozessfähigkeit

Statistischer Schätzwert für die Werteverteilung eines Merkmals eines Prozesses, der als beherrschter Prozess dargelegt wurde; die Werteverteilung beschreibt die Eignung eines Prozesses, ein Merkmal (eines Produkts mit einer Werteverteilung) zu realisieren, das die an das Merkmal gestellte Anforderung erfüllen wird.
(DIN ISO 3534-2:2013-12)

Der Begriff *Prozessfähigkeit* ist also eng verknüpft mit dem Begriff *beherrschter Prozess* und wird gelegentlich auch mit diesem verwechselt.

Beherrschter Prozess

Unter einem beherrschten Prozess verstehen wir laut DIN 55350-11 einen

Prozess, dessen wesentliche Merkmale beherrschte Prozessmerkmale sind.
Anmerkung 1: Dieser Begriff kennzeichnet nicht die Fähigkeit des Prozesses bezüglich seiner Prozessmerkmale. Oft ist es jedoch für die Fähigkeit eines Prozesses erforderlich, beherrschte Prozessmerkmale zu haben.
Anmerkung 2: Eine beherrschte Produktion oder Dienstleistungserbringung ist eine Produktion oder Dienstleistungserbringung, bei der die Prozesse beherrscht sind.
(DIN 55350-11:2008)

Damit brauchen wir nun noch die Definition eines *beherrschten Prozessmerkmals*:

 Prozessmerkmal, bei dem sich die Parameter der Verteilung der Merkmalswerte praktisch nicht oder nur in bekannter Weise oder in bekannten Grenzen ändern.
(DIN 55350-11:2008)

Beherrschtes Prozessmerkmal

Also: Ein beherrschter Prozess ist ein *stabiler Prozess*. Die Verteilung seiner wesentlichsten Merkmalswerte ändert sich praktisch nicht, d. h., bei einer Gauß-Verteilung (siehe Bild 7.8) wären z. B. der Mittelwert µ und die Standardabweichung σ zeitlich nahezu konstant.

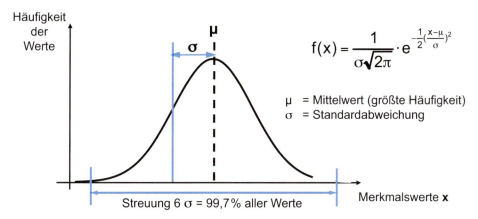

Bild 7.8 Gauß-Verteilung

Um diese Definition wirklich verstehen zu können, brauchen wir noch den Begriff Verteilung. Dazu müssen wir zunächst einen kleinen Ausflug in die Statistik unternehmen:

Wenn ein bestimmter Merkmalswert wiederholt gemessen wird – entweder an einem Teil oder an verschiedenen Teilen –, werden wir beobachten, dass die gemessenen Werte mit einer unterschiedlichen Häufigkeit auftreten. Diese Häufigkeit ist gleichzeitig ein Maß dafür, mit welcher Wahrscheinlichkeit ein bestimmter Wert auftritt. Da es sich bei Messwerten um Werte handelt, deren Wertebereich bekannt ist, aber nicht, welchen Wert (Ausprägung) sie im Einzelfall zufällig annehmen werden, nennen wir in der Statistik solche Werte *Zufallsvariablen*. Das führt uns zur Definition des Begriffs *Verteilung*:

 Bezeichnung für den Zusammenhang zwischen den Werten (Ausprägungen) von Zufallsvariablen und der diesen Werten zugeordneten Wahrscheinlichkeit ihres Auftretens.

Verteilung

Die wohl bekannteste Verteilung ist die Gauß-Verteilung, die oft auch Normalverteilung genannt wird. Sie hat das in Bild 7.8 dargestellte Aussehen.

In der Nähe des Mittelwerts μ haben die Werte die größte Häufigkeit. Zu den Rändern hin fällt die Häufigkeit stark ab. Unabhängig von den konkreten Werten für die Parameter der Verteilung μ und σ liegen innerhalb des Bereichs von ± 3 σ 99,7 % aller Werte. Insofern wird der Wert 6 σ oft als Maß für die Breite der Gauß-Verteilung verwendet. Das können wir nun nutzen, um ein Maß für fähige Prozesse festzulegen.

Ein fähiger Prozess soll Produkte liefern, die die Anforderungen erfüllen. Das bedeutet nichts anderes, als dass die Merkmalswerte der Produkte innerhalb der festgelegten Toleranzgrenzen bleiben. Insofern liegt es nahe, die Prozessfähigkeit durch den Quotienten aus der Toleranz (Abstand zwischen oberer und unterer Toleranzgrenze) und der Prozessstreubreite 6 σ (im Englischen oft „voice of the process" genannt) zu messen. Darin finden wir dann die am Anfang dieses Kapitels stehende ganz allgemeine Definition für Fähigkeit wieder: das Verhältnis von Können zu Wollen.

Wenn wir das Verhältnis der Toleranz T zu 6 σ bilden, würde das bedeuten, dass 99,7 % aller Merkmalswerte innerhalb der Toleranzgrenzen liegen. Da 0,3 % Fehleranteil aber noch zu hoch sind, wird eine Sicherheit von einer Standardabweichung jeweils links und rechts eingebaut. Dadurch können auch kleinere Schwankungen des Mittelwerts toleriert werden. Der Quotient darf damit nicht 1,0 betragen, sondern muss ≥ 1,33 sein. Als Formel für die Prozessfähigkeit entsteht somit:

Prozessfähigkeitsindex cp

$$C_p = \frac{\text{Toleranz}}{\text{Prozessstreubreite}} = \frac{oTG - uTG}{6\sigma} \geq 1{,}33$$

oTG: obere Toleranzgrenze
uTG: untere Toleranzgrenze

Der Index c_p beschreibt die *potenzielle Fähigkeit* eines Prozesses, die sich ergeben würde, wenn der Prozess *ideal zentriert* laufen würde. Er berücksichtigt nur die Prozessstreuung: 8 σ müssen genau in die Toleranzgrenzen passen, um den Grenzwert von 1,33 zu erzeugen. Bild 7.9 verdeutlicht dies.

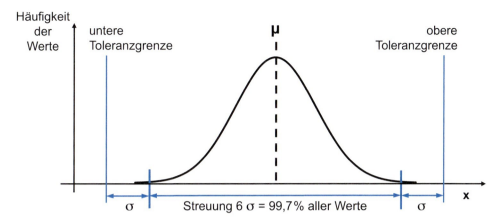

Bild 7.9 Die Definition des Prozessfähigkeitsindexes c_p

Außerhalb der Toleranzgrenzen liegt damit nur der geringe Anteil von 0,006 % aller Werte, der praktisch zu vernachlässigen ist.

Man kann sich das auch mithilfe eines Autos verdeutlichen: Wenn ich es schaffe, genau mittig durch ein Tor zu fahren, muss dieses mindestens so breit wie das Auto sein, damit es keine Schäden gibt. Bei vorgegebener Torbreite – der Toleranz – komme ich umso sicherer durch das Tor, je schmaler mein Auto ist. Größere c_p-Werte zeigen also, dass sich die Produktion mit größerer Sicherheit innerhalb der Toleranz befindet.

Was aber, wenn ich nicht genau mittig fahre? Dann muss auf der Seite, „wo es eng wird", das Auto gerade noch an dem Pfosten vorbeipassen. Wir brauchen also zusätzlich einen Index, der diese Situation beschreibt. Dazu wird von der Formel für c_p nur die kritische Seite betrachtet. Kritisch sind dabei geringe Abstände des Mittelwerts zu einer Toleranzgrenze. Wir nennen den Index.

Prozessfähigkeitsindex c_{pk}

$$C_{pk} = \frac{\text{Min}(oTG - \mu;\ \mu - uTG)}{3\sigma} \geq 1{,}33$$

oTG: obere Toleranzgrenze
uTG: untere Toleranzgrenze
μ: Mittelwert der Verteilung

Der Index c_{pk} beschreibt die *reale Fähigkeit* eines *realen Prozesses* und berücksichtigt die Prozessstreuung und -lage. Bild 7.10 verdeutlicht dies.

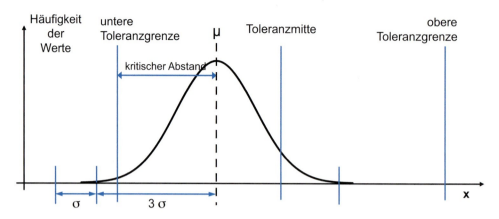

Bild 7.10 Die Definition des Prozessfähigkeitsindexes c_{pk}

Der Buchstabe „k" steht nicht für „kritisch", obwohl das manchmal behauptet wird. Da diese Formeln nicht im deutschsprachigen Raum entwickelt wurden, ist das aber unwahrscheinlich. Vielmehr steht k für „katayori". Dieses japanische Wort bedeutet so viel wie Abweichung bzw. Offset, also genau die Verschiebung, um die es hier geht.

Im besten Fall eines zentrierten Prozesses kann c_{pk} den gleichen Wert wie c_p erreichen, in der Praxis ist c_{pk} jedoch immer kleiner als c_p. Obwohl c_{pk} den realen Prozess beschreibt, ist es doch hilfreich, mit c_p zusätzlich die potenzielle Fähigkeit zu berechnen. Wenn sich nämlich die Situation ergibt, dass c_{pk} < 1,33 ist, aber c_p > 1,33 ist, weiß der Prozessingenieur, was zu tun ist: Der Prozess muss besser zentriert werden. Wenn aber auch c_p < 1,33 ist, hilft alles Zentrieren nichts: Der Prozess ist nicht fähig, da die Streuung im Verhältnis zur Toleranz zu groß ist.

Alternative Formeln Wir orientieren uns hier an der DIN ISO 22514. In einigen Unternehmen werden jedoch auch davon abweichende Formeln bzw. Grenzwerte verwendet. Häufig verwendet man z. B. für die Prozess-, Maschinen- und Prüfmittelfähigkeit einen Bezug auf 4 bzw. 2 σ anstatt 6 bzw. 3 σ. Da dabei in der Regel trotzdem mit dem Grenzwert von 1,33 gearbeitet wird, reduziert ein solches Vorgehen die Anforderungen an den Prozess dramatisch.

Nicht normalverteilte Prozesse Die Formeln für c_p und c_{pk} gelten in der bisher dargestellten Form nur für normalverteilte Prozesse. Für nicht normalverteilte Prozesse ist das Vorgehen z. B. in der DIN ISO 22514-2 dargestellt, soll hier aber nicht näher erläutert werden.

Maschinenfähigkeit Die Untersuchung der Maschinenfähigkeit hat das Ziel, die Genauigkeit der Fertigungseinrichtung zu ermitteln. Sie soll nur die Streuung berücksichtigen, die sich aus maschinenimmanenten Einflussgrößen ergibt, wobei eine vollständige Trennung oft nicht möglich ist. Sie ist deshalb eine kurzfristige Untersuchung, um die Einflüsse so weit wie möglich zu trennen. Die Maschinenfähigkeit wird anhand von mindestens 50 in direkter Folge gefertigten Werkstücken beurteilt. Während der Fertigung dürfen keine systematischen Einflüsse (z. B. kontinuierlicher Anstieg der Umgebungstemperatur) auf die Maschine wirken. Auch sollte das Ausgangsmaterial möglichst aus einer Charge stammen und bei Bedienereinfluss ein Bediener die Maschine bedienen. Die Maschinenfähigkeit wird mit den Indizes c_m und c_{mk} ausgedrückt. Die Formeln entsprechen dabei denen für c_p und c_{pk}.

Da die Maschinenfähigkeit im Vergleich zur Prozessfähigkeit deutlich schneller zu ermitteln ist, wird sie für die Vorabbewertung einer Maschine eingesetzt. Wenn die Maschinenfähigkeit nicht gegeben ist, hat es keinen Sinn, eine Prozessfähigkeit zu erwarten.

Wenn die Fähigkeit bzw. Streuung eines Prozesses oder einer Maschine untersucht werden soll, müssen dazu mithilfe von Prüfmitteln ausgewählte Merkmale des gefertigten Produkts in Form einer Messreihe erfasst werden. Jedes Prüfmittel und jeder Prüfprozess weist aber selber eine eigene Streuung auf. Man erkennt das z. B. daran, dass bei mehrfacher Wiederholung einer Messung unter konstanten Bedingungen an demselben Messobjekt nicht immer wieder derselbe Wert angezeigt wird, sofern die Auflösung des Geräts groß genug ist. Die Werte werden wie bei der Prozessstreuung um einen Mittelwert schwanken.

Zusammenhang zur Prüfmittelfähigkeit

Wir sind also nicht in der Lage, die Prozessstreuung unverfälscht zu bestimmen. Sie wird immer durch die *Prüfprozessstreuung* verfälscht (siehe Bild 7.11). Als Maß für den Einfluss des Prüfmittels bzw. Prozesses wird eine sogenannte *Prüfmittelfähigkeit* bzw. Prüfprozessfähigkeit eingeführt, die vergleichbar dem bisher zur Prozessfähigkeit Gesagten aus zwei Indizes besteht: c_g und c_{gk}. Das g steht dabei für das englische „gauge", also Messmittel bzw. Lehre. Die Formeln für die beiden Indizes werden so gewählt, dass als Grenzwert wieder 1,33 überschritten werden muss.

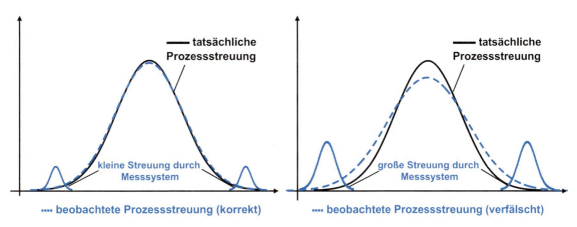

Bild 7.11 Zusammenhang zwischen beobachteter und tatsächlicher Prozessstreuung (in Anlehnung an Dietrich und Schulze 2014)

Prüfmittel-
fähigkeits-
index c_g

$$C_g = \frac{0{,}2 \cdot (oTG - uTG)}{6\sigma} \geq 1{,}33$$

oTG: obere Toleranzgrenze
uTG: untere Toleranzgrenze

Prüfmittel-
fähigkeits-
index c_{gk}

$$C_{gk} = \frac{0{,}1 \cdot (oTG - uTG) - |Bi|}{3\sigma} \geq 1{,}33$$

Bi: „Bias" (systematische Messabweichung)

Wir sehen, dass die Formeln bis auf den Faktor 0,2 – bei c_{gk} 0,1 (wegen der Betrachtung nur der kritischen Seite) – denen für die Prozessfähigkeit entsprechen. Damit werden dem Prüfmittel bzw. prozess 20 % der Gesamtstreuung zugebilligt. Ein Prüfmittel bzw. prozess ist also genau dann fähig, wenn die dadurch verursachte Streuung klein gegenüber der Streuung des untersuchten Prozesses ist.

Bild 7.11 verdeutlicht den Zusammenhang zwischen der beobachteten und der realen Prozessstreuung in Abhängigkeit von der Streuung des Prüfmittels. Daraus ergibt sich die Notwendigkeit, *vor* der Untersuchung der Prozessfähigkeit immer zuerst die Prüfmittelfähigkeit zu bestimmen. Eine sehr gute Anleitung zu den verschiedenen Verfahren dazu findet man in Dietrich und Schulze (2014). Diese Verfahren berücksichtigen neben der Streuung durch das Prüfmittel unter anderem auch die Einflüsse der verschiedenen Bediener, der Umgebungsbedingungen und anderer Prüfprozesseinflüsse, weshalb verallgemeinert immer von einer Prüfprozessfähigkeit gesprochen wird.

Zum Abschluss dieses Kapitels wollen wir in einem Übungsbeispiel die Anwendung der Prozessfähigkeitsindizes demonstrieren (siehe Kasten „Buchsenfertigung").

Beispiel
„Buchsen"

Buchsenfertigung

Aus einer Serie von gefertigten Buchsen werden 30 Stück entnommen und mithilfe einer Dreipunkt-Innenmessschraube geprüft. Für diese wurde im Vorhinein die Prüfmittelfähigkeit durch $c_g = 1{,}64$ und $c_{gk} = 1{,}38$ nachgewiesen. Es wurden folgende Messwerte in Millimeter ermittelt:

60,1	60,3	60,4	60,2	59,8	60,1
60,4	60,5	59,5	60,3	60,3	60,4
60,0	60,4	60,6	60,1	60,4	60,3
59,8	60,3	60,4	59,8	60,4	60,1
60,4	60,5	60,4	60,3	60,2	60,3

Unter Berücksichtigung des vorgegebenen Soll-Werts von 60,0 mm bei einer Toleranz von ± 1,0 mm fällt auf, dass alle Werte innerhalb des Toleranzfelds von 59,0 bis 61,0 mm liegen.

Berechnen wir nun Mittelwert (60,233 mm) und Standardabweichung (0,248 mm), können wir sofort c_p als (2,0 mm) : (6 · 0,248 mm) = 1,34 erhalten. Der Prozess ist also potenziell fähig.

Bei c_{pk} berechnen wir zunächst einen Wert für die untere Toleranzgrenze.

c_{pku} = (60,233 mm − 59,0 mm) : (3 · 0,248 mm) = 1,66 und dann für die obere

c_{pko} = (61,0 mm − 60,233 mm) : (3 · 0,248 mm) = 1,03. Der kleinere Wert von beiden ist das gesuchte c_{pk}. Insofern ist der Prozess also nicht fähig.

Die Ursache können wir aufgrund der beiden Fähigkeitsindizes schnell ermitteln: Die Zentrierung des Prozesses ist unzureichend.

Warum aber ist der Prozess nicht fähig, obwohl alle Werte innerhalb der Toleranzgrenzen liegen? Nun, wir haben mit 30 Proben nur einen geringen Umfang untersucht. Die Aussage „nicht fähiger Prozess" ist aber gleichbedeutend damit, dass bei einer sehr großen Stückzahl hergestellter Buchsen ein relevanter Anteil davon Durchmesser außerhalb der Toleranzgrenzen aufweist. Beide Beobachtungen stehen insofern nicht im Widerspruch.

Noch ein Hinweis: Bei diesem Beispiel wurde auf die notwendige Überprüfung bzw. Diskussion, ob die Werte normalverteilt sind, verzichtet.

7.6 Balanced Scorecard

Wir haben jetzt eine Reihe von Kennzahlen für die verschiedensten Prozessarten kennengelernt und die Frage ist nun: Wie kann man die zu einem sinnvollen und leistungsfähigen Kennzahlensystem verknüpfen?

Oft wird jeder Bereich seine Kennzahlen für die ausschlaggebenden halten: das Controlling die Finanzkennzahlen, die Produktion z. B. den Yield, das Qualitätsmanagement alle Qualitätskennzahlen usw.

Deshalb haben Kaplan und Norton (1992) ein ausgewogenes Kennzahlensystem vorgeschlagen – auf Englisch: Balanced Scorecard.

In diesem System werden üblicherweise vier Perspektiven berücksichtigt, wobei diese durch die Organisation für ihre Zwecke angepasst werden können:

- die Finanzperspektive, die alle monetär messbaren Kennzahlen enthält,
- die Markt- und Kundenperspektive, die die Stellung des Unternehmens am Markt und bezüglich der Kundenzufriedenheit misst,

- die Innovations- und Mitarbeiterperspektive, die die wesentlichen Ressourcen Mitarbeiter und Wissen berücksichtigt, sowie
- die interne Prozessperspektive, die Ziele für alle wesentlichen Prozesse enthält.

Für alle vier Perspektiven werden in der Balanced Scorecard aufeinander abgestimmte Zielwerte vorgegeben. Ein Beispiel zeigt Bild 7.12.

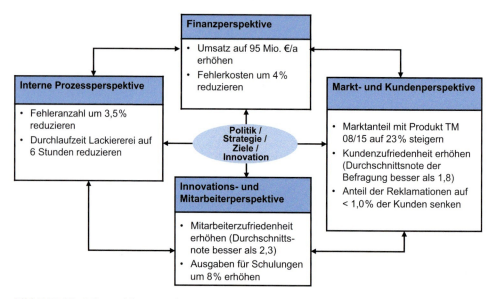

Bild 7.12 Die Balanced Scorecard

Ausgangs- und Kernpunkt für die gesetzten Zielwerte bilden Politik und Strategie.

Nur in kleinen Unternehmen würde es ausreichen, eine einzige Balanced Scorecard für das Gesamtunternehmen zu verwenden. In größeren Unternehmen wird für jede relevante Organisationseinheit eine eigene Balanced Scorecard entworfen, die dann z. B. die Ziele einer Abteilung enthält. Natürlich müssen die Zielwerte im gesamten Unternehmen dann sorgfältig aufeinander abgestimmt sein.

Die Steuerung mithilfe der Balanced Scorecard erfolgt wieder in einem Regelkreis: In festgelegten Zeitabständen werden die für die Kennzahlen erreichten Werte mit den Zielvorgaben verglichen. Bei Abweichungen müssen entsprechende Korrekturmaßnahmen vereinbart werden und eine erneute Messung gibt Aufschluss über die erreichten Verbesserungen.

7.7 Benchmarking

Im Abschnitt 8.3 wurde dargelegt, wie in der Zeit ab 1979 die Unternehmen Motorola und General Electric in den USA die Six-Sigma-Methode entwickelten. Die damit erzielten Ergebnisse erregten großes Aufsehen und führten dazu, dass in der Folge Six Sigma in allen Industrieländern angewandt wurde.

Ebenfalls ab 1979 startete die Firma Xerox in den USA – damals Weltführer bei der Herstellung von Kopiergeräten – ein Programm, in dem die Herstellkosten ihrer Produkte, aber auch Transportkosten, Fehlerquoten, Wartungszeiten, Verwaltungskosten u. a. an verschiedenen Standorten miteinander verglichen wurden, darunter auch bei der Tochtergesellschaft Fuji Xerox in Japan. Der Vergleich zeigte wesentliche Unterschiede in allen Kriterien. Die Geschäftsführung von Xerox bezeichnete die jeweils besten ermittelten Kennzahlen für die genannten Kriterien als „Benchmarks" und erklärte sie zu Zielen für alle Standorte des Unternehmens.

Die deutsche Übersetzung für „Benchmark" lautet:

„Maßstab, Vergleichspunkt, Bezugswert, Richtgröße" (Quelle: *https://www.leo.org/englisch-deutsch*).

So entstand der Begriff „Benchmarking" als Managementmethode. Sie wurde zuerst von R. C. Camp in den USA beschrieben, dessen gleichnamiges Buch auch ins Deutsche übersetzt wurde, und ist bis heute erstaunlich aktuell geblieben (Camp 1994).

> Das *Benchmarking* ist eine wiederkehrende Tätigkeit, bei der Prozesse des eigenen Unternehmens mit ähnlichen Prozessen in einem anderen Bereich des eigenen Unternehmens (unternehmensinternes Benchmarking) oder mit ähnlichen Prozessen eines starken Wettbewerbers (brancheninternes Benchmarking) oder mit ähnlichen Prozessen bei einem Marktführer einer anderen Branche (branchenexternes Benchmarking) verglichen werden mit dem Ziel, die eigenen Produkte oder Prozesse auf mindestens dasselbe Niveau zu verbessern.

Nachdem es Xerox gelungen war, das Benchmarking weitgehend als Managementmethode einzuführen, wurde das Unternehmen in den folgenden Jahren mit den folgenden, international viel beachteten Preisen ausgezeichnet:

1980	„Deming Award" für Fuji Xerox in Japan
1989	„Malcolm Baldridge Quality Award" für Xerox in den USA
1992	„European Quality Award" für Rank Xerox in Europa

Man kann drei Arten von Benchmarking unterscheiden:

1. Unternehmensinternes Benchmarking

   Gleiche oder ähnliche Produkte werden am selben Standort oder an unterschiedlichen Standorten desselben Unternehmens mit unterschiedlichen Fertigungsprozessen hergestellt. Das unternehmensinterne Benchmarking erfordert den geringsten Aufwand, weil die betrachteten Produkte oder Prozesse ebenso wie alle dazugehörigen Unterlagen im eigenen Unternehmen ohne Weiteres zugänglich sind.

   Beispiel: Ein Unternehmen, das Schaltgetriebe für Straßenfahrzeuge entwickelt und herstellt, betreibt mehrere Fabriken an unterschiedlichen Standorten. Eine Baugruppe, bestehend aus zwei Zahnrädern (Triebling und Tellerrad) mit Hypoidverzahnung, wird aus Kapazitätsgründen an zwei verschiedenen Standorten gefertigt. Dabei werden Zahnradfräsmaschinen von zwei verschiedenen Werkzeugmaschinenherstellern eingesetzt, die zwar die gleiche Verzahnung erzeugen, dabei aber unterschiedlich geformte Fräswerkzeuge mit unterschiedlichen Kosten und unterschiedlichen Bewegungsabläufen einsetzen.

2. Brancheninternes Benchmarking

   Es werden ähnliche Produkte von anderen Unternehmen derselben Branche mit eigenen Produkten hinsichtlich der technischen und der administrativen Abläufe ihrer Herstellung verglichen. Vergleiche könnten beispielsweise in den folgenden Situationen zu Qualitäts- und Produktivitätssteigerungen führen.

   Beispiel: Automobilhersteller kaufen regelmäßig Konkurrenzmodelle der Wettbewerber, zerlegen sie und vergleichen die Einzelteile mit denen der eigenen Modelle. Aus der Produktgestaltung lassen sich auch Schlüsse auf die Herstell- und Beschaffungsprozesse ziehen.

3. Branchenexternes Benchmarking

   Der eigene Betrieb wird mit einem Unternehmen verglichen, das in einer anderen Branche mit unterschiedlichen Produkten unterwegs ist. Interessant ist hierbei, ob in dessen Fertigung oder Verwaltung ein innovativer Lösungsweg für ein eigenes Problem gefunden werden kann.

   Beispiel: Die erste bekannte Studie dieser Art soll zu Beginn des 20. Jahrhunderts von der deutschen Armee durchgeführt worden sein. Ein Soldat soll in einem Zeitungsbericht gelesen haben, dass ein amerikanischer Großzirkus in der Lage war, nach Ende der Vorstellungen in einer Nacht die Zelte abzubauen und mit sämtlichen Angestellten, Einrichtungen und Tieren in einen Zug zu verladen, um sie in die Stadt der nächsten Aufführung zu transportieren. Dazu hatte eine zirkuseigene Logistikabteilung die entsprechenden Abläufe entwickelt. Die Generalität schickte eine Abordnung in die USA, die vor Ort die Abläufe im Einzelnen untersuchen durfte. Mit dem gewonnenen Wissen konnte die deutsche Armee den Ablauf von Truppenbewegungen deutlich beschleunigen.

Tabelle 7.2 Arten des Benchmarkings

Art des Benchmarkings	Benchmarking-Partner	Vergleichsprozess
Unternehmensinternes Benchmarking	Das eigene Unternehmen	Ähnlich
Brancheninternes Benchmarking	Ein Unternehmen derselben Branche	Ähnlich
Branchenexternes Benchmarking	Ein Unternehmen einer anderen Branche	Unterschiedlich

Wie in der Tabelle 7.3 dargestellt, lässt sich ein Benchmarking-Projekt in fünf Phasen gliedern:

Tabelle 7.3 Tätigkeiten im Benchmarking

Phase	Tätigkeit
1. Zielsetzung	Auswahl des zu untersuchenden Prozesses
	Auswahl der Arbeitsgruppe
	Festlegen der zu vergleichenden Kenngrößen
2. Interne Analyse	Bewertung des eigenen Prozesses
3. Vergleich	Auswahl eines Benchmarking-Partners
	Bewertung des Vergleichsprozesses
	Ermittlung der „Leistungslücke"
4. Maßnahmenplanung	„Innovative Imitation"
	Neugestaltung des eigenen Prozesses
5. Umsetzung	Einführung der Maßnahmen in die eigene Organisation

Zielsetzung

In dieser Phase des Benchmarkings wird ein Unternehmensprozess ausgesucht, der wesentlich zum Unternehmenserfolg beiträgt. Kriterien bei der Auswahl sind beispielsweise:

- Kundenzufriedenheit mit den hergestellten Produkten,
- Wahrnehmung in der Öffentlichkeit,
- Herstellkosten,
- Qualitätskosten (Fehlerverhütungs-, Fehler- und Prüfkosten),
- Verschwendung von Ressourcen.

Für die Arbeitsgruppe werden Mitarbeiter ausgesucht, die ausgewiesene Kenner des zu untersuchenden Prozesses und gleichzeitig offen für Verbesserungsmöglichkeiten sind, die sie in ähnlichen Abläufen andernorts erkennen können.

Die Arbeitsgruppe legt anschließend Kenngrößen fest, mit denen der Beitrag des untersuchten Prozesses zum Unternehmenserfolg objektiv ermittelt werden kann.

Interne Analyse

Die für das Benchmarking ausgesuchten eigenen Geschäftsprozesse sollen eindeutig von anderen Prozessen abgegrenzt und die jeweiligen darin enthaltenen Tätigkeiten mit geeigneten Kenngrößen beschrieben werden. Dabei sollen diese Kenngrößen

- eindeutig definiert,
- mit angemessenem Aufwand zu ermitteln
- und erfolgsrelevant sein.

In der Praxis hat sich bewährt, Fragebögen anzulegen, die bei der Zusammenarbeit mit dem Benchmarking-Partner abgearbeitet werden.

Die interne Analyse kann erfahrungsgemäß bis zur Hälfte der gesamten Projektdauer beanspruchen.

Vergleich

Zu Beginn dieser Phase stehen die Suche und Auswahl eines geeigneten Benchmarking-Partners. Es soll ein Unternehmen sein, das als „Best in Class" gilt. Hilfreich bei der Suche sind beispielsweise

- geschäftliche Verbindungen,
- persönliche Kontakte,
- Teilnahme an Seminaren und Kongressen,
- Berichte des eigenen Außendienstes,
- Berichte oder Artikel in Fachzeitschriften,
- Expertenmeinungen,
- Berufsverbände,
- Unternehmensberater und
- Datenbanken.

Wenn ein solches Unternehmen als Benchmarking-Partner gewonnen werden kann, folgt die Vereinbarung über die Geschäftsprozesse, die zum Zweck des Vergleichs analysiert und bewertet werden können. Dazu vereinbart man auch die Kennzahlen, mit denen die ausgewählten Prozesse zu beschreiben sind.

Diese Kennzahlen beschreiben Eigenschaften der betrachteten Prozesse und machen sie vergleichbar. Sie können beispielsweise etwas über wirtschaftliche, zeitliche oder qualitätsbezogene Aspekte eines Prozesses aussagen. Ein Beispiel zu qualitätsbezogenen Kennzahlen eines Prozesses, die beim Benchmarking vereinbart werden könnten, zeigt die Tabelle 7.4.

Tabelle 7.4 Qualitätskennzahlen in einem Benchmark-Projekt (Beispiel)

Qualitätskennzahl	Einheit
Anteil der Qualitätskosten am Umsatz	%
Anteil der Fehlerkosten an den Qualitätskosten	%
Anteil der Fehlerverhütungskosten an den Qualitätskosten	%
Anteil der Prüfkosten an den Qualitätskosten	%
Anteil der internen Fehlerkosten an den Qualitätskosten	%
Anteil der externen Fehlerkosten an den Qualitätskosten	%
Anteil der an KVP-Prozessen beteiligten Mitarbeiter	%
Anzahl der Verbesserungsvorschläge pro Mitarbeiter und Jahr	%
Anteil der automatisierten Prüfvorgänge	%

Aus dem Vergleich der entsprechenden Kennzahlen beider Prozesse – dem eigenen und dem des Benchmarking-Partners – wird die „Leistungslücke" erkannt.

Kleine und mittlere Unternehmen sehen sich oft nicht in der Lage, Verbindungen zu Unternehmen aufzunehmen, die als „Best in Class" ihrer Branche gelten. In solchen Fällen gibt es die Möglichkeit, sich von professionellen Beratern wie zum Beispiel das Information Center Benchmarking (IZB) helfen zu lassen (*https://izb.ipk.fraunhofer.de/*). Diese unterstützen zunächst bei der Erfassung und der Bewertung der eigenen Geschäftsprozesse. Außerdem verfügen sie über Kennzahlen von Firmen, die zu den Branchenführern zählen, und können entsprechende Verbesserungsprozesse anregen.

Maßnahmen

Die aufgearbeiteten Ergebnisse aus dem Vergleich werden der eigenen Geschäftsleitung vorgetragen. Es sollte eine Phase folgen, in der Maßnahmenpakete zusammengestellt und umgesetzt werden, wodurch die Leistungslücke nach Möglichkeit geschlossen wird und im Idealfall sich sogar in einen Leistungsvorteil verwandelt.

Ergebniskontrolle

Durch eine fortlaufende Prozessüberwachung können die Ergebnisse gehalten oder sogar weiter verbessert werden.

Tabelle 7.5 Zeitanteile in einem Benchmarking-Projekt

Projektphase	Zeitanteil (% der Projektdauer)
Zielsetzung	5
Interne Analyse	45
Auswahl des Benchmark-Partners	30
Vergleich der Kennzahlen	15
Umsetzung	5

In Tabelle 7.5 sind die Zeitanteile aufgeführt, die von den einzelnen Projektphasen erfahrungsgemäß ungefähr beansprucht werden.

7.8 Zusammenfassung

Kennzahlen sind notwendig und hilfreich, um quantitativ erfassbare Sachverhalte in konzentrierter Form abzubilden. Nur mit Kennzahlen kann ein Prozess wirklich gesteuert werden. Damit das gelingt, müssen die Kennzahlen so gebildet werden, dass auch ein beeinflussbarer Ursache-Wirkungs-Zusammenhang besteht.

Im Qualitätsmanagement wird in erster Linie Qualität betrachtet, während für die Messung von Prozessen die Perspektiven Qualität, Zeit und Kosten so optimiert werden müssen, dass eine optimale Kundenzufriedenheit entsteht.

Während Ausbeutekennzahlen sich auf die Messung des Prozessoutputs konzentrieren, werden mithilfe des Prozesswirkungsgrads In- und Output gegenübergestellt. Es wird also auch untersucht, mit welchem Aufwand ein Ergebnis erreicht wurde.

Die Diskussion der Prozessfähigkeit erlaubt eine Abschätzung des Anteils von außerhalb der Toleranzgrenzen liegenden Einheiten. Die Berechnung sowohl der potenziellen als auch der realen Fähigkeit eines Prozesses erlaubt die Ableitung konkreter Maßnahmen zur Prozessverbesserung: Muss der Prozess zentriert oder die Streuung verringert werden?

Fähige Prozesse sichern die Qualität der Produkte und die Zuverlässigkeit der Folgeprozesse. Außerdem reduzieren sie den notwendigen Prüfaufwand.

Das Benchmarking schließlich betrachtet die eigenen Abläufe (Prozesse) aus einem größeren Abstand und vergleicht sie mit entsprechenden Prozessen, sei es aus dem eigenen Haus oder aus anderen Unternehmen.

7.9 Aufgaben zur Wiederholung und Vertiefung

1. Was verstehen wir unter Kennzahlen?
2. Welche Perspektiven der Prozessmessung werden im Qualitätsmanagement diskutiert? Anhand welcher Kenngröße werden diese Perspektiven gegeneinander abgewogen?
3. Wodurch kann man alle Perspektiven gleichzeitig optimieren?
4. Welche drei Arten der Verhältniskennzahlen gibt es? Erläutern Sie diese kurz und bilden Sie jeweils zwei eigene Beispiele.
5. Welche Anforderungen werden an Prozesskennzahlen gestellt?
6. Entwickeln Sie eine vollständige Definition einer Kennzahl für Zulieferqualität von Lieferanten.
7. Erläutern Sie den Unterschied zwischen einheiten- und fehlerbezogener Ausbeute.
8. Ein Prozess bestehe aus fünf Prozessschritten. Dabei werden nach jedem Prozessschritt die Anzahl der Fehler sowie der fehlerhaften Einheiten ermittelt. Berechnen Sie anhand der folgenden Werte die Ausbeutekennzahlen nach jedem der fünf Schritte: FPY, das kumulierte FPY, TPY und RTY sowie für alle fünf Schritte NY. Stellen Sie die Ergebnisse in Abhängigkeit vom jeweiligen Prozessschritt grafisch dar.

Prozessschritt UP_i	Fehlerfreie Einheiten U vor UP_i	Fehlerhafte Einheiten nach UP_i	Anzahl Fehler D nach UP_i
1	100	5	12
2	95	3	4
3	92	2	4
4	90	4	5
5	86	3	7

9. Was misst der Prozesswirkungsgrad W_p?
10. Berechnen Sie den Prozesswirkungsgrad W_p unter Berücksichtigung folgender Angaben:
    - Nutzleistung   100 Mio. €
    - Stützleistung   75 Mio. €
    - Blindleistung   20 Mio. €
    - Fehlleistung   5 Mio. €

11. Nennen Sie jeweils drei Beispiele für die vier Leistungskriterien im Prozesswirkungsgrad.
12. Was verstehen wir unter einem fähigen Prozess?
13. Worin unterscheidet er sich von einem beherrschten Prozess?
14. Erläutern Sie den Unterschied zwischen den Prozessfähigkeitsindizes c_p und c_{pk}.
15. Für eine Bohrung 20 E8 soll die Prozessfähigkeit geprüft werden. Die untere Toleranzgrenze liegt bei 20,040 mm und die obere bei 20,073 mm. Als Mittelwert wurden 20,051 mm ermittelt und für die Standardabweichung 4 µm. Berechnen Sie beide Prozessfähigkeitsindizes c_p und c_{pk}. Ist der Prozess fähig?
16. Warum ist die Prüfung der Prüfmittelfähigkeit eine Voraussetzung zur Ermittlung der Prozess- bzw. Maschinenfähigkeit?
17. Erläutern Sie die Vorgehensweise bei einer Maschinenfähigkeitsuntersuchung. Worin besteht der Unterschied zur Prozessfähigkeitsuntersuchung? Was wird mit der Maschinenfähigkeitsuntersuchung ermittelt?
18. Welche Perspektiven werden üblicherweise in einer BSC berücksichtigt? Erläutern Sie jede der Perspektiven kurz.
19. Man kann drei Arten des Lernens unterscheiden: Lernen durch Versuch und Irrtum. Lernen durch Nachahmung und Lernen durch Einsicht. Zu welcher Art gehört Ihrer Meinung nach das Benchmarking?
20. Welche Arten des Benchmarkings kennen Sie?
21. Nennen Sie je ein Beispiel zum unternehmensinternen und zum branchenexternen Benchmarking!
22. Die Bionik ist eine Wissenschaftsdisziplin, die zu erstaunlichen Lösungen bei technischen Problemen geführt hat.
23. Mit welcher Art des Benchmarkings könnte man die Bionik vergleichen?

Story

Im siebten Kapitel Ihrer Story wenden Sie sich der Messung von Prozessen zu.

- Entwickeln Sie für Ihr Unternehmen vier Kennzahlen entlang der „Schritte bei der Entwicklung von Kennzahlen". Bilden Sie dabei – mithilfe eines Kennzahleneinzelblatts – jeweils eine Kennzahl für die kritischen Prozessmerkmale Zeit, Flexibilität, Qualität und Kosten.
- Formulieren Sie für die Getränke-Flow GmbH jeweils eine Reihe von Beispielen für die vier Leistungskriterien im Prozesswirkungsgrad.
- Fertigen Sie für Ihr Unternehmen das Kennzahlensystem Balanced Scorecard an.

8 Problemlösung

 Das vorherige Kapitel

Die Qualität eines Objekts wird wesentlich vom zugehörigen Herstellprozess beeinflusst. Daher stellt das Qualitätsmanagement entsprechende Anforderungen an Prozesse, die insbesondere durch Kennzahlen zu Ausbeute, Prozesswirkungsgrad und Prozessfähigkeit ausgedrückt werden.

Da man solche Kennzahlen anhand von Messungen an hergestellten Objekten ermittelt, ist auch die Fähigkeit der eingesetzten Messmittel sicherzustellen.

 Worum es geht

Der Umgang mit Fehlern (Nichtkonformitäten), sei es von Produkten, Dienstleistungen, Prozessen oder Systemen, ist eine wichtige Tätigkeit im Qualitätsmanagement. Die Fehlerabstellung wird sinnvollerweise als Problemlösung angesehen und geschieht mithilfe eines strukturierten Vorgehens. Dazu gehört auch die planvolle Anwendung von Methoden, die man als Qualitätstechniken bezeichnet. Am Schluss des Kapitels wird „Six Sigma" beschrieben, das als sehr wirkungsvolle Vorgehensweise zur Fehlerabstellung und damit zur Produktverbesserung weltweite Bedeutung erlangt hat.

8.1 Qualitätsmanagement und Problemlösung

In diesem Kapitel geht es um das systematische Lösen von Problemen. Es stellt sich allerdings die Frage, was Problemlösung mit Qualitätsmanagement zu tun hat. Um diesen Zusammenhang zu erläutern, soll zunächst der Begriff *Problem* geklärt und mit bereits bekannten Begriffen des Qualitätsmanagements verglichen werden.

Unter Problem wird im allgemeinen Sprachgebrauch eine schwierige Aufgabe oder eine unangenehme Situation verstanden. Jemand meint beispielsweise, ein Problem zu haben,

- wenn er zu einem bestimmten Zeitpunkt eine Zahlung leisten soll, aber nicht über den nötigen Geldbetrag verfügt,
- wenn er auf einem Flugzeug gebucht ist, das um 8.00 Uhr starten sollte, der Abflug aber wegen einer Wetteränderung auf 10.30 Uhr verschoben wird,
- wenn er während einer Autofahrt seinen Arbeitgeber anrufen soll, aber feststellt, dass der Akku seines Handys leer ist.

Aus der Verallgemeinerung der geschilderten Situation kommen wir zu der folgenden Definition für ein Problem:

Problem

 Abweichung eines Ist-Zustands von einem gewünschten Soll-Zustand.

Diese Definition hat sich im Qualitätsmanagement als zweckmäßig herausgestellt.

Nichtkonformität, Fehler

 Nichterfüllung einer Anforderung.
(DIN EN ISO 9000:2015)

Da einerseits eine Anforderung mit einem gewünschten Soll-Zustand gleichzusetzen ist und andererseits die Abweichung eines Ist-Zustands vom Soll-Zustand eine Nichterfüllung des Letzteren bedeutet, folgt daraus: Im Qualitätsmanagement wird ein Fehler, der bei einer betrachteten Einheit auftritt, als Problem angesehen.

Während der Erstellung von Produkten und Dienstleistungen können an vielen Stellen Fehler auftreten. Es gilt, solchen Fehlern zunächst vorzubeugen. Treten sie dennoch auf, müssen sie durch entsprechende Messungen erkannt und durch geeignete Maßnahmen abgestellt werden. Das ist die Aufgabe der *Qualitätssteuerung*, wie sie in Kapitel 2 beschrieben wird. Qualitätssteuerung beinhaltet in diesem Sinne die

Lösung von Problemen, die bei der Erstellung von Produkten und Dienstleistungen auftreten.

 Auftretende Fehler zu beseitigen und damit Probleme zu lösen, ist ein wichtiger Tätigkeitsbereich der Qualitätssteuerung und damit des Qualitätsmanagements.

8.2 Modelle der Problemlösung

Das Überführen eines unbefriedigenden Ist-Zustands in einen angestrebten Soll-Zustand ist allen Wissenschaftsbereichen gemeinsam. Das Vorgehen ist zunächst dem Problemlöser überlassen. Jedes Individuum wird dabei – je nach Kenntnisstand und persönlichem Verhalten – anders vorgehen. Um die Problemlösung effizienter zu gestalten, wurden im Laufe der Zeit strukturierte Vorgehensweisen entwickelt, die wir im Folgenden als *Problemlösungsmodelle* bezeichnen. Von den zahlreichen bekannten Problemlösungsmodellen wollen wir die folgenden erläutern:

- Problemlösung durch Entfokussierung,
- PDCA-Zyklus,
- DMAIC-Modell,
- Sieben-Schritte-Modell der JUSE und
- 8D-Methode.

Eine klassische Vorgehensweise besteht darin, nach der Beschreibung des Problems das Bewusstsein für eine Zeitspanne zu entfokussieren, sich also nicht weiter mit dem Problem zu beschäftigen und auf einen Einfall zu warten (Tabelle 8.1).

Problemlösung durch Entfokussierung

Tabelle 8.1 Problemlösung durch Entfokussierung und ihre Phasen

Modellphase	Inhalt
Vorbereitung	Problem formulieren und Informationen sammeln.
Inkubation	Zeitspanne ohne Lösung abwarten, auch ohne Beschäftigung mit dem Problem.
Lösung	Lösung erscheint als Einfall, Intuition oder Geistesblitz.
Ausarbeitung	Ausarbeiten der Lösung und Verifizierung.

Für den Erfolg dieses Vorgehens sind etwa die folgenden Beispiele bekannt geworden:

- August Kekulé erkannte die ringförmige Struktur des Benzolrings, nachdem ihm im Traum eine Schlange erschien, die sich in den Schwanz beißt.
- Albert Einstein fiel angeblich das Konzept der Relativitätstheorie ein, als er zerstreut in einer Potsdamer Straßenbahn saß und beobachtete, wie eine andere Straßenbahn entgegenkam.
- James Watson hatte während einer Radtour die Intuition, dass die DNA die Form einer doppelten Helix hat.

Das Modell hat den Nachteil, dass die Zeitspanne der Entfokussierung nicht beeinflusst werden kann und somit der Zeitpunkt der Lösung nicht absehbar ist. In vielen Organisationen hat man deshalb andere strukturierte Vorgehensweisen zur Problemlösung entwickelt. Sie sollen den Mitarbeitern als Leitfaden dienen und sicherstellen, dass wichtige Schritte bei der Lösungsfindung nicht ausgelassen werden.

PDCA-Zyklus (Deming-Zyklus)

Der PDCA-Zyklus wurde etwa ab 1940 durch Vorträge und Seminare von W. Edwards Deming in Japan und später in den USA sehr bekannt. Er besteht aus den vier Phasen Plan, Do, Check und Act und entspricht damit im Grundsatz den Phasen des Managementkreises, wie er in Bild 8.1 dargestellt ist. Dass dieses Modell am häufigsten mit dem Qualitätsmanagement in Verbindung gebracht wird, hängt damit zusammen, dass Deming in seinen Veranstaltungen vor allem auf eine Qualitäts- und Effizienzverbesserung der japanischen Nachkriegsindustrie hinwirkte.

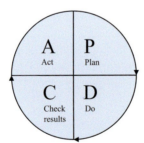

Modellphase	Inhalt
Plan	Einen Plan entwickeln, wie das Problem abgestellt werden soll.
Do	Den Plan ausführen.
Check	Das Ergebnis der Maßnahmen auf seine Wirksamkeit beurteilen.
Act	Falls die Maßnahmen erfolgreich waren, werden sie als neuer Standard festgeschrieben. Im Sinne einer ständigen Verbesserung des Prozesses soll der Zyklus wiederholt durchlaufen werden.

Bild 8.1 Der PDCA-Zyklus und seine Phasen

Gegenüber dem PDCA-Zyklus ist das DMAIC-Modell (Bild 8.2) um eine Phase erweitert und wesentlich besser als Leitfaden zur Problemlösung geeignet. Es bildet eine Grundlage der sogenannten Six-Sigma-Methode (siehe Abschnitt 8.4).

DMAIC-Modell

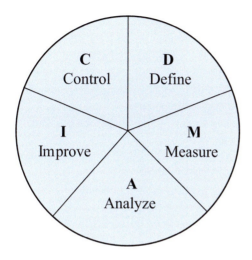

Modellphase	Inhalt
Define	Das Problem und seine Auswirkungen (technischer und finanzieller Art) verstehen und einen Projektsteckbrief erarbeiten.
Measure	Kennzahlen für das Problemausmaß festlegen.
	Einen dem Problem angemessenen Datenerhebungsplan zur Ermittlung der Kennzahlen entwickeln und einführen.
	Die Messmittelfähigkeit der verwendeten Messmittel sicherstellen.
Analyze	Die Ursachen des Problems ermitteln.
Improve	Abstellmaßnahmen erarbeiten, einführen und den Erfolg anhand der Kennzahlen bewerten.
Control	Die Erfolge sichern.

Bild 8.2 Das DMAIC-Modell und seine Phasen

Das DMAIC-Modell unterscheidet sich von anderen Problemlösungsmodellen durch das Vorhandensein einer Phase (Measure), die der Frage der quantitativen Beschreibung des Problemausmaßes durch Kennzahlen und deren Ermittlung gewidmet ist. Die Forderung nach einer ausreichenden Messmittelfähigkeit wird ebenfalls nur in diesem Modell ausdrücklich gestellt (zum Begriff der Messmittelfähigkeit siehe auch Kapitel 7).

Die Union of Japanese Scientists and Engineers (JUSE) hat dieses Problemlösungsmodell zur Anwendung durch die Qualitätszirkel in Japan entwickelt (Tabelle 8.2). Namhafte Fachleute haben in den entsprechenden Ausschüssen mitgewirkt, unter anderen auch Kaoru Ishikawa, der als Begründer und Mentor der Qualitätszirkelbewegung in Japan gilt.

Sieben-Schritte-Modell der JUSE

Tabelle 8.2 Das Sieben-Schritte-Modell und seine Inhalte (in Anlehnung an Hosotani 1992)

Schritt	Bezeichnung	Inhalt
1	Problem auswählen	Problem beschreiben und die Auswahl bestätigen.
2	Problem und das Umfeld verstehen und Ziele setzen	Daten sammeln und Kennzahlen zur Problembeschreibung definieren. Zielwerte für die Kennzahlen festlegen und Termine setzen.
3	Tätigkeiten planen	Tätigkeiten auflisten, Zeitplan erstellen und Verantwortlichkeiten zuordnen.
4	Ursachen ermitteln	Anhand der Daten den Prozess analysieren und mögliche Problemursachen auflisten. Entscheiden, welche von den möglichen Ursachen abgestellt werden sollen.
5	Abstellmaßnahmen ermitteln und durchführen	Abstellmaßnahmen vorschlagen, sie im Detail beschreiben und ihre Wirksamkeit prüfen. Den Einsatz der ausgewählten Abstellmaßnahmen planen und durchführen.
6	Ergebnisse prüfen	Ergebnisse prüfen und mit den gesetzten Zielen vergleichen. Erreichte Verbesserungen identifizieren.
7	Standardisieren und Überwachen	Den verbesserten Prozess als neuen Standard setzen. Überwachungsmethode auswählen, um die erreichten Verbesserungen auf Dauer zu sichern. Beteiligte und betroffene Mitarbeiter informieren und bei Bedarf zusätzlich ausbilden.

8D-Methode

Die 8D-Methode (*engl. Eight Disciplines*) ist ein Problemlösungsmodell, das aus den USA stammt. Der Begriff 8D beschreibt dabei drei miteinander verbundene Aspekte:

- eine standardisierte Problemlösungsmethode,
- einen Problemlösungsprozess und
- eine Berichtsform.
- Wie andere Problemlösungsmethoden im Qualitätsmanagement auch, ist diese Methode nur durch multidisziplinäre Teams anzuwenden.

Nach den bisherigen Ausführungen bedürfen seine acht Phasen keiner besonderen Erklärung (Tabelle 8.3).

Tabelle 8.3 Die 8D-Methode und ihre Phasen (Quelle: VDA 2020)

Modell-phase	Inhalt
D1	Teambildung.
D2	Problemdefinition und -beschreibung.
D3	Sofortmaßnahmen treffen, die eine Lösung für betroffene Kunden darstellen. Sollten fehlerhafte Produkte bereits bei den Kunden angelangt sein, entsprechende Maßnahmen durch den Kundendienst treffen.
D4	Auswahl und Verifizierung der Problemursache(n) und des Durchschlupfpunktes.
D5	Auswahl und Verifizierung der Abstellmaßnahme(n).
D6	Realisierung und Validierung der Abstellmaßnahme(n).
D7	Verhinderung des Wiederauftretens des Problems.
D8	Anerkennung des Teambeitrages und Würdigung der Leistung Einzelner.

In den Phasen D4 bis D6 kommen die Begriffe *Verifizierung* und *Validierung* vor, die bisher nicht erklärt wurden. Das soll durch die nachfolgenden Definitionen geschehen.

Verifizierung

> Bestätigung durch Bereitstellung eines objektiven Nachweises, dass festgelegte Anforderungen erfüllt worden sind.
>
> …
>
> (DIN EN ISO 9000:2015)

Validierung

> Bestätigung durch Bereitstellung eines objektiven Nachweises, dass die Anforderungen für einen spezifischen beabsichtigten Gebrauch oder eine spezifische beabsichtigte Anwendung erfüllt worden sind.
>
> …
>
> (DIN EN ISO 9000:2015)

Die Anmerkungen in den Definitionen wurden weggelassen. Beide Begriffe klingen sehr ähnlich. Der Unterschied besteht darin, dass in den Phasen D4 und D5 jede Annahme über eine Problemursache oder Abstellmaßnahme durch entsprechende Versuche zu *verifizieren* (bestätigen) ist. Das erfolgt meist in einer Vorphase der Produkt- oder Dienstleistungserstellung, etwa in einer Versuchswerkstatt oder im Labor.

Die *Validierung* in der Phase D6 soll dagegen an einem fertigen Produkt bzw. einer Dienstleistung erfolgen, also frühestens an einem Prototypen.

Grundsätzlich ist die 8D-Methode universell einsetzbar, dient aber der Lösung komplexer Probleme im Team. Der Aufwand für die Durchführung und Dokumentation im 8D-Report ist dabei relativ hoch. Deshalb empfiehlt der VDA, die 8D-Methode nicht für jede Reklamation bzw. jedes Problem einzusetzen (VDA 2020). Dort werden zwei Voraussetzungen für die Anwendung der Methode genannt:

1. Eine vollständige und verständliche Beschreibung der festgestellten Abweichung liegt vor UND
2. die Lösung des Problems übersteigt die Fähigkeit einer Person.

Das 8D-Problemlösungsmodell unterscheidet sich wenig von den zahlreichen mehrstufigen Modellen, die in der Literatur beschrieben sind. Eine besondere Bedeutung hat es dadurch erlangt, dass es vom Quality Management Center des Verbands der Automobilindustrie (VDA QMC) als Berichtsform empfohlen wird, wenn innerhalb eines Unternehmens oder innerhalb der Lieferkette der Automobilindustrie in einem standardisierten Reklamationsprozess über den Fortschritt bei der Lösung eines Qualitätsproblems in Kurzform berichtet werden soll. Damit ist der 8D-Report zu einem wesentlichen Element der Reklamationsprozesse zwischen Tausenden von weltweit agierenden Zulieferern der deutschen Automobilindustrie geworden (VDA QMC 2009). Aufgrund der klaren Struktur des 8D-Reports und des Drucks durch die Endfertiger auf die Lieferkette wird diese Methode heute aber in praktisch allen Unternehmen angewendet, um Reklamationen innerhalb der Lieferkette zu handhaben und die Lieferanten zu Qualitätsverbesserungen anzuregen.

5-Why-Methode

Bei der Durchführung der 8D-Methode, zahlreichen anderen Problemlösungsmethoden und auch bei der Bearbeitung von Korrekturmaßnahmen (s. Kapitel 12) muss eine Ursachenanalyse durchgeführt werden. Hier hat sich die 5-Why-Methode bewährt. Wie auch andere Werkzeuge in der Problemanalyse wird der Ursprung der 5-Why-Methode allgemeinhin in Japan gesehen und Sakichi Toyoda zugeschrieben (VDA 2020). Im Kern wird ausgehend von einer klaren Problembeschreibung dabei fünfmal hintereinander „Warum?" gefragt. Man arbeitet sich dabei von den technischen Grundursachen (*engl. root causes*) zu den systembezogenen Grundursachen vor. Wichtig ist, nicht mit Annahmen, sondern nur mit Daten und Fakten zu arbeiten. Die Zahl 5 ist dabei lediglich ein Erfahrungswert, welcher zum Namen der Methode geführt hat. In der Praxis können es mehr oder weniger Schritte werden.

8D-Report

Projekt (Project):	Reklamat.-Nr. (Ref. No.) Kunde/Customer	Eröffnet am: (Start date)
Kunde/Lieferant (Customer/Supplier):		
Wer reklamiert? (Raiser) Name Telefon Mail	Teilebezeichnung VKA: (Part name VKA):	
	Teilebezeichnung Kunde/Lieferant: (Part name customer/supplier):	
Wer bearbeitet das Problem? (Solver) Name Abteilung (Departement) Telefon	**Problembeschreibung** (Problem description)	
	Anzahl/Menge (number/quantity)	Datum Teile erhalten (Date parts received)
Sofortmaßnahme zur Eindämmung des Fehlers (wenn erforderlich) (Containment Action – if necessary)		Verantwortlich (responsible)

WEITERE BEARBEITUNG innerhalb 2 Wochen ab Erhalt der reklamierten Teile
(To be completed within next 2 weeks after receiving of non conforming parts)

Ursache für Fehler (Root cause of non conformance)	Ursache für Nichtentdeckung des Fehlers (Root cause of non detection)
Zeitlich begrenzte Maßnahme zur Fehlerbeseitigung (Temporary countermeasure to non conformance)	Zeitlich begrenzte Maßnahme zur Fehlerentdeckung (Temporary countermeasure to non detection)
Dauerhafte Maßnahme zur Fehlerbeseitigung (Permanent countermeasure to non conformance)	Dauerhafte Maßnahme zur Fehlerentdeckung (Permanent countermeasure to non detection)

ABSCHLUSS innerhalb 6 Wochen nach Erhalt der reklamierten Teile
(To be completed within next 6 weeks after receiving of non conforming parts)

Abschlussbemerkung (Maßnahmen umgesetzt, Wirksamkeit geprüft) (Problem solved, measures done, effectiveness checked)	Abschlussdatum/ Name (Closing date/Name)

Bild 8.3 Formblatt für einen 8D-Report (Quelle: Vodafone)

Beispiel für die Anwendung der 5-Why-Methode

Ein Lieferant stellt wiederholt fest, dass bei Produkt 0815 vom Kunden eine verbaute Kamera als lose reklamiert wird. Zunächst wird die Kamera mit den zwei dafür vorgesehenen Schrauben erneut befestigt und das Produkt an den Kunden zurückgesendet. Nach einiger Zeit häufen sich aber erneute Reklamationen bei schon reparierten Produkten. Das Problem ist offenbar nicht ein unzureichendes Festziehen der Schraube während der Montage.

5-Why bringt Abhilfe:

1. **Warum** ist die Kamera lose? Weil die zwei Schrauben lose sind *(technische Ursache)*.
2. **Warum** sind die zwei Schrauben lose? Weil keine Schraubensicherung eingesetzt wird *(technische Ursache)*.
3. **Warum** wird keine Schraubensicherung eingesetzt? Weil in den Fertigungsunterlagen keine vorgesehen ist *(systemische Ursache)*.
4. **Warum** ist in den Fertigungsunterlagen keine vorgesehen? Weil dem Konstrukteur entsprechendes Wissen fehlte *(systemische Ursache)*.
5. **Warum** fehlte dem Konstrukteur entsprechendes Wissen? Die mit der Konstruktion beauftragte Person war unzureichend ausgebildet, sie hatte keinen entsprechenden Hochschulabschluss. *(systemische Ursache)*.
6. Insofern ist die Lösung klar: Die betreffende Person muss zu den Methoden der Schraubensicherung geschult werden.

Ein Nachteil der 5-Why-Methode ist, dass immer nur eine Ursache gefunden werden kann. Bei komplexen Problemen mit mehreren Ursachen versagt die Methode.

Durch ein Problemlösungsmodell wird eine strukturierte Vorgehensweise vorgegeben. Den Mitarbeitern kann aber immer noch das Wissen fehlen, wie sie in den einzelnen Modellphasen methodisch vorgehen können. Ein Problemlösungsmodell sollte daher um eine Sammlung von mehr oder weniger einfachen Methoden ergänzt werden, die man innerhalb der Modellphasen zielführend einsetzen kann.

Qualitätstechniken

 Unter Qualitätstechniken versteht man die Methoden, derer sich das Qualitätsmanagement bei der Erfüllung seiner Aufgaben bedient.

Es wäre sprachlich sauberer, von Qualitätsmethoden zu sprechen, aber die Bezeichnung Qualitätstechniken hat sich in der Praxis durchgesetzt und soll im Folgenden benutzt werden.

Aus der Definition wird klar, dass es keine vollständige Liste von Qualitätstechniken geben kann. Im Lauf der Zeit werden im Qualitätsmanagement neue Vorgehensweisen eingeführt und andere werden aufgegeben, weil sie nicht mehr den gestiegenen Anforderungen entsprechen.

So stellen die Qualitätstechniken bildlich beschrieben den Inhalt eines aktuellen „Werkzeugkastens" (englisch: toolbox) dar, aus dem sich der Problemlöser je nach Bedarf bedienen kann.

In diesem Buch soll die folgende Auswahl an Qualitätstechniken vorgestellt werden:

- „Sieben elementare Werkzeuge" des Qualitätsmanagements (Q7),
- „Sieben Managementwerkzeuge" (M7),
- Prozessfähigkeit,
- Messmittelfähigkeit,
- CTQ-Baum,
- Quality Function Deployment (QFD),
- System-FMEA,
- Statistische Versuchsplanung (DoE) und
- Poka Yoke.

Im Einzelnen werden die „Sieben elementaren Werkzeuge" in Kapitel 9 und die „Sieben Managementwerkzeuge" in Kapitel 10 erläutert.

Der CTQ-Baum wird in Kapitel 4 vorgestellt.

Die Konzepte von Prozessfähigkeit und Messmittelfähigkeit sind in Kapitel 7 beschrieben, die Qualitätstechniken QFD, System-FMEA, DoE und Poka Yoke bilden den Inhalt von Kapitel 11.

Die „Sieben elementaren Werkzeuge des Qualitätsmanagements", abgekürzt Q7, wurden ursprünglich von Kaoru Ishikawa zur Anwendung in japanischen Qualitätszirkeln zusammengestellt. Mit Ausnahme des Ursache-Wirkungs-Diagramms waren sie schon vorher bekannt. Die Neuerung lag in der systematischen Anwendung der Werkzeuge im Rahmen des japanischen Sieben-Schritte-Modells.

„Sieben elementare Werkzeuge" des Qualitätsmanagements (Q7)

In der Folge haben unterschiedliche Autoren die Liste der Q7 abgewandelt und einzelne Qualitätstechniken durch andere ersetzt. Wir ziehen es vor, die ursprüngliche Version von Ishikawa vorzustellen (Ishikawa 1974):

- Fehlersammelliste,
- Flussdiagramm,
- Histogramm,
- Pareto-Diagramm,
- Korrelationsdiagramm,
- Ursache-Wirkungs-Diagramm und
- Qualitätsregelkarte.

"Sieben Managementwerkzeuge" (M7)

Nachdem die Q7 in den japanischen Betrieben großen Zuspruch fanden und in der Qualitätszirkelarbeit intensiv genutzt wurden, stellte die Union of Japanese Scientists and Engineers (JUSE) einen weiteren Satz von Methoden zusammen, die „Sieben Managementwerkzeuge", abgekürzt M7. Wie der Name sagt, waren diesmal die Manager die Zielgruppe und nicht die Produktionsmitarbeiter. Die M7 sollten den Führungskräften zu einer systematischeren Vorgehensweise bei ihren Aufgaben verhelfen.

Auch die M7 können im Rahmen eines Problemlösungsmodells sinnvoll eingesetzt werden. Es handelt sich um die folgenden Techniken:

- Affinitätsdiagramm,
- Relationendiagramm,
- Baumdiagramm,
- Matrixdiagramm,
- Portfoliodiagramm,
- Problementscheidungsplan und
- Netzplan.

Gliederung der Qualitätstechniken

Um einen Überblick zu bekommen, kann man Qualitätstechniken nach unterschiedlichen Kriterien gliedern, etwa

- nach den Phasen der Produktentstehung,
- nach ihrer Komplexität und dem Aufwand bei ihrer Anwendung und
- nach den Problemlösungsphasen, in denen sie hilfreich sind.

Im Zusammenhang mit der Lösung von Problemen wollen wir die behandelten Qualitätstechniken, wie in Tabelle 8.4 dargestellt, nach den Phasen des DMAIC-Modells gliedern.

Tabelle 8.4 Gliederung von Qualitätstechniken nach den Phasen des DMAIC-Modells

Qualitätstechnik	Vorwiegende Verwendung in Phasen der Problemlösung				
	D	M	A	I	C
CTQ-Baum	●				
Quality Function Deployment (QFD)	●				
Affinitätsdiagramm	●		●		
Matrixdiagramm	●		●		
Relationendiagramm	●		●		
Flussdiagramm	●		●		

Qualitätstechnik	Vorwiegende Verwendung in Phasen der Problemlösung				
	D	M	A	I	C
Prozessfähigkeit		●			
Messmittelfähigkeit		●			
Fehlersammelliste		●	●		
Baumdiagramm			●		
Ursache-Wirkungs-Diagramm			●		
Problementscheidungsplan			●		
Histogramm			●		
Korrelationsdiagramm			●		
Pareto-Diagramm			●		
Portfolio			●		
System-FMEA			●	●	
Statistische Versuchsplanung (DoE)			●	●	
Poka Yoke				●	
Netzplan					●
Qualitätsregelkarte					●

Die Punkte in Tabelle 8.4 bedeuten nicht, dass eine der aufgelisteten Qualitätstechniken ausschließlich in der zugeordneten Modellphase einzusetzen ist, sondern zeigen den häufigsten Einsatz an.

■ 8.3 Six Sigma

Der Begriff 6 σ ist zunächst aus der deskriptiven Statistik bekannt. Bei einer normalverteilten Grundgesamtheit fallen 99,73 % der Einzelwerte in den Bereich μ ± 3 σ, wobei μ (My) den arithmetischen Mittelwert bezeichnet und σ (Sigma) die Standardabweichung. Da also die „meisten" Einzelwerte in einen Bereich der Breite von 6 σ fallen, bezeichnet man 6 σ als die *Prozessstreubreite* eines Prozesses, der normalverteilte Einzelwerte liefert. In diesem Kapitel verwenden wir die Schreibweise 6 σ ausschließlich zur Beschreibung der Prozessstreubreite.

Das ausgeschriebene „Six Sigma" dagegen ist der Name einer *Vorgehensweise*.

Six Sigma

 Name einer strukturierten Vorgehensweise zur Verbesserung von Produkten und Prozessen und somit zur Problemlösung.

Six Sigma wurde ab 1979 vom Elektronikkonzern Motorola in den USA entwickelt und ab 1996 auch bei General Electric eingeführt (Harry/Schroeder 2000). Insbesondere durch aufsehenerregende Qualitäts- und Produktivitätssteigerungen in dieser Firma wurde Six Sigma schnell bekannt und wird inzwischen von Zehntausenden von Betrieben weltweit eingesetzt.

Erklärung des Namens

Six Sigma strebt Prozesse an, bei denen der Mittelwert der Einzelwerte um die sechsfache Standardabweichung von der nächstgelegenen Toleranzgrenze entfernt ist (Bild 8.4). Das entspricht einem Prozessfähigkeitsindex von c_{pk} = 2 (siehe auch Abschnitt 7.5).

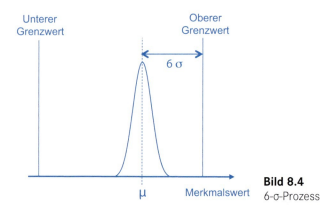

Bild 8.4 6-σ-Prozess

Im Sprachgebrauch von Six Sigma werden solche Prozesse 6-σ-Prozesse genannt.

Sigma-Zahl Z

In der Six-Sigma-Methode wird eine eigene Kennzahl für die Prozessfähigkeit benutzt: die *Sigma-Zahl Z*. Die Sigma-Zahl ist der Wert, der sich aus der Differenz zwischen dem Mittelwert der Merkmalsverteilung und der nächstgelegenen Toleranzgrenze (Δkrit) dividiert durch die Standardabweichung ergibt:

$$Z = \Delta krit : \sigma$$

Da die Sigma-Zahl aufgrund der nächstgelegenen Toleranzgrenze berechnet wird, ist der Bezug zum Prozessfähigkeitsindex c_{pk} deutlich:

$$Z = 3 c_{pk}$$

Prozessverschiebung (Shift)

Die Six-Sigma-Methode hat außerdem auf einen Sachverhalt hingewiesen, der bisher im Rahmen der Prozessfähigkeitsberechnung nicht berücksichtigt wurde: Ein realer Prozess ändert mit der Zeit seine Lage (μ) und seine Streuung (σ). Entnommene Stichproben geben lediglich ein Bild des Prozesses zum Entnahmezeitpunkt wieder.

Nehmen wir an, durch geeignete Maßnahmen sei zu einem Zeitpunkt eine Prozessfähigkeit von c_{pk} = 2 bzw. Z = 6 erreicht. Durch Verschleißvorgänge ändere der Prozess nun seine Lage und das Streumaß bleibe unverändert. In der Praxis wird man einen solchen Prozess mithilfe von Qualitätsregelkarten überwachen, damit man beobachtete Lageabweichungen wieder korrigieren kann. Die üblicherweise verwendeten Qualitätsregelkarten können aber nicht beliebig kleine Veränderungen der Prozesslage erkennen. Mit den gängigen Stichprobenumfängen von n = 5 können Prozessverschiebungen erst ab dem Betrag von 1,5 σ mit hoher Wahrscheinlichkeit erkannt werden.

Ein Prozess mit einer ursprünglichen Sigma-Zahl von Z = 6 und dem Mittelwert μ_1 kann also seine Lage unbemerkt um Δμ = 1,5 σ ändern, bevor er nachgestellt wird. Im ungünstigen Fall hat sich der Prozess in die Richtung der nächstgelegenen Toleranzgrenze bewegt, sodass der Abstand seines Mittelwerts zu dieser Toleranzgrenze nur noch 4,5 σ beträgt. Der Mittelwert hat sich also unbemerkt auf den Wert μ_2 und die Sigma-Zahl von 6 auf 4,5 geändert. Im Sprachgebrauch von Six Sigma liegt in diesem Fall eine

Kurzzeitfähigkeit von Z_{ST} = 6 (ST für Short Time) und eine

Langzeitfähigkeit von Z_{LT} = 4,5 (LT für Long Time) vor, mit $Z_{LT} = Z_{ST} - 1,5$.

Die Bezeichnungen Kurz- und Langzeitfähigkeit sind allerdings missverständlich gewählt. Die folgende Unterscheidung trifft den Sachverhalt besser:

- „Short Time" bezeichnet die momentane Prozessfähigkeit eines Prozesses zu einem bestimmten Zeitpunkt.
- „Long Time" bezeichnet die momentane Prozessfähigkeit dieses Prozesses nach einer Lageänderung um Δμ = 1,5 σ in Richtung der nächstgelegenen Toleranzgrenze.

Man bezeichnet Z_{ST} als die Sigma-Zahl ohne Verschiebung (shift) und Z_{LT} als die Sigma-Zahl mit Verschiebung (shift).

Dieser Zusammenhang ist in Bild 8.5 dargestellt.

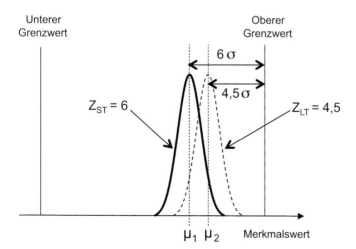

Bild 8.5
Aus einem 6-σ-Prozess entsteht durch Verschiebung ein 4,5-σ-Prozess

Über eine längere Zeit wird sich die Prozessfähigkeit auf Werte zwischen Z_{ST} und Z_{LT} einstellen; denn beide Kenngrößen beschreiben den Prozess in einer nur kurzfristig eingenommenen Lage.

Zu jeder Sigma-Zahl gehört ein bestimmter *Überschreitungsanteil*. Damit ist der Anteil der produzierten Einheiten gemeint, der außerhalb der nächstgelegenen Toleranzgrenze liegt.

Ein 6-σ-Prozess ohne Verschiebung (Z_{ST} = 6) liefert einen Überschreitungsanteil von 0,001 ppm. Nach einer Verschiebung um $\Delta\mu$ = 1,5 σ verändert sich seine momentane Prozessfähigkeit auf Z_{LT} = 4,5 und der Überschreitungsanteil steigt auf 3,4 ppm (Tabelle 8.5).

Tabelle 8.5 Überschreitungsanteile bei Prozessen unterschiedlicher Sigma-Zahlen Z, jeweils ohne und mit Verschiebung

	Ohne Verschiebung		mit Verschiebung von µ um 1,5 σ	
	Überschreitungsanteil (ppm)	c_{pk}	Überschreitungsanteil (ppm)	c_{pk}
1-σ-Prozess (Z = 1)	158 660	0,33	691 460	-
2-σ-Prozess (Z = 2)	22 750	0,67	308 537	0,71
3-σ-Prozess (Z = 3)	1350	1,0	66 800	0,5
4-σ-Prozess (Z = 4)	30	1,33	6210	0,83
5-σ-Prozess (Z = 5)	0,3	1,67	230	1,16
6-σ-Prozess (Z = 6)	0,001	2,0	3,4	1,5

Erfolgsfaktoren von Six Sigma

Problemlösungsmodelle und Qualitätstechniken sind schon seit den 1950er-Jahren bekannt, aber erst durch Six Sigma gelang der systematischen Problemlösung der große Durchbruch sowohl in der Industrie als auch in Dienstleistungsorganisationen. Der Erfolg liegt in einem Bündel von Maßnahmen, das im Six-Sigma-Konzept vorgegeben wird:

- Die Problemlösung wird als Projekt definiert, das mit einer Schätzung des Aufwands, des Nutzens und der Bearbeitungsdauer versehen wird (Projektsteckbrief).
- Ein Leitungsgremium bestimmt, welche Projekte durchgeführt werden, und stellt damit unter anderem sicher, dass die Projekte der Umsetzung der Unternehmensstrategie dienen.
- Für die Six-Sigma-Projektarbeit sind im Unternehmen Personen benannt, die bestimmte Aufgaben (Rollen) übernehmen. Jede Rolle erfordert eine bestimmte Ausbildung in der Six-Sigma-Methode.
- Als Problemlösungsmodell ist DMAIC vorgegeben und zu den einzelnen Modellphasen werden eine Auswahl von Qualitätstechniken zur Anwendung empfohlen.

Wir wollen die ersten drei Maßnahmen genauer beschreiben.

Bevor die Arbeit an einem Problemlösungsprojekt beginnt, wird ein Projektsteckbrief erstellt, der die wichtigsten Angaben zum Projekt enthält, wie etwa Problembeschreibung, Aufwand und Nutzen des Projekts, geschätzte Dauer und beteiligte Personen. Der Projektsteckbrief soll nicht mehr als eine Schreibmaschinenseite beanspruchen und wird als Formblatt ausgefüllt. Das Formblatt wird im Einzelnen von jeder Organisation selbst gestaltet. Ein Beispiel für einen sehr ausführlichen Projektsteckbrief zeigt Bild 8.6.

Projektsteckbrief (Project Charter)

Projekt:
Kurze, prägnante Projektbezeichnung

Organisationseinheit:
Abteilung, Bereich, Standort, Dienststelle o. Ä., in dem das Problem besteht

Leitung:
Nennung des Projektleiters bzw. Black Belt mit Verantwortung für: Teamzusammenstellung, Ermittlung des Ressourcenbedarfs, Projektplanung und -durchführung und -ergebnisse, Kommunikation der Ergebnisse und Handlungsempfehlungen, Leistungsbeurteilung der Teammitglieder u. Ä.

Wirkungsbereich:
Geografische, räumliche, organisationelle Abgrenzung des Projekts hinsichtlich der Teamaktivitäten und Reichweite/Wirkung der angestrebten Projektergebnisse

Teamzusammensetzung:
Nennung der Teammitglieder und Rollenverteilung

Problemdefinition/Aufgabe:
Beschreibung des Problems, das vom Team bearbeitet werden soll; qualitative Beschreibung des angestrebten Projektergebnisses

Champion:
Nennung des Projektpaten mit den Aufgaben: Wahrnehmung der übergeordneten Leitungsfunktion mit strategischem Bezug, Sicherstellung der strategischen Ausrichtung der Teamarbeit im Hinblick auf übergeordnete Unternehmensziele, Vorgabe der übergeordneten Ziele und Richtung, Freigabe benötigter Ressourcen, Beseitigung von Hürden, Genehmigung des Projekts bzw. Projektsteckbriefs

Problembeschreibung:
Aus Kundensicht: Beschreibung des zu lösenden Problems aus Sicht des Kunden, Erfassung wichtiger Kundenerwartungen an den Prozess bzw. das Prozess-/Projektergebnis

Black Belt:
Falls nicht identisch mit „Leitung", Angabe des betreuenden Black Belt bzw. Master Black Belt

Projektbegründung/-abgrenzung:
Abgrenzung und Begründung der Notwendigkeit des Vorhabens, insbesondere gegenüber anderen zur Auswahl stehenden Projekten, Bezug zu Unternehmenszielen

Lieferanten:
Nennung der wichtigsten internen und externen Lieferanten des Prozesses

Prozesseigner:
Nennung des Prozessverantwortlichen für den problembehafteten Prozess

Kunden:
Nennung der wichtigsten internen und externen Prozesskunden, die vom Projekterfolg profitieren

Prozessbeschreibung:
Beschreibung der Funktion des zu verbessernden Prozesses, Abgrenzung gegenüber anderen Prozessen (Start- und Endzeitpunkt, Nennung vor- und nachgelagerter (Teil-)Prozesse), ggf. Beschreibung der Einbindung in den übergeordneten Hauptprozess

Erwarteter Nutzen:
Erläuterung und Quantifizierung des erwarteten Nutzens, Quantifizierung anhand von Kennzahlen wie Prozessfähigkeitsindizes (Sigma-Zahl), First Pass Yield, Durchlaufzeit, Nacharbeitskosten und -zeiten, Ausschussmengen und -kosten u. Ä.; Angabe der Kennzahlen für Ist-Zustand (Projektbeginn) und Soll-Zustand (Projektende), ggf. Ergänzung des tatsächlich erreichten Wertes zum Projektende; monetäre Quantifizierung des Nutzens, Unterscheidung in einmalige Einsparung oder jährlich wiederkehrende Einsparungen; Hinweise auf die Grundlagen der Berechnung

Risikobewertung:
Gegebenenfalls potenzielle Risiken, die den erfolgreichen Projektabschluss betreffen, darstellen

Benötigte Ressourcen:
Wesentliche Ressourcen, die zur Projektdurchführung benötigt werden, mengen- und zeitmäßig abschätzen; sofern ein Fremdbezug erfolgen soll, entstehende Kosten abschätzen

Vorgehensweise/Meilensteine:
Darstellung der Vorgehensweise/Meilensteine (i.d.R. die DMAIC-Phasen) in Form eines vereinfachten Projektplanes; Angabe der Start- und Endtermine für die einzelnen Phasen, ggf. unterteilt in Plan- und Ist-Werte; wesentliche Aktivitäten, Teilergebnisse sowie eingesetzte Problemlösungstechniken für die einzelnen Phasen nennen

Unterschriften, Datumsangaben:
Verantwortungsübernahme für Erstellung, Aktualisierungen und Genehmigung des Projektsteckbriefes

Bild 8.6 Beispiel für einen Projektsteckbrief

Projektauswahl

Projektanträge aus der Organisation sind einem Leitungsgremium vorzulegen, das über die Durchführung entscheidet. Die Entscheidungskriterien und das Auswahlverfahren werden unternehmensspezifisch festgelegt, sollen aber dafür sorgen, dass alle Projekte im Einklang mit der Strategie und den finanziellen und personellen Möglichkeiten des Unternehmens stehen.

Ein Beispiel für ein Projektauswahlverfahren zeigt Bild 8.7. In den oberen zwei Zeilen der Tabelle sind die Bewertungskriterien für Projekte und ihr jeweiliges Gewicht auf einer Skala von 1 bis 10 festgelegt. Die folgenden Zeilen beinhalten vorgeschlagene Projekte und ihre Einschätzung bezüglich der einzelnen Bewertungskriterien, ebenfalls auf einer Skala von 1 bis 10. Die Gesamtbewertung eines Projekts erfolgt dadurch, dass die erreichten Punkte bezüglich der Bewertungskriterien mit den Gewichten der jeweiligen Bewertungskriterien multipliziert und die Produkte addiert werden.

Bewertungskriterien mit Gewicht / potenzielle Projekte	Abschluss binnen 6 Monaten	Unterstützung strategischer Geschäftsziele	Orientierung an den Kundenbedürfnissen	Hohe Rendite des eingesetzten Kapitals	Motiviertes Team verfügbar	Datenverfügbarkeit, Messbarkeit	Budgeteinhaltung	
	10	10	8	7	7	6	6	Bewertung
Standardisierter Einkaufsprozess	9	9	3	9	3	1	9	**348**
Verbesserung des Kundendienstes	9	3	9	9	3	1	9	336
Erhöhung der Liefertreue	9	1	9	3	1	9	9	308
Reduktion der Lohn- und Materialkosten	3	9	3	9	3	1	9	288
Optimierung des Lieferantenmanagements	3	9	3	9	3	3	3	264
Verbesserung der Mitarbeiterqualifikation	1	3	3	9	9	1	3	214

Bild 8.7 Beispiel für ein Projektauswahlverfahren (in Anlehnung an Breyfogle 1999)

 Beispiel

Die Bewertung des Projekts „Verbesserung des Kundendiensts" erfolgt nach dem folgenden Rechengang:

(9 · 10) + (3 · 10) + (9 · 8) + (9 · 7) + (3 · 7) + (1 · 6) + (9 · 6) = 336

Die Projekte lassen sich damit in eine Rangfolge bringen und es werden diejenigen Projekte der Rangfolge nach bewilligt, die aus dem vorhandenen Budget finanziert werden können.

Es ist allgemein bekannt, dass die Erfolge der Projektarbeit in einem Unternehmen wesentlich vom persönlichen Einsatz und vom Fachwissen der beteiligten Personen abhängen. Daher wurden für die Six-Sigma-Projekte bestimmte Rollen festgelegt, die Verantwortlichkeiten beinhalten und darüber hinaus fachliche Qualifikationsstufen voraussetzen. Diese Rollen wurden nach Begriffen aus dem Judo benannt und sind im Folgenden genauer beschrieben (siehe unter anderem Lunau 2007).

Projektarbeit mit Rollenverteilung

Yellow Belts sind Mitarbeiter der Organisation, die Grundkenntnisse in den verschiedenen Six-Sigma-Techniken besitzen. Sie sammeln Daten, arbeiten in Six-Sigma-Projekten mit und bringen dabei ihr Fachwissen in den Problemlösungsprozess ein. Die Yellow-Belt-Ausbildung dauert ca. drei Tage mit abschließender Prüfung.

Yellow Belts

Green Belts sind meist Führungskräfte aus dem mittleren Management. Es handelt sich um Mitarbeiter mit Vorbildfunktion, die zusätzlich zu ihren täglichen Hauptaufgaben in Teilzeit kleinere Six-Sigma-Projekte leiten, welche thematisch in ihren Aufgabenbereich fallen. Zur Erlangung des Green Belt sind eine Ausbildung von sieben bis zehn Tagen mit Abschlussprüfung sowie die erfolgreiche Durchführung eines Six-Sigma-Projekts erforderlich.

Green Belts

Black Belts leiten größere Six-Sigma-Projekte und arbeiten vorzugsweise als Vollzeit-Verbesserungsexperten. Ihre theoretische Ausbildung dauert vier Wochen und beinhaltet fundierte Kenntnisse in analytischer Statistik und Problemlösungstechniken sowie die Durchführung eines anspruchsvollen Verbesserungsprojekts. Sie betreuen bei Bedarf Green Belts bei der Durchführung ihrer Projekte.

Black Belts

Master Black Belts haben die fachliche Qualifikation eines Black Belt. Darüber hinaus verfügen sie über weitreichende Projekterfahrung, arbeiten in Vollzeit und führen die Six-Sigma-Ausbildung der Green Belts und Black Belts durch. Sie nehmen für die gesamte Organisation die Rolle von Veränderungsmanagern wahr. Master Black Belts dienen als Bindeglied zwischen der strategischen Führungsebene und der operativen Ebene der Projektdurchführung.

Master Black Belts

Ein Champion gehört zur oberen Führungsebene der Organisation. Er wählt gemeinsam mit den Master Black Belts geeignete Handlungsfelder mit Bezug zur Unternehmensstrategie aus und stellt die Unterstützung der Geschäftsleitung sicher. Dies geschieht insbesondere durch Bereitstellung der für die Projektdurchführung notwendigen Ressourcen.

Champions

Aus der Managementperspektive versteht ein Champion zugrunde liegende Theorien, Prinzipien und übergeordnete Zielsetzungen von Six Sigma. Er ist in der Lage, die im Rahmen von Six-Sigma-Projekten gewonnenen Ergebnisse zu interpretieren, zu bewerten und zu würdigen.

Von den Yellow, Green und Black Belts wird verlangt, dass sie bestimmte Qualitätstechniken kennen und im Rahmen des DMAIC-Problemlösungsmodells anwenden können. Einen Überblick darüber enthält Tabelle 8.6. Es handelt sich jedoch um ein Beispiel. In den Unternehmen, die Six Sigma anwenden, zeigen sich deutliche Unterschiede der Zuordnung.

Tabelle 8.6 Qualitätstechniken, die in den einzelnen Qualifikationsstufen verlangt werden

Qualifikation Phase	Yellow Belt	Green Belt (zusätzlich)	Black Belt (zusätzlich)
D	Projektsteckbrief Flussdiagramm	Prozessfähigkeit CTQ-Baum SIPOC (erweitertes Flussdiagramm) Voice of the Customer (VOC)	QFD
M	Fehlersammelliste Ursache-Wirkungs-Diagramm Baumdiagramm	FMEA Messsystemanalyse (einfach)	Affinitätsdiagramm Relationendiagramm Matrixdiagramm Messsystemanalyse (mittels Varianzanalyse)
A	Histogramm Pareto-Diagramm Korrelationsdiagramm	Stichprobentechnik Hypothesentests (einfach)	Hypothesentests Varianzanalyse Regressionsanalyse Statistische Versuchsplanung (DoE)
I	Problementscheidungsplan	Poka Yoke	Netzplantechnik Theory of Constraints (TOC) Tolerance Design
C	QRK bei normalverteilten, zeitkonstanten Prozessen		QRK bei unterschiedlichen Prozesstypen

DMADV

Six Sigma und das DMAIC-Modell wurden ursprünglich entwickelt, um die Prozessfähigkeit bereits vorhandener Herstellungs- und Verwaltungsprozesse deutlich zu verbessern. Es ist allerdings bekannt, dass die Mehrzahl der bei den Kunden auftretenden Probleme nicht durch die Herstellung, sondern durch die Produktentwicklung verursacht wird.

Deshalb wurde im Rahmen der Six-Sigma-Methode ein weiteres, gegenüber dem DMAIC modifiziertes Vorgehensmodell benutzt, das speziell auf Produkt- bzw. Prozessneuentwicklungen abgestimmt ist: das DMADV-Modell. Seine Phasen heißen:

- Define,
- Measure,
- Analyze,
- Design und
- Verify.

Das DMADV-Modell soll bereits bei der Entwicklung dafür sorgen, dass Produkte und Prozesse das Potenzial zum Erreichen eines zufriedenstellenden Sigma-Niveaus aus Kundensicht aufweisen. Es soll hier nicht weiter vertieft werden.

8.4 Zusammenfassung

Im Qualitätsmanagement wird ein Fehler, der bei einer betrachteten Einheit auftritt, als Problem angesehen. Auftretende Fehler zu beseitigen und damit Probleme zu lösen, ist ein wichtiger Tätigkeitsbereich des Qualitätsmanagements.

Das Vorgehen dabei ist zunächst den einzelnen Personen in den Unternehmen überlassen. Jede von ihnen wird dabei möglicherweise anders vorgehen. Um die Problemlösung effizienter zu gestalten, wurden im Lauf der Zeit strukturierte Vorgehensweisen entwickelt, die wir als Problemlösungsmodelle bezeichnen. Als Beispiele werden fünf davon im Einzelnen beschrieben.

Den Mitarbeitern kann aber immer noch das Wissen fehlen, wie sie die einzelnen Modellphasen methodisch abarbeiten sollen. Ein Problemlösungsmodell sollte daher um eine Sammlung von mehr oder weniger einfachen Methoden ergänzt werden, die man innerhalb der Modellphasen zielführend einsetzen kann. Im Qualitätsmanagement bezeichnet man solche Methoden als Qualitätstechniken. So stellen die Qualitätstechniken bildlich beschrieben den Inhalt eines „Werkzeugkastens" (englisch: toolbox), aus dem sich ein Problemlöser je nach Bedarf bedienen kann.

„Six Sigma" als der Name einer Vorgehensweise steht für eine anspruchsvolle Zielsetzung. Bei der Herstellung von Produkten und Dienstleistungen, aber auch bei Verwaltungsvorgängen werden Prozesse angestrebt, bei denen die Merkmalswerte für einzelne Qualitätsmerkmale derart verteilt sind, dass der Mittelwert der Verteilung eine Entfernung von der sechsfachen Standardabweichung zur nächstgelegenen Toleranzgrenze aufweist. Unternehmen, die Six Sigma anwenden, berichten von erheblichen Qualitäts- und Produktivitätssteigerungen, infolge dessen sich diese Problemlösungsmethode weltweit durchgesetzt hat.

Abschließend sei Jack Welch zitiert, der als Präsident von General Electric Six Sigma flächendeckend in seinem Unternehmen einführte:

> „Six Sigma wird das größte, persönlich lohnendste und am Ende das rentabelste Unternehmen unserer Geschichte sein. Wir haben uns selbst das Ziel gesetzt, ein Six-Sigma-Qualitätsunternehmen zu werden, d. h. ein Unternehmen, das quasi fehlerfreie Produkte herstellt, Dienstleistungen erbringt und Transaktionen tätigt."
>
> Quelle: Harry und Schroeder (2000)

■ 8.5 Aufgaben zur Wiederholung und Vertiefung

1. Was versteht man unter einem Problem und wie ist im Qualitätsmanagement ein Fehler (Nichtkonformität) definiert?
2. Was hat Qualitätsmanagement mit Problemlösung zu tun? Erläutern Sie den Zusammenhang anhand eines von Ihnen gewählten Modells für prozessorientiertes Qualitätsmanagement.
3. Diskutieren und vergleichen Sie die folgenden Modelle für die Problemlösung:

   Problemlösung durch Entfokussierung,

   DMAIC-Modell,

   Sieben-Schritte-Modell der JUSE sowie

   8D-Methode.
4. Skizzieren Sie den PDCA-Zyklus von Deming und beschreiben Sie den Inhalt seiner Phasen.
5. Skizzieren Sie das DMAIC-Problemlösungsmodell und beschreiben Sie den Inhalt seiner Phasen.
6. Welche Phase des DMAIC-Modells ist bei den anderen Problemlösungsmodellen nicht enthalten? Erklären Sie die drei Aufgabenstellungen dieser Phase.
7. Nennen Sie die sieben elementaren Werkzeuge des Qualitätsmanagements und ordnen Sie sie den Phasen des DMAIC-Modells zu.
8. Six Sigma ist der Name einer Vorgehensweise zur Problemlösung. Welches Ziel wird durch diesen Namen ausgedrückt?
9. Skizzieren Sie die Lage eines 6-σ-Prozesses innerhalb des Toleranzbereichs für einen Merkmalswert.
   - Welchen Wert nimmt der Prozessfähigkeitsindex c_{pk} in diesem Fall an?

- Welcher Anteil von Werkstücken außerhalb der Toleranz ist bei dieser Prozesslage zu erwarten?

10. Tragen Sie in dieselbe Skizze die Lage eines 3-σ-Prozesses ein.
    - Welchen Wert nimmt der Prozessfähigkeitsindex c_{pk} in diesem Fall an?
    - Welcher Anteil von Werkstücken außerhalb der Toleranz ist bei dieser Prozesslage zu erwarten?

11. Was ist ein Projektsteckbrief? In welcher Phase des DMAIC-Modells wird er erstellt?

12. Erklären Sie die Bezeichnungen Yellow Belt, Green Belt und Black Belt.

13. Mit welcher organisatorischen Maßnahme wird sichergestellt, dass die Six-Sigma-Projekte in einem Unternehmen die Unternehmensstrategie unterstützen?

> **Story**
>
> Im achten Kapitel Ihrer Story beschäftigen Sie sich mit dem Umgang von Fehlern und der daraus resultierenden Problemlösung.
> - Wie lösen Sie in Ihrem Unternehmen Probleme? Auf welche Modelle der Problemlösung stützen Sie sich dabei? Begründen Sie Ihre Position.
> - Skizzieren Sie das Formblatt für einen 8D-Report für ein von Ihnen ausgewähltes Problem in der Getränke-Flow GmbH.
> - Fertigen Sie einen Projektsteckbrief für die „Produktion eines Erfrischungsgetränks" an.

9 Sieben elementare Qualitätswerkzeuge

 Das vorherige Kapitel

Im vorangegangenen Kapitel haben wir einen Überblick zu Problemlösungstechniken gegeben und erläutert, welche bedeutende Rolle sie im Qualitätsmanagement spielen und auf welchen grundsätzlichen Modellen sie basieren.

 Worum es geht

In diesem Kapitel wollen wir sieben grundlegende Qualitätstechniken darstellen. Diese erlauben mit einfachen Mitteln die Erfassung, Visualisierung und Analyse von Problemen. Ihr Vorteil liegt in der allgemeinen und einfachen Anwendbarkeit.

9.1 Übersicht

Historische Entwicklung

In den 1960er-Jahren wurden in Japan verstärkt Anstrengungen unternommen, die Qualität der Produkte zu erhöhen. Dabei war ein wesentlicher Weg, die Werkerebene in das Erkennen und Lösen von Qualitätsproblemen einzubeziehen. Dazu geeignete Methoden und Werkzeuge wurden unter anderem von Kaoru Ishikawa für den Einsatz in Qualitätszirkeln entwickelt – ein von ihm vorgeschlagenes Teamarbeitskonzept. Diese Methoden zielten auf eine direkte Anwendbarkeit durch die Werkerebene ab, um auch den Werkern Unterstützung bei der Lösung von Qualitätsproblemen zu bieten.

Deshalb sind diese Werkzeuge bewusst einfach und universell gehalten. Die zugrunde liegenden statistischen Zusammenhänge wurden für den Fertigungsbereich aufbereitet.

Zunächst gehörten zu diesen sogenannten „Q7" die folgenden Methoden und Werkzeuge (Ishikawa 1974):

- Fehlersammelliste,
- Flussdiagramm,
- Histogramm,
- Pareto-Diagramm,
- Korrelationsdiagramm,
- Ursache-Wirkungs-Diagramm (Ishikawa-Diagramm),
- Qualitätsregelkarte.

Das Ursache-Wirkungs-Diagramm wurde von Ishikawa selbst entwickelt. Es wird deshalb auch Ishikawa-Diagramm genannt. Wegen seiner Form wird es aber auch als Fischgrätendiagramm bezeichnet.

Anwendung der Q7

Ihre Anwendung fanden und finden die Werkzeuge bei der Lösung der folgenden Aufgaben:

- Erfassen von Fehlern, Feststellen von Problemen,
- Finden bzw. Eingrenzen von Problemursachen,
- Bewerten der Auswirkung von Fehlern,
- Zutreffen von vermuteten Fehlerursachen überprüfen,
- Visualisierung von Zusammenhängen,
- Wirkung von Verbesserungen bestätigen.

Durch die Anwendung dieser Techniken wird gleichzeitig das Qualitätsbewusstsein der Beteiligten erhöht und somit das Auftreten von Fehlern reduziert.

Jedes der Werkzeuge kann auch einzeln sinnvoll eingesetzt werden. Aber erst durch das Zusammenwirken – beispielsweise im Rahmen eines Problemlösungsmodells – erreichen die Techniken ihren vollen Nutzen.

Nachdem sich die sieben elementaren Qualitätswerkzeuge Q7 bewährt hatten, wurden in Japan sieben weitere Werkzeuge, die *Managementwerkzeuge* M7, entwickelt und eingeführt. Diese werden in Kapitel 10 vorgestellt.

Neuere Entwicklungen

Im Wandel des Qualitätsbegriffs von der rein technischen Qualität von Produkten über die Prozessqualität als Folge der zunehmenden Prozessorientierung bis hin zur Systemqualität sind weitere Qualitätswerkzeuge, wie z. B. K7 (*Kreativitätstechniken*) und COM7 (*Kommunikationstechniken*) veröffentlicht worden. Diese berücksichtigen verstärkt Kommunikation und Teamarbeit (Radtke et al. 2002).

Auch für den Dienstleistungssektor wurden spezielle Techniken (die *D7-Qualitätstechniken*) zusammengestellt (Hoeth/Schwarz 2002).

Aktuell steigt die Komplexität der Produkte und der Herstellungsprozesse rapide an, nicht zuletzt bedingt durch die zunehmende Globalisierung. Damit wächst aber auch die Wahrscheinlichkeit, dass Fehler auftreten. Hier liegen die Ansatzpunkte für die zukünftige – und noch lange nicht abgeschlossene – Weiterentwicklung der Qualitätswerkzeuge.

Neben den erwähnten X7 – X steht hier für Q, M usw. – gibt es eine Reihe weiterer nützlicher Qualitätswerkzeuge und Methoden, die oft aber nicht mehr ganz so einfach anzuwenden sind, sondern Spezialkenntnisse erfordern. Beim Einsatz dieser Methoden wird im Allgemeinen durch Mitarbeiter des Qualitätswesens die Moderation der Teamsitzungen übernommen und die notwendige Methodenkompetenz beigesteuert.

Weitere Qualitätstechniken

In Kapitel 11 erläutern wir einige dieser Methoden.

■ 9.2 Fehlersammelliste

 Eine Fehlersammelliste dient der einfachen Erfassung und Darstellung von aufgetretenen Fehlern. Sie kann in Papierform vorliegen oder in einer geeigneten Software geführt werden (Bild 9.1).

Fehlersammelliste

Fehlersammelliste

| Produktnummer: | 083715 | Ort: | Lackiererei |
| Produktbezeichnung: | Heckklappe | Prozess: | Endlackierung |

Nr.	Fehlerart	03.03.16	04.03.16	Gesamt
1	Kratzer	ЖЖ II	ЖЖЖ II	29
2	Beule	III	Ж	8
3	Korrosion	Ж	II	7
4	Verschmutzung	ЖЖ	ЖЖ III	23
5	Teil fehlt	II	Ж	7
6	Sonstiges	IIII	I	5

Prüfart: Sichtprüfung
Uhrzeit: je 10.00–11.30
Datum: 14.03.2016
Prüfer: H. Müller

Bild 9.1 Fehlersammelliste

Vorgehen

Zunächst muss ein geeigneter Fehlerartenkatalog entwickelt werden. Dabei ist darauf zu achten, Fehlerarten klar zu beschreiben. Die Anzahl der Fehlerarten sollte auf ein übersichtliches Maß begrenzt werden, da sonst eine einwandfreie Zuordnung für den ausführenden Prüfer Schwierigkeiten bereitet. Eine Kategorie „Sonstiges" hilft bei der Erfassung von bisher nicht oder nur sehr selten aufgetretenen Fehlerarten.

Zusätzlich zum Fehlerkatalog muss festgelegt werden, in welchem Zeitraum die Fehler erfasst werden sollen.

Ergänzt wird das Formular für die Fehlersammelliste um Angaben, die eine eindeutige Zuordnung zu dem geprüften Prozess und Bauteil sowie zu Datum und Prüfer ermöglichen.

Eine einfachere Handhabung des Formulars wird erreicht, wenn auf diesem eine Abbildung des zu beobachtenden Bauteils vorgesehen wird. Auch die grafische Darstellung von Fehlerarten ist hilfreich.

Vor dem endgültigen Einsatz sollte die Fehlersammelliste – wie jedes neu entwickelte Formular – zunächst für eine geringe Stückzahl getestet werden. Dabei stellt sich dann heraus, ob wichtige Fehlerarten vergessen wurden oder ihre Bezeichnung in der Fehlersammelliste nicht eindeutig ist. In einem solchen Fall häufen sich Angaben in der Rubrik „Sonstiges".

Wird die Fehleranzahl wie in unserem Beispiel mit Strichen registriert, sind Häufungen sofort erkennbar (Bild 9.1).

Aufwand und Nutzen

Der Aufwand zur Erarbeitung einer Fehlersammelliste ist gering, während der große Nutzen in einer übersichtlichen und auswertbaren Datenerfassung besteht. Diese Methode bildet oft die Basis für ein Histogramm.

9.3 Flussdiagramm

 Das Flussdiagramm ist eine grafische Darstellung für die Reihenfolge und logische Verknüpfung von Tätigkeiten und Ereignissen in einer Prozessbeschreibung.

Flussdiagramm

Um Prozesse während der Planung oder Überprüfung transparent darzustellen, bieten sich Flussdiagramme an. Durch die strukturierte visuelle Darstellung lassen sich Prozesse sowohl in ihrer Gesamtheit überblicken als auch im Detail erfassen.

Ein Flussdiagramm beginnt immer mit einem Anfangs- und endet immer mit einem Endereignis. Zwischen diesen beiden Ereignissen finden Tätigkeiten, Entscheidungen, Prüfungen, Teilprozesse und weitere Ereignisse statt. Der Unterschied zwischen Ereignissen und Tätigkeiten liegt darin, dass Ereignisse Punkte in der Zeitskala sind. Tätigkeiten dagegen verbrauchen Zeit. Aus diesem Grund ist es wichtig, Prozesse jeweils mit einem Ereignis beginnen und enden zu lassen. So ist die Abgrenzung von anderen Prozessen, die zeitlich davor oder dahinter ablaufen, eindeutig.

Es gibt verschiedene Formen von Flussdiagrammen. Bei manchen sind Material- und Informationsflüsse getrennt, bei anderen wird nach den Prozessbeteiligten unterschieden.

Die Symbole, die üblicherweise in Flussdiagrammen verwendet werden, zeigt Bild 6.13 in Kapitel 6. Dort sind wir im Rahmen des Prozessmanagements bereits auf die Anwendung von Flussdiagrammen eingegangen.

Flussdiagramme sind ein gutes Hilfsmittel, um komplexe Abläufe zu visualisieren und zu verstehen. Dadurch lässt sich oft erkennen, bei welchen Tätigkeiten Fehler entstehen, sodass gezielte Maßnahmen getroffen werden können.

Ziel

Bei der Erstellung eines Flussdiagramms sollten die folgenden allgemeinen Grundregeln beachtet werden:

Vorgehen

- Diskussion des Verwendungszwecks des Flussdiagramms: Ist es ein Übersichtsdiagramm zur Untersuchung eines Makroprozesses oder ist es ein detailliertes Diagramm zur Untersuchung von einzelnen Schritten eines (Teil-)Prozesses?
- Festlegung der Prozessgrenzen: Darstellung des Anfangs- und Endereignisses. Das Anfangsereignis ist entweder am oberen oder linken, das Endereignis am unteren oder rechten Blattrand anzulegen.
- Alle Tätigkeiten sollten der Reihe nach unter Verwendung der Symbole dokumentiert werden. Im Rahmen eines Symbols werden die Tätigkeiten benannt.
- Die Tätigkeiten sollten immer mit einem Verb beschrieben werden (z. B. „Rechnung erstellen" statt „Rechnungserstellung"). Das verbessert die Lesbarkeit des Ablaufs.

- Im Fall einer Aufspaltung des Prozessflusses durch eine Entscheidung oder Verzweigung sollte zunächst ein Zweig bis zum Ende bearbeitet werden.
- Unklare oder schwer verständliche Schritte sollten vermieden werden. Hier hilft eine Aufspaltung in Teilschritte oder -prozesse.
- Begutachtung und Überarbeitung des Diagramms, um sicherzustellen, dass keine Entscheidungspunkte oder kritischen Stellen übersehen wurden.
- Besprechung des fertigen Flussdiagramms mit den Beteiligten und Beseitigung aller Unklarheiten.

Danach kann mit der Suche nach Fehlerursachen oder Verbesserungspotenzialen begonnen werden.

Ein Beispiel für die Anwendung von Flussdiagrammen zeigt Kapitel 6.

9.4 Histogramm

Histogramm

 Ein Histogramm ist ein Säulendiagramm zur Darstellung der Häufigkeit quantitativer Merkmalswerte.

Ziel

Mithilfe eines Histogramms lässt sich auf einfache Art und Weise die Form einer *Häufigkeitsverteilung* von Werten visualisieren. Das ist eine Grundvoraussetzung, um berechnete Parameter sinnvoll interpretieren zu können: Macht z. B. die Beschreibung der Verteilung durch einen Mittelwert Sinn? Das wäre nur bei annähernd symmetrischen, eingipfeligen Verteilungen der Fall.

Beschreibt das Histogramm die Verteilung von Messwerten, lassen sich durch Einzeichnen des Zielwerts und der vorgegebenen Toleranzgrenzen Aussagen über die Qualität des zugrunde liegenden Prozesses ableiten, z. B. Antworten auf die Fragen: Überschreitet eine relevante Anzahl von Werten die Toleranzgrenze? Wie hoch ist dieser Anteil? Arbeitet der Prozess zentriert? Wie groß ist die Prozessstreuung?

Bild 9.2 verdeutlicht diese Möglichkeit.

Histogramm und Balkendiagramm

Quantitative Daten werden durch Messen ermittelt und füllen den Wertebereich lückenlos aus. In einem Histogramm schließen demzufolge die Klassen und Balken nahtlos aneinander an. Histogramme lassen daher Rückschlüsse auf Prozesslage, -form und -streubreite zu. Zielwerte und Toleranzgrenzen beziehen sich dabei auf das auf der x-Achse dargestellte Merkmal und werden als vertikale Linien eingezeichnet. Bild 9.2 zeigt ein Beispiel eines solchen Histogramms. Eine andere Möglichkeit zur Visualisierung von Verteilungen stellt die Methode der Kerndichteschätzung dar (siehe z. B. Rinne 2008), auf die hier aber nicht näher eingegangen werden soll.

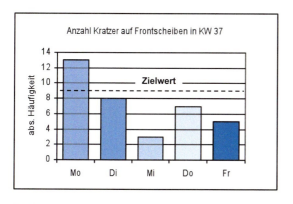 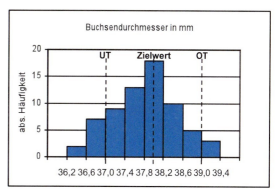

Bild 9.2 Balkendiagramm (links) und Histogramm (rechts)

Zur Darstellung und Untersuchung der Verteilung *qualitativer Daten* eignet sich ein Balkendiagramm (Bild 9.2). Qualitative Daten sind auf einer Rangskala oder Nominalskala beschrieben (siehe auch Abschnitt 3.2). Beispiele dafür sind etwa Wochentage, Gehaltsgruppen, Kaffeesorten oder Postleitzahlen. Ein Balkendiagramm für diese Daten hilft, unterschiedliche Informationen zu vergleichen und zu visualisieren, z. B. die Anzahl von fehlerhaften Teilen für unterschiedliche Arbeitstage. Da hier die Klassen frei gewählt werden können, gibt es nicht zwingend einen lückenlosen Übergang von einer Klasse zur nächsten. Insofern sind auch in der grafischen Darstellung Lücken erlaubt. Zielwerte beziehen sich hier auf die Information, die auf der y-Achse dargestellt ist, und werden demzufolge als horizontale Linien eingezeichnet.

Ausgangspunkt ist eine lineare Liste von durch Messung ermittelten Merkmalswerten (also Abmessungen, Gewichte, Strom, Temperatur, Zeitdauer usw.).

Erstellen eines Histogramms

Aus diesen Daten wird zunächst die Spannweite R, also die Differenz zwischen maximalem und minimalem Wert berechnet:

R = Maximum – Minimum

Damit ist die Breite der Grafik bestimmt.

Für die Einteilung der Werte in Klassen gibt es unterschiedliche Vorgehensweisen. Da aber von dieser Einteilung die Form des erzeugten Histogramms stark abhängt, muss eine der Möglichkeiten ausgewählt und festgeschrieben werden. Wir entscheiden uns für die am häufigsten eingesetzte Methode, die Klassenanzahl k aus der Anzahl der Messwerte n durch Wurzelbildung zu errechnen und dann auf die nächste ganze Zahl zu runden:

$k \approx \sqrt{n}$

Die sich ergebende Klassenanzahl sollte mindestens fünf betragen, aus weniger Klassen ist eine Verteilungsform nicht sinnvoll abzuleiten. Das entspricht einer Forderung nach mindestens 25 Messwerten als Basis für das Histogramm.

Die Breite B einer Klasse bestimmt sich dann aus dem Quotienten der Spannweite und der Klassenanzahl:

$B = R / k$

Mithilfe dieser Größen kann nun die Klasseneinteilung vorgenommen werden: Man beginnt beim Minimum und addiert jeweils eine Klassenbreite B hinzu, bis alle Klassen gebildet wurden und das Maximum erreicht ist.

Für die Bestimmung der Häufigkeit der Werte x pro Klasse werden alle Werte gezählt, die in dem Intervall

untere Klassengrenze $< x \leq$ obere Klassengrenze

liegen. Im Beispiel in Bild 15.3 würde ein Messwert von genau 36,6 mm somit zur Klasse 1 und nicht zur Klasse 2 gehören. Nur für den allerersten Wert wird diese Regel angepasst und der Wert der ersten Klasse zugerechnet.

Grundsätzlich wäre eine Festlegung, die das Gleichheitszeichen der unteren Klassengrenze zuordnet auch möglich. Wegen der Kompatibilität zu Excel wird aber die dargestellte Variante gewählt.

Aufwand und Nutzen

Diese Vorgehensweise wird durch eine Vielzahl von Statistikprogrammen unterstützt, aber auch mithilfe von Excel ist eine Berechnung und Darstellung von Histogrammen auf einfache Art möglich. Da Excel auf fast jedem PC verfügbar ist, entstehen somit kaum Kosten. Bei einiger Übung ist ein Histogramm auch innerhalb weniger Sekunden erstellt.

Der Nutzen liegt in der Vermeidung möglicher Fehlinterpretationen von aus Messwertverteilungen ohne deren Visualisierung berechneten Parametern.

9.5 Pareto-Diagramm

Pareto-Diagramm

Ein Pareto-Diagramm ist ein Balkendiagramm, in dem die dargestellten Größen – z. B. aufgetretene Fehlerarten – absteigend nach ihrer Bedeutung sortiert dargestellt werden.

Ziel

Ein Pareto-Diagramm basiert auf dem zuerst von Vilfredo Pareto beobachteten Prinzip (Pareto-Prinzip), wonach ca. 80 % der Auswirkungen aus nur ca. 20 % der Ursachen resultieren. Durch die Darstellung in einem Pareto-Diagramm werden die größten Auswirkungen bzw. Bedeutungen sowie deren Ursachen leicht erkennbar. Es dient der *Priorisierung von Maßnahmen* zur Beseitigung von Fehlerursachen.

Das Pareto-Diagramm wird gelegentlich als Juran-Diagramm bezeichnet, da Joseph M. Juran die Anwendung des Pareto-Prinzips im Qualitätsmanagement in hohem Maße vorangetrieben hat.

Zunächst muss das zu bearbeitende Problem genau festlegt werden. Danach können mögliche Fehlerarten bzw. andere Ursachen für das Problem ermittelt und Daten aufgenommen werden. Dazu kann z. B. die Fehlersammelliste (siehe Abschnitt 9.2) genutzt werden. Anschließend ist die Bewertungsgröße der Problemauswirkung festzulegen: Dabei sollte man sich nicht auf die Anzahl von Fehlern beziehen, sondern z. B. die durch sie verursachten Kosten oder den Einfluss auf die Kundenzufriedenheit berücksichtigen.

Vorgehen

Die relative Auswirkung der Ursachen wird entsprechend der festgelegten Bewertungsgröße errechnet, indem alle Auswirkungen addiert werden und dann der Anteil jeder Ursache berechnet wird. Dann müssen die Ursachen nach absteigender Bedeutung sortiert und in das Diagramm eingetragen werden. Eine Summenkurve wird erstellt, mit deren Hilfe erkennbar wird, welche Ursachen für bis zu 80 % der Auswirkungen verantwortlich sind.

Dazu wird bei 80 % eine horizontale Linie eingezeichnet und von dieser bei dem Schnittpunkt mit der Summenkurve ein Lot auf die x-Achse gefällt. Links von diesem Lot befinden sich die bedeutendsten Ursachen, die zuerst bekämpft werden müssen. Die Priorität ergibt sich dabei von links nach rechts (Bild 9.3).

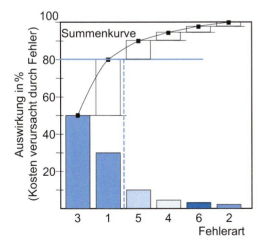

Bild 9.3 Beispiel eines Pareto-Diagramms

Aus Bild 9.3 folgt z. B., dass zuerst die Ursache für Fehlerart 3 und dann die Ursache für Fehlerart 1 beseitigt werden sollte.

Wurden erste Ergebnisse erreicht, sollte das Pareto-Diagramm unbedingt neu berechnet werden: Da sich die Ursachen häufig nicht völlig beseitigen lassen, ergäbe sich eine falsche Priorisierung.

Aufwand und Nutzen

Der Aufwand für die Erstellung eines Pareto-Diagramms ist gering. Schon mithilfe von Standardsoftware – z. B. Excel – lässt sich die Berechnung und grafische Darstellung stark vereinfachen.

Diesem geringen Aufwand steht ein hoher Nutzen gegenüber. Die Priorisierung von Maßnahmen wird objektiv begründbar. Somit gibt das Pareto-Diagramm eine wirkungsvolle Entscheidungshilfe, indem es diejenigen Ursachen klar herausstellt, welche den größten Einfluss ausüben. So wird vermieden, dass unwichtige Ursachen beseitigt werden und das Problem demzufolge bestehen bleibt.

Insbesondere für Teamarbeit ist auch die mit dem Pareto-Diagramm verbundene Visualisierung hilfreich.

■ 9.6 Korrelationsdiagramm

Korrelationsdiagramm

 Ein Diagramm, das den Zusammenhang der Merkmalsausprägungen zweier Merkmale grafisch darstellt.

Ziel

Korrelation ist die Beziehung zwischen zwei Merkmalen. Durch Untersuchung der Korrelation sind Rückschlüsse auf Stärke und Richtung eines vermuteten statistischen Zusammenhangs zwischen zwei Merkmalen möglich (z. B. Körpergröße und -gewicht). Ein kausaler Zusammenhang der Merkmale (Ursache-Wirkungs-Beziehung) ist aber trotz nachgewiesener Korrelation nicht immer gegeben.

 Die Korrelationszahl drückt die Stärke der Korrelation in einer Zahl aus.

Damit verfügt man über ein Werkzeug, um insbesondere *lineare Zusammenhänge* zwischen zwei Größen zu überprüfen und darzustellen.

Vorgehen

Zunächst muss für den vermuteten Zusammenhang durch Messung eine ausreichende Anzahl von Wertepaaren ermittelt werden. Diese Anzahl sollte größer als 30 sein, optimal sind 50 bis 100 Wertepaare.

Danach werden diese Punkte in einem xy-Diagramm dargestellt, wobei die unabhängige Größe auf der x-Achse abgetragen wird. Bei der Untersuchung des Zusammenhangs zwischen der Festigkeit von Stahl und dessen Kohlenstoffgehalt würde also der Kohlenstoffgehalt auf der x-Achse abgetragen werden.

Anschließend wird eine Ausgleichsgerade berechnet und eingezeichnet. Je nach Orientierung der Geraden sprechen wir von *positiver* oder *negativer* Korrelation, wie die Korrelationsdiagramme in Bild 9.4 verdeutlichen. Bei einer ungeordneten Punktwolke ist das Einzeichnen einer Ausgleichsgeraden nicht möglich und es liegt *keine* Korrelation vor.

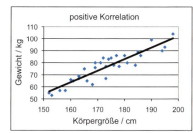 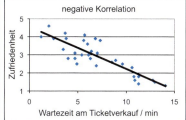 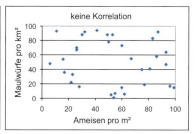

Bild 9.4 Korrelationsarten

Die Gleichung der Ausgleichsgeraden durch die Punkte kann durch die Beziehung

$$y = \bar{y} + a \cdot (x - \bar{x}) \text{ mit } \bar{x} = \sum_{i=1}^{n} x_i; \bar{y} = \sum_{i=1}^{n} y_i; n = \text{Anzahl der Wertepaare}$$

ausgedrückt werden.

Berechnen der Korrelationszahl und des Anstiegs der Geraden

Der Anstieg *a* der Geraden ergibt sich aus:

$$a = \frac{\sum_{i=1}^{n}(x_i - \bar{x}) \cdot ((y_i - \bar{y}))}{\sum_{i=1}^{n}(x_i - \bar{x})^2}$$

Tipp: In Excel werden die Gerade und ihre Gleichung im Diagramm auf Wunsch angezeigt. Dazu muss die Option „Trendlinie" ausgewählt werden.

Auch die Korrelationszahl K kann einfach mit Excel berechnet werden. Dabei wird die folgende Formel verwendet:

$$K = \frac{\sum_{i=1}^{n}(x_i - \bar{x}) \cdot (y_i - \bar{y})}{\sqrt{\sum_{i=1}^{n}(x_i - \bar{x})^2 \sum_{i=1}^{n}(y_i - \bar{y})^2}}$$

Als Maß für die Stärke des linearen Zusammenhangs zwischen x und y kann die Korrelationszahl – auch als Korrelationskoeffizient nach Bravais und Pearson bezeichnet – Werte zwischen -1 und +1 annehmen.

Liegt der Betrag der Zahl zwischen 0,1 und 0,3, spricht man von einer *schwachen* Korrelation, liegt er zwischen 0,3 und 0,7, von einer *mittleren*, bei Beträgen > 0,7 von einer *starken*, und liegt der Betrag nahe 1, von einer *vollständigen* Korrelation.

Für die Beispiele in Bild 9.4 ergeben sich folgende Korrelationszahlen:

- positive Korrelation = 0,91,
- negative Korrelation = -0,85,
- keine Korrelation = -0,01.

Aufwand und Nutzen

Die Korrelation ist auf der Basis von 30 bis 50 Wertepaaren mithilfe von Standardsoftware (z. B. Excel) einfach zu berechnen bzw. darzustellen. Durch sie ist es möglich, vermutete lineare Zusammenhänge statistisch zu bestätigen und ihre Stärke zu berechnen. Diese Analyse ist oft der Ausgangspunkt für Maßnahmen zur Fehlerbeseitigung, auch wenn ein kausaler Zusammenhang durch die Methode nicht nachgewiesen werden kann.

■ 9.7 Ursache-Wirkungs-Diagramm

Ursache-Wirkungs-Diagramm

 Diagramm, das die Auswirkungen möglicher Ursachen auf ein gegebenes Problem in strukturierter Form darstellt.

Ziel

Das Ursache-Wirkungs-Diagramm wird nach seinem Erfinder Kaoru Ishikawa auch als *Ishikawa-Diagramm* bezeichnet. Wegen seiner Form ist auch die Bezeichnung *Fischgrätendiagramm* üblich (Bild 9.5).

Es bietet eine einfache Möglichkeit, vermutete oder nachgewiesene *Ursachen* eines Problems in strukturierter Form grafisch darzustellen. Dabei ist eine Einteilung in Ursachen erster und zweiter Ordnung möglich, oftmals auch Haupt- und Nebenursachen genannt (Kamiske/Brauer 2008).

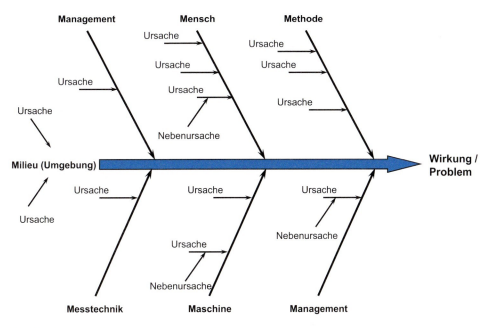

Bild 9.5 Ursache-Wirkungs-Diagramm (Ishikawa-Diagramm)

Ishikawa hat das Ursache-Wirkungs-Diagramm zunächst für die Anwendung in der Produktion entwickelt und dabei vier Haupteinflüsse genannt:

- Mensch,
- Maschine,
- Material und
- Methode,

die sogenannten „4M", denen mögliche Problemursachen zugeordnet werden können. Mittlerweile hat man weitere Haupteinflüsse (Kategorien) erkannt:

- Messtechnik,
- Management und
- Milieu.

Damit sieht das Ursache-Wirkungs-Diagramm wie in Bild 9.5 dargestellt aus.

Die Kategorien sollen eine Hilfestellung bieten, sind aber nicht verpflichtend und können je nach Problemlage angepasst werden.

Wie bei allen Problemlösungsmethoden muss zunächst das Problem klar definiert sein. Es wird im dafür vorgesehenen Feld benannt.

Im zweiten Schritt werden die Kategorien für mögliche Ursachen eingetragen und somit die Hauptgräten beschriftet. Dabei kann die Fischgräte jederzeit um weitere Kategorien ergänzt werden.

Vorgehen

In einem dritten Schritt werden – möglichst in Teamarbeit – Ursachen und Nebenursachen für das Problem bzw. die eingetretene Wirkung eingetragen. Unter einer Nebenursache verbirgt sich oft die tiefer liegende eigentliche Ursache. Eine Ursache für das Nichtstarten eines Kfz-Motors könnte z. B. die fehlende Bordspannung sein, was wiederum durch eine zu alte Batterie verursacht sein könnte.

Abschließend können die gefundenen Ursachen bewertet und priorisiert werden. Auch dieses Ergebnis kann dann eingetragen werden.

Aufwand und Nutzen

Auch für die Erstellung eines Ursache-Wirkungs-Diagramms ist nur ein geringer Aufwand erforderlich. Der demgegenüber große Nutzen des Diagramms liegt in der Unterstützung bei der Ursachenfindung als Ausgangspunkt für die Problemlösung.

Der Vorteil gegenüber einer linearen Liste besteht in der einfachen Möglichkeit, Zuordnungen zu treffen, und der direkten Visualisierung.

■ 9.8 Qualitätsregelkarte

Qualitätsregel-karte (QRK)

 Eine Qualitätsregelkarte zeigt die in einem Prozess erzeugten Merkmalswerte oder die Parameter daraus entnommener Stichproben in ihrem zeitlichen Verlauf.

Ziel

Qualitätsregelkarten dienen der fortlaufenden *Beobachtung* von Prozessen durch die Erfassung und Visualisierung von Stichprobenparametern wie z. B. Mittelwert oder Streuung. Die Ergebnisse werden durch den Werker sofort nach Prüfung der Bauteile in die Qualitätsregelkarte eingetragen. Liegen diese Ergebnisse nahe oder außerhalb von in der Qualitätsregelkarte eingetragenen Grenzwerten, ist eine zeitnahe Korrektur des Prozesses möglich, der *Prozess kann nachgeregelt* werden.

Aufbau einer Qualitäts-regelkarte

Kennzeichnend für Qualitätsregelkarten sind die sogenannten *Eingriffsgrenzen*, bei deren Überschreiten der Prozess korrigiert werden muss. Da diese innerhalb der Toleranzgrenzen liegen, ist ein Eingriff in den Prozess möglich, bevor Ausschuss produziert wird. Insofern bildet eine Qualitätsregelkarte ein *Frühwarnsystem*. Erhöht wird dessen Sicherheit durch Einführung von Warngrenzen, bei deren Überschreiten die Prozessbeobachtung intensiviert wird, z. B. durch eine häufigere Probennahme oder Erhöhung des Stichprobenumfangs.

Dadurch, dass bei Ergebnissen innerhalb der Eingriffsgrenzen kein Eingriff erfolgt, werden überflüssige Eingriffe in den Prozess vermieden.

Die x-Achse einer Qualitätsregelkarte enthält immer die Zeitinformation, wann die Stichprobe gezogen wurde. Der Bediener trägt zu den entsprechenden Zeiten die ermittelten Werte für die Stichprobe ein und kann dann sofort über die Notwendigkeit von Maßnahmen entscheiden.

Bild 9.6 zeigt den prinzipiellen Aufbau einer Qualitätsregelkarte.

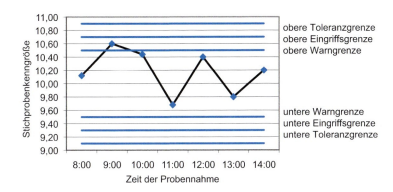

Bild 9.6 Prinzip einer Qualitätsregelkarte

Je nachdem, welche Datenart vorliegt und welche Größe eingetragen wird, werden verschiedene Arten von Qualitätsregelkarten unterschieden (vgl. Tabelle 9.1 und Tabelle 9.2). In Abhängigkeit von der darzustellenden Größe ist dabei ein unterschiedlicher Umfang der Stichprobe erforderlich.

Arten

Tabelle 9.1 Qualitätsregelkarten für variable Daten

Für variable Daten		
dargestellte Größe	notwendige Größe n der Stichprobe	Bezeichnung der Regelkarte
Mittelwert und Spannweite werden mit derselben x-Achse in zwei Regelkarten dargestellt	< 10 üblich 3 bis 5 Werte	Xbar-R-Karte oder $\overline{x}$-R-Karte
Mittelwert und Standardabweichung werden mit derselben x-Achse in zwei Regelkarten dargestellt	≥ 10 Werte	Xbar-s-Karte oder $\overline{x}$-s-Karte
Einzelwerte bei n > 1 werden die Werte nebeneinander zu einer Zeit dargestellt	1 bis 5 Werte	Einzelwertkarte oder Urwertkarte

Tabelle 9.2 Qualitätsregelkarten für attributive Daten

Für attributive Daten		
dargestellte Größe	notwendige Größe n der Stichprobe	Bezeichnung der Regelkarte
Anteil fehlerhafter Einheiten in einer Stichprobe	Variabel üblich > 50 Werte	p-Karte („proportions")
Anzahl fehlerhafter Einheiten in einer Stichprobe	Konstant üblich > 50 Werte	np-Karte („number of proportions")
Anzahl Fehler pro Teil	Konstant üblich > 50 Werte	c-Karte („count")
Anzahl Fehler pro Teil	Variabel üblich > 50 Werte	u-Karte („unit")

Im Weiteren sollen nur ausgewählte Qualitätsregelkarten für Messwerte näher erläutert werden, auf Qualitätsregelkarten für attributive Daten gehen wir hier nicht ein.

Einteilung nach Art der Anwendung

Eine weitere Einteilung der Qualitätsregelkarte ist nach der Art der Anwendung erforderlich, da davon das Vorgehen bei der Berechnung der Eingriffsgrenzen abhängt:

- *Annahmeregelkarte*:
  - Es sollen nur die Prozessänderungen berücksichtigt werden, die eine Verletzung der Anforderungen = Toleranzgrenzen bedeuten. Sie werden z. B. zur Beurteilung von Losen eingesetzt.
  - Die Eingriffs- und Warngrenzen werden aus den Toleranzgrenzen berechnet.
  - Eine Verbesserung oder Überwachung der Prozessfähigkeit ist mithilfe dieser Regelkarten nicht möglich.
- *Prozessregelkarte*:
  - Zur Kontrolle und Verbesserung von Prozessen, es werden alle Prozessänderungen berücksichtigt.
  - Die Eingriffs- und Warngrenzen werden aus den Verteilungsparametern des Prozesses bestimmt.
  - Eine Verbesserung oder Überwachung der Prozessfähigkeit ist mithilfe dieser Regelkarten möglich.

Berechnung der Eingriffsgrenzen

 Für *Annahmeregelkarten* werden die Eingriffsgrenzen als Prozentwert der Toleranzgrenze berechnet. Üblicherweise liegen die Eingriffsgrenzen bei 80% der Toleranzgrenze.

Bei einem Soll-Maß von 10,0 ± 1,0 mm ergäben sich daraus für die Eingriffsgrenzen folgende Werte:

OEG = (10,0 + 0,8) mm = 10,8 mm

UEG = (10,0 − 0,8) mm = 9,2 mm

 Bei Prozessregelkarten werden die Eingriffsgrenzen so gewählt, dass für einen normalverteilten Prozess 99,74 % aller Werte innerhalb der Eingriffsgrenzen liegen würden. Das entspricht dem Bereich ± 3 σ. Für die Warngrenzen gilt dementsprechend ein Bereich von ± 2 σ, also 95,43 % der Werte.

Für die vereinfachte Berechnung dieser Werte liegen Tabellen mit Konstanten vor (siehe Tabelle 9.3). Mithilfe eines Prozessvorlaufs können dann die Eingriffsgrenzen je nach Qualitätsregelkarte entsprechend den folgenden Formeln berechnet werden:

- Xbar-R-Karte:

$$OEG_{\bar{x}} = \bar{\bar{x}} + A_2 \bar{R}; \; UEG_{\bar{x}} = \bar{\bar{x}} - A_2 \bar{R} \quad \text{mit} \quad \bar{\bar{x}} = \frac{\bar{x}_1 + \ldots + \bar{x}_k}{k}; \; \bar{R} = \frac{R_1 + \ldots + R_k}{k}$$

$$UEG_R = D_4 \bar{R}; \; UEG_R = D_3 \bar{R} \quad \text{mit} \quad \bar{R} = \frac{R_1 + \ldots + R_k}{k}$$

k: Anzahl der Stichproben im Prozessvorlauf

- Xbar-s-Karte:

$$OEG_{\bar{x}} = \bar{\bar{x}} + A_3 \bar{s}; \; UEG_{\bar{x}} = \bar{\bar{x}} - A_3 \bar{s} \quad \text{mit} \quad \bar{\bar{x}} = \frac{\bar{x}_1 + \ldots + \bar{x}_k}{k}; \; \bar{s} = \frac{s_1 + \ldots + s_k}{k}$$

$$UEG_R = B_4 \bar{s}; \; UEG_s = B_3 \bar{s} \quad \text{mit} \quad \bar{s} = \frac{s_1 + \ldots + s_k}{k}$$

k: Anzahl der Stichproben im Prozessvorlauf

Tabelle 9.3 Konstanten zur Berechnung der Eingriffsgrenzen (Quelle: Lunau 2006)

Stichproben-umfang n	Xbar-R-Karte			Xbar-s-Karte		
	A_2	D_3	D_4	A_3	B_3	B_4
2	1,880	0	3,267	2,659	0	3,267
3	1,023	0	2,575	1,954	0	2,568
4	0,729	0	2,282	1,628	0	2,266
5	0,577	0	2,115	1,427	0	2,089
6	0,483	0	2,004	1,287	0,030	1,970
7	0,419	0,076	1,924	1,182	0,118	1,882
8	0,373	0,136	1,864	1,099	0,185	1,815
9	0,337	0,184	1,816	1,032	0,239	1,761
10	0,308	0,223	1,777	0,975	0,284	1,716

Auswerten von Prozessregelkarten

Mit der Qualitätsregelkarte kann zwischen systematischen und zufälligen Änderungen des Prozesses unterschieden werden: Systematische Einflüsse ändern die Lage der berechneten Mittelwerte der Stichprobe, zufällige erhöhen die Streuung.

Systematische Abweichungen unterliegen Gesetzmäßigkeiten. Aus der Lage der Punkte in der Qualitätsregelkarte lässt sich auf diese Gesetzmäßigkeiten schließen.

So spricht man von einem *Trend*, wenn mindestens sieben aufeinanderfolgende Werte der Qualitätsregelkarte eine ununterbrochene Tendenz nach oben oder unten aufweisen. Möglicherweise liegt dann ein zunehmender Werkzeugverschleiß vor. Auf Trends muss sorgfältig geachtet werden, denn ein Überschreiten der Eingriffsgrenze ist sehr wahrscheinlich.

Befinden sich sieben aufeinanderfolgende Punkte ununterbrochen ober- bzw. unterhalb der Mittelwertlinie, hat sich der Prozessmittelwert verschoben. Es wird von einem *Run* gesprochen. Dieser kann z. B. anzeigen, dass eine Werkzeugschneide verschlissen oder beschädigt ist (Bild 9.7).

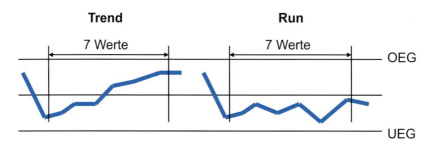

Bild 9.7 Auswertung von Qualitätsregelkarten: Trend und Run

Als *Middle Third* werden Situationen bezeichnet, wenn weniger als 40 % oder mehr als 90 % der letzten 25 Mittelwerte im mittleren Drittel der Eingriffsgrenzen liegen. Beides weist auf Probleme hin:

- Liegen weniger als 40 % der Punkte im mittleren Drittel, spiegelt das eine zu breite Verteilung wider.
- Bei der Überschreitung von 90 % könnte eine Funktionsstörung bei der Messung oder eine falsche Eingabe der Eingriffsgrenzen vorliegen.

Ein *Muster* (englisch: pattern) ist ein nicht zufälliger Kurvenverlauf, z. B. das periodische Schwingen um die Mittelwertlinie. Ursache dafür können z. B. Temperaturschwankungen sein.

Anwendungsbeispiel

Das folgende Anwendungsbeispiel einer Xbar-s-Karte soll die Arbeit mit Qualitätsregelkarten weiter verdeutlichen. Das Formblatt wurde mithilfe von Excel entwickelt (Bild 9.8).

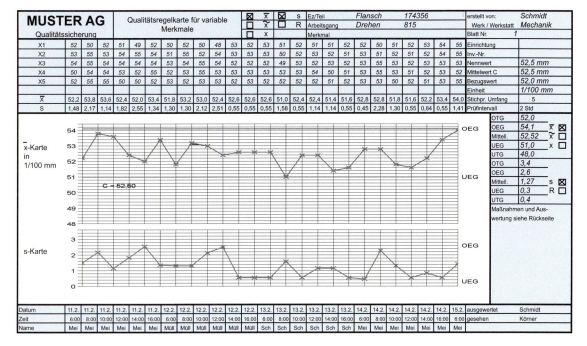

Bild 9.8 Beispiel einer Xbar-s-Karte

Die Implementierung einer Qualitätsregelkarte ist unaufwendig, da sie mithilfe von Standardsoftware erstellt werden kann. Auch die Anwendung beansprucht keine großen Ressourcen.

Aufwand und Nutzen

Der Nutzen des Tools liegt in der fortlaufenden Prozessbeobachtung direkt durch den Werker, verbunden mit der Möglichkeit des zeitnahen und rechtzeitigen Eingreifens. Eine Qualitätsregelkarte ist ein Frühwarnsystem und ein unverzichtbares Werkzeug bei der Verbesserung von Fertigungsprozessen.

 Probleme bereiten in der Praxis aber oft die Auswahl der geeigneten Regelkarte sowie die richtige Berechnung der Eingriffsgrenzen. Die in diesem Kapitel aufgeführten Beispiele gelten für einen Prozess, der annähernd normalverteilt ist und dessen Lage und Streuung weitgehend zeitkonstant sind.

In der Praxis können auch andere Prozesstypen vorkommen, bei denen die Eingriffsgrenzen auf andere Weise zu ermitteln sind.

9.9 Zusammenfassung

Die hier vorgestellten sieben grundlegenden Qualitätstechniken unterstützen bei korrekter Anwendung wirkungsvoll das Auffinden, die Analyse und Lösung von Problemen. Allen Methoden gemeinsam ist, dass ihre Anwendung wenig Aufwand erfordert und direkt durch die Werkerebene erfolgen kann. Durch den Einsatz von Standardsoftware, insbesondere Excel, kann die Anwendung weiter vereinfacht und beschleunigt werden.

Besonders wirksam werden die Methoden durch geeignete Kombination untereinander bzw. mit weiteren Qualitäts- oder Problemlösungstechniken.

9.10 Aufgaben zur Wiederholung und Vertiefung

1. Worauf muss bei der Erarbeitung einer Fehlersammelliste besonders geachtet werden?
2. Was ist ein Histogramm?
3. Erläutern Sie den Unterschied zwischen Histogramm und Balkendiagramm.
4. Stellen Sie die folgenden Werte in einem Histogramm dar:

16,00 mm	16,09 mm	16,15 mm	16,20 mm
16,05 mm	16,10 mm	16,16 mm	16,25 mm
16,07 mm	16,14 mm	16,16 mm	16,27 mm
16,08 mm	16,14 mm	16,20 mm	16,28 mm

5. Entwerfen Sie ein vollständiges Flussdiagramm, um den Prozess „Kinobesuch mit Freunden" darzustellen. In dem Prozess soll es insbesondere um die Abstimmung gehen, welcher Film in welchem Kino mit wem besucht wird. Achten Sie dabei auf die Wiederholbarkeit des Prozesses und vermeiden Sie es, deshalb konkrete Filme, Kinos oder Freunde zu nennen.
6. Wozu dient ein Pareto-Diagramm?
7. Eine Erhebung der durch verschiedene Fehlerarten verursachten Nacharbeitskosten ergab folgende Daten. Erstellen Sie daraus ein Pareto-Diagramm. Die Ursachen welcher Fehlerarten müssen mit höchster Priorität abgestellt werden?

Fehlerart	A	B	C	D	E	F
Kosten für Nacharbeit in €	10 000	50 000	40 000	10 000	70 000	20 000

8. Erstellen Sie anhand der folgenden Daten ein Korrelationsdiagramm zur Analyse des Zusammenhangs zwischen Körperhöhe und Schuhgröße. Berechnen Sie die Ausgleichsgerade und die Korrelationszahl. Nutzen Sie dazu z. B. Excel. Wie interpretieren Sie das Ergebnis?

Körpergröße/cm	175	188	180	183	181	165	184	182
Schuhgröße	41	45	42	43	43	38	44	44

9. Überlegen Sie sich ein Ishikawa-Diagramm für das Problem, dass Sie mit Ihrem Handy kein Telefonat führen können. Berücksichtigen Sie die vorgeschlagenen sieben Kategorien.

10. Wozu werden Qualitätsregelkarten angewendet?

11. Worin besteht das Frühwarnsystem einer Qualitätsregelkarte?

12. Erläutern Sie den Unterschied zwischen Annahme- und Prozessregelkarte.

13. Berechnen Sie die Eingriffsgrenzen einer Annahmeregelkarte für ein Merkmal mit dem konstruktiv vorgegebenen Maß (24,0 ± 0,5) mm.

14. Berechnen Sie die Eingriffsgrenzen einer Xbar-R-Prozessregelkarte anhand der folgenden Angaben. Skizzieren Sie die Qualitätsregelkarte. Zu welchem Zeitpunkt müssten Sie in den Prozess eingreifen?

Nr.	13:30 Uhr	14:30 Uhr	15:30 Uhr
1	23,7 mm	23,5 mm	23,8 mm
2	23,2 mm	23,5 mm	23,7 mm
3	23,7 mm	23,3 mm	23,8 mm
4	23,4 mm	23,4 mm	23,8 mm
5	23,5 mm	23,3 mm	23,9 mm

Story

Im neunten Kapitel Ihrer Story setzen Sie sich mit den sieben elementaren Qualitätswerkzeugen Q7 auseinander, welche eine Erfassung, Visualisierung und Analyse von Problemen ermöglichen.

- Entwerfen Sie eine Fehlersammelliste für einen aufgetretenen Fehler in Ihrem Unternehmen.
- Entwickeln Sie – nach vorheriger Definition verschiedener Fehlerarten – ein Pareto-Diagramm für die „Produktion eines Erfrischungsgetränks".
- Konstruieren Sie ein Ishikawa-Diagramm für ein Problem in der Getränke-Flow GmbH unter Berücksichtigung der vorgeschlagenen sieben Kategorien.

10 Sieben Managementwerkzeuge

 Das vorherige Kapitel

Im vorangegangenen Kapitel haben wir sieben grundlegende Qualitätstechniken erläutert. Diese erlauben mit einfachen Mitteln die Erfassung, Visualisierung und Analyse von Problemen. Ihr Vorteil liegt in der allgemeinen und einfachen Anwendbarkeit.

 Worum es geht

In diesem Kapitel wollen wir die sieben Managementwerkzeuge M7 erläutern, oft auch als New Seven Tools for Quality Control oder kurz New Seven bezeichnet. Diese dienen in erster Linie der Verbesserung von Prozessen und Produkten. Sie unterstützen eine Organisation bei der Lösung von Problemen und ergänzen somit wirkungsvoll die Q7 (vgl. Kapitel 9).

10.1 Übersicht

Anwendung der M7

Die sieben Managementwerkzeuge wurden erstmals 1978 in Japan durch die *Union of Japanese Scientists and Engineers* (JUSE) veröffentlicht. Bei ihnen handelt es sich um Problemlösungstechniken, die unter Anwendung visueller Hilfsmittel zur Analyse verbaler Informationen dienen.

Sie werden insbesondere im Rahmen von Gruppenarbeit während der Entwicklungs- und Planungsphase eingesetzt, wo kaum numerische Daten zur Verfügung stehen. Darüber hinaus werden sie zur Verbesserung von Prozessen und Produkten angewendet. Sie unterstützen eine Organisation bei der Lösung von Problemen und ergänzen somit wirkungsvoll die Q7 (vgl. Kapitel 9).

Zu diesen sogenannten M7 gehören die folgenden Werkzeuge:

- Affinitätsdiagramm,
- Relationendiagramm,
- Baumdiagramm,
- Matrixdiagramm,
- Portfoliodiagramm,
- Problementscheidungsplan,
- Netzplan.

Bild 10.1 veranschaulicht das Zusammenwirken der Werkzeuge.

Jedes der Werkzeuge kann auch einzeln sinnvoll eingesetzt werden. Aber erst durch das Zusammenwirken erreichen die Techniken ihren vollen Nutzen, da sie aufeinander aufbauen: Das Affinitätsdiagramm und das Relationendiagramm werden für die Fehlererfassung und Visualisierung eingesetzt. Das Baumdiagramm, das Matrixdiagramm und das Portfoliodiagramm dienen der Lösungsfindung, während der Problementscheidungsplan und der Netzplan wirkungsvoll die Realisierung und Planung von Produkten bzw. Prozessen unterstützen.

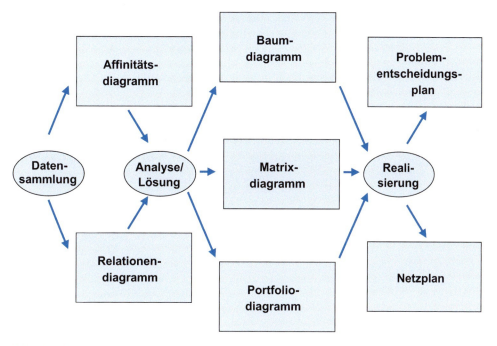

Bild 10.1 Zusammenwirken der M7 (in Anlehnung an Kamiske und Brauer 2008)

10.2 Affinitätsdiagramm

 Das Affinitätsdiagramm wird bei der Bearbeitung von Problemen – insbesondere wenn eine Vielzahl schwer überschaubarer und ungeordneter Informationen vorliegt – verwendet, um Zusammenhänge und Beziehungen zwischen diesen Informationen zu verdeutlichen.

Affinitätsdiagramm

Das Wort Affinität leitet sich aus dem lateinischen „affinitas" *(Verwandtschaft)* ab. Es bedeutet so viel wie Anziehungskraft, Beziehung, Gemeinsamkeit oder Verhältnis.

Ein Affinitätsdiagramm wird also angewendet, um gesammelte Informationen miteinander zu vergleichen und ihren Zusammenhang festzustellen und zu visualisieren.

Ziel

In frühen Problemlösungsphasen werden diese Informationen im Allgemeinen in beschreibender bzw. verbaler Form gesammelt. Sie beruhen auf Fakten, Schätzungen, Prognosen, Meinungen und der Intuition der Gruppenmitglieder. Diese können unter Anwendung von z. B. Brainstorming gesammelt werden.

Die so entstandenen Cluster werden mit *Oberbegriffen* versehen und hinsichtlich ihrer Relevanz bewertet, sodass aus den zunächst ungeordneten Daten ein strukturierter Pool von Fakten bzw. Ideen entsteht (Kamiske/Brauer 2008).

Bild 10.2 zeigt ein Affinitätsdiagramm zu der Aufgabe: „Was zeichnet einen guten Pizzalieferservice aus?"

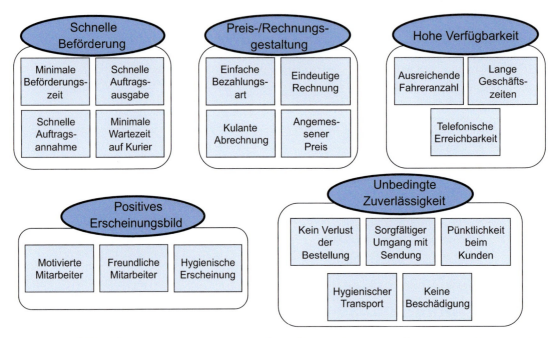

Bild 10.2 Beispiel (Pizzalieferservice) für ein Affinitätsdiagramm (in Anlehnung an Theden und Colsman 2005)

Vorgehen

Zu Beginn werden in einer kreativen Phase Beiträge, Gedanken, Ideen, Fakten usw. zu diesem Thema gesammelt. Dabei sollten die Regeln des Brainstormings angewendet werden. Alle Ideen werden auf Karten notiert, wobei auf einer Karte jeweils nur ein Begriff stehen darf. Er sollte ein- oder zweizeilig mit großen, gut lesbaren Buchstaben geschrieben werden.

In der zweiten Phase werden die Karten von einem Moderator vorgelesen und an die Tafel geheftet, wobei durch das Team entschieden wird, welche Karten inhaltlich zu einer Gruppe, dem sogenannten Cluster, zugeordnet werden. Wenn es nicht möglich ist, bestimmte Begriffe zusammenzufassen, bleiben diese Karten alleine stehen und bilden einen eigenen Cluster. Zu große und damit unübersichtliche Cluster sollten wenn möglich geteilt werden.

In der dritten Phase muss für jeden Cluster eine aussagefähige Überschrift erarbeitet werden. Diese wird ebenfalls auf eine Karte geschrieben und an die Tafel geheftet. Zur Verdeutlichung wird jeder Cluster mit einem Stift eingerahmt.

Der Aufwand zur Erarbeitung eines Affinitätsdiagramms ist gering, während der große Nutzen in einer strukturierten Datendarstellung besteht.

Aufwand und Nutzen

Dadurch können bislang unbekannte Ideen und Zusammenhänge innerhalb des Themas identifiziert und neue Lösungsansätze gefunden werden. Durch die Gruppierung der Informationen unter Überschriften wird außerdem ein einheitliches Verständnis für diese Begriffe im Team erreicht.

■ 10.3 Relationendiagramm

 Ein Relationendiagramm veranschaulicht die Beziehungen (Relationen) zwischen einem Problem und dessen verschiedenen Ursachen bzw. mit ihm zusammenhängenden Problemen. Gleichzeitig werden die Ursachen hinsichtlich ihrer Bedeutung klassifiziert.

Relationendiagramm

Das Relationendiagramm wird angewendet, um einen guten Ausgangspunkt zur Suche nach Lösungsmöglichkeiten zu finden.

Ziel

Zunächst werden auf einer Tafel die beschrifteten Kärtchen angeheftet. Dabei sollte das Hauptproblem zentral positioniert werden. Anschließend werden im Team die Relationen mit Pfeilen gekennzeichnet, die in Haupteinflussrichtung zeigen. Dabei werden Ursachen automatisch nach ihrer Bedeutung klassifiziert (Ursachen erster, zweiter und dritter Ordnung), abhängig davon, wie viele andere Ursachen zwischen ihnen und der Karte mit dem Hauptproblem liegen. In Bild 10.3 ist das Informationsmaterial nicht direkt mit dem Hauptproblem verbunden, sondern über jeweils eine andere Karte. Es ist also eine Ursache zweiter Ordnung.

Vorgehen

Zur Gewichtung der Wechselbeziehungen werden die ausgehenden bzw. eingehenden Pfeile gezählt und diese Zahl wird notiert: Die Hauptwirkung steht in dem Feld mit den meisten eingehenden Pfeilen und die Hauptursache in dem Feld mit den meisten ausgehenden Pfeilen. Im Beispiel in Bild 10.3 ist also die Unterstützung durch die oberste Leitung am wesentlichsten für den Erfolg der Anwendung der M7.

In der Praxis besteht oft das Problem, wirklich alle Ursachen zu berücksichtigen. Eine gute Hilfestellung bei der Erarbeitung des Relationendiagramms bietet insofern das Ishikawa-Diagramm (siehe Kapitel 9).

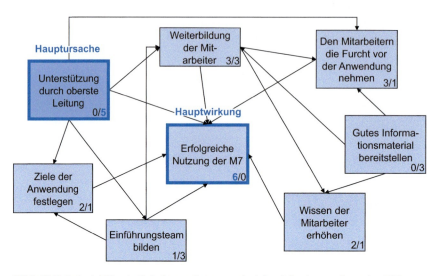

Bild 10.3 Beispiel für ein Relationendiagramm (erfolgreiche Anwendung der M7)

Aufwand und Nutzen

Der Aufwand für die Erarbeitung eines Relationendiagramms ist gering.

Auch hier besteht der Nutzen in einer strukturierten, übersichtlichen Darstellung. Ein Problem wird in Zusammenhang mit seinen wesentlichen Ursachen und deren Wechselwirkungen bzw. Hierarchien visualisiert.

Damit bietet ein Relationendiagramm einen guten Ausgangspunkt zur Suche nach Lösungsmöglichkeiten.

10.4 Baumdiagramm

Baumdiagramm

 Mithilfe des Baumdiagramms (englisch Tree Diagram) wird ein Problem systematisch in mehreren aufeinanderfolgenden Schritten auf mögliche Ursachen oder Lösungsmöglichkeiten hin untersucht. Häufig wird es aber auch benutzt, um Maßnahmen und Mittel zur Erreichung eines Ziels zu erarbeiten. Daher ist es auch als Mittel-Ziel-Diagramm bekannt.

Der Name Baumdiagramm ist von der typischen Verästelung seiner „Zweige" abgeleitet.

Ziel

Verallgemeinert formuliert dient ein Baumdiagramm der Analyse und Visualisierung von Aufgaben oder Problemstellungen.

10.4 Baumdiagramm

Vorgehen

Ausgangspunkt für die Erstellung des Baumdiagramms ist das durch ein Affinitäts- und/oder Relationendiagramm identifizierte Problem bzw. erwünschte Ziel bzw. ein zu untersuchendes Thema. In mehreren Ebenen werden dann mit zunehmendem Detaillierungsgrad die Mittel zur Erreichung eines bestimmten Ziels bzw. zur Untergliederung des gewählten Themas spezifiziert. Ein Baumdiagramm kann dabei von links nach rechts oder von unten nach oben aufgebaut werden.

Auch für ein Baumdiagramm wird vorteilhaft mit einer Tafel und darauf zu befestigenden Kärtchen gearbeitet.

Als Erstes wird das Thema als Fragestellung oder als zu erreichendes Ziel auf einer Karte formuliert und an die Tafel geheftet.

In der ersten Ebene wird die erste Verzweigung bearbeitet. Dabei werden je nach gewähltem Thema entweder alle Hauptursachen eines zu lösenden Problems oder alle möglichen Lösungen dargestellt. Typischerweise sollte diese erste Verzweigungsebene drei bis fünf Zweige enthalten. Bei weiteren Verzweigungen wäre das Diagramm schnell unübersichtlich und unhandlich.

Um von einer Betrachtungsebene in die nächste zu gelangen, wird jeweils untersucht, mit welchen Mitteln das übergeordnete Ziel erreicht werden kann. Dabei besitzen die Mittel der vorhergehenden Ebene in der Regel Zielcharakter für die folgende Ebene. Diese Arbeit wird so lange fortgesetzt, bis konkrete, tatsächlich umsetzbare Maßnahmen gefunden wurden. Eventuell muss dazu das Team um weitere Experten ergänzt werden.

Abschließend werden zur besseren Visualisierung die angehefteten Kärtchen entsprechend der erarbeiteten Baumstruktur mit Linien verbunden. Außerdem lassen sich die gefundenen Maßnahmen direkt im Baumdiagramm priorisieren – z. B. durch die Vergabe entsprechender Ziffern – und mit Verantwortlichkeiten untersetzen.

Als Ergebnis entsteht eine systematische Übersicht über alle relevanten Mittel und Wege zur Lösung des betreffenden Problems bis hin zu einem konkreten Maßnahmenplan. Bild 10.4 zeigt dazu ein Beispiel.

Aufwand und Nutzen

Auch für die Erstellung eines Baumdiagramms ist nur ein geringer Aufwand erforderlich. Da keine speziellen Hilfsmittel – außer Kärtchen und Tafel – benötigt werden, entsteht nur der Zeitaufwand für die Teammitglieder.

Demgegenüber steht als Nutzen eine systematische Aufarbeitung eines oft komplexen Problems bis hin zu einem Maßnahmenplan mit direkt umsetzbaren Maßnahmen. Durch die Visualisierung in Form des Baumdiagramms wird erreicht, dass die einzelnen Maßnahmen aufeinander abgestimmt sind und keine wesentlichen Lösungsansätze übersehen werden.

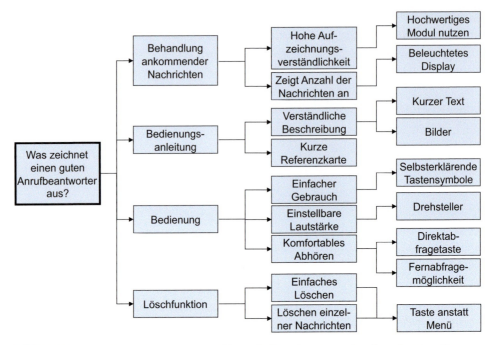

Bild 10.4 Beispiel für ein Baumdiagramm: Eigenschaften eines guten Anrufbeantworters (in Anlehnung an Theden und Colsman 2005)

10.5 Matrixdiagramm

Matrixdiagramm

 Mithilfe des Matrixdiagramms lassen sich die Beziehungen und Wechselwirkungen innerhalb einer Aufgabe oder Problemstellung systematisch untersuchen und anschaulich darstellen.

Ziel

Dadurch wird das Finden optimaler Lösungen unterstützt. Matrixdiagramme eignen sich auch zur Verknüpfung von Aufgaben und Verantwortlichkeiten.

Arten von Matrixdiagrammen

Komplexe Probleme sind häufig durch Überschneidungen ihrer Ursachen und mehrfache Auswirkungen der geplanten Maßnahmen gekennzeichnet. Deshalb sind unterschiedliche Formen von Matrixdiagrammen gebräuchlich. Je nach Aufbau wird zwischen L-, T-, Y- und X-Matrizen unterschieden, die jeweils zwei, drei oder vier Dimensionen einer Fragestellung miteinander verknüpfen. Bild 10.5 veranschaulicht diese Arten.

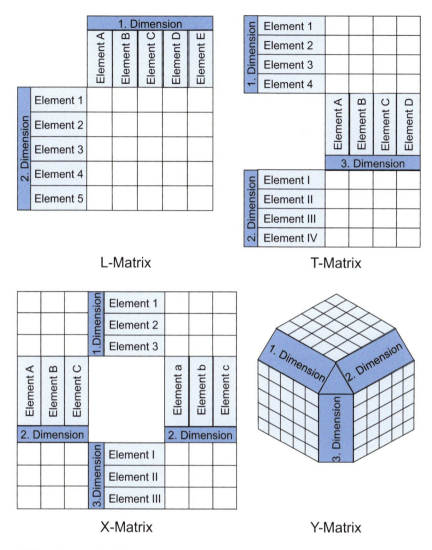

Bild 10.5 Arten von Matrixdiagrammen

Die *L-Matrix* verknüpft zwei Dimensionen eines Problems miteinander. Eine typische Anwendung erfolgt beim House of Quality im Rahmen des Quality Function Deployment (siehe Kapitel 11), wo die Designanforderungen aus den Kundenanforderungen hergeleitet werden.

Bei der *T-Matrix* werden zwei Dimensionen eines Problems (z. B. Fehlermerkmal und Korrekturmaßnahme) auf Wechselwirkungen mit einer gemeinsamen dritten (z. B. Fehlerursache) betrachtet. Sie stellt eine Kombination aus zwei L-Matrizen dar.

Die *Y-Matrix* bildet eine Verknüpfung von drei L-Matrizen. Sie wird für einen Vergleich von drei Dimensionen eines Problems verwendet.

Die *X-Matrix* enthält vier L-Matrizen und ihr Informationsgehalt ist entsprechend komplexer. Sie ist geeignet, um vier Dimensionen eines Problems miteinander zu verknüpfen.

Vorgehen

Als Erstes muss entsprechend der Anzahl der zu betrachtenden Dimensionen die geeignete Matrix ausgewählt werden.

Danach können die einzelnen Merkmale bzw. Elemente in die Matrix eingetragen werden. Dabei sind unterschiedliche Anzahlen von Elementen pro Dimension möglich.

In einem dritten Schritt wird in die Matrixfelder die Stärke der Wechselwirkung eingetragen. Das kann über entsprechende Symbole oder auch über Zahlen erfolgen. Werden Zahlen verwendet, kann z. B. mithilfe von Excel eine numerische Auswertung der Matrix erfolgen.

Bild 10.6 zeigt ein Anwendungsbeispiel mit der Nutzung verschiedener Symbole.

Ziele / Funktionsbereiche	Q-Technik	QFD	FMEA	Q7	M7
Kundenanforderungen umsetzen		●	○	⌀	○
mögliche Fehler im Vorfeld erkennen		⌀	●	⌀	○
Vorgehen zur Fehlerbeseitigung		⌀	●	●	●
Verbesserung der Dokumentation		●	○	●	●
Entwicklung		B	V	V	V
Fertigungsplanung		b	b	V	V
Fertigung		V	B	V	V
Qualitätswesen		B	B	b	b
Vertrieb		V	b	b	b

○ schwache Unterstützung
● starke Unterstützung
⌀ keine Unterstützung

V verantwortlich
B immer beteiligt
b gelegentlich beteiligt

Bild 10.6 Anwendungsbeispiel für ein T-Matrixdiagramm: Unterstützung von Zielen durch Qualitätstechniken sowie Darstellung der Verantwortung zu deren Nutzung (in Anlehnung an Theden und Colsman 2005)

Aufwand und Nutzen

Das Erstellen von Matrixdiagrammen ist unaufwendig. Sie helfen, komplizierte Zusammenhänge besser zu verstehen und zu veranschaulichen. Für die Darstellung von Aufgaben und zugehörigen Verantwortungen sind sie eine kompakte und übersichtliche Form der Visualisierung.

Andererseits werden Matrizen mit vielen Dimensionen und Elementen unübersichtlich und erfordern die Betrachtung und Diskussion vieler Abhängigkeiten.

10.6 Portfoliodiagramm

 Ein Portfoliodiagramm ist eine Sammlung von verschiedenen Objekten, die in einem Achsenkreuz dargestellt und miteinander verglichen werden.

Portfoliodiagramm

Das Wort *Portfolio* ist eine Eindeutschung des italienischen „portafoglio" und würde am besten mit „Brieftasche" oder „Aktenmappe" übersetzt werden.

Ziel

Seine Anwendung findet ein Portfoliodiagramm z. B. im Ableiten von Zielwerten auf Basis einer Ist-Situation. Insbesondere für die Ermittlung neuer Ziele für die Produktentwicklung wird es häufig angewendet. Dazu werden in der Regel Unternehmen und ihre Produkte miteinander verglichen.

Ein Portfoliodiagramm ist aber universell einsetzbar und es können auch Personen oder die Kosten für unterschiedliche Maßnahmen verglichen werden (Theden/Colsman 2005).

Nach der Auswahl der zu vergleichenden Objekte müssen zwei Kriterien und ihre Messgrößen festgelegt werden, nach denen diese Objekte beurteilt oder verglichen werden sollen. Diese beiden Kriterien bilden ein Achsenkreuz, in dem die Objekte entsprechend ihren Eigenschaften positioniert werden. Ein drittes Kriterium – z. B. der Umsatz mit einem Produkt – kann durch die Größe der Objekte einbezogen und visualisiert werden. Bild 10.7 veranschaulicht das mit einem Beispiel.

Vorgehen

Wenn keine exakten Messwerte für die Kriterien zur Verfügung stehen, wird oft auch mit qualitativen Werten (z. B. hoher Marktanteil – niedriger Marktanteil) auf einer oder beiden Achsen gearbeitet.

Der Aufwand für die Erstellung eines Portfoliodiagramms ist gering. Schon mithilfe von Standardsoftware – z. B. Excel – lassen sich die Berechnung und die grafische Darstellung stark vereinfachen.

Aufwand und Nutzen

Mithilfe eines Portfoliodiagramms kann eine große Menge an Daten so visualisiert werden, dass eine schnelle Übersicht über die Zusammenhänge gewonnen wird.

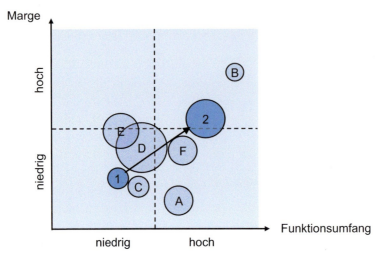

A–F: Konkurrenzunternehmen
1: momentaner Zustand des eigenen Unternehmens
2: angestrebter Zustand des eigenen Unternehmens

Die Größe entspricht dem Umsatz des jeweiligen Unternehmens.

Bild 10.7 Beispiel für ein Portfoliodiagramm (Analyse des Handy-Markts)

■ 10.7 Problementscheidungsplan

Problementscheidungsplan

 Ein Problementscheidungsplan ist eine Darstellung zur systematischen Untersuchung möglicher Schwierigkeiten bei der Umsetzung einer Lösung, eines Prozesses oder Projekts. Vorbeugend werden alle potenziellen Hindernisse ermittelt und geeignete Maßnahmen festgelegt.

Ziel

Ein Problementscheidungsplan wird somit erstellt, um möglichen Schwierigkeiten *vorzubeugen*, und hat damit eine ähnliche Aufgabe wie die FMEA-Methode (Fehlermöglichkeits- und einflussanalyse, siehe Kapitel 11). Dadurch werden einerseits mögliche Probleme identifiziert – und wenn möglich verhindert –, andererseits lassen sich bei zeitkritischen Prozessen oder Projekten Maßnahmen festlegen, die bei Auftreten eines Problems dann sofort umgesetzt werden können.

Vorgehen

Der Problementscheidungsplan ist in drei Spalten gegliedert:

1. Spalte:

   Hier werden die *Prozessschritte* zur Umsetzung der Lösung untereinander aufgeführt.

2. Spalte:

   Für jeden Prozessschritt werden im Team *möglicherweise auftretende Probleme* erarbeitet.

3. Spalte:

   Jedes der Probleme wird mit *Gegenmaßnahmen* versehen, die z. B. durch Brainstorming gefunden werden. Sollten mehrere Maßnahmen möglich sein, werden diese in ihrer Priorität oder in ihrer Reihenfolge der Abarbeitung gekennzeichnet. Damit wird es für die Mitarbeiter in der Phase der Umsetzung ersichtlich, welche Lösungen einzuführen sind bzw. welche Reihenfolge eingehalten werden soll. Es ist hilfreich, für diese Maßnahmen auch schon *Verantwortlichkeiten* festzulegen. Bei komplexen Maßnahmen müssen diese durch *detaillierte Anweisungen* beschrieben werden.

Wenn die Wahrscheinlichkeit für das Auftreten eines Problems als hoch bewertet wird, sollte die gefundene Maßnahme *präventiv umgesetzt* werden. In Bild 10.8 ist das durch Checkmarks gekennzeichnet.

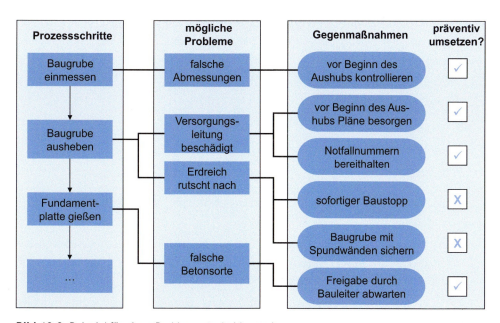

Bild 10.8 Beispiel für einen Problementscheidungsplan

Der Aufwand für die Erarbeitung eines Problementscheidungsplans ist relativ hoch, aber geringer als bei der vergleichbaren Methode FMEA.

Aufwand und Nutzen

Ob der Problementscheidungsplan einen Nutzen bringt, hängt in erster Linie von der Gründlichkeit der Arbeit des Teams ab. Meistens wird es nicht möglich sein, alle tatsächlichen Probleme vorherzusehen.

Bei zeitkritischen Prozessen oder Projekten bietet der Problementscheidungsplan aber eine gute Möglichkeit, im Ernstfall sofort reagieren zu können.

■ 10.8 Netzplan

Netzplan

 Der Netzplan (Activity-Network Diagram) vernetzt Aktivitäten für die Durchführung eines Projekts und bietet eine gut überschaubare Darstellung der zeitlichen Verknüpfung der Maßnahmen, die zur Verwirklichung des (Projekt-)Ziels geplant sind.

Ziel

Insbesondere bei unübersichtlichen Projekten ermöglicht dieses Verfahren ein strukturiertes Abbild der gegenseitigen Abhängigkeiten von Ereignissen und erleichtert damit die *Planung* und Überwachung des gesamten Ablaufs. Es wird deutlich, bei welchen Aktivitäten *Zeitpuffer* existieren und bei welchen sich Verzögerungen direkt auf den Endzeitpunkt des Projekts auswirken. Diese Aktivitäten können dann durch den Projektleiter besonders intensiv verfolgt werden.

Arten von Netzplänen

Es gibt mehrere Arten von Netzplänen, z. B.:

- Vorgangsknotennetz,
- Vorgangspfeilnetz,
- Ereignisknotennetz,
- Petri-Netz.

Hier soll nur auf das oft verwendete und anschauliche Vorgangsknotennetz näher eingegangen werden.

Vorgangsknotennetz

Bei einem *Vorgangsknotennetz* werden die Vorgänge als Kästchen mit einer definierten Struktur dargestellt und die Anordnungsbeziehungen zwischen ihnen als Pfeile. Ein schematisches Vorgangsknotennetz zeigt Bild 10.10.

Anordnungsbeziehungen

Anordnungsbeziehungen kennzeichnen die Abhängigkeiten zwischen den Vorgängen. Dabei gibt es für die Abhängigkeit zweier Vorgänge A und B genau vier Möglichkeiten. Diese sind in der DIN 69900:2009 „Projektmanagement – Netzplantechnik; Beschreibungen und Begriffe" definiert:

- *Normalfolge:* B kann erst begonnen werden, wenn A beendet ist.
- *Endfolge:* B kann erst beendet werden, wenn A beendet ist.

- *Anfangsfolge:* A und B können nur gleichzeitig starten.
- *Sprungfolge:* Damit A beginnen kann, muss B beendet sein.

Bild 10.9 verdeutlicht diese Anordnungsbeziehungen.

Bezeichnung nach DIN 69900	Schematische Darstellung	Netzplan	Balkendiagramm
Normalfolge (NF) B kann erst starten, wenn A beendet ist	A → B	A —NF→ B	A / B
Endfolge (EF) Abschluss von A und B hängen voneinander ab	A → B	A —EF→ B	A / B
Anfangsfolge (AF) A und B können nur gleichzeitig starten	A → B	A —AF→ B	A / B
Sprungfolge (SF) damit A beginnen kann, muss B fertig sein	A → B	A —SF→ B	A / B

Bild 10.9 Anordnungsbeziehungen

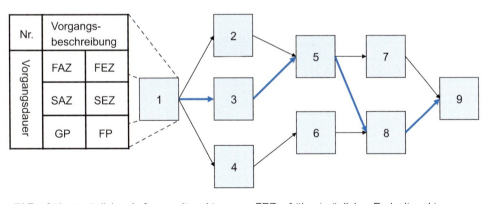

FAZ = frühestmöglicher Anfangszeitpunkt FEZ = frühestmöglicher Endzeitpunkt
SAZ = spätestnotwendiger Anfangszeitpkt. SEZ = spätestnotwendiger Endzeitpunkt
GP = Gesamtpuffer   FP = freier Puffer
⟶ kritischer Pfad

Bild 10.10 Darstellung eines Vorgangsknotennetzes

Ein Vorgangsknotennetz wird mithilfe der folgenden Schritte erstellt:

Vorgehen

1. Liste der notwendigen Vorgänge bzw. Aktivitäten erarbeiten.
2. Für jeden Vorgang die Dauer ermitteln, gegebenenfalls durch Aufgliederung in Teilschritte und Anwendung der Netzplantechnik zur Ermittlung der Dauer der Aktivität.
3. Vorgangsknoten zeichnen und entsprechend den Beziehungen mit Pfeilen verbinden.
4. *Hinrechnung* in oberer Zeile der Vorgangsknoten im Netz von links nach rechts. Mithilfe der Hinrechnung wird der frühestmögliche Endzeitpunkt des Projekts ermittelt:
   - FEZ = FAZ + Vorgangsdauer.
   - Bei einem Vorgänger: FAZ (Nachfolger) = FEZ (Vorgänger).
   - Bei mehreren Vorgängern: die jeweils größere FEZ als FAZ für den Nachfolger wählen.
5. *Rückrechnung* in mittlerer Zeile der Vorgangsknoten im Netz von rechts nach links. Bei der Rückrechnung werden alle Vorgänge auf die spätestmöglichen Start- und Endzeitpunkte verschoben:
   - SAZ = SEZ − Dauer.
   - Bei einem Vorgänger: SEZ (Vorgänger) = SAZ (Nachfolger).
   - Bei mehreren Vorgängern: Die jeweils kleinere SAZ als SEZ für den Nachfolger wählen.
6. Freien Puffer FP und Gesamtpuffer GP in unterer Zeile der Vorgangsknoten berechnen:
   - FP = FAZ (Nachfolger) − FEZ.
   - GP = SAZ − FAZ.
7. *Kritischen Pfad* markieren. Der kritische Pfad ergibt sich durch Verbindung aller Vorgangsknoten, bei denen GP = FP = 0 gilt, also kein Puffer zur Verfügung steht. Jede Verschiebung eines auf dem kritischen Pfad liegenden Vorgangs bedeutet dadurch eine Verschiebung des Projektendes.

Das Beispiel in Bild 10.11 veranschaulicht dieses Vorgehen. Die Beschreibung der jeweiligen Aktivität ist darin nicht dargestellt, die Vorgangsknoten sind nur mit Buchstaben bezeichnet.

Bedeutung der Puffer

Ein *Puffer* in einem Netzplan beschreibt die *Zeitreserven*, die zur Verfügung stehen, ohne nachfolgende Schritte bzw. das Projektende zu gefährden.

Der *Gesamtpuffer GP* eines Vorgangs ist die Zeitspanne, um die ein Vorgang gegenüber seinem frühesten Beginn verschoben werden kann – ohne dass diese Verschiebung das *Projektende* beeinflusst –, wenn sich alle Vorgänger in der frühesten Lage und alle Nachfolger in der spätesten Lage befinden.

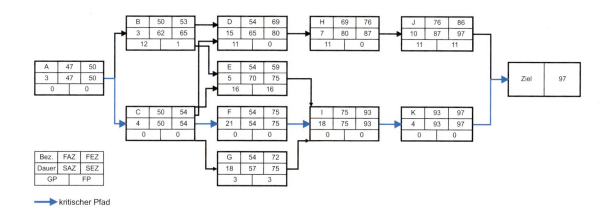

Bild 10.11 Beispiel für einen Netzplan (Quelle: Schwarze 1999)

Demgegenüber ist der *freie Puffer FP* ein Puffer, um den der Vorgang auf einen späteren Zeitpunkt verschoben werden kann, ohne den *frühestmöglichen Beginn seiner Nachfolger* zu gefährden. Er steht immer genau dem Vorgang zur Verfügung, bei dem er auftritt.

Je nach Komplexität des Projekts ist das Erstellen eines Netzplans recht aufwendig. Dieser Aufwand kann durch Einsatz einer geeigneten Projektmanagementsoftware aber reduziert werden.

Aufwand und Nutzen

Demgegenüber wird die Planung von Projekten durch Netzpläne stark unterstützt. Die Gesamtdauer sowie der Abschluss einzelner Phasen können berechnet werden. Zeitkritische Abhängigkeiten werden erkannt.

10.9 Zusammenfassung

Die hier dargestellten sieben Managementwerkzeuge M7 gehören zur Grundausstattung im Werkzeugkasten von Qualitätsingenieuren. Sie bieten einem Team eine gute Unterstützung bei der Problemanalyse, der Visualisierung von Ursache-Wirkungs-Beziehungen und bei der Zielerreichung. Die M7 sind somit nicht nur auf die Beseitigung von Fehlern gerichtet, sondern lassen sich insbesondere bei der Planung und Durchführung von Projekten wirkungsvoll nutzen. Die Netzplantechnik beispielsweise wird in fast allen Ingenieurfachrichtungen zur Projektplanung mit Erfolg eingesetzt.

In der Regel steht einem geringen Aufwand für den Einsatz der Methode ein hoher Nutzen gegenüber. Besonders wirksam werden die Methoden dabei durch geeignete Kombination untereinander bzw. mit weiteren Qualitäts- oder Problemlösungstechniken, z. B. den Q7.

■ 10.10 Aufgaben zur Wiederholung und Vertiefung

1. Welche Tools gehören zu den M7 und für welche grundsätzlichen Aufgaben werden sie eingesetzt?
2. Wie wirken sie zusammen?
3. Was lässt sich mithilfe eines Affinitätsdiagramms darstellen?
4. Erstellen Sie ein Affinitätsdiagramm zu der Fragestellung „Was zeichnet einen optimalen Mobilfunkanbieter aus?"
5. Wozu dient ein Relationendiagramm?
6. Erstellen Sie ein Relationendiagramm zu der Frage „Wovon hängt der erfolgreiche Abschluss meines Studiums ab?"
7. Welche Aufgaben können mithilfe eines Baumdiagramms bearbeitet werden?
8. Erstellen Sie ein Baumdiagramm zu der Aufgabe „Was muss ich tun, um mein Studium erfolgreich abzuschließen?"
9. Was lässt sich mithilfe eines Matrixdiagramms veranschaulichen? Welche Arten kennen Sie?
10. Erstellen Sie ein L-Matrixdiagramm zur Darstellung der Verantwortlichkeiten bei der Vorbereitung einer Party. Ordnen Sie der ersten Dimension die Aufgaben und der zweiten Dimension die Verantwortlichen zu.
11. Was ist ein Portfoliodiagramm und wozu dient es?
12. Wozu wird ein Problemscheidungsplan eingesetzt? Mit welcher Methode aus den Q7 ist er am ehesten vergleichbar?
13. Erstellen Sie einen Problementscheidungsplan zur Vorbereitung eine Klausur bzw. Prüfung.
14. Wozu wird ein Netzplan angewendet?
15. Welche Anordnungsbeziehungen von Aktivitäten laut DIN 69900 kennen Sie?
16. Skizzieren Sie schematisch ein Vorgangsknotennetz.

17. Erläutern Sie die Bedeutung des Gesamtpuffers und des freien Puffers. Wie werden sie berechnet?
18. Ermitteln Sie den kritischen Pfad im folgenden Netzplan:

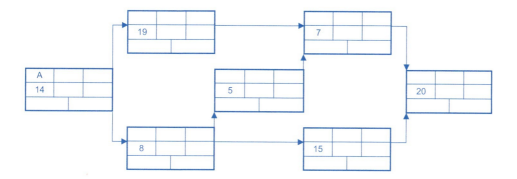

Story

Im zehnten Kapitel Ihrer Story befassen Sie sich mit den sieben Managementwerkzeugen M7.

- Entwerfen Sie ein Affinitätsdiagramm sowie ein Baumdiagramm bezüglich der folgenden Fragestellung: „Was zeichnet einen optimalen Getränkehersteller aus?"
- Erstellen Sie ein L-Matrixdiagramm zur Darstellung der Verantwortlichkeiten bei der „Produktion eines Erfrischungsgetränks". Ordnen Sie der ersten Dimension dabei die Aufgaben und der zweiten Dimension die Verantwortlichkeiten in der Getränke-Flow GmbH zu.
- Entwickeln Sie einen Problementscheidungsplan für die „Produktion eines Erfrischungsgetränks".

11 Weitere Qualitätstechniken

Das vorherige Kapitel
In den beiden vorangegangenen Kapiteln haben wir die grundlegenden Qualitäts- und Managementtechniken Q7 und M7 vorgestellt und ihre Anwendung erläutert. Ihr Vorteil liegt in der allgemeinen und einfachen Anwendbarkeit.

Worum es geht
In diesem Kapitel wollen wir weitere ausgewählte Methoden zur Qualitätsverbesserung und Problemlösung erläutern. Diese sind oft nicht mehr ganz so einfach anzuwenden wie die Q7 und M7, sondern erfordern tiefere Kenntnisse.

11.1 FMEA

FMEA

 Die FMEA (Fehlermöglichkeits- und -einflussanalyse, auf Englisch Failure Mode and Effects Analysis) beinhaltet ein systematisches Vorgehen bei der Analyse eines Systems oder Prozesses, um mögliche Fehler, ihre Ursachen und ihre Auswirkungen zu ermitteln.

Das Ziel besteht darin, geeignete Maßnahmen zur Vermeidung bzw. Entdeckung dieser Fehler rechtzeitig einzuleiten, deren Bedeutung zu erkennen und zu bewerten (vgl. DIN EN 60812 und DGQ 2012).

Laut DIN EN 60812 wird die FMEA in Deutsch als „Fehlzustandsart- und -auswirkungsanalyse" bezeichnet, was der englischen Bezeichnung eher entspricht als das sehr oft verwendete „Fehlermöglichkeits- und -einflussanalyse" – was aber wiederum besser zur Abkürzung FMEA passt.

Erstmals wurde diese Methode in den 1960er-Jahren im Rahmen des Apollo-Programms bei der NASA entwickelt und eingesetzt, in Deutschland erstmals in den 1980er-Jahren in der Nukleartechnik und dann in der Automobilindustrie. Heute ist diese Methode in vielen Branchen etabliert und ihr Einsatz wird in einer Reihe von Normen für Qualitätsmanagementsysteme gefordert, z. B. in der IATF 16949 für den Automobilbau und der ISO/TS 22163 für die Bahnindustrie. Diese Normen werden oft in die Verträge mit den Zulieferern aufgenommen, wodurch eine technische Risikoanalyse mithilfe der FMEA fester Bestandteil von Prozessen wird.

Das Vorgehen zur Erstellung einer FMEA ist in der DIN EN 60812:2006 beschrieben, die sich aktuell in der Überarbeitung befindet. Sie hat den Titel: „Analysetechniken für die Funktionsfähigkeit von Systemen – Verfahren für die Fehlzustandsart- und -auswirkungsanalyse (FMEA)". Einen guten Leitfaden bietet der DGQ-Band 13 – 11 *FMEA – Fehlermöglichkeits- und Einflussanalyse* der Deutschen Gesellschaft für Qualität e. V. (siehe DGQ 2012).

Inzwischen wurde für den Automobilsektor das Vorgehen aber weitgehend überarbeitet und dieses Vorgehen in einem gemeinsamen Handbuch der AIAG (Automotive Industry Action Group, USA) und des VDA (Verband der Automobilindustrie, Deutschland) standardisiert und im Juni 2019 veröffentlicht (AIAG & VDA 2019). Wir werden im Folgenden auf die dort enthaltenen Neuerungen eingehen.

Ziel

Die FMEA hat in erster Linie das Ziel, mit Hilfe eines teamorientierten und systematischen Ansatzes Kosten durch Fehler und Folgefehler durch rechtzeitiges Einleiten geeigneter Maßnahmen zu reduzieren oder ganz zu vermeiden. Sie ist damit Teil des technischen Risikomanagements und unterstützt auf hervorragende Art und Weise die Forderung der ISO 9001 nach einem systematischen Vorgehen bei der Suche nach möglichen Fehlern und der Verfolgung von Verbesserungsmaßnahmen zur Verhinderung ihres Auftretens. Neben diesem präventiven Ansatz ist die Methode aber auch geeignet, bestehende Produkte oder Prozesse zu verbessern. In diesem Fall sprechen wir von einem reaktiven Ansatz. Die FMEA wird dann gezielt bei hohen Garantie-, Kulanz-, Ausschuss- oder Nacharbeitskosten eingesetzt, da sich die dafür erforderlichen zusätzlichen Aufwendungen am ehesten durch verminderte Kosten in der nachfolgenden Laufzeit rentieren (vgl. DGQ 2012).

Aus Sicht der AIAG und des VDA unterstützt die FMEA Unternehmen darüber hinaus bei der Erreichung weiterer Ziele, z. B.:

- Verbesserung der Qualität, Zuverlässigkeit, Herstellbarkeit, Funktionstüchtigkeit und Sicherheit von Produkten,
- Steigerung der Kundenzufriedenheit,
- Nachweisbarkeit der Produkt- und Prozessrisikobewertung im Produkthaftungsfall,
- Reduzierung von späten Änderungen in der Entwicklung,
- fehlerfreie Produkteinführungen und
- Aufbau einer Wissensbasis im Unternehmen (z. B. Dokumentation von gewonnenen Erkenntnissen – Lessons Learned)

Die FMEA wird sowohl im Bereich der *Entwicklung* und *Konstruktion* als auch bei der Untersuchung *komplexer Systeme* und *Prozesse* angewendet.

Arten der FMEA

- *Design-FMEA (DFMEA):* untersucht das funktionsgerechte Zusammenwirken von Komponenten und Bauteilen in technischen Systemen. Dabei werden die Ursachen und Auswirkungen von Fehlern in Systemkomponenten im Hinblick auf die konstruktive Auslegung analysiert. Die Durchführung der Produkt-FMEA beginnt idealerweise mit einer Untersuchung des Gesamtsystems, gefolgt von einer Aufgliederung in Teilsysteme und Baugruppen bis hin zur Analyse konkreter Einzelteile und von deren Merkmalen. Entsprechend der gewählten Grenzen spricht man von einer System-DFMEA oder Komponenten-DFMEA. Von der Deutschen Gesellschaft für Qualität wird diese Unterscheidung aber als nicht erforderlich erachtet (vgl. DGQ 2012).
- Die Durchführung der Produkt-FMEA erfolgt üblicherweise während der Entwicklungs- und Produktionsplanungsphase.
- *Prozess-FMEA (PFMEA):* findet Anwendung bei der Analyse von Fertigungs-, Montage-, Prüf- und Dienstleistungsprozessen und dient in erster Linie der fehlerfreien Realisierung von Produkten. Dabei wird der zu betrachtende Prozess in seine einzelnen Schritte aufgegliedert und zu jedem dieser Schritte werden Fehlermöglichkeiten für den Prozess, aber auch das Produkt untersucht.

- Ihr Einsatz erfolgt idealerweise bereits in der Phase der Prozess- bzw. Fertigungsplanung, sie ist aber besonders gut für den reaktiven Einsatz geeignet.

Ergänzend verwenden empfehlen AIAG und VDA (AIAG & VDA 2019) eine

- *FMEA MSR (Monitoring und Systemreaktion)*: für komplexe mechatronische Systeme mit funktionalen Sicherheitsanforderungen. Betrachtet werden Ursachen, die *während des Betriebs des Produkts* im Kundenbereich zu einem fehlerhaften Systemverhalten führen können. Unter Betrieb wird dabei Einsatz und Wartung verstanden. Ein Beispiel wäre eine verringerte Bremskraft eines KFZ infolge fehlender Wartung mit der Maßnahme, dem Fahrer diesen Zustand zu signalisieren.

Sieben-Schritt-Ansatz

- Im AIAG/VDA-Handbuch wird der bisher übliche Fünf-Schritt-Ansatz auf einen Sieben-Schritt-Ansatz erweitert:

1. Planung und Vorbereitung
2. Strukturanalyse
3. Funktionsanalyse
4. Fehleranalyse
5. Risikoanalyse
6. Optimierung
7. Ergebnisdokumentation

Die Schritte 1 und 7 wurden dabei ergänzt, während 2 bis 6 der bisherigen Vorgehensweise entsprechen. Schritt 2 und 3 umfassen dabei die Systemanalyse, die Schritte 4 bis 6 demgegenüber die Fehleranalyse und Risikominimierung.

Schritt 1: Planung und Vorbereitung

8. Für die Planung und Vorbereitung in Schritt 1 werden als Inhalt die „5 Z" gefordert (in der englischen Ausgabe die „5 T"):

- **Z**weck (*InTent*),
- **Z**eitplan (*Timing*),
- Team-**Z**usammensetzung (*Team*),
- Aufgaben**Z**uweisung (*Tasks*),
- Werk**Z**euge (*Tools*).
- Schritt 1 beinhaltet damit wesentliche Elemente einer Projektdefinition, wie wir es aus dem Projektmanagement, aber auch z. B. bei Six-Sigma-Projekten kennen. Außerdem geht es um die Festlegung der Grenzen für die FMEA (System oder Prozessgrenzen).
- Besonderes Augenmerk muss auf eine interdisziplinäre Teamzusammensetzung gerichtet werden. Dadurch wird sichergestellt, dass sowohl das benötigte Fachwissen als auch Kenntnisse über Durchführung und Moderation einer FMEA vorhanden sind.

Der Versuch, durch Reduktion der Anzahl der Teammitglieder Kosten zu sparen, verhindert in der Regel die Durchführung einer wirklich wirksamen FMEA.

- In der Strukturanalyse geht es um die korrekte Bestimmung der untergeordneten Strukturen, wie z. B. Teilsysteme, Komponenten, Prozesselemente, Prozessschritte und Prozessursachenelemente. Mit Letzteren ist die Art der Abweichung genannt, die das Ergebnis beeinflussen könnte. Dazu wird die 4M-Methode angewendet, ein Sub-Set der 7M aus dem Ishikawa-Diagramm. Hier geht es um Mensch, Maschine, Material und Milieu (Umwelt). Die ermittelte Struktur dient als Basis für die nachfolgende Funktionsanalyse und sollte möglichst visualisiert werden. Empfohlene Werkzeuge sind dafür Block-/Boundary-Diagramme, Strukturbäume oder Prozessablaufdiagramme.

Schritt 2: Strukturanalyse

- Bild 11.1 erläutert das Vorgehen an einem Beispiel für eine Prozess-FMEA.

1. Prozesselement	2. Prozessschritt	3. Prozessursachenelement
System, Teilsystem, Teilelement oder Prozessbezeichnung	Stations-Nr. und Bezeichnung des Fokuselements	4M (Mensch, Maschine, Material, Milieu)
Bezeichnung des betrachteten Prozesselements	Betrachteter Arbeitsvorgang oder Station	Identifikation der Art der Abweichung, die den betrachteten Arbeitsgang oder die betrachtete Station beeinflusst
z.B. Fertigung von Kolben 0821	z.B. Drehen	z.B. Mensch: Programmierung Maschine: Wartungszustand Material: Lunkerfreiheit Milieu: Temperatur, Sauberkeit

Bild 11.1 Strukturanalyse für eine Prozess-FMEA

- Die Funktionsanalyse untersetzt die in der Strukturanalyse ermittelte Struktur des Produkts oder Prozesses durch die zugeordneten Funktionen. Bei einer Prozess-FMEA beschreibt eine Funktion, wozu das Prozesselement, der Prozessschritt oder das Ursachenelement dienen soll. Es kann mehr als eine Funktion für jedes Prozesselement, jeden Prozessschritt oder jedes Ursachenelement geben. Zu beachten ist die positive Formulierung von dem, was zu erreichen ist (Produktmerkmal). Erst in der nachfolgenden Fehleranalyse werden daraus die negativen Merkmale, die Fehlerzustände beschreiben. Wenn möglich, sollten die Produktmerkmale quantifiziert werden. Bild 11.2 gibt wieder ein Beispiel für eine Prozess-FMEA.

Schritt 3: Funktionsanalyse

1. **Funktion des Prozessgegenstands** Funktion des Systems, Teilsystems, Teilelements oder Prozesses	2. **Funktion des Prozessschritts und Produktmerkmals** (quantitativer Wert optional)	3. **Funktion des Prozessursachenelements und Prozessmerkmals** 4M (Mensch, Maschine, Material, Milieu)
Beschreibung der <u>erwarteten</u> Funktion des Prozessgegenstandes in verschiedenen Kategorien (Eigenes Werk, beliefertes Werk, Endnutzer)	Beschreibung dessen, was der Arbeitsgang oder die Station erreichen soll als <u>positives</u> Produktmerkmal	<u>Positive</u> Beschreibung der Ausführung der Arbeit, einschließlich des positiven Prozessmerkmals in Bezug auf jede 4M-Katergorie.
z.B. Beliefertes Werk: Passung in Zylinder sicherstellen	z.B. Durchmesser (23,45 ± 0,01) mm $C_{pk} \geq 1{,}33$	z.B. Mensch: fehlerfreies Programm mit korrekten Parametern erstellt Maschine: Wartungszustand wie vom Hersteller gefordert Material: entsprechend Spezifikation Milieu: Temperatur unter 40 °C

Bild 11.2 Funktionsanalyse für eine Prozess-FMEA

Schritt 4: Fehleranalyse

Im Rahmen der Fehleranalyse sind alle potenziellen (also möglichen) Fehlerarten zu identifizieren. Die Fehlerart ist dabei der Ausgangspunkt der Betrachtung. AIAG und VDA sprechen von einem Fokuselement (AIAG&VDA 2019). Danach wird untersucht, welche Folgen und Ursachen diese Fehler haben könnten. Dabei ist zu beachten, dass man bei der Analyse der *Kausalkette bzw. Fehlerfolgenkette* bis zu den wirklichen Ursachen vordringt. Ein Beispiel zeigt Bild 11.3. Laut AIAG & VDA FMEA-Handbuch, sollte man sich bei der Ursache im Rahmen einer Design-FMEA auf konstruktive Ursachen und im Rahmen einer Prozess-FMEA auf prozessbezogene Ursachen fokussieren und beides voneinander trennen.

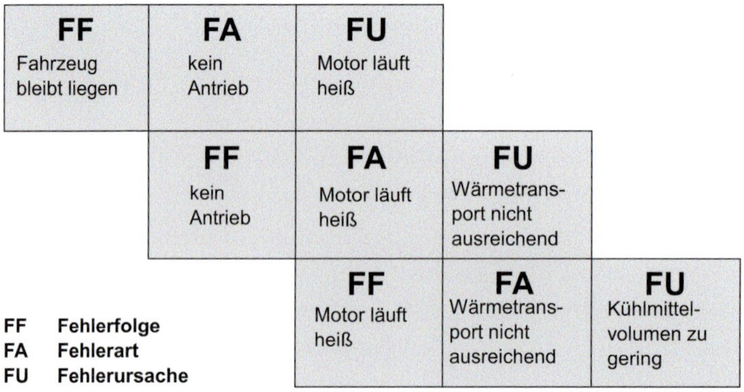

	FF Fahrzeug bleibt liegen	**FA** kein Antrieb	**FU** Motor läuft heiß		
		FF kein Antrieb	**FA** Motor läuft heiß	**FU** Wärmetransport nicht ausreichend	
			FF Motor läuft heiß	**FA** Wärmetransport nicht ausreichend	**FU** Kühlmittelvolumen zu gering

FF Fehlerfolge
FA Fehlerart
FU Fehlerursache

Bild 11.3 Kausalkette am Beispiel eines Motordefekts

Die Fortsetzung unseres Beispiels zur Prozess-FMEA zeigt Bild 11.4. Neu ist bei AIAG und VDA, dass die Fehlerfolgen nicht nur für den Kunden, sondern auch für das eigene Werk und belieferte Werke betrachtet werden. In der Darstellung haben wir durch Einfügen der Spalte B schon eine Bewertung der Bedeutung/Schwere der Fehlerfolge vorgenommen. Üblicherweise findet diese Bewertung erst im folgenden Schritt Risikoanalyse statt.

1. Fehlerfolgen (FF) Für Element auf nächsthöherer Ebene	Bedeutung (B) der Fehlerfolge	2. Fehlerart (FA) des Prozessschritts Fokuselement	3. Fehlerursache (FU) des Ursachenelements 4M (Mensch, Maschine, Material, Milieu)
Welches Versagen ist möglich? Auswirkungen auf die drei Bereiche (eigenes Werk, beliefertes Werk, Endnutzer) betrachten	1…10	Die Fehlerart muss im Produkt erkennbar/messbar sein (Defekt). Die Fehlerart ist das Negativ des positiven Produktmerkmals aus der Funktionsanalyse.	Die Fehlerursache ist das Negativ der positiven Funktion aus der Funktionsanalyse
z.B. Einbau beim Kunden nicht möglich	z.B. 8	z.B. Durchmesser nicht prozesssicher herstellbar	z.B. Mensch: falsche Parameter programmiert Maschine: Werkzeugverschleiß Material: enthält Lunker Milieu: zu hohe Temperatur

Bild 11.4
Fehleranalyse für eine Prozess-FMEA

Schritt 5: Risikoanalyse

Sind die möglichen Fehler ermittelt, kann das mit einem potenziellen Fehler verbundene Risiko bewertet werden. Diese Bewertung ist die Grundlage für die Entscheidung, ob Maßnahmen zur Minimierung des Risikos erforderlich sind.

Das mit einem potenziellen Fehler verbundene Risiko ergibt sich aus der Berücksichtigung der Wahrscheinlichkeit, dass der Fehler tatsächlich auftritt, sowie der *Bedeutung* der mit diesem Fehler *verbundenen Folgen*. Bild 11.5 verdeutlicht dies.

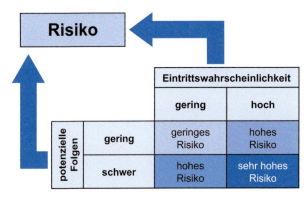

Bild 11.5
Risikobewertung (ohne Berücksichtigung der Entdeckungswahrscheinlichkeit)

Da die FMEA die Zielrichtung verfolgt, Fehler und ihre Auswirkungen für den Kunden zu minimieren, tritt noch ein dritter Faktor hinzu: die Wahrscheinlichkeit, dass der Fehler bereits im eigenen Unternehmen entdeckt wird.

Risikoprioritätszahl RPZ

Die Risikoprioritätszahl RPZ lässt sich wie folgt berechnen:

RPZ = Bedeutung · Auftretenswahrscheinlichkeit · Entdeckungswahrscheinlichkeit

abgekürzt:

$$RPZ = B \cdot E \cdot A$$

Für jeden der Teilfaktoren wird durch das Team eine Zahl zwischen 1 und 10 vergeben. Sehr hohe Bedeutungen (Gesundheitsrisiken) und Auftretenswahrscheinlichkeiten erhalten die 10, während sehr hohe Entdeckungswahrscheinlichkeiten (betrifft die Entdeckung im Unternehmen) mit 1 bewertet werden, da sie das Risiko für den internen bzw. externen Kunden minimieren. Eine RPZ kann somit Werte zwischen 1 und 1000 annehmen und ergibt die Notwendigkeit, Maßnahmen zur Minimierung des Risikos einzuleiten. Unterschiedliche Teams werden für den gleichen Sachverhalt zu unterschiedlichen RPZ kommen. Demzufolge kann auch kein fester Schwellenwert angegeben werden, oberhalb dessen Maßnahmen erforderlich sind. Es werden oft einfach die aus der Masse der RPZ herausragenden Werte berücksichtigt, wobei diese meistens im Bereich > 100 liegen. Aufgrund der subjektiven Einschätzungen hat die RPZ nur eine bedingte Aussagekraft und sollte daher nicht als alleinige Grundlage für anschließende Entscheidungsprozesse dienen (vgl. Brüggemann 2012).

Das Problem dabei ist, dass Fehler, die schon im eigenen Werk entdeckt werden, trotzdem hohe Folgekosten haben können. Das wird durch eine RPZ nicht berücksichtigt, wie das folgende Beispiel zeigt:

Fall 1: B = 8, A = 5, E = 2 -> RPZ = 80

Fall 2: B = 5, A = 2, E = 8 -> RPZ = 80

Fall 1 mit hoher Bedeutung und Auftretenswahrscheinlichkeit führt zur selben RPZ wie Fall 2 mit geringerer Bedeutung und Auftretenswahrscheinlichkeit!

Diesem Umstand tragen AIAG und VDA in ihrem neuen FMEA-Handbuch Rechnung (AIAG&VDA 2019) und definieren eine Aufgabenpriorität AP, die aus einer Matrix ermittelt wird und Gewichtungen der einzelnen Faktoren beinhaltet. Dabei wird die Bedeutung am höchsten gewichtet, gefolgt von der Auftretenswahrscheinlichkeit. Auch hier wird wieder der Paradigmenwechsel deutlich, nicht nur die Bedeutung für den Kunden zu betrachten, sondern auch für das eigene Werk und belieferte Werke. Bild 11.6 enthält einen Ausschnitt aus der Matrix, um das Vorgehen zu verdeutlichen.

Aufgabenpriorität

Auswirkung	B	Prognose des Auftretens der Fehlerursache	A	Entdeckungsfähigkeit	E	Aufgabenpriorität (AP)
Sehr große Auswirkung auf Produkt, Werk oder Kunde	9-10	Sehr hoch	8-10	Niedrig - sehr niedrig	7-10	H
				Mittel	5-6	H
				Hoch	2-4	H
				Sehr hoch	1	H
		Hoch	6-7	Niedrig - sehr niedrig	7-10	H
				Mittel	5-6	H
				Hoch	2-4	H
				Sehr hoch	1	H
		Mittel	4-5	Niedrig - sehr niedrig	7-10	H
				Mittel	5-6	H
				Hoch	2-4	H
				Sehr hoch	1	M
		Niedrig	2-3	Niedrig - sehr niedrig	7-10	H
				Mittel	5-6	M
				Hoch	2-4	N
				Sehr hoch	1	N
		Sehr niedrig	1	Sehr hoch - sehr niedrig	1-10	N
Große Auswirkung auf Produkt, Werk oder Kunde	7-8	Sehr hoch	8-10	Niedrig - sehr niedrig	7-10	H
				Mittel	5-6	H
				Hoch	2-4	H
				Sehr hoch	1	H
		...	...	...	...	...

Bild 11.6 Ausschnitt aus der Tabelle für die Aufgabenpriorität AP für Design- und Prozess-FMEA

> Die Aufgabenpriorität dient nicht der Priorisierung hoher, mittlerer und niedriger Risiken, sondern der Priorisierung von Maßnahmen!

Die drei Stufen für die AP haben folgende Bedeutung:

- Priorität Hoch (H)
- Das Team **muss** eine angemessene Maßnahme festlegen, um das Risiko zu minimieren, oder dokumentiert begründen, warum die getroffenen Maßnahmen ausreichend sind. Begutachtung durch Management ist erwünscht.
- Priorität Mittel (M)
- Das Team **sollte** angemessene Maßnahmen identifizieren, um das Risiko zu minimieren, oder nach Ermessen des Unternehmens dokumentiert begründen, warum die getroffenen Maßnahmen ausreichend sind.
- Priorität Niedrig (N)
- Das Team **kann** Maßnahmen identifizieren, um das Risiko weiter zu minimieren.

Für unsere hier betrachtete Prozess-FMEA werden zur Risikobewertung die Spalten entsprechend Bild 11.7 genutzt, für eine Design-FMEA ist das aber vergleichbar.

Vorhandene Vermeidungsmaßnahme für Fehlerursache	Auftreten (A) der Fehlerursache	Vorhandene Entdeckungsmaßnahmen für Fehlerursache oder Fehlerauftreten	Entdeckung (E) von Fehlerursache / Fehlerauftreten	Aufgabenpriorität AP
Aktueller Stand (bereits festgelegt/eingeführt)	1…10	Aktueller Stand (bereits festgelegt/eingeführt)	1…10	Hoch, Mittel, Niedrig
z.B. Werkzeugwechsel ist auf Basis bewährter Intervalle geplant	z.B. 3	z.B. Stichprobenprüfung	z.B. 6	z.B. M

Bild 11.7 Risikoanalyse für eine Prozess-FMEA

Schritt 6: Optimierung

Wenn mit Hilfe einer RPZ oder AP die potenziellen Fehler identifiziert wurden, die hohe Priorität haben, müssen entsprechende Maßnahmen festgelegt werden. Die Maßnahmen sollten dabei so gewählt werden, dass die jeweils größten Faktoren deutlich reduziert werden. Es sind also bei hoher Bedeutung Maßnahmen zur Reduzierung der Auswirkung, bei hoher Auftretenswahrscheinlichkeit Vermeidungsmaßnahmen und bei geringer Entdeckungswahrscheinlichkeit Entdeckungsmaßnahmen (Prüfschritte) festzulegen.

Zu vollständig definierten Maßnahmen gehört dabei neben der Festlegung notwendiger Aktionen auch die Regelung von Verantwortungen und Terminen.

Nach Festlegung oder nach Durchführung der Maßnahmen erfolgt eine Neubewertung der RPZ bzw. AP, um zu erkennen, ob das Risiko ausreichend gemindert würde bzw. wurde. Die Optimierung ist erst abgeschlossen, wenn die Reduzierung auf ein annehmbares Risiko erreicht wurde.

Für eine erfolgreiche Optimierung auf Basis einer FMEA ist ein gründliches Maßnahmencontrolling (Verfolgung mit verschiedenen Statuskennern, Erledigungsdatum, Kontrolle der Wirksamkeit usw.) unabdingbar. Lt. AIAG & VDA ist dabei ein Statuswechsel von „in Umsetzung" auf „abgeschlossen" erst nach Wirksamkeitsüberprüfung zulässig.

In diesem Schritt geht es um die Dokumentation und Kommunikation der Planung und Ergebnisse der FMEA inklusive der durchgeführten Maßnahmen. Dieser Bericht kann intern (Wissensbasis) und extern z. B. für den Kunden genutzt werden.

Schritt 7: Ergebnisdokumentation

Mithilfe einer speziellen Software oder auch eines einfachen Excel-Formblatts kann das Durchführen der FMEA wirkungsvoll unterstützt werden. Dieses Formblatt übernimmt die Berechnung der RPZ bzw. AP und führt den Anwender schrittweise durch die FMEA. Auch im neuen AIAG/VDA FMEA-Handbuch wird keine spezielle FMEA-Software gefordert. Es enthält eine Reihe von Mustertabellen (AIAG&VDA 2019).

FMEA-Formblatt oder Software?

Bild 11.10 zeigt den Ausschnitt aus einem konventionellen Formblatt.

				Fehlermöglichkeits- und -einflussanalyse ☐ Produkt-FMEA ☐ System-FMEA ☐ Prozess-FMEA						FMEA-Nr.:
Produkt/System/Prozess:				Änderungsstand:			Verantw.:			Datum:
				Ist-Zustand						
Nr.	Mögliche Fehlerfolgen	B	Möglicher Fehler	Mögliche Fehlerursachen	Vorhandene Vermeidungsmaßnahmen	A	Vorhandene Entdeckungsmaßnahmen	E	RPZ	Maßnahme notwendig?
1a										
2a										
3a										
4a										
5a										
				Verbesserter Zustand						
Nr.	Mögliche Fehlerfolgen (reduziert)	B	Möglicher Fehler	Mögliche Fehlerursachen	Neue Vermeidungsmaßnahmen	A	Neue Entdeckungsmaßnahmen	E	RPZ	Verantwortlicher, Termin
1b										
2b										
3b										
4b										
5b										

Bild 11.8 FMEA-Formblatt zur Berechnung der RPZ

Grundsätzlich wird eine FMEA in drei Fällen angewendet (AIAG&VDA 2019):

- neue Konstruktion, neue Technologie oder neuer Prozess,
- neue Anwendung von bestehender Konstruktion oder bestehendem Prozess,

Aufwand und Nutzen

- technische Änderungen an einer bestehenden Konstruktion oder einem bestehenden Prozess.

Eine FMEA ist äußerst effizient, wenn sie zur Analyse von Elementen angewendet wird, die den Ausfall des gesamten Systems oder einer Hauptfunktion des Systems verursachen. Bei komplexen Systemen mit Mehrfachfunktionen, an denen unterschiedliche Systemkomponenten beteiligt sind, kann eine FMEA jedoch schwierig und mühsam sein. Der Grund hierfür liegt in der Menge der zu berücksichtigenden detaillierten Informationen über das System. Diese Schwierigkeit kann noch dadurch verstärkt werden, dass es mehrere mögliche Betriebsarten gibt sowie durch die Berücksichtigung von Reparatur- und Instandhaltungsvorschriften (DIN EN 60812).

Insbesondere bei komplexen Produkten und Prozessen erfordert eine FMEA einen hohen Zeitaufwand. Der Nutzen einer gründlichen FMEA überwiegt diesen Aufwand aber in der Regel, da durch die Fehlervermeidung die bei einer Entdeckung in späteren Produktlebensphasen anfallenden Kosten vermieden werden können. Diese Kosten steigen exponentiell an, wenn erst der Kunde den Fehler bemerkt. Bild 11.11 verdeutlicht den Zusammenhang. Falls der hohe Aufwand nicht bewältigt werden kann, kann eventuell wenigstens eine Fehlerbaumanalyse durchgeführt werden.

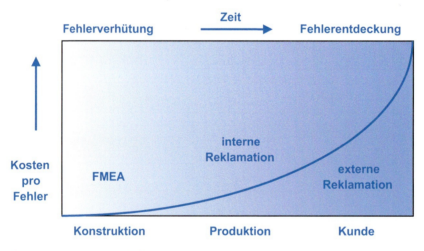

Bild 11.9 Nutzen einer FMEA

FMECA

FMECA ist eine Erweiterung der ursprünglichen FMEA. Das C steht hierbei für Criticality, die Kritizität. Die FMECA enthält ein Mittel zur Klassifizierung der Schwere der Ausfallarten, um die Einstufung der Dringlichkeit von Abhilfemaßnahmen zu ermöglichen. Dies geschieht durch Kombination des Maßes für die Schwere mit der (erwarteten) Eintrittshäufigkeit, um so eine Kritizität genannte Metrik zu erzeugen

(DIN EN 60812). Heutzutage ist eine klare Trennung zwischen FMEA und FMECA nicht mehr gegeben, da die Grenzen verschwimmen. Die hier vorgestellte FMEA mit Nutzung der RPZ bzw. AP ist letztlich eine FMECA, die in Bild 11.5 dargestellte Risikobewertung entspricht der Kritizität.

11.2 QFD und House of Quality

 Bei QFD handelt es sich um eine Qualitätsplanungsmethode. Sie unterstützt die Umsetzung von Kunden in Designanforderungen und dient somit der Übersetzung der „Stimme des Kunden" in die „Sprache des Ingenieurs".

QFD

QFD – *Quality Function Deployment* (deutsch in etwa „Entwicklung der Qualitätsfunktion") wurde erstmals 1966 in Japan von Yoji Akao vorgestellt (Akao 1992).

In breitem Maßstab angewendet wird die Methode seit den 1970er-Jahren in der japanischen Schiffbau- und Automobilindustrie, seit den 1980ern in der US-amerikanischen und seit Anfang der 1990er auch in der deutschen Industrie.

Dabei wurde die Methode stark weiterentwickelt. Aktuell wird meistens die Variante des American Supplier Institute verwendet (Saatweber 2007).

Das Ziel der Methode besteht in der Entwicklung eines Produkts, das genau die vom Kunden gewünschten Merkmale besitzt und sich durch eine hervorragende Zuverlässigkeit und Lebensdauer auszeichnet.

Ziel

Zunächst wird ein *Qualitätsplanungsteam* gebildet. Dabei handelt es sich um ein auf das Problem abgestimmtes, interdisziplinäres Expertenteam. Es besteht z. B. aus jeweils einem Experten aus

Qualitätsplanungsteam

- der Entwicklung bzw. Konstruktion,
- dem Marketing und/oder Verkauf,
- dem Qualitätswesen,
- der Fertigung,
- dem Kundenservice und
- der kaufmännischen Abteilung.

Somit fließt das wesentliche Know-how des Unternehmens in die Qualitätsplanung ein.

Das zentrale Werkzeug der QFD ist das *House of Quality* (HoQ), das eine systematische Vorgehensweise und angemessene Aufzeichnung der Ergebnisse sicherstellt.

House of Quality

Es handelt sich dabei um eine matrixartige Darstellung – in der Form vergleichbar mit einem Haus.

Die in Bild 11.10 vergebenen Ziffern symbolisieren die Reihenfolge der Abarbeitung:

- Die Anforderungen der Kunden werden ermittelt und gewichtet, sodass Zahlenwerte zur weiteren Nutzung vorliegen.
- Servicedaten zum bisherigen Produkt werden in Feld 2 dargestellt.
- Mit einer weiteren Kundenbefragung wird ein Vergleich des entsprechend den Anforderungen im Feld 1 geplanten Produkts mit einem oder mehreren Produkten von Konkurrenzunternehmen erarbeitet. Daraus ergeben sich später dann Vermarktungsstrategien.
- Aus den Kundenanforderungen werden nun Designanforderungen abgeleitet und in Feld 5 mit konkreten Zielparametern untersetzt.
- Im „Dach" des HoQ bietet sich die Möglichkeit, Wechselwirkungen zwischen den einzelnen Designanforderungen darzustellen. Diese Wechselwirkungen können stark positiv, positiv, negativ oder stark negativ sein.
- In einem technischen Produktvergleich werden die Parameter des geplanten Produkts mit den Parametern eines von den Kunden gut bewerteten Konkurrenzprodukts verglichen.
- Im Feld 8 wird nun die mögliche Realisierbarkeit der vorgeschlagenen Parameter untersucht und dokumentiert.
- Feld 9 ist die Kernmatrix des HoQ. Dort wird der Einfluss für jedes festgelegte Produktmerkmal auf die Erfüllung der Kundenanforderungen bewertet. Dazu wird in die Schnittpunkte zwischen den Zeilen aus der Kundenanforderung (Feld 1) mit den Spalten der geplanten Produktparameter (Felder 4 und 5) eine Gewichtung für deren Zusammenhang eingetragen. Üblich sind die Werte:
    - 0 = kein Zusammenhang,
    - 1 = schwacher Zusammenhang,
    - 3 = mittelstarker Zusammenhang,
    - 9 = sehr starker Zusammenhang.
- Um die Wichtigkeit der einzelnen Parameter berechnen zu können, wird abschließend die im Feld 1 stehende gewichtete Bedeutung der Kundenanforderung mit den in der gleichen Zeile stehenden Gewichtungen für den Zusammenhang mit den technischen Parametern multipliziert. Danach werden die Werte spaltenweise aufaddiert und ergeben so die Wichtigkeit der Realisierung der einzelnen Parameter. Es ist also in der Regel nicht erforderlich, alle zunächst spezifizierten Parameter genau einzuhalten. Dadurch wird die Herstellung des Produkts kostengünstiger.

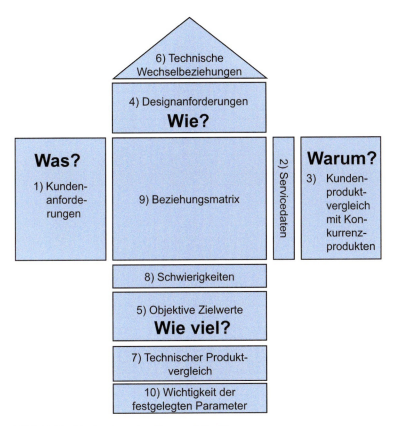

Bild 11.10 Die Struktur des House of Quality

Um diese Berechnung zu verdeutlichen, wird hier das Beispiel der Neuentwicklung eines Reiseweckers vorgestellt (siehe Bild 11.11). Dieses Beispiel ist gut geeignet, da einige der Designanforderungen einen stark negativen Zusammenhang haben, also nicht gleichzeitig optimiert werden können. Das betrifft z. B. die Gesamtabmessungen und die Größe der optischen Anzeige: Bei einer gewünschten kleinen Bauform ist notwendigerweise auch die Anzeige klein. Erkennbar wird dieser Zusammenhang durch das Notenkreuz im Schnittpunkt von Zeile 1 und Spalte 9 des Dachs. Dabei wird eine etwas abweichende Form des Dachs gewählt, da diese in Excel einfacher zu realisieren ist.

Beispiel

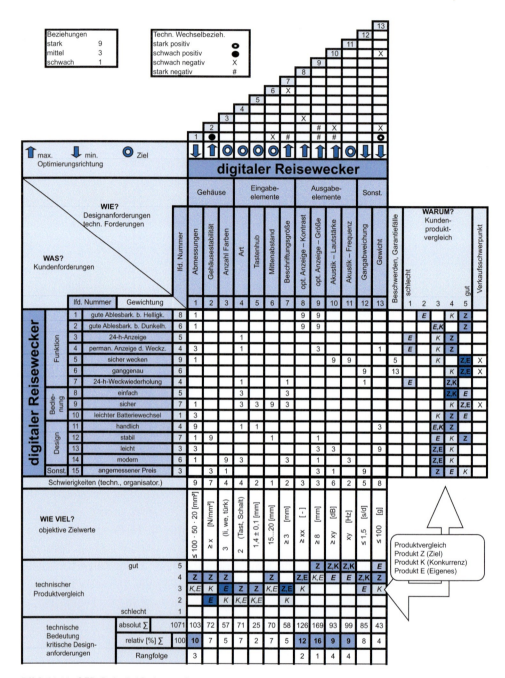

Bild 11.11 QFD-Beispiel Reisewecker

Die Wichtigkeit der einzelnen Parameter wurde auf den Bereich 0 bis 100 normiert. Dadurch ist in der untersten Zeile der Matrix auf einfache Weise eine Rangfolge der

Designforderungen ableitbar. Das Ergebnis bedeutet, dass die optische Anzeige und die Akustik des Weckens sowie die Gesamtabmessungen unbedingt wie geplant realisiert werden müssen.

In der vom American Supplier Institute vorgeschlagenen Variante wird QFD in vier Phasen der Produktentstehung eingesetzt, die aufeinander aufbauen. Dabei werden die Ergebnisse der Anwendung in einer Phase als Ausgangspunkt der darauffolgenden Phase genutzt:

Anwendung der QFD/HoQ in der Produktentstehung

- Phase „Produktdefinition" → Festlegung der Produktmerkmale (Spezifikation des Produkts)
- Phase „Komponentenplanung" → Festlegung der Komponenten (Baugruppen, Bauteile)
- Phase „Prozessplanung" → Festlegung der Produktionsprozesse (Ablaufpläne)
- Phase „Produktionsplanung" → Festlegung der Prozessparameter (Spezifikation der Anforderungen an die Produktionsanlagen)

Bild 11.12 stellt diesen Zusammenhang dar.

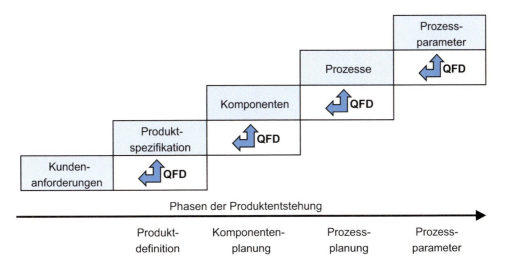

Bild 11.12 Anwendung der QFD in vier Phasen der Produktentstehung

Die Anwendung der QFD erfordert zunächst einen hohen Aufwand. Dazu gehören neben dem für die Durchführung benötigten Zeitaufwand z. B. auch Trainingskosten. Da das Ergebnis aus einer Phase in den folgenden Phasen weiterverwendet wird, ist die Gefahr der Fehlerfortpflanzung hoch. Während die Aufwendungen gut erfassbar sind, ist eine Abschätzung des Nutzens kaum möglich: Ein Produkt wird nicht einmal mit und einmal ohne QFD entwickelt. Dadurch fehlen direkte Vergleichsmöglich-

Aufwand und Nutzen

keiten. Allerdings kann man beobachten, wie sich ein ohne Anwendung von QFD entwickeltes Produkt am Markt bewährt, und es mit einem ähnlichen Produkt vergleichen, das mithilfe von QFD entwickelt wurde.

Auf jeden Fall ist die Methode geeignet, die Kundenorientierung in der Produktentstehung zu verbessern.

■ 11.3 DoE – Design of Experiments

DoE

 DoE – Design of Experiments (Statistische Versuchsplanung) stellt eine Methode dar, um bei Einsatz einer möglichst geringen Anzahl von Versuchen schnell und zuverlässig zu Ergebnissen zu kommen. Sie beinhaltet den Gebrauch statistischer Methoden.

Erste Werkzeuge dazu wurden bereits um 1930 von dem englischen Mathematiker Ronald A. Fisher entwickelt. Diese klassische Versuchsplanung umfasst ein-, teil- und vollfaktorielle Versuchspläne.

Die am häufigsten eingesetzten Methoden beruhen auf Arbeiten von Genichi Taguchi (unter anderem Entwicklung von Orthogonaltafeln zur Versuchsplanung) und Dorian Shainin (Entwicklung von sieben miteinander verknüpften Verfahren zur Versuchsplanung) (siehe Kleppmann 2009). Auf diese soll hier aber nicht näher eingegangen werden.

DoE unterstützt die Problemlösung insbesondere bei komplexen Betrachtungsobjekten effektiv.

Ziel

Das Kernziel der Statistischen Versuchsplanung besteht in der Ermittlung einiger weniger, für die Qualität relevanter Parameter aus einer Vielzahl von Parametern, die einer direkten Messung oft nicht zugänglich sind bzw. nicht einzeln variiert werden können. Sind diese Parameter erkannt worden, geht es um die Festlegung der notwendigen Einstellungen für diese Parameter, um optimale Ergebnisse zu erreichen.

Grundlagen

Um die gewünschten *Ausgangsgrößen*, also die Wirkung oder Funktion eines Produkts bzw. ein gewünschtes Prozessergebnis zu bekommen, werden am Produkt bzw. Prozess bestimmte *Eingangsgrößen* eingegeben oder eingestellt.

Das Produkt oder der Prozess ist außerdem durch eine Anzahl von *Steuergrößen* (Parameter) bestimmt, die teilweise aber konstruktions- bzw. prinzipbedingt sind und nicht immer vom Anwender eingestellt werden können.

Schließlich wirken *Störgrößen*, die in nicht geplanter Weise die Ausgangsgrößen beeinflussen. Störgrößen wirken sowohl auf die Eingangs- als auch auf die Steuergrößen. Bild 11.13 zeigt die entsprechenden Zusammenhänge.

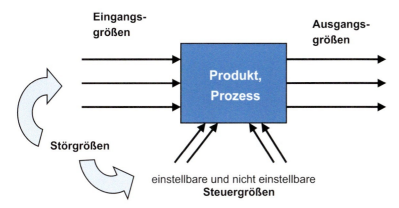

Bild 11.13 Einflussgrößen auf ein Produkt oder einen Prozess

Um ein Produkt hinsichtlich seiner Funktion und der in Bild 11.13 dargestellten Größen zu optimieren, bedient man sich der speziellen Systematik der Produktentwicklung nach Taguchi, die aus drei Schritten besteht:

- Systementwicklung *(Primärdesign):* Auf Basis wissenschaftlicher und technischer Kenntnisse wird ausgehend von einem Konzept ein funktionierender Prototyp entwickelt und gefertigt. Dieser Prototyp legt erste Werte (Stufen) für die Steuergrößen fest. Schon in dieser Phase wird versucht, die Empfindlichkeit gegen Störgrößen zu minimieren und die Herstellkosten gering zu halten.
- Parameteroptimierung *(Sekundärdesign):* Bei diesem zweiten Schritt wird jeweils die beste Einstellung für die Steuergrößen gesucht, um die Ausgangsgrößen auf ihren Zielwert zu bringen.
- Festlegen von Toleranzen *(Tertiärdesign):* Hier werden Toleranzen um die aus dem Sekundärdesign erhaltenen Optimalwerte gelegt. Das Setzen von Toleranzen wird dabei auch durch kostenmäßige Überlegungen bestimmt. Es gilt, nur so genau wie nötig und nicht wie möglich zu fertigen. Eine gute Hilfestellung bei der Festlegung der optimalen Toleranz bietet dabei die von Taguchi entwickelte Verlustfunktion (siehe Schmitt 2010).

Für jeden zu betrachtenden Parameter – in der Versuchsplanung *Faktoren* genannt – werden in Form einer Tabelle *Stufen* mit den entsprechenden Werten festgelegt, die bei der Durchführung der Versuche einzustellen sind.

11.3.1 Klassische Versuchsplanung

Zur Vereinfachung wird oft mit nur zwei Stufen (hoher Wert = „+", niedriger Wert = „–") gearbeitet. Die Auswertung erfolgt dann über Vorzeichenpläne, wie sie das Beispiel in Bild 11.14 zeigt. Darin werden die Vorzeichen für die Wechselwirkungen aus der Multiplikation der Vorzeichen in den Spalten der Faktoren generiert. Die Summen ergeben sich, indem entsprechend den Vorzeichen die gemessenen Werte für das Ergebnis der Zielgröße spaltenweise addiert oder subtrahiert werden. Die Wirkung berechnet man daraus, indem man die Summe durch die Anzahl der Vorzeichenpaare pro Spalte (im Beispiel vier) dividiert.

Durch Untersuchung der folgenden drei Faktoren soll das Ergebnis einer chemischen Reaktion maximiert werden:

	Niveau (–)	Niveau (+)
Temperatur (A)	120 °C	140 °C
Reaktionszeit (B)	2 h	4 h
Katalysatorzusatz (C)	0,1 %	0,5 %

Ergebnis:

Versuch Nr.	A	B	C	A · B	A · C	B · C	A · B · C	Ergebnis Zielgröße
1	–	–	–	+	+	+	–	53,4
2	+	–	–	–	–	+	+	61,6
3	–	+	–	–	+	–	+	55,9
4	+	+	–	+	–	–	–	69,0
5	–	–	+	+	–	–	+	53,8
6	+	–	+	–	+	–	–	62,5
7	–	+	+	–	–	+	–	55,5
8	+	+	+	+	+	+	+	67,8
Summe:	42,3	16,9	–0,3	8,5	–0,3	–2,9	–1,3	-----
Wirkung:	10,58	4,23	–0,08	2,13	–0,07	–0,72	–0,33	-----

Die Faktoren A und B sowie ihre Wechselwirkung haben den größten positiven Einfluss auf das Reaktionsergebnis. Der Einfluss von C ist vernachlässigbar.

Bild 11.14 Beispielhafter vollfaktorieller Versuch vom Typ 2^3 (Quelle: Kleppmann 2009)

In der klassischen Versuchsplanung sind folgende Versuchsarten möglich:

- Einfaktorielle Versuche: Es wird immer nur ein Parameter pro Versuch geändert. Dadurch wird die Wechselwirkung der Effekte der Parameter nur teilweise erfasst.
- Vollfaktorielle Versuche (vollständige faktorielle Versuche): Alle Stufen der betrachteten Parameter werden miteinander kombiniert. Dadurch entsteht ein

hoher Aufwand, es findet aber keine Vermengung der Effekte der Parameter statt und eine volle Erfassung der Wechselwirkung zwischen den Parametern ist möglich. Die Anzahl der Versuche bei k Faktoren und n Stufen beträgt n^k, d.h. bei vier Faktoren mit drei Stufen sind $3^4 = 81$ Versuche erforderlich.

- Teilfaktorielle Versuche: Alle Stufen der betrachteten Parameter werden miteinander kombiniert, aber nur die direkten Wechselwirkungen zwischen zwei Parametern betrachtet. Dadurch bleiben im Versuchsplan die Spalten mit der Wechselwirkung höherer Ordnung (Wechselwirkung zwischen drei und mehr Parametern) frei und können für zusätzliche Faktoren genutzt werden, von denen man voraussetzt, dass sie nicht in relevanter Wechselwirkung mit den anderen Faktoren stehen (siehe Bild 11.15). Der Aufwand bei gleicher Zahl der zu betrachtenden Faktoren und Stufen ist dadurch wesentlich kleiner als bei dem vollfaktoriellen Versuch. Erkauft wird das durch eine Vermengung der Effekte der Parameter.

Versuch Nr.	A	B	C	A · B	A · C	B · C	D	Ergebnis Zielgröße
1	−	−	−	+	+	+	−	ZG1
2	+	−	−	−	−	+	+	ZG2
3	−	+	−	−	+	−	+	ZG3
4	+	+	−	+	−	−	−	ZG4
5	−	−	+	+	−	−	+	ZG5
6	+	−	+	−	+	−	−	ZG6
7	−	+	+	−	−	+	−	ZG7
8	+	+	+	+	+	+	+	ZG8
Summe:								-----
Wirkung:								-----

Bild 11.15 Teilfaktorieller Versuchsplan für 3 + 1 Faktoren und zwei Stufen

Ausgangspunkt der Vorbereitung ist wieder die Zusammenstellung eines interdisziplinären Teams, in dem alle Mitarbeiter mit wesentlichen Kenntnissen zum zu optimierenden Produkt oder Prozess vertreten sind.

Ablauf

Die Optimierung erfolgt dann in den fünf Schritten:

1. Analyse und Zielsetzung
   - Eingangs- und Ausgangsgrößen auflisten,
   - Einflussgrößen und Störgrößen auflisten,
   - Zielgröße(n) festlegen,
   - Entscheidung, ob die Zielgröße(n) auf Maximum, Minimum oder Soll-Wert eingestellt werden soll(en),
   - Prüfmethoden für die Zielgröße festlegen.

2. Versuchsplanung
   - Anzahl der Faktorstufen festlegen,
   - Versuchsplan auswählen,
   - Anzahl der Wiederholungen pro Versuch festlegen.
3. Versuche durchführen
   - Versuche laut Versuchsplan und mit den geplanten Wiederholungen ausführen,
   - Ergebnisse aufzeichnen.
4. Versuche auswerten
   - Effekte und Wechselwirkungen berechnen,
   - wesentliche Einflüsse identifizieren,
   - optimale Parametereinstellung berechnen.
5. Bestätigung
   - Bestätigungsversuch auf Basis der festgelegten Parameter durchführen und auswerten.

Aufwand und Nutzen

Generell erfordern Versuche zur Ermittlung optimaler Parameter einen hohen Aufwand. Wenn es keine Alternative z. B. in Form geeigneter numerischer Methoden zur Simulation der Versuche gibt, müssen diese durchgeführt werden. Dabei ist es möglich, durch die statistische Versuchsplanung den Aufwand erheblich zu reduzieren.

Die Optimierungsergebnisse aus den Versuchen müssen aber in jedem Fall durch Bestätigungsversuche abgesichert werden. Wurden z. B. falsche Stufen für die Faktoren gewählt, ist das Ergebnis nicht korrekt.

11.3.2 Versuchsplanung nach Taguchi

Mithilfe von *Orthogonaltafeln*, die auf orthogonalen Funktionen basieren, gelang *Genichi Taguchi* (japanischer Ingenieur und Statistiker, gestorben 2012) eine drastische Reduzierung der notwendigen Anzahl von Versuchen im Vergleich zur klassischen Versuchsplanung. Die von ihm entwickelten Versuchspläne sind im Kern teilfaktorielle Versuchspläne, liefern oft jedoch wesentlich bessere Ergebnisse als die teilfaktoriellen Versuchspläne der klassischen Versuchsplanung. Dabei gehen die Faktoren mit je zwei bis maximal vier Stufen in die zu planende Versuchsreihe ein, je nachdem, ob die Auswirkung der einzelnen Faktorstufen auf das Prozessergebnis als linear vermutet wird oder nicht. Einige der Tafeln enthalten auch gemischte zwei- und dreistufige Ansätze.

Orthogonaltafeln

Orthogonaltafeln werden mit $L_n(m^k)$ bezeichnet. Dabei ist:

n: Anzahl der Versuche = Anzahl der Zeilen der Tafel

m: Anzahl der Stufen der Faktoren

k: Anzahl der Faktoren

Beispiel Tafel $L_8(2^7)$: 8 Versuche, 7 Faktoren mit 2 Stufen

Versuch	Faktoren							Zielgröße
	1	2	3	4	5	6	7	
1	1	1	1	1	1	1	1	ZG1
2	1	1	1	2	2	2	2	ZG2
3	1	2	2	1	1	2	2	ZG3
4	1	2	2	2	2	1	1	ZG4
5	2	1	2	1	2	1	2	ZG5
6	2	1	2	2	1	2	1	ZG6
7	2	2	1	1	2	2	1	ZG7
8	2	2	1	2	1	1	2	ZG8

Basis der Methode von Taguchi ist – wie eingangs dargestellt – die Unterscheidung der Prozesseinflussgrößen (Faktoren) in Steuer- und Störgrößen (vgl. Bild 11.13). Das Ziel besteht dann oft in einem sogenannten robusten Design, bei dem Variationen der Störgrößen nur einen geringen Einfluss auf das Ergebnis haben (Optimierung des Signal-Rausch-Verhältnisses).

Zur Reduzierung der Anzahl der Einflussgrößen werden durch ein Expertenteam die erkannten Faktoren bewertet und einige als unwesentlich deklariert und damit unberücksichtigt gelassen.

Wenn das Ziel der Optimierung in einem robusten Design besteht, werden die zu berücksichtigenden Faktoren in Steuer- und Störgrößen aufgeteilt. Für beide werden getrennte Orthogonaltafeln entsprechend der Anzahl der Faktoren und zu berücksichtigenden Stufen aufgebaut.

Das Feld für die Steuergrößen wird inneres Feld genannt und enthält in der Regel wesentlich mehr Faktoren als das äußere Feld für die Störgrößen (Bild 11.16). Die Gesamtzahl der durchzuführenden Versuche ergibt sich dann aus der Multiplikation der Zeilenzahl der beiden Tafeln. Das bedeutet, dass jeder Versuch im inneren Feld entsprechend der Anzahl der Zeilen des äußeren Felds (= Kombination der Störgrößen) wiederholt werden muss.

Inneres und äußeres Feld

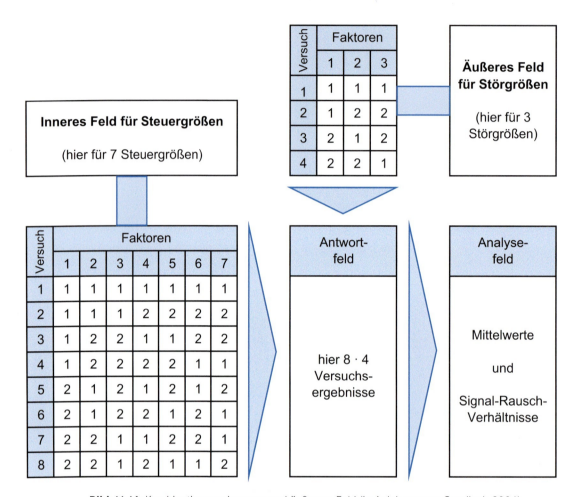

Bild 11.16 Kombination von innerem und äußerem Feld (in Anlehnung an Gundlach 2004)

Zur Auswertung der Versuche werden Grafiken erzeugt, die das Versuchsergebnis in Abhängigkeit von den Faktorenstufen darstellen.

Danach werden die Faktoren mit dem größten Einfluss auf das Signal-Rausch-Verhältnis identifiziert. Diese erkennt man z. B. an einem sehr steilen Kurvenverlauf.

Diese Faktoren werden auf die Stufen eingestellt, die eine maximale Unempfindlichkeit gegenüber den Störgrößen bieten. Ist der Kurvenverlauf z. B. eine Parabel, wird der Faktor auf den Scheitelwert eingestellt.

Den Soll-Wert kann man dann anhand der restlichen Faktoren einstellen.

Basierend auf diesen vorläufigen optimalen Einstellungen ist ein Kontrollexperiment durchzuführen. Dabei ist es wichtig, das gesamte äußere Feld auf die ermittelte Stufenkombination anzuwenden.

Wenn das Ergebnis des Kontrollexperiments schlechter ist als mindestens einer der Teilversuche, kann das z. B. daran liegen, dass die unberücksichtigten Faktoren sich zu stark auswirken. Dann muss das gesamte Projekt in der Regel wiederholt werden.

Generell führt die Methodik nach Taguchi zu einer drastischen Reduzierung der Anzahl der benötigten Versuche und kann damit den Aufwand erheblich reduzieren. Andererseits erfordert die Methodik wesentliche Vorkenntnisse über das zu optimierende Problem. Sind diese nicht ausreichend, kann es sein, dass wesentliche Faktoren unberücksichtigt bleiben. Damit wird dann kein echtes Optimum gefunden. Außerdem werden Haupt- und Wechselwirkungen in den (im Kern teilfaktoriellen) Versuchsplänen stark vermischt wodurch die Gefahr einer Fehlinterpretation der Ergebnisse hoch ist. Darüber hinaus wird das Konzept der Signal-Rausch-Analyse statistisch in der Literatur stark angezweifelt.

Aufwand und Nutzen

11.3.3 Versuchsmethodik nach Shainin

Einen anderen Weg beschritt deshalb Dorian Shainin (amerikanischer Ingenieur, Berater und Professor, gestorben 2000). Seine Methoden basieren auf der Beobachtung, dass das Ergebnis der Auswirkung vieler Einzeleinflüsse im Wesentlichen durch nur wenige Einflüsse entscheidend bestimmt wird. Aus einer Vielzahl von Parametern lassen sich entsprechend dem Pareto-Prinzip einige wenige bedeutende („the vital few") ermitteln:

- „Rotes X" – ein Parameter mit dem größten Einfluss.
- „Rosa X" – ein oder mehrere Parameter mit dem zweitgrößten Einfluss.
- „Blassrosa X" – ein oder mehrere Parameter mit dem drittgrößten Einfluss.

Das Rote X ist dabei nicht nur für die Lage der Zielgröße ausschlaggebend, sondern wirkt sich oft auch besonders stark auf die Streuung der Zielgröße aus.

Shainin schlägt ein gestuftes Vorgehen vor, bei dem zunächst die relevanten Einflussgrößen schrittweise eingegrenzt werden. Ein großer Vorteil der Methode besteht darin, dass diese Einflussgrößen dazu nicht explizit bekannt sein müssen.

Das Vorgehen gliedert sich in die folgenden Phasen bzw. Stufen:

1. Identifizierung:
    - Ermitteln der drei bis vier wichtigsten Parameter (Rotes X und Rosa X), dazu Auswahl des am besten geeigneten Verfahrens der Versuchsmethodik (siehe Bild 11.17).
    - Durchführung eines vollfaktoriellen Versuchs mit den geplanten Wiederholungen mit diesen Parametern.
    - Ergebnisse aufzeichnen und auswerten.

2. Verifizierung
   - Ermitteln, ob sich der vermutlich verbesserte Prozess signifikant von dem bisherigen Prozess unterscheidet.
3. Optimierung
   - Einstellung der genauen Werte und insbesondere Toleranzen der identifizierten bedeutenden Parameter mithilfe von Streudiagrammen.
   - Bestätigungsversuch auf Basis der festgelegten Parameter durchführen und auswerten.

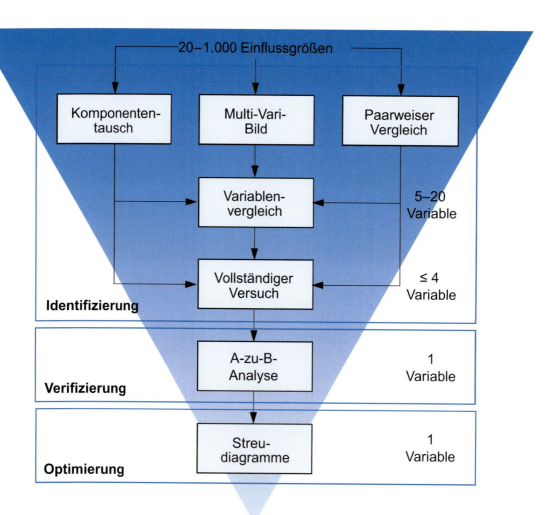

Bild 11.17 Die sieben Verfahren der Versuchsmethodik nach Shainin (in Anlehnung an Bhote 1990)

Signifikanztest

Sieben Verfahren

Korrekte Ergebnisse bei der Identifizierung der wesentlichen Einflussgrößen sind nur dann zu erwarten, wenn zwischen den Zuständen „gut" und „schlecht" ein signifikanter und wiederholbarer Unterschied besteht. Dazu werden je zwei gute und schlechte Einheiten untersucht und die Wiederholdifferenz (d) sowie die Differenz der Mittelwerte (D) berechnet. Ein signifikanter Unterschied ist gegeben, wenn gilt:

$$\frac{D}{d} \geq 5$$

Dabei ist: $D = \left|\frac{G1+G2}{2} - \frac{S1+S2}{2}\right|$ und $d = \left|\frac{d_g + d_s}{2}\right| = \left|\frac{G1+G2}{2}\right| + \left|\frac{S1+S2}{2}\right|$

Signifikanztest

Die Multi-Variations-Karte (kurz: Multi-Vari-Bild) zielt darauf ab, festzustellen, ob die Variation der Merkmale einen ortsabhängigen (innerhalb der Einheit), zyklischen (z. B. von Charge zu Charge) oder zeitabhängigen (z. B. stündlichen) Charakter hat. Damit gelingt es, die teilweise große Anzahl von möglichen Ursachen für Streuungen auf eine wesentlich kleinere Anzahl zu reduzieren.

Multi-Vari-Bild

Beim Komponententausch ist das Ziel, die bedeutenden Komponenten einer Baugruppe oder eines Produkts zu ermitteln, die dazu führen, dass diese Baugruppe den Anforderungen entspricht („gut") oder nicht („schlecht"). Benötigt werden zwei Einheiten, eine gute und eine schlechte, deren Ergebnisse (z. B. Leistung einer Pumpe) sich signifikant unterscheiden.

Komponententausch

Um auszuschließen, dass der gesuchte Effekt durch die Montage verursacht wird, müssen zunächst sowohl die gute als auch die schlechte Einheit einmal demontiert, dann wieder zusammengesetzt und anschließend neu bewertet werden (inklusive Signifikanztest). Danach wird schrittweise zwischen beiden Einheiten jeweils die gleiche Komponente getauscht und untersucht, ob die gute Einheit noch die Anforderungen erfüllt und die schlechte immer noch nicht. Ist das der Fall, handelte es sich offenbar nicht um eine wesentliche Komponente. Vertauscht sich die Bewertung, ist das Rote X gefunden, und ändern sich die Ergebnisparameter wesentlich (ohne dass sich das Ergebnis umkehrt), handelt es sich bei der Komponente um ein Rosa X. Die Ergebnisgrafiken ähneln denen des Variablenvergleichs (siehe dort).

Paarweiser Vergleich

Der paarweise Vergleich wird angewendet, wenn mindestens fünf gute und fünf schlechte Einheiten vorliegen, die nicht zerlegt werden können, und ein Komponententausch somit nicht möglich ist. „Gut" und „schlecht" beziehen sich dabei wieder auf die Erfüllung von Anforderungen (z. B. Laufgeräusch einer Welle, Dichtheit einer Dichtung). Nach dem Zufallsprinzip werden jeweils eine gute und eine schlechte Einheit ausgewählt und diese Einheiten durch visuelle Inspektion und/oder Messen verglichen. Die Unterschiede werden aufgezeichnet. Nach einer geringen Anzahl von Paaren wiederholen sich die Unterschiede und die wesentlichen Faktoren werden erkennbar.

Variablenvergleich

Nachdem mit dem Multi-Vari-Bild, dem Komponententausch oder dem paarweisen Vergleich die Familie der bedeutenden Einflussgrößen erkannt wurde, kann mit dem Variablenvergleich festgestellt werden, welche Wertstufen der Faktoren zu einer guten bzw. schlechten Einheit führen. Dadurch werden das Rote X und die Rosa X bestimmt sowie ihre Haupt- und Wechselwirkungen.

Für die Durchführung werden zunächst jedem Faktor (= Variable) zwei Stufen zugeordnet: eine gute (G) mit wahrscheinlich bestem Ergebnis und eine schlechte (S) mit gerade noch annehmbarem Ergebnis. Durch zwei Vorversuche mit jeweils allen Faktoren auf G und zwei weiteren mit allen auf S lässt sich prüfen, ob beide Variablensätze zu signifikant unterschiedlichen Ergebnissen führen. Wenn ja, werden nun je zwei Versuche durchgeführt, bei denen jeweils eine Variable von der Stufe „gut" auf die Stufe „schlecht" eingestellt wird (alle anderen bleiben auf „gut") und umgekehrt im zweiten Versuch die gleiche Variable auf „gut" eingestellt wird, während alle anderen auf der Stufe „schlecht" stehen. Ähnlich wie beim Komponententausch zeigt eine Umkehrung des Ergebnisses von gut zu schlecht, dass die gerade ausgetauschte Variable das Rote X ist. Eine Annäherung der Ergebnisse weist auf ein Rosa X hin. Bild 11.18 verdeutlicht das am Beispiel einer Qualitätsbewertung eines Produkts oder Prozesses mit Betrachtung von fünf Variablen.

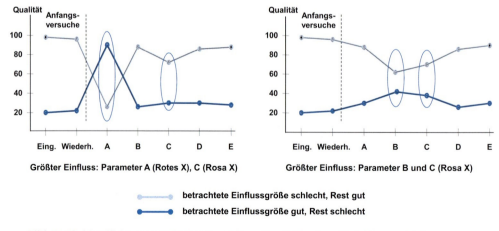

Bild 11.18 Identifizierung von Rotem X und Rosa X mithilfe eines Variablenvergleichs

Der vollständige Versuch (siehe Abschnitt 11.3.1) wird durchgeführt, nachdem mit den anderen Methoden die Anzahl der wesentlichen Faktoren auf maximal vier eingegrenzt wurde. Mit seiner Hilfe lassen sich dann alle Haupt- und Wechselwirkungen zwischen diesen Variablen bestimmen.

Vollständiger Versuch

Mithilfe der A-zu-B-Analyse wird untersucht, ob sich der vermutlich bessere Prozess (B) signifikant vom alten Prozess (A) unterscheidet. Dazu werden aus beiden Prozessen nach dem Zufallsprinzip zunächst drei Einheiten entnommen.

A-zu-B-Analyse

- Signifikanztest ohne Überlappung: Sind die Ergebnisse aus Prozess B in dem untersuchten Merkmal bzw. Maß besser als die aus A und gibt es keine Überlappung der Werte, unterscheiden sich beide Prozesse mit einer Signifikanz von mindestens 95 % bezüglich dieses Merkmals.
- Signifikanztest mit Überlappung: Wird eine Überlappung festgestellt, müssen aus jedem Prozess je zehn Ergebnisse untersucht werden. Dann wird gezählt, wie viele Werte sich insgesamt nicht überlappen (sogenannte Endwerte). In Abhängigkeit von deren Anzahl unterscheiden sich die Prozesse:
    - ≥ 6 Endwerte: mit 95 % Signifikanz,
    - ≥ 9 Endwerte: mit 99 % Signifikanz,
    - ≥ 12 Endwerte: mit 99,9 % Signifikanz.

Bild 11.19 A-zu-B-Analyse (im Beispiel 15 Endzählwerte → 99,9 % Signifikanz)

Wurde die Verbesserung durch die A-zu-B-Analyse bestätigt, kann mithilfe eines Streudiagramms eine weitere Optimierung des Parameters erreicht und vor allem die notwendige Toleranz festgelegt werden. Dazu werden 30 Einheiten aus dem verbesserten Prozess entnommen und Messwerte für die Einflussgröße (X) und das Ergebnis (Y) bestimmt. Diese werden als Wertepaare in eine Grafik eingetragen und die Regressionsgerade wird berechnet. Zu dieser werden zwei parallele Geraden eingezeichnet, die alle Punkte einschließen. Nun können ausgehend von der Kundenforderung für Y die notwendige Toleranz für X (siehe Bild 11.20) sowie die optimale Einstellung von X bestimmt werden (Lage in der Mitte der Toleranz).

Streudiagramme

Diese Versuchsmethodik ist verständlicher und liefert in der Regel bessere Ergebnisse als die Methodik nach Taguchi. Die ausgewogene Mischung aus ingenieurmäßigem und statistischem Vorgehen erleichtert die Anwendung erheblich. Hier bewährt sich der Leitsatz von Shainin: „Don't let the engineers do the guessing; let the parts do the talking" (Lasst nicht die Ingenieure raten; lasst die Teile sprechen). Durch das gestufte Vorgehen ist der Aufwand möglicherweise höher als bei der Taguchi-Methodik, aber wesentlich niedriger als bei der klassischen Versuchsplanung.

Aufwand und Nutzen

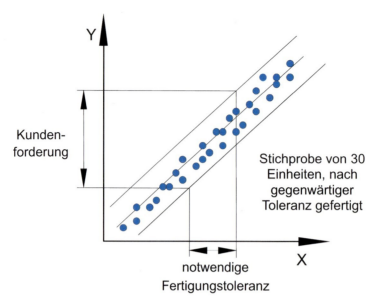

Bild 11.20 Streudiagramm

11.4 Poka Yoke

Poka Yoke

 Poka Yoke (Poka = zufälliger oder dummer Fehler, Yoke = Vermeidung) ist eine japanische Methode zur Vermeidung zufälliger Fehler, die durch Mitarbeiter verursacht werden.

Entwickelt wurde diese Methode durch den namhaften japanischen Qualitätswissenschaftler Shigeo Shingo Mitte der 1980er-Jahre und von ihm in das Toyota-Produktionssystem integriert (Shingo 1969).

Ziel

Die Methode fordert die Entwicklung technischer Vorkehrungen, die vermeidbare Fehler wie z. B. das Vertauschen von Steckern, das Auslassen von Montageschritten, Nichtfestziehen von Schraubverbindungen usw. sicher verhindern. Falls das nicht möglich ist, sollen Maßnahmen ergriffen werden, um die entstandenen Fehler möglichst früh zu entdecken und damit Folgekosten zu vermeiden.

Beispiele

Es gibt eine Vielzahl von Beispielen, wie Fehler durch technische Maßnahmen wirkungsvoll verhindert werden können. Wir alle kennen den Formschluss von USB- oder Telefonsteckern, der ein Verdrehen ausschließt.

Als Beispiel am Pkw kann der in Abhängigkeit von der Treibstoffart unterschiedliche Durchmesser von Tankeinfüllstutzen und Tankpistole dienen. In modernen Pkw werden darüber hinaus durch Messsysteme Fehler erkannt und eine Benutzung des Pkws wird verhindert. Zum Beispiel kann man bei defektem ABS oder ESP Autos mit Automatikschaltung oft nur noch im ersten Gang – und somit langsam – bewegen.

State-of-the-Art-Produktionstechniken verhindern das Auslassen von Montageschritten durch die Überwachung mit einem computergestützten System. Alle Werkzeuge sind an dieses System angeschlossen und somit erkennt der Computer die Reihenfolge der Benutzung. Bei vorgegebenen Anzugsdrehmomenten wird durch das System das korrekte Drehmoment im Drehmomentschlüssel vorgegeben. Durch eine Visualisierung auf einem Monitor wird der Werker optimal instruiert. Solche Systeme werden aufgrund der hohen Kosten vorwiegend im Automobilbau eingesetzt, aber z. B. auch bei kritischen Baugruppen im Schienenfahrzeugbau.

Bei der Einführung von Poka Yoke wird in den folgenden Schritten vorgegangen: *Vorgehen*

1. Ermittlung der besonders fehleranfälligen Prozesse, z. B. mithilfe einer FMEA.
2. Analyse bekannter oder möglicher Fehler in den Prozessen. Auch hier kann eine FMEA genutzt werden.
3. Entwicklung von Lösungsansätzen zur Fehlerverhinderung und/oder Fehlerentdeckung. Für die Fehlerverhinderung können beispielsweise folgende Methoden genutzt werden:
    - Vermeidung von Symmetrien,
    - Ausrichtung von Teilen durch z. B. Nuten oder Phasen erleichtern,
    - Farbkennzeichnungen,
    - Bereitstellung genau abgezählter Teilemengen. Für die Fehlerentdeckung sind einfache und kostengünstige Verfahren zu bevorzugen, die im Prozess keine Zeit kosten, z. B. eine konstruktive Gestaltung, die das Ausführen weiterer Montageschritte nur nach korrektem Abschluss vorhergehender Schritte erlaubt.
4. Umsetzung der Maßnahmen, unterstützt durch Maßnahmenpläne mit Verantwortlichkeiten und Terminen.
5. Schulung der Mitarbeiter.

Die Methode zielt ausdrücklich darauf ab, mit geringem Aufwand eine hohe Wirkung zu erzielen. Der kurzfristigen Einführung von kostengünstigen Verfahren ist dabei der Vorzug vor ausufernden Analysen zu geben.   *Aufwand und Nutzen*

Vor Einführung einer aufwendigeren Maßnahme sollten deren Kosten ins Verhältnis zu den Kosten und Auswirkungen des Fehlers gesetzt werden.

11.5 Zusammenfassung

Aus der großen Vielzahl von Methoden zur Problemlösung und Qualitätsverbesserung haben wir hier einige wenige, aber weitverbreitete und nützliche Methoden ausgewählt. Diese sind oft nicht mehr so einfach anzuwenden wie die Q7 oder M7, sondern erfordern tiefere Kenntnisse. All diesen Methoden ist gemeinsam, dass sie nur mithilfe eines ausgewählten Expertenteams bearbeitet werden können. Dabei ist eine Methodenkenntnis der Mitglieder des Teams nicht unbedingt erforderlich. In dem Fall wird die Moderation der Arbeitsgruppe durch einen methodenkundigen Mitarbeiter der Qualitätsabteilung übernommen.

Vor Einsatz einer Methode sollte grundsätzlich eine Kosten-Nutzen-Betrachtung durchgeführt werden.

11.6 Aufgaben zur Wiederholung und Vertiefung

1. Wofür steht die Abkürzung FMEA? Welche Arten einer FMEA gibt es?
2. Was ist das Ziel der Anwendung einer FMEA?
3. Welche sieben Schritte werden lt. AIAG und VDA für eine FMEA empfohlen?
4. Bilden Sie eine Kausalkette mit drei Ebenen für die Fehlerfolge, dass eine akkumulatorbetriebene Taschenlampe nicht leuchtet.
5. Für einen potenziellen Fehler werden eine mittlere Bedeutung, eine hohe Auftretenswahrscheinlichkeit und eine sehr geringe Entdeckungswahrscheinlichkeit angenommen. Geben Sie einen Wert für die RPZ an.
6. Erläutern Sie den unterschiedlichen Ansatz bei der Berechnung einer RPZ und einer AP im Rahmen einer FMEA.
7. Worin besteht der Nutzen einer FMEA?
8. Was ist das Ziel der Methode QFD?
9. Aus welchen Mitgliedern sollte das Qualitätsplanungsteam bestehen?
10. Erläutern Sie den Aufbau des HoQ und die Vorgehensweise bei der Arbeit damit.
11. Welches ist das zentrale Element des HoQ? Warum?
12. Erläutern Sie die Anwendung von QFD in den verschiedenen Phasen des Produktentstehungsprozesses.
13. Worauf zielt die statistische Versuchsplanung ab?

14. Erläutern Sie, welche Einflussgrößen auf ein Produkt oder einen Prozess wirken.
15. Wie viele Versuche sind bei einem vollfaktoriellen Versuchsplan erforderlich, wenn ich acht Parameter mit je zwei Stufen habe?
16. Ergänzen Sie die fehlenden Vorzeichen und berechnen Sie Summe und Wirkung für den folgenden vollfaktoriellen Versuch vom Typ 2^3:

Versuch Nr.	A	B	C	A·B	A·C	B·C	A·B·C	Ergebnis Zielgröße
1	-	-	-	+	+	+	-	50,0
2	+	-	-	-	-	+	+	60,0
3	-	+	-	-	+	-	+	55,0
4	+	+	-	+	-	-	-	70,0
5	-	-	+	+	-	-	+	50,0
6	+	-	+	-	+	-	-	70,0
7	-	+	+	-	-	+	-	55,0
8	+	+	+	+	+	+	+	70,0
Summe:	60,0	20,0	10,0	0,0	10,0	-10,0	-10,0	-----
Wirkung:	15,00	5,00	2,50	0,00	2,50	-2,50	-2,50	-----

17. Erläutern Sie die fünf Schritte einer Optimierung mithilfe der klassischen statistischen Versuchsplanung.
18. Eine Orthogonaltafel der Form $L_8(2^7)$ wird angewendet. Wie viele Versuche werden benötigt? Wie viele Variablen mit wie vielen Stufen sind berücksichtigt?
19. Was ist der Hauptnachteil der Methode von Taguchi?
20. Für die Untersuchung der immer wieder auftretenden schlechten Montierbarkeit eines Bauteils soll eine Methode von Shainin eingesetzt werden. Welche passt?
21. Für die Untersuchung der Ursache für immer wieder zu geringe Pumpleistung neu gefertigter Abwasserpumpen soll eine Methode von Shainin eingesetzt werden. Welche passt?
22. Woran erkennen Sie das Rote X und das bzw. die Rosa X im Ergebnis eines Variablenvergleichs?
23. Wieso ist der Aufwand für den vollfaktoriellen Versuch im Rahmen der Versuchsmethodik nach Shainin eher gering?
24. Bei der A-zu-B-Analyse zählen Sie acht Endzählwerte. Was sagt das über die Signifikanz des Unterschieds beider Prozesse aus?
25. Es ist unklar, welche Fertigungstoleranz sich aus einer Kundenforderung ergibt. Mit welcher Methode kann die Toleranz festgelegt werden?
26. Was ist das Ziel der Methode Poka Yoke?

27. Stellen Sie Aufwand und Nutzen der Methode Poka Yoke gegenüber.
28. Bei der Gepäckausgabe auf einem Flughafen nehmen die Fluggäste selber ihre Koffer vom Band. Viele Koffer sehen sich sehr ähnlich. Wie könnte man für sich selbst mithilfe von Poka Yoke die Verwechslung seines Koffers verhindern?

> **Story**
>
> Im elften Kapitel Ihrer Story beschäftigen Sie sich mit weiteren Techniken zur Qualitätsverbesserung und Problemlösung.
> - Entwerfen Sie im Kontext der FMEA eine Kausalkette mit drei Ebenen für die Fehlerfolge, dass eine Charge Ihres Erfrischungsgetränks „FreshFlow" nicht den üblichen Geschmack aufweist.
> - Erläutern Sie, wie sich das Qualitätsplanungsteam in der Getränke-Flow GmbH zusammensetzt.
> - Welche weiteren Qualitätswerkzeuge kommen in der Getränke-Flow GmbH – neben der FMEA –zum Einsatz – und warum? Welche Alternativen bestünden hier? Erläutern Sie Ihre Sichtweise.

12 Qualitätsmanagementsysteme und Normen

Das vorherige Kapitel

Im vorigen Kapitel haben wir spezielle Methoden zur Problemlösung und Qualitätsverbesserung behandelt. Unabhängig von der Einführung eines Qualitätsmanagementsystems bieten sie eine gute Hilfestellung bei der Lösung komplexer Probleme.

Neben einer Einführung in die Messung von Prozessen sowie die Bildung von Kennzahlen wurden spezielle Kennzahlen zur Messung der Ausbeute (englisch: yield) und des Prozesswirkungsgrads behandelt.

Die Bewertung der Fähigkeit von Prozessen rundete das Kapitel ab.

Worum es geht

Wohl jeder hat schon mal den Begriff ISO 9000 gehört. Die wenigsten Menschen wissen aber, dass es sich dabei um eine internationale Normenreihe für Qualitätsmanagement handelt.

Wir wollen in diesem Kapitel die Aufgabe und Bedeutung von Normen im Qualitätsmanagement darstellen sowie die wichtigste und grundlegende Normenreihe ISO 9000 ff. erläutern.

Am Ende des Kapitels geben wir einen Ausblick auf weitere wesentliche Normen für Managementsysteme und erläutern die Grundlagen integrierter Managementsysteme.

12.1 Genormte Qualitätsmanagementsysteme

Bei der ISO 9000 ff. handelt es sich um eine internationale Normenreihe für Qualitätsmanagement. Aber was ist eine Norm, was wird da eigentlich genormt und wie kann man mit solchen Normen arbeiten? Darauf wollen wir in diesem Kapitel eine Antwort geben, bevor wir die für das Qualitätsmanagement wesentlichste Normenreihe ISO 9000 ff. erläutern.

Im Qualitätsmanagement gibt es diverse von der ISO 9001 abgeleitete Normen, die die Spezifika bestimmter Branchen – z. B. Automobilbau, Schienenfahrzeugindustrie oder Flugzeugbau – berücksichtigen. Aber auch im Gesundheitswesen und der Bildung existieren branchenspezifische Qualitätsmanagementnormen, um nur einige Beispiele zu nennen. Eine auch nur annähernd vollständige Darstellung würde den Rahmen dieses Buchs bei Weitem sprengen, weshalb wir uns hier auf einige Beispiele beschränken.

Aber nicht nur für Qualitätsmanagement gibt es solche Regelwerke. Auch andere Managementbereiche wie Umweltmanagement, Arbeitsschutzmanagement oder Datensicherheitsmanagement werden durch Normen unterstützt. Darauf wollen wir dann zum Ende des Kapitels etwas näher eingehen.

Normung

 Normung: planmäßige, durch die interessierten Kreise gemeinschaftlich im Konsens durchgeführte Vereinheitlichung von materiellen und immateriellen Gegenständen zum Nutzen der Allgemeinheit.
(DIN 820-3:2021)

Im Kern geht es also um eine *Vereinheitlichung*. Ohne eine solche Vereinheitlichung könnte unsere Wirtschaft nicht funktionieren: Schrauben des einen Herstellers würden nicht zu Muttern eines anderen passen, jeder Computerhersteller würde eigene Datenschnittstellen anbieten und in jedem Land gäbe es andere Kraftstoffe für Autos, andere Stromspannungen, Handyfrequenzen usw. Das Chaos wäre perfekt.

Wie wir an den Beispielen sehen, gibt es also einen Vereinheitlichungsbedarf auf nationaler, regionaler, aber auch internationaler Ebene.

Wenn nur Deutschland beteiligt ist, sprechen wir von einer DIN-Norm, wobei DIN für Deutsches Institut für Normung e. V. steht. Als Beispiel für eine regionale Gültigkeit von Normen sei hier das CEN (Comité Européen de Normalisation) genannt, das als Europäisches Komitee für Normung für die Vereinheitlichung europäischer Normen zuständig ist. Für die internationale Normung ist demgegenüber die ISO (International Organization for Standardization) mit Sitz in Genf zuständig.

Somit ist eine DIN-EN-ISO-Norm eine deutsche Ausgabe einer europäischen Norm, die mit einer internationalen Norm identisch ist.

Hinter dem oder den Kürzeln der Normungsstelle werden Normen durch eine Ordnungsnummer bezeichnet, der optional hinter einem Doppelpunkt das Jahr der Veröffentlichung sowie gegebenenfalls noch der Ausgabemonat angefügt wird. Dieser wird dann durch einen Bindestrich abgetrennt. Beispiel:

DIN EN ISO 9001:2015-11.

Gerade bei bekannten und verbreiteten Normen wird oft als Abkürzung nur ISO angegeben. Also ISO 9000 statt DIN EN ISO 9000. Auch wir verwenden gelegentlich diese Abkürzung im Sinne der besseren Lesbarkeit.

Normen werden in den verschiedenen Normungsgremien entwickelt: international in Verantwortung der ISO, regional beim CEN und national beim DIN. Das DIN vertritt dabei Deutschland in den regionalen und internationalen Normungsgremien und hat darüber hinaus für die nationale Normung die koordinierende Funktion. Demzufolge ist das DIN nicht für die fachlichen Inhalte der Norm zuständig, sondern nur für die Projektsteuerung.

Entstehung von Normen

Die fachlichen Inhalte werden durch Experten der interessierten Kreise erarbeitet, die durch die sie entsendenden Stellen entsprechend autorisiert wurden. Zu diesen interessierten Kreisen gehören unter anderem die Industrie, der Staat, die Forschung, der Handel, die Prüfinstitute usw. Dadurch wird eine breite demokratische Legitimation der Normung erreicht.

Bevor eine in diesen Arbeitsausschüssen entworfene Norm veröffentlicht wird, ist ein mehrstufiger Prozess zu durchlaufen. Er reicht von einem Antrag auf Normung über verschiedene Zwischenschritte bis zur endgültigen DIN-Norm. Dabei wird der Öffentlichkeit sowohl zum Antrag als auch zum Normentwurf die Möglichkeit einer Stellungnahme gegeben.

Grundsätzlich gilt für alle Normen: Ihre Anwendung ist *freiwillig!* Das in diesen Normen gespeicherte Wissen kann man anwenden, ist aber nicht grundsätzlich dazu verpflichtet. Bei aktuell ca. 30 000 bis 40 000 DIN-Normen wäre das auch ein aussichtsloses Unterfangen. Bindend werden Normen nur dann, wenn sie Gegenstand von Verträgen zwischen Geschäftspartnern sind oder der Gesetzgeber ihre Einhaltung zwingend vorschreibt.

Anwendung von Normen

Die Freiwilligkeit der Anwendung einer Norm gilt grundsätzlich auch für Normen im Qualitätsmanagement. Trotzdem ist diese *Freiwilligkeit eingeschränkt:* Industrieunternehmen und auch bestimmte Behörden fordern in aller Regel von ihren Lieferanten den Nachweis der Anwendung einer allgemeinen oder branchenspezifischen Qualitätsmanagementnorm. Dadurch soll erreicht werden, dass die Basis für die Qualitätsfähigkeit des Lieferanten gegeben ist. Es wird Vertrauen in die Qualität der Produkte geschaffen sowie die Basis für eine kontinuierliche Verbesserung gelegt. Der Nachweis der Anwendung der Norm wird dabei durch eine sogenannte Zertifizierung erbracht. Wir gehen darauf in Kapitel 8 dieses Buchs näher ein. Diese Zertifizierung ist oft eine direkte Marktzugangsvoraussetzung, wodurch sich die Freiwilligkeit der Anwendung der Qualitätsmanagementnormen stark relativiert.

Da Normen eindeutige, anerkannte Regeln beinhalten, wird durch ihre Anwendung die Rechtssicherheit erhöht, denn man weist nach, dass man den aktuellen Stand der Technik anwendet. Trotzdem darf nicht davon ausgegangen werden, dass ein einer Norm entsprechendes Produkt fehlerfrei ist, denn die Normen beschreiben nur bestimmte Merkmale des Produkts, z. B. die geometrischen Abmessungen.

Bezug von Normen

In Deutschland werden Normen ausschließlich über den Beuth Verlag vertrieben. Dort liegt auch das Copyright für Normen, eine eigenmächtige Vervielfältigung ist damit nicht zulässig. Aufgrund dieses Copyrights bleibt auch eine Suche nach Normtexten im Internet erfolglos, denn die dortige Bereitstellung einer Norm wäre eine Rechtsverletzung.

Ausdrücklich empfohlen seien aber die Webseiten des Beuth Verlags unter *www.beuth.de*. Über die dort implementierte Suchfunktion lassen sich einfach Normen zu einem bestimmten Fachgebiet finden und die Aktualität einer Norm kann sofort und kostenfrei überprüft werden.

Normen im Qualitätsmanagement behandeln keine Produktmerkmale. Hier geht es darum, Anforderungen an Qualitätsmanagementsysteme festzulegen. Damit ist auch klar, was hier genormt wird: nicht das Qualitätsmanagementsystem an sich oder bestimmte Vorgehensweisen, sondern ausschließlich Anforderungen. Damit enthalten diese Normen *die nachzuweisenden Aktivitäten* und geben keine konkrete Ausführungsvorschrift an. Es wird also das „Was" und nicht das „Wie" genormt. Demzufolge sind trotz der Anwendung einer gleichen Norm die Qualitätsmanagementsysteme der Organisationen sehr unterschiedlich. Ursache dafür ist letztlich die geforderte Prozessorientierung: Die Prozesse der verschiedenen Unternehmen können nicht identisch sein.

Die Einhaltung einer Qualitätsmanagementnorm garantiert nicht die Lieferung ausschließlich fehlerfreier Produkte. Ein Qualitätsmanagementsystem ist eine wesentliche Unterstützung bei der Gestaltung beherrschter und fähiger Prozesse, aber kann keine Garantie für die dauerhafte Herstellung von Null-Fehler-Produkten geben.

Neben den Normen, die Anforderungen enthalten, gibt es im Qualitätsmanagement weitere Normen. Teilweise werden in diesen Grundlagen und Begriffe erläutert, in anderen wird Unterstützung bei der Anwendung gegeben. Wir gehen darauf bei der Erläuterung der Normenfamilie ISO 9000 ff. näher ein.

Produkt und Dienstleistung

In der Normenfamilie ISO 9000 ff. werden immer wieder die Begriffe *Produkt* und *Dienstleistung* verwendet. In der neuesten Ausgabe der DIN EN ISO 9000 werden beide Begriffe strikt voneinander getrennt, während bisher Produkt als ein Oberbegriff für alle Ergebnisse einer Organisation definiert wurde.

Nunmehr definiert die ISO 9000 *Produkt* als:

 Produkt: Ergebnis einer Organisation, das ohne jegliche Transaktion zwischen Organisation und Kunden erzeugt werden kann.

Anmerkung 1: Das vorherrschende Element eines Produkts ist, dass es üblicherweise materiell ist.

Anmerkung 2: Hardware ist materiell, wobei ihre Menge ein zählbares Merkmal darstellt (z. B. Reifen). Verfahrenstechnische Produkte sind materiell, wobei ihre Menge ein kontinuierliches Merkmal (z. B. Treibstoff und Erfrischungsgetränke) darstellt. Hardware und verfahrenstechnische Produkte werden häufig als Waren bezeichnet. Software besteht aus Informationen, ungeachtet des Liefermediums (z. B. Computerprogramm, Anwendung für Mobiltelefone, Bedienungsanleitung, Wörterbuchinhalte, Urheberrecht musikalischer Kompositionen, Fahrerlaubnis).

(DIN EN ISO 9001:2015)

Ein Produkt ist also Hard- oder Software und besteht oft aus mehreren Elementen der in der Definition genannten Kategorien.

Demgegenüber definiert die ISO 9000 *Dienstleistung* als:

 Dienstleistung: Ergebnis einer Organisation mit mindestens einer Tätigkeit, die notwendigerweise zwischen der Organisation und dem Kunden ausgeführt wird.

Anmerkung: Die vorherrschenden Elemente einer Dienstleistung sind üblicherweise immateriell.

(DIN EN ISO 9001:2015)

Dienstleistung

Der wesentliche Unterschied zum Produkt besteht also in der Interaktion mit dem Kunden und der direkten Wahrnehmung der Erbringung einer Dienstleistung durch den Kunden, während das Produkt im „Verborgenen" entsteht.

■ 12.2 Die ISO-9000-ff.-Familie

Das „ff." steht dabei für „folgende" und gibt an, dass die DIN EN ISO 9000 mit einer Reihe von Normen in Zusammenhang steht. Aktuell gehören zu dieser Normenfamilie folgende Normen:

Überblick

- DIN EN ISO 9000:2015-11 *Qualitätsmanagementsysteme – Grundlagen und Begriffe*
- DIN EN ISO 9001:2015-11 *Qualitätsmanagementsysteme – Anforderungen*
- DIN EN ISO 9004:2018-08 *Qualitätsmanagement – Qualität einer Organisation – Anleitung zum Erreichen nachhaltigen Erfolgs*

Aufbauend auf den Begriffen und Erläuterungen der Grundlagen in der ISO 9000 enthält die ISO 9001 die Anforderungen an das Qualitätsmanagementsystem und bildet somit die Grundlage für Zertifizierungen. Alle dort aufgeführten Aktivitäten sind im Rahmen des Zertifizierungsprozesses nachzuweisen.

Eine Sonderrolle nimmt die ISO 9004 ein: Diese Norm betrachtet Qualitätsmanagement in einem weiter gefassten Rahmen als die ISO 9001. Sie behandelt die Erfordernisse und Erwartungen *aller relevanten interessierten Parteien* und bietet eine Anleitung für die systematische und ständige Verbesserung der Gesamtleistung der Organisation mit Blick auf den nachhaltigen Unternehmenserfolg sowie ein Werkzeug zur Selbstbewertung. Sie ist also kein Leitfaden für die Anwendung der ISO 9001.

Anwendung der Normenreihe

In der Normenfamilie wird der Begriff *Organisation* als übergeordnete und verallgemeinernde Bezeichnung für eine Gruppe von Personen, „die eigene Funktionen mit Verantwortlichkeiten, Befugnissen und Beziehungen hat, um ihre Ziele zu erreichen" (DIN EN ISO 9000:2015), verwendet. Dadurch wird ein breiter Anwendungsbereich der Normenfamilie verdeutlicht. Er beschränkt sich nicht nur auf Unternehmen. Auch beispielsweise Behörden, niedergelassene Ärzte, Krankenhäuser, Hochschulen sowie Teile solcher Organisationen (z. B. einzelne Abteilungen) wenden diese Normen mit großem Erfolg an.

Die in den Normen immer wieder hervorgehobene *oberste Leitung* ist dann die „Person oder Personengruppe, die die Organisation auf der obersten Ebene führt und steuert" (DIN EN ISO 9000:2015). Wenn also beispielsweise nur ein Teil (z. B. ein Geschäftsbereich) eines großen Konzerns die Normen anwendet, ist die oberste Leitung in diesem Fall die Leitung des Geschäftsbereichs und nicht die des Konzerns.

12.2.1 ISO 9000

Grundlagen

In der ISO 9000 werden die Grundlagen und Begriffe für Qualitätsmanagementsysteme dargestellt und erläutert. Sie ist damit die Basis für ein einheitliches Verständnis von prozessorientierten Qualitätsmanagementsystemen und für eine einheitliche Fachsprache.

Der Anhang A der Norm verdeutlicht die Beziehungen zwischen den verwendeten Begriffen.

Wir wollen uns hier auf die Darstellung der in der Norm enthaltenen Grundsätze des Qualitätsmanagements beschränken. Die Begriffe aus der Norm sind in diesem Buch in den Kapiteln dargestellt, wo sie erstmals verwendet werden, die weiteren Erläuterungen der ISO 9000 fließen in die Diskussion der Anforderungen an ein Qualitätsmanagementsystem in Kapitel 12.2.2 „ISO 9001" mit ein.

Die Norm macht deutlich, dass für das erfolgreiche Leiten und Lenken einer Organisation eine klare und systematische Vorgehensweise erforderlich ist. Neben anderen Managementdisziplinen beinhaltet das auch das Qualitätsmanagement. Dafür sind in der Norm im Abschnitt 2.3 sieben Grundsätze aufgestellt worden. Gleichzeitig geben sie eine Antwort, was Qualitätsmanagement ist.

Grundsätze des Qualitätsmanagements

Die sieben Grundsätze des Qualitätsmanagements

1. Kundenorientierung
   Da eine Organisation von ihren Kunden abhängt – sonst fehlt die Geschäftsgrundlage –, *ist es notwendig, Kundenanforderungen zu verstehen, diese zu erfüllen und wenn möglich die Kundenerwartungen zu übertreffen.*
2. Führung
   Die *Führungskräfte* müssen die für die Erreichung der Ziele erforderlichen *Rahmenbedingungen (Ressourcen und Motivation)* schaffen.
3. Engagement von Personen
   Kompetente, befugte und engagierte Personen auf allen Ebenen in der gesamten Organisation sind wesentlich, um die Fähigkeit der Organisation zu verbessern, Werte zu schaffen. *Deshalb ist ihre umfassende Einbeziehung in das Qualitätsmanagementsystem unverzichtbar.* Ein Qualitätsmanagementsystem kann niemals funktionieren, wenn es nur als Aufgabe für die Führungskräfte gesehen wird.
4. Prozessorientierter Ansatz
   Qualitätsmanagementsysteme müssen einen prozessorientierten Ansatz verfolgen und Tätigkeiten müssen als zusammenhängende Prozesse verstanden, geführt und gesteuert werden.
5. Verbesserung
   Erfolgreiche Organisationen legen fortlaufend einen Schwerpunkt auf Verbesserung. Stillstand ist Rückschritt, da sich das Umfeld permanent weiterentwickelt. Dabei geht es in erster Linie um die Weiterentwicklung der Produkte bzw. Dienstleistungen und in zweiter Linie um die Weiterentwicklung des Qualitätsmanagementsystems.
6. Faktengestützte Entscheidungsfindung
   Entscheidungen auf Grundlage der Analyse und Auswertung von Daten und Informationen führen eher zu den gewünschten Ergebnissen. Damit wird darauf hingewiesen, dass die Erhebung und Auswertung von Kennzahlen, unter anderem zur Messung der Qualität des Produkts und der Prozesse, unabdingbar ist.
7. Beziehungsmanagement
   Für nachhaltigen Erfolg führen und steuern Organisationen ihre Beziehungen mit relevanten interessierten Parteien, z. B. Anbietern. *Es gilt, die Beziehungen so zu gestalten, dass beide Seiten daraus Nutzen ziehen und somit die Wertschöpfungsfähigkeit beider Seiten verbessert wird.*

12.2.2 ISO 9001

Grundlagen

Die ISO 9001 enthält die Anforderungen an ein Qualitätsmanagementsystem und berücksichtigt dabei die in der ISO 9000 festgelegten *Grundsätze*.

Die Anforderungen können für interne Anwendungen durch die Organisation oder für Zertifizierungs- oder Vertragszwecke verwendet werden. Bei einer *Zertifizierung* – also der offiziellen Bestätigung, dass alle Anforderungen der Norm erfüllt wurden – muss deshalb die Erfüllung aller Anforderungen nachgewiesen werden. Im Interesse einer eindeutigen Abgrenzung zu anderen Managementsystemnormen enthält die ISO 9001 nur Anforderungen an das Qualitätsmanagement, nicht aber an andere Managementsysteme, wie z. B. Umweltmanagement.

Ziel der Norm ist eine auf *nachhaltigen Geschäftserfolg* und *steigende Kundenzufriedenheit* ausgerichtete Führung von Organisationen auf Basis eines wirksamen Qualitätsmanagementsystems. Ein Qualitätsmanagementsystem ist dann wirksam, wenn es die Organisation dabei unterstützt, gesetzte Ziele auch zu erreichen.

Revision der ISO 9001:2015

Bis Ende 2015 wurde die sehr *weitgehende* Überarbeitung der ISO 9001 abgeschlossen. Dabei hat sich insbesondere die *Struktur der Norm* verändert. Ein wesentliches Ziel bestand in der Schaffung einer einheitlichen Struktur für alle Managementsysteme, der sogenannten High Level Structure. Diese vereinfacht eine Verknüpfung und Auditierung unterschiedlicher Managementsysteme für z. B. Qualität, Arbeits- oder Umweltschutz wesentlich und wird separat in einem sogenannten *Annex SL* zu den ISO/IEC Directives, Part 1 dargestellt. Er beschreibt außerdem einheitliche Kernforderungen für alle Managementsysteme sowie einheitliche Begriffe und Definitionen.

Darüber hinaus wurde der *prozessorientierte Ansatz* weiter verstärkt, Elemente des *Risikomanagements* wurden integriert. Neue Anforderungen zur Ermittlung des Kontexts der Organisation der interessierten Parteien wurden aufgenommen und ein stärkeres Engagement der obersten Leitung für das Qualitätsmanagementsystem wurde gefordert.

Parallel zur Überarbeitung der ISO 9001 wurde auch die ISO 9000 überarbeitet. Daraus resultieren eine Reihe neuer bzw. veränderter Definitionen. Gleichwohl stellt die ISO 9001 fest, dass von den Anwendern der Norm die Übernahme dieser Begriffe nicht gefordert wird (ISO 9001:2015, Abschnitt 0.1).

Struktur der Norm

Die Norm ist in zehn Hauptabschnitte und zwei Anhänge gegliedert:

1. Anwendungsbereich
2. Normative Verweisungen
3. Begriffe
4. Kontext der Organisation

5. Führung
6. Planung
7. Unterstützung
8. Betrieb
9. Bewertung der Leistung
10. Verbesserung

A Erläuterung der neuen Struktur, Terminologie und Konzepte

B Andere internationale Normen des ISO/TC 176 zu Qualitätsmanagementsystemen

Nach der Einleitung, die einige Grundlagen sowie das Anliegen der Norm erläutert, wird im Abschnitt 1 der Anwendungsbereich klargestellt.

Obwohl die in der ISO 9001 enthaltenen Anforderungen aufgrund des Verallgemeinerungsgrads *prinzipiell für alle* Organisationen anwendbar sind – und zwar unabhängig von der Art und Größe sowie den Produkten der Organisation –, kann es trotzdem sein, dass sich eine oder mehrere Anforderungen nicht anwenden lassen. Zum Beispiel werden im Abschnitt 8.3 Anforderungen an die Entwicklung von Produkten und Dienstleistungen beschrieben, aber nicht alle Organisationen betreiben Entwicklung. Das ist beispielsweise im Dienstleistungsbereich oft der Fall.

Anwendungsbereich

Insofern sieht die ISO 9001 im Abschnitt 4.3 die Möglichkeit vor, einzelne *Anforderungen* als nicht zutreffend *auszuschließen*. Dabei dürfen diese Ausschlüsse die Wirksamkeit des Qualitätsmanagementsystems nicht beeinträchtigen.

Die Abschnitte 2 und 3 enthalten nur einen Verweis auf die ISO 9000:2015 als mitgeltende Norm. Zusätzliche Begriffe werden hier nicht definiert. Die Abschnitte 4 bis 10 beinhalten die Anforderungen an das Qualitätsmanagementsystem. Wir erkennen hier deutlich die Struktur eines prozessorientierten Qualitätsmanagementsystems, das sich am PDCA-Zyklus (vgl. Kapitel 8) orientiert. Das der ISO 9001 entnommene Bild 12.1 verdeutlicht diesen Zusammenhang. Die Zahlen in Klammern beziehen sich dabei auf die Abschnitte der ISO 9001.

Zur Phase *Planen* gehören dabei das Festlegen von Zielen und benötigten Ressourcen sowie das Ermitteln und Behandeln von Risiken und Chancen. Die Phase *Durchführung* beinhaltet die Umsetzung des Geplanten, während in der Phase *Prüfen* das Überwachen und Messen von Prozessen und den daraus resultierenden Produkten und Dienstleistungen sowie die Berichterstattung über die Ergebnisse stattfindet. Die Phase *Handeln* erfordert das Ergreifen von Maßnahmen zur Verbesserung der Leistung.

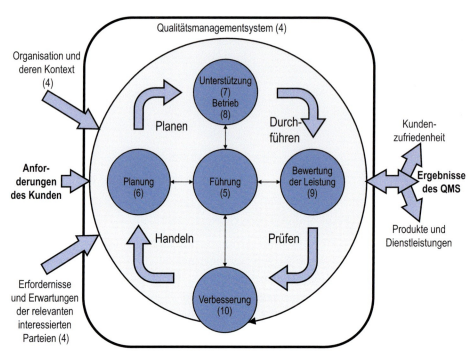

Bild 12.1 Darstellung der Struktur der DIN EN ISO 9001:2015 im PDCA-Zyklus

Der *Anhang A* gibt durch zusätzliche Erläuterungen eine Hilfestellung zum Verständnis der neuen Struktur, Begriffe und Konzepte, während *Anhang B* eine Auflistung weiterer Normen zum Thema Qualität beinhaltet.

4 Kontext der Organisation

Abschnitt 4 behandelt grundsätzliche Anforderungen an das *Qualitätsmanagementsystem* und seine *Dokumentation*.

Im Abschnitt 4.1 fordert die Norm, zunächst den *Kontext der Organisation* zu bestimmen. Das sind externe und interne Themen, die für den Zweck und die strategische Ausrichtung der Organisation relevant sind und sich auf ihre Fähigkeit auswirken, die beabsichtigten Ergebnisse ihres Qualitätsmanagementsystems zu erreichen. Informationen über diese Themen müssen überwacht und regelmäßig überprüft werden. Dadurch sollen Organisationen in die Lage versetzt werden, sich schnell ändernden Rahmenbedingungen kontinuierlich und erfolgreich anpassen zu können. Da es sowohl um positive als auch um negative Faktoren geht, ist z. B. die SWOT-Analyse ein geeignetes Tool. SWOT steht dabei für Strengths (Stärken), Weaknesses (Schwächen), Opportunities (Chancen) und Threats (Risiken).

Beispiele für solche Themen können neu auf den Markt kommende Konkurrenzprodukte, der Brexit, sich ändernde gesetzliche Vorschriften im Arbeitsschutz usw. sein.

In einem engen Zusammenhang hierzu stehen die sogenannten *interessierten Parteien*. Laut Abschnitt 4.2 müssen diese und ihre Erfordernisse und Erwartungen bestimmt werden. Für eine Organisation typische interessierte Parteien sind z. B. Kunden, Lieferanten, die Gesellschaft, Mitarbeiter, Anteilseigner usw. Informationen über diese interessierten Parteien und deren relevante Anforderungen müssen fortlaufend überwacht und überprüft werden.

In der Praxis macht es Sinn, interessierte Parteien und deren Anforderungen sowie interne und externe Themen in einer Tabelle zu dokumentieren, da sie eng miteinander verknüpft sind. Gleichzeitig könnte man dort auch noch die zugeordneten Risiken und Chancen sowie entsprechende Maßnahmen ergänzen.

Neben der Begründung, welche Anforderungen der Norm für die Organisation nicht zutreffend sind, wird im Abschnitt 4.3, Festlegen des Anwendungsbereichs des Qualitätsmanagementsystems, auch gefordert, zu dokumentieren, welche Arten von Produkten und Dienstleistungen im *Geltungsbereich* des Qualitätsmanagementsystems liegen. Zu berücksichtigen sind die ermittelten internen und externen Themen sowie die interessierten Parteien mit ihren Anforderungen. Der Anwendungsbereich muss als dokumentierte Information verfügbar sein.

Abschnitt 4.4 enthält die Anforderungen an das *Qualitätsmanagementsystem*. Dazu gehört die

- Bestimmung der Prozesse, die für das Qualitätsmanagementsystem benötigt werden, inklusive der erforderlichen Eingaben und erwarteten Ergebnisse dieser Prozesse sowie deren Abfolge und Wechselwirkung,
- Festlegung von *Kriterien* und *Verfahren* zur wirksamen Steuerung der Prozesse,
- Bestimmung und Sicherstellung der Verfügbarkeit benötigter Ressourcen für die Durchführung und Überwachung der Prozesse,
- Festlegung von Verantwortlichkeiten und Befugnissen für diese Prozesse,
- Behandlung von Risiken und Chancen im Zusammenhang mit diesen Prozessen,
- Überwachung und, soweit möglich, Messung und Analyse der Prozesse,
- Sicherstellung der kontinuierlichen Verbesserung der Prozesse.

Dokumentierte Information muss aufbewahrt werden. Einerseits im Sinne von Vorgaben, um die Durchführung der Prozesse zu unterstützen, und andererseits im Sinne von Nachweisen, dass die Prozesse tatsächlich wie geplant durchgeführt wurden. In Kapitel 6 gehen wir auf die Möglichkeiten zum Management und zur Darstellung von Prozessen näher ein.

Abschnitt 4.4 legt auch fest, dass *Verfahren* für die Überwachung, Messungen und die damit verbundenen Leistungsindikatoren für die *Prozesse* festzulegen sind. In Kapitel 7 „Messung von Prozessen" haben wir bereits einige der Methoden behandelt.

5 Führung

Ziel des Kapitels 5 ist es, der herausgehobenen Bedeutung und Verpflichtung der obersten Leitung für den Aufbau und die Wirksamkeit des Qualitätsmanagementsystems Rechnung zu tragen. Der Abschnitt 5.1.1 benennt dazu folgende Aufgaben der obersten Leitung:

- Übernahme der Rechenschaftspflicht für die Wirksamkeit des QMS,
- Sicherstellung der Festlegung von Qualitätspolitik und -zielen in Übereinstimmung mit dem Kontext der Organisation,
- Sicherstellung der Integration von Anforderungen in die Geschäftsprozesse,
- Förderung des prozessorientierten Ansatzes und des risikobasierten Denkens,
- Sicherstellung benötigter Ressourcen,
- Vermittlung der Bedeutung eines wirksamen QMS und der Erfüllung der Anforderungen des QMS,
- Sicherstellung der Wirksamkeit des QMS,
- Benennung, Anleitung und Unterstützung von Personen, damit diese zur Wirksamkeit des QMS beitragen,
- Förderung von Verbesserungen,
- Unterstützung anderer Führungskräfte zur Verdeutlichung von deren Führungsrolle.

Dazu gehört auch die Verantwortung für die *Kundenorientierung* (Abschnitt 5.1.2).

Anforderungen an das Festlegen einer *Politik* werden in Abschnitt 5.2 detailliert beschrieben. Außerdem müssen *Rollen, Verantwortlichkeiten und Befugnisse* in der Organisation festgelegt werden (Abschnitt 5.3).

Die Politik beschreibt *Absichten* und die *Ausrichtung* der Organisation bezüglich Qualität und bietet einen Rahmen, um Qualitätsziele festzulegen. Typische Aussagen in der Qualitätspolitik sind beispielsweise Sätze wie „Null-Fehler-Qualität bei allen Produkten, Prozessen und Dienstleistungen ist unsere höchste Priorität" oder „Die dauerhafte Zufriedenheit der Kunden ist unser höchstes Ziel". Außerdem muss die Politik die Verpflichtung zur Einhaltung der ISO 9001 und zur fortlaufenden Verbesserung enthalten. Sie muss als dokumentierte Information für relevante interessierte Parteien verfügbar sein und innerhalb der Organisation bekanntgemacht, verstanden und angewendet werden.

Die Regelung von *Verantwortlichkeiten und Befugnissen* (Kapitel 5.3) für relevante Rollen ist ein zentrales Element in jedem Managementsystem. Nur wenn die Aufgaben und die damit verbundenen Befugnisse festgelegt, allen Mitarbeitern bekannt und auch verstanden sind, können diese ihre Arbeit entsprechend ausführen.

Eine hervorgehobene Stellung kommt den Verantwortungen für das Qualitätsmanagementsystem zu. Auch wenn der sogenannte *Beauftragte der obersten Leitung* in der aktuellen Norm nicht mehr gefordert wird, müssen Verantwortungen und Befugnisse festgelegt werden, um

- sicherzustellen, dass das Qualitätsmanagementsystem die Anforderungen der ISO 9001 erfüllt,
- sicherzustellen, dass die Prozesse die beabsichtigten Ergebnisse liefern,
- der obersten Leitung über die Leistung des Qualitätsmanagementsystems und Verbesserungsmöglichkeiten zu berichten,
- die Förderung der Kundenorientierung in der gesamten Organisation sicherzustellen,
- sicherzustellen, dass die Integrität des Qualitätsmanagementsystems bei Änderungen aufrechterhalten bleibt.

Übliche Methoden für die Regelung von Verantwortungen und Befugnissen sind Organigramme, Rollenbeschreibungen sowie die Zuweisung von Aufgaben in Prozessbeschreibungen.

6 Planung

Planung

Abschnitt 6 der ISO 9001 regelt Anforderungen an die Planung des Qualitätsmanagementsystems. Insbesondere – und neu in der ISO 9001:2015 gefordert – gehört dazu die Festlegung von *Maßnahmen zum Umgang mit Risiken und Chancen* (6.1). Ein weiterer Schwerpunkt ist die Festlegung von *Qualitätszielen sowie die Planung zu deren Erreichung* (6.2). Außerdem muss die **Planung von Änderungen am QMS** systematisch erfolgen (6.3).

Dazu müssen zunächst die *Risiken und Chancen* ermittelt werden. Ein Risiko ist dabei laut ISO 9000:2015 eine „Auswirkung von Ungewissheit" auf ein beabsichtigtes Ergebnis. Da Chancen nicht definiert werden, ist zu mutmaßen, dass damit positive Auswirkungen der Ungewissheit gemeint sind, während Risiko im engeren Sinn nur die negativen Auswirkungen beinhaltet. Wichtig ist festzuhalten, dass es nicht ausreicht, ausschließlich Risiken zu betrachten. Die Ermittlung von Chancen – z. B. zur Verbesserung – ist verpflichtend!

Risiken und Chancen

Wurden die Risiken und Chancen ermittelt, gilt es *Maßnahmen festzulegen* und deren *Wirksamkeit zu bewerten*, damit

- beabsichtigte Ergebnisse des Qualitätsmanagementsystems erzielt werden können,
- *erwünschte* Auswirkungen *(Chancen)* verstärkt und
- *unerwünschte* Auswirkungen *(Risiken)* verhindert oder verringert sowie
- Verbesserungen erreicht werden.

Die Maßnahmen müssen zur Stärke der Auswirkung angemessen sein und in die Prozesse integriert werden.

Die ISO 9001:2015 enthält keine Hinweise, wie Risiken und Chancen ermittelt und bewertet werden können. Anleitung für ein Risikomanagement findet man aber in der DIN ISO 31000:2018-10. Oft werden Risiken und Chancen durch ein Produkt aus der Stärke der Auswirkung mit der Wahrscheinlichkeit des Eintretens quantifiziert.

Qualitätsziele

Zur Planung gehört auch die Festlegung *messbarer Qualitätsziele* für alle „relevanten Funktionsbereiche, Ebenen und Prozesse" (ISO 9001) sowie die Planung, wie diese Ziele erreicht werden sollen (6.2). Durch die Messbarkeit wird sichergestellt, dass die Erfüllung eines Qualitätsziels eindeutig abrechenbar ist.

Ziele müssen:

- im Einklang mit der Qualitätspolitik stehen,
- messbar sein,
- zutreffende Anforderungen berücksichtigen,
- für die Konformität von Produkten und Dienstleistungen (also die Qualität) sowie für die Kundenzufriedenheit relevant sein,
- überwacht, vermittelt und aktualisiert werden.

Eine gute, präzise Zielformulierung ist z. B.: „In der Abteilung Vorfertigung soll im aktuellen Jahr die Anzahl der Fertigungsfehler auf zehn Fehler im Monat reduziert werden." Es sind aber auch relative Angaben möglich: „In der Abteilung Vorfertigung soll im aktuellen Jahr die monatliche Fehlerrate um 10 % gegenüber dem Vorjahr reduziert werden."

Qualitätsziele müssen die Qualität betreffen. Ein Ziel der Art „Wir wollen im laufenden Geschäftsjahr den Umsatz um 10 % steigern" ist unternehmerisch sinnvoll, aber kein Qualitätsziel im Sinne der ISO 9001. Anders verhält es sich mit dem Ziel „Wir wollen im laufenden Geschäftsjahr die Fehlerkosten um 10 % reduzieren". Auf den ersten Blick betrifft auch dieses Ziel die Kosten. Woher resultieren aber Fehlerkosten? Aus Fehlern. Und diese sind in der ISO 9000 als „Nichterfüllung einer Anforderung" definiert und damit das Gegenteil von Qualität. Eine Reduzierung von Fehlerkosten bedeutet also, mindestens die Schwere der Fehler zu reduzieren, und ist somit gleichbedeutend mit einer Steigerung der Qualität.

Damit die Ziele erreicht werden können, ist eine gründliche Planung notwendig. Diese muss lt. Norm mindestens folgende Angaben enthalten:

- Was soll getan werden?
- Welche Ressourcen werden benötigt?
- Wer ist verantwortlich?
- Bis wann soll das Ziel erreicht werden?
- Wie wird das Ergebnis bewertet?

7 Unterstützung

Abschnitt 7 der ISO 9001 behandelt Anforderungen an Themen, die zur Unterstützung des Qualitätsmanagementsystems benötigt werden. Diese Prozesse werden in einer Prozesslandschaft oft *unterstützende Prozesse* genannt, da sie in der Regel keine Wertschöpfung beinhalten. Neben der Bereitstellung von *Ressourcen* (7.1) sind das *Kompetenz* (7.2), *Bewusstsein* (7.3), *Kommunikation* (7.4) und der Umgang mit *dokumentierter Information* (7.5).

Lt. Norm müssen die erforderlichen Ressourcen für den Aufbau, die Verwirklichung, die Aufrechterhaltung und die fortlaufende Verbesserung des QMS bestimmt und bereitgestellt werden (7.1.1).

Wesentliche *Ressourcen* sind dabei:

- benötigte Personen (7.1.2),
- Infrastruktur (7.1.3) wie z.B. Gebäude, Ausrüstungen, Transporteinrichtungen und Kommunikationstechnik,
- Prozessumgebungen (7.1.4) wie z.B. Reinräume in der Halbleiterindustrie,
- Ressourcen zur Überwachung und Messung (7.1.5), z.B. Messtechnik, sowie
- das Wissen der Organisation (7.1.6).

Die Organisation muss also zunächst den Personalbedarf ermitteln und die Personen auch bereitstellen (7.1.2). Das Kapitel 7.2 der Norm behandelt dann die Kompetenz dieser Personen.

Infrastruktur (7.1.3) muss bestimmt, bereitgestellt und instandgehalten werden. Spezielle Anforderung an die Instandhaltung werden aber nicht genannt.

Die Prozessumgebung (7.1.4) beinhaltet soziale, psychologische und physikalische Faktoren, die für die Durchführung der Prozesse und zum Erreichen von Konformität benötigt werden. Es geht also nicht nur um technische Aspekte, sondern auch explizit um Aspekte, die die Zufriedenheit und Motivation von Mitarbeitern fördern.

Große Bedeutung für die fertigende Industrie hat Kapitel 7.1.5 „Ressourcen zur Überwachung und Messung" mit dem Unterkapitel 7.1.5.2 „Messtechnische Rückführbarkeit".

 Messmittel, das zur Feststellung der Konformität der Produkte mit den festgelegten Qualitätsforderungen verwendet wird.
(DIN 32937:2018)

Die notwendigen Überwachungs- und Messmittel müssen ermittelt werden. Prüfmittel müssen in festgelegten Abständen oder vor Gebrauch *kalibriert* werden, wenn die messtechnische Rückführbarkeit eine Anforderung darstellt oder von der Organisation als wesentlicher Beitrag zur Schaffung von Vertrauen in die Gültigkeit der Messergebnisse angesehen wird. Dadurch wird sichergestellt, dass sich die *Abweichungen der Prüfmittel* innerhalb der zulässigen Toleranzen befinden und *gültige Werte* liefern. Insofern ist die Kalibrierung der Prüfmittel eigentlich eine absolute und unabdingbare Forderung zur Sicherung der Qualität hergestellter Produkte.

Damit die Mitarbeiter feststellen können, ob das von ihnen eingesetzte Prüfmittel kalibriert ist oder nicht, muss der Kalibrierstatus auf dem Prüfmittel erkennbar sein. Das wird in vergleichbarer Art wie bei den Prüfplaketten für Autos gehandhabt.

Wenn bei der Kalibrierung ein Prüfmittel als *fehlerhaft* identifiziert wird, muss die Organisation geeignete Maßnahmen bezüglich der betroffenen Produkte ergreifen. Wird beispielsweise im Zuge der Kalibrierung erkannt, dass ein für das Anziehen von Radmuttern bei Linienbussen eingesetzter Drehmomentschlüssel 20 % zu niedrige Drehmomente erzeugt hat, müssen alle betroffenen Busse identifiziert, zurückgerufen und nachgearbeitet werden.

Um diesen Anforderungen gerecht werden zu können, empfiehlt sich der Aufbau von Prüfmittelüberwachungssystemen. Eine Anleitung bietet dabei die DIN 32937:2018-04.

Grundzüge eines Mess- und Prüfmittelüberwachungssystems nach DIN 32937

1. **Planung des Prüfprozesses**
   Aus der Prüfaufgabe leitet sich unter Berücksichtigung der Einsatzbedingungen und messtechnischen Anforderungen (Toleranzgrenzen) die Prüfmittelauswahl ab. Von besonderer Bedeutung ist dabei die Beachtung der Messunsicherheiten entsprechend DIN EN ISO 14253-1. Nach Festlegung des Prüfprozesses kann die Bereitstellung/Beschaffung der Prüfmittel erfolgen.

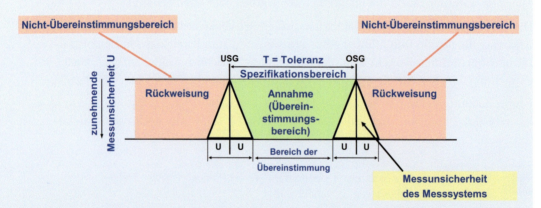

Bild 12.2 Verringerung des Übereinstimmungsbereichs durch die Messunsicherheit

2. **Verwaltung und Dokumentation der Prüfmittel**
   Ausgangspunkt ist die Bestellung eines sachkundigen Beauftragten. Die Verwaltung und Dokumentation von Mess- und Prüfmitteln berücksichtigen alle Daten und Informationen, die zur Überwachung und Planung erforderlich sind, und sollten möglichst mit Hilfe einer Datenbank

erfolgen. Wichtig ist eine eindeutige Identifizierungsnummer/-kennzeichnung der Instrumente. Für die Benennung sollten möglichst genormte Begriffe verwendet werden, um Verwechslungen auszuschließen. Folgende Stammdaten sollten lt. DIN 32937 in der Datenbank erfasst werden (Auswahl):
   a) Identifikationskennzeichen,
   b) Benennung,
   c) Messgröße, Messbereich, Auflösung, Fehlergrenzen, Genauigkeitsklasse usw.,
   d) Anschaffungsdatum, Datum Ersteinsatz,
   e) Intervalle zur Überprüfung/Kalibrierung des Prüfmittels.

Dazu kommen weitere Daten, wie z. B.:
   a) Person oder Stelle der Nutzung (wichtig für den Rückruf am Ende der Kalibrierfrist!),
   b) Ereignisse wie letzte Kalibrierung, Reparatur, Justierung usw.,
   c) Status (freigegeben, gesperrt, verschrottet),
   d) nächster Überwachungstermin,
   e) Dokumente wie Kalibrierscheine und andere Nachweise der Überprüfung.
   f) Die Prüfmittelverwaltung sollte auch die Anpassung der Möglichkeit der Prüfintervallsteuerung an die Nutzungshäufigkeit und das mit dem Prüfmittel verbundene Risiko beinhalten.

3. Überwachen
4. Zum Überwachen der Prüfmittel gehören das Überwachen und die Pflege der Prüfmitteldaten, die regelmäßige Prüfung der Prüfmittel (Sicht- und Funktionsprüfung sowie Kalibrierung) sowie die Dokumentation der Prüf- und Kalibrierergebnisse. Wird die Überprüfung von einer externen Stelle durchgeführt, müssen die mitgesendeten Begleitdokumente (z. B. Kalibrierscheine) sorgfältig analysiert werden, ob das Prüfmittel die Anforderungen erfüllt hat.
Auf den Prüfmitteln muss immer eine entsprechende Überwachungskennzeichnung angebracht werden, z. B. das nächste Fälligkeitsdatum.
5. Vorgehen bei fehlerhaften Prüfmitteln
6. Wird bei der Prüfung des Prüfmittels festgestellt, dass die Verwendbarkeit nicht mehr gegeben ist, so sind die Ergebnisse vorausgegangener Produktprüfungen hinsichtlich der Konformität erneut zu bewerten, zu dokumentieren und – wenn erforderlich – Maßnahmen sofort einzuleiten. Fehlerhafte Prüfmittel müssen gesperrt, ausgesondert, sichtbar gekennzeichnet oder markiert werden. Eventuell ist eine Reparatur oder Justierung möglich.
7. Prüfmittel, die nicht mehr in einem Prüfprozess eingesetzt werden können, müssen verschrottet werden.

Unter Wissen der Organisation (7.1.6) wird organisationsspezifisches Wissen verstanden, das im Allgemeinen durch Erfahrung erlangt wurde. Hierzu gehören z. B. auch Lessons learned und Best Practises. Es muss ermittelt, aufrechterhalten und in erforderlichem Umfang zur Verfügung gestellt werden. Zu berücksichtigen sind dabei sich ändernde Erfordernisse, die zu Aktualisierungen und notwendigem Zusatzwissen führen können. Im Unterschied zur Kompetenz (s. Abschnitt 7.2), die sich auf einzelne/bestimmte Personen bezieht, geht es hier um Methoden der Erweiterung und Verteilung von Wissen.

Wissen der Organisation

Kompetenz

Ein Qualitätsmanagementsystem ist am wirksamsten, wenn alle Beschäftigten die Fähigkeiten, Schulung, Ausbildung und Erfahrung besitzen, die für die Ausübung ihrer Rollen und Verantwortlichkeiten erforderlich sind. Es liegt in der Verantwortung der obersten Leitung, den Personen die Möglichkeiten zur Entwicklung dieser notwendigen Kompetenzen zu bieten. Im Abschnitt 7.2 stellt die ISO 9001 deshalb fest, dass Personen auf Grundlage angemessener Ausbildung, Schulung oder Erfahrung kompetent sein müssen.

Zunächst müssen der Soll- und der Ist-Stand durch eine Erhebung, welche Kompetenzen benötigt werden und welche vorhanden sind, ermittelt werden. Dazu werden in der Praxis oft sogenannte *Qualifikationsmatrizen* eingesetzt, die beides gegenüberstellen. Werden hier Defizite offenbar, muss für die notwendige Schulung bzw. eine andere Maßnahme (z. B. Einstellung neuer Mitarbeiter) gesorgt und die Wirksamkeit dieser Maßnahmen bewertet werden. Eine Schulungsmaßnahme ist dann wirksam, wenn der Teilnehmer die erlernten Kenntnisse anwenden kann.

Es liegt in der Verantwortung der Organisation, geeignete *Nachweise* zu Ausbildung und Schulung zu führen, denn oft ist damit auch der Nachweis vertraglich vereinbarter oder sogar gesetzlicher Anforderungen verbunden, beispielsweise beim Schweißen an bestimmten Bauteilen oder im Gesundheitswesen. Dass die Mitarbeiter diese Nachweise aufbewahren, ist unzureichend.

Bewusstsein

Neben den Fachkenntnissen benötigt das Personal auch Wissen über die Bedeutung seiner Tätigkeit, wie es zur Erfüllung der Qualitätsziele beiträgt und welche Folgen die Nichterfüllung der Anforderungen hat. Die Norm verwendet hier den Begriff *Bewusstsein* (7.3). Um dieses Bewusstsein zu schaffen, bedarf es einer geeigneten Kommunikation (7.4).

Kommunikation

Die Norm fordert im Abschnitt 7.4, die notwendige *interne* und *externe* Kommunikation zu bestimmen. Dazu gehört die Festlegung, *wer worüber* mit *wem wann* kommuniziert und *wie* das erfolgen soll. Die Norm schlägt hier also praktisch schon eine entsprechende Tabellenstruktur vor. Mit Blick auf das Qualitätsmanagementsystem muss die interne Kommunikation unter anderem die Ziele und den Grad der Zielerreichung – dazu gehören auch Kennzahlen – beinhalten.

Dokumentierte Information

 Information, die von einer Organisation gelenkt und aufrechterhalten werden muss, und das Medium, auf dem sie enthalten ist.
(ISO 9000:2015)

Im Gegensatz zu vorhergehenden Ausgaben der ISO 9001 wird aktuell auf eine Unterscheidung von Aufzeichnungen und Dokumenten verzichtet und der Begriff *dokumentierte Information* (7.5) eingeführt. Trotzdem werden viele Organisationen bei den hergebrachten Definitionen bleiben. Diese assoziieren den Begriff *Aufzeichnung* mit *Nachweis* und *Dokument* mit *Vorgaben*.

Aufzeichnungen sind also beispielsweise Mess- und Prüfergebnisse, Schulungsnachweise und zertifikate, Kalibrierzertifikate usw. Sie beschreiben damit die *Vergangenheit* und müssen *vor Verlust geschützt werden.*

Dokumente sind z. B. Prozessbeschreibungen, Spezifikationen, Zeichnungen (als Vorgabe für die Fertigung), Formblätter, Normen usw. Sie sind damit immer in die *Zukunft* gerichtet und es kommt darauf an, *an den Einsatzorten dieser Dokumente gültige Fassungen verfügbar zu haben.*

Für den Umgang mit dokumentierter Information fordert die ISO 9001, dass die Organisation beim *Erstellen* und *Aktualisieren* Folgendes sicherstellt:

- angemessene *Kennzeichnung* und *Beschreibung* (z. B. Titel, Datum, Autor oder Referenznummer),
- angemessenes Format und Medium (z. B. Papier, elektronisch),
- angemessene *Überprüfung* und *Genehmigung,*
- dass eine dokumentierte Information *externer* Herkunft angemessen gekennzeichnet und gelenkt wird,
- dass die dokumentierte Information *verfügbar* und *geeignet* ist (Ort und Zeit) sowie *geschützt wird* (z. B. vor Verlust der Vertraulichkeit und bei Nachweisen vor ungewollter Veränderung).

Für das Lenken der dokumentierten Informationen muss die Organisation unter anderem folgende Tätigkeiten berücksichtigen:

- Verteilung, Zugriff, Auffindung,
- Überwachung von Änderungen (z. B. Versionskontrolle) sowie
- Aufbewahrung und Verfügung über den weiteren Verbleib.

Um die Menge der aufbewahrten Nachweise zu begrenzen, sollte eine *Mindestaufbewahrungsdauer* festgelegt werden. Vorgaben dazu finden sich nicht in der Norm, sondern sind den einschlägigen gesetzlichen bzw. behördlichen Vorschriften zu entnehmen oder, falls dort nicht geregelt, entsprechend den Bedürfnissen der Organisation festzulegen.

Außerdem wird im Abschnitt 7.5 der notwendige Umfang der Systemdokumentation geregelt. Dabei wird klargestellt, dass der Umfang der Dokumentation für verschiedene Organisationen sehr unterschiedlich sein kann. Er hängt ab von der *Größe* der Organisation, der *Art ihrer Tätigkeiten,* der *Komplexität der Prozesse* und der *Kompetenz der Personen.* Grundsätzlich müssen alle dokumentierten Informationen vorhanden sein, deren Fehlen zu Fehlern im Prozessablauf führen würde. Es ist beispielsweise nicht notwendig, für ausgebildete Dreher den Prozess „Drehen von Buchsen" zu beschreiben. Die Norm lässt somit weitreichende Freiheiten bei der Gestaltung der Systemdokumentation.

Aktuell setzt sich immer mehr die Erkenntnis durch, dass für die Dokumentation eines Qualitätsmanagementsystems nicht gilt: „Viel hilft viel." Oft führt eine ausufernde *Systemdokumentation* zu großer Unübersichtlichkeit und immer größerem Aufwand für die fortlaufend notwendige Aktualisierung.

Ein bestimmtes Medium ist für die Systemdokumentation nicht gefordert. Sie kann in Papierform oder auch als Dateien im IT-System vorliegen.

Aufbau der Systemdokumentation

Für den Aufbau der Systemdokumentation hat sich die in Bild 12.3 dargestellte Struktur bewährt, auch wenn es dazu in der ISO 9001 keine Vorgabe gibt.

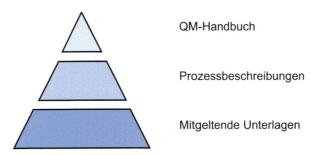

Bild 12.3 Übliche Struktur der Systemdokumentation

An der Spitze der Pyramide steht traditionell ein nicht sehr umfangreiches *Qualitätsmanagementhandbuch*. Es enthält oft eine Darstellung der Organisation, eine Beschreibung der Wechselwirkung der Prozesse, den Anwendungsbereich des Qualitätsmanagementsystems sowie etwaige Ausschlüsse und verweist auf die Prozesse. Damit ist es im Kern eine Informations- und Imagebroschüre. Die aktuelle Ausgabe der ISO 9001 fordert ein solches Handbuch nicht mehr. Trotzdem werden wahrscheinlich auch hier die Organisationen bei ihrem Aufbau der Systemdokumentation bleiben.

Der Hauptteil der Systemdokumentation besteht aus den *Prozessbeschreibungen* und wird ergänzt durch einen dritten Teil: die *mitgeltenden Unterlagen*. Das sind alle Vorgaben, die zur Durchführung der Prozesse erforderlich sind, wie z. B. Formulare, Arbeitsanweisungen, Prüfanweisungen, Werksnormen usw. Diese werden im Gegensatz zu den Prozessbeschreibungen nicht örtlich konzentriert, sondern befinden sich ausschließlich an den Stellen der Organisation, wo sie auch benötigt werden.

Betrieb

8 Betrieb

Abschnitt 8 der ISO 9001 regelt Anforderungen an die Leistungserbringung (Betrieb, englisch: operations). Dabei wird von der in Bild 12.4 dargestellten Prozesskette ausgegangen. In der Praxis werden sich diese Teilprozesse allerdings nicht so sauber aufeinanderfolgend darstellen, sondern verlaufen oft zeitgleich. Beispielsweise müssen sogenannte Langläufer – Materialien mit langer Beschaffungsdauer – oft schon während des Entwicklungsprozesses bestellt werden.

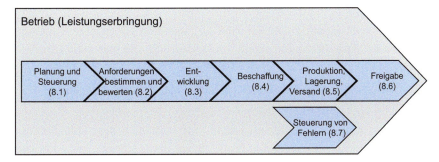

Bild 12.4 Prozesskette zum Betrieb

Der Prozess „Steuerung von Fehlern" wird insbesondere während der Phase der eigentlichen Produktion und Dienstleistungserbringung wirksam.

Zunächst wird im Abschnitt 8.1 „Betriebliche Planung und Steuerung" gefordert, dass die erforderlichen Prozesse ermittelt und gesteuert werden. Dazu gehört unter anderem das Festlegen von Anforderungen an die Produkte und Dienstleistungen sowie der Kriterien für die Durchführung dieser Prozesse. Auch die Konformität der Ergebnisse muss dokumentiert werden. Im Ergebnis entstehen Planungsdokumente (z. B. Qualitätsplan), Prozessbeschreibungen insbesondere der Kern- bzw. Leistungsprozesse und Arbeitsanweisungen.

Betriebliche Planung und Steuerung

Im Abschnitt 8.2 wird eine vollständige Ermittlung aller Anforderungen an das Produkt bzw. die Dienstleistung gefordert. Das betrifft nicht nur die vom Kunden genannten Anforderungen, sondern auch alle zutreffenden gesetzlichen oder behördlichen sowie weitere für den beabsichtigten Gebrauch notwendigen Anforderungen. Ausgangspunkt ist eine intensive Kommunikation mit dem Kunden (8.2.1). Um eine reibungslose Kommunikation mit dem Kunden zu ermöglichen, fordert die Norm die Festlegung wirksamer Regeln für den Austausch von Informationen über Produkte und Dienstleistungen, Angebote und Verträge, aber auch für Kundenrückmeldungen, inklusive Beschwerden zu bereits erbrachten Leistungen.

Anforderungen an Produkte und Dienstleistungen

Wenn alle Anforderungen lückenlos ermittelt sind (8.2.2), gilt es, sie zu *überprüfen und zu bewerten* (8.2.3), *bevor* eine Lieferverpflichtung eingegangen wird. Dabei ist neben der technischen Machbarkeit auch zu prüfen, ob die gewünschten Liefertermine realisiert werden können. Auf Basis dieser Informationen erarbeitet die Organisation ein Angebot. Bevor es dann zur endgültigen Vertragsschließung kommt, muss *nochmals überprüft* werden, ob es darin Unterschiede zu früher formulierten Anforderungen gibt.

In der Industrie hat sich dafür ein sogenannter Umlauf bewährt: Der Vertragsentwurf wird nacheinander allen beteiligten Organisationseinheiten zur Prüfung vorgelegt. Die Verantwortlichen bestätigen mit ihrer Unterschrift Vollständigkeit und Korrektheit.

Die Rechtslage ist dabei eindeutig: Die liefernde Organisation ist für die Ermittlung und Einhaltung aller Anforderungen allein verantwortlich und hat eine Hinweispflicht gegenüber dem Kunden (siehe auch Kapitel 16).

Die Organisation muss weiterhin sicherstellen, dass auch Änderungen der Anforderungen an Produkte und Dienstleistungen gesteuert werden (Abschnitt 8.2.4).

Entwicklung von Produkten und Dienstleistungen

Im Rahmen von Vertragsbeziehungen innerhalb der Industrie, dem sogenannten Business-to-Business, ist es oft notwendig, Produkte vor der Lieferung neu oder weiterzuentwickeln. Die Anforderungen an diese Prozesse werden im Abschnitt 8.3 behandelt. Die Entwicklung kann dabei entsprechend den in der ISO 9000 definierten Produktkategorien auf die Entwicklung von Fertigungsanweisungen für Hardware, Ausführungsanweisungen für neue Dienstleistungen, Entwicklung verfahrenstechnischer Prozesse oder von Software gerichtet sein.

Entwicklungsprozess

Da Fehler, die im Rahmen der Entwicklung gemacht werden, später nur sehr kosten- und zeitaufwendig zu korrigieren sind, ist das Ziel der Norm, einen Entwicklungsprozess zu fördern, der dafür geeignet ist, die anschließende Produktion und Dienstleistungserbringung sicherzustellen. Dieser muss explizit festgelegt werden (Abschnitt 8.3.1).

Entwicklungsplanung

Ausgangspunkt der Entwicklung ist eine sorgfältige inhaltliche und zeitbezogene *Entwicklungsplanung* (Abschnitt 8.3.2) der Art, Dauer und des Umfangs der Entwicklungstätigkeiten, zu der auch die Regelung von Verantwortungen und Befugnissen sowie die *Steuerung der Schnittstellen* zwischen den an der Entwicklung Beteiligten gehören. Eine Entwicklung muss in geeignete *Phasen* unterteilt werden. Für diese sind im Vorhinein die wesentlichen Prüfschritte (*Bewertung, Verifizierung* und *Validierung*) zu planen und später entsprechend der Planung auszuführen.

Bei der Entwicklungsplanung müssen auch Anforderungen der Produktions- und Dienstleistungserbringung berücksichtigt werden, also z. B. die Festlegung von bestimmten Fertigungsverfahren oder Prüfmitteln.

Entwicklungseingaben

Falls nicht schon im Zuge der Vertragsschließung in vollem Umfang erfolgt (weil z. B. noch nicht alle Angaben vorlagen), müssen die *Eingaben für die Entwicklung* sorgfältig entsprechend den Anforderungen aus Abschnitt 8.3.3 auf Angemessenheit und Vollständigkeit geprüft werden. Neben den Funktions- und Leistungsanforderungen beinhaltet das auch gesetzliche und behördliche Anforderungen, zu berücksichtigende Normen, gemachte Erfahrungen usw. Mögliche Konsequenzen aus Fehlern müssen außerdem betrachtet werden.

Eine angemessene *Steuerung der Entwicklung* (Abschnitt 8.3.4) entsprechend den geplanten Maßnahmen (Abschnitt 8.3.1) soll sicherstellen, dass die geplanten Ergebnisse auch erreicht werden. Dazu gehört insbesondere die Durchführung von Entwicklungsverifizierungen und validierungen.

Steuerung der Entwicklung

Dabei bereiten die Begriffe *Verifizierung* und *Validierung* immer wieder Schwierigkeiten, beide können mit „Prüfung" übersetzt werden. In der Norm bezieht sich die *Entwicklungsverifizierung* auf die Prüfung der *Entwicklungsergebnisse*. Das sind die erzeugten *Zeichnungen, Stücklisten usw.*, die auf Übereinstimmung mit den Entwicklungsvorgaben zu überprüfen sind.

Entwicklungsverifizierung und validierung

Typische Methoden für die Entwicklungsverifizierung sind:

- Prüfung der Berücksichtigung von Anforderungen mit Checklisten und
- alternative Berechnungen oder Simulationsrechnungen.

Demgegenüber bezieht sich die *Entwicklungsvalidierung* auf die Prüfung, ob das entwickelte *Produkt* die Anforderungen an den beabsichtigten Gebrauch erfüllt.

Typische Methoden für die Entwicklungsvalidierung sind:

- Durchführung von Mess- und Prüfreihen, in der Regel an einem Prototyp,
- Haltbarkeits- und Zuverlässigkeitsuntersuchungen,
- Untersuchung der Wartbarkeit und Produktsicherheit,
- Bestimmung des Energieverbrauchs und anderer Parameter zur Umweltverträglichkeit.

Für die Entwicklung einer Fahrzeugklimatisierung könnte das bedeuten, das Fahrzeug mit einem Prototyp der Klimaanlage in eine Klimakammer zu bringen und zu testen, ob über den gesamten geforderten Außentemperaturbereich hinweg die Innentemperatur im geforderten Toleranzbereich gehalten werden kann.

Die *Entwicklungsergebnisse* (Abschnitt 8.3.5) müssen die festgelegten Anforderungen (s. Abschnitt 8.3.3) erfüllen. Neben erforderlichen Vorgaben für die sich anschließenden Prozesse (z. B. Beschaffung und Produktion) beinhalten Entwicklungsergebnisse ausdrücklich auch Angaben zum sicheren Gebrauch des Produkts sowie Anforderungen an die Überwachung und Messung inklusive Annahmekriterien. Da es sich bei den Entwicklungsergebnissen um Vorgaben für die nachfolgenden Prozesse handelt, müssen diese formell freigegeben bzw. genehmigt werden.

Entwicklungsergebnisse

Üblicherweise wird trotz aller Sorgfalt nach Abschluss der Entwicklung die eine oder andere *Entwicklungsänderung* (Abschnitt 8.3.6) erforderlich werden. Diese sind so zu steuern, dass die Produktkonformität nicht beeinträchtigt wird. Die Norm fordert die Aufbewahrung von Nachweisen über die Änderung, die Bewertung und Überprüfung der geplanten Änderung, die Autorisierung und die Maßnahmen zur Vorbeugung vor nachteiligen Auswirkungen.

Entwicklungsänderungen

Ein zentraler Punkt bei der praktischen Lenkung von Änderungen ist die Verteilung von entsprechenden Informationen an alle betroffenen Bereiche. Da durch diese Änderungen im Unternehmen zeitgleich Produkte vorliegen, die unterschiedlichen Entwicklungsständen entsprechen, ist eine sorgfältige Kennzeichnung und Rückverfolgbarkeit notwendig (s. Abschnitt 8.5.2 der ISO 9001).

Beschaffung

Im Abschnitt 8.4 der ISO 9001 werden die Anforderungen an die Steuerung von *extern bereitgestellten Prozessen, Produkten* und *Dienstleistungen* behandelt. Als Kurzbegriff wollen wir hierfür *Beschaffung* wählen.

Zunächst wird grundsätzlich gefordert, dass die extern bereitgestellten Prozesse, Produkte und Dienstleistungen den Anforderungen entsprechen (8.4.1). Als erster Schritt sind dazu *Art und Umfang der Steuerung* (8.4.2) festzulegen. Diese beinhalten z. B., die *Lieferanten vor der Lieferung* nach selbst festzulegenden Kriterien zu *bewerten*. Weiterhin müssen Verifizierungsmaßnahmen festgelegt werden (Wareneingangsprüfung). Dabei liegt es in der Verantwortung der Organisation, zu entscheiden, ob eine Funktions- oder Maßprüfung gefordert wird. In der Regel wird man sich auf eine reine Identitätsprüfung beschränken und weitergehende Prüfungen nur für ausgewählte Produkte und oft auch nur stichprobenartig durchführen. Die Ergebnisse der Prüfungen fließen in eine *fortlaufende Bewertung der Lieferanten* ein.

Als Grundvoraussetzung für die Lieferung anforderungsgerechter Prozesse, Produkte und Dienstleistungen nennt die Norm die Bereitstellung angemessener *Informationen für externe Anbieter* (8.4.3).

Produktion und Dienstleistungserbringung

Der Abschnitt 8.5 behandelt die Leistungserbringung. Dazu wird im Abschnitt 8.5.1 eine Steuerung der Produktion und der Dienstleistungserbringung gefordert, die sicherstellt, dass diese *unter beherrschten Bedingungen* ablaufen. Zu diesen gehören die Verfügbarkeit aller benötigten Informationen, Ausrüstung, Infrastruktur und sonstigen Ressourcen.

Spezielle Prozesse

Außerdem beinhalten diese beherrschten Bedingungen die *Validierung von Prozessen*, wenn das Ergebnis der Produktion bzw. Dienstleistungserbringung nicht direkt durch nachfolgende Überwachung bzw. Messung verifiziert werden kann. Das ist z. B. in all den Fällen so, wo die Prüfung nicht zerstörungsfrei möglich ist. Solche Prozesse werden oft „spezielle Prozesse" genannt. Beispielsweise lässt sich die Haftkraft von auf Stahl vulkanisiertem Gummi nur durch eine Abreißprüfung bestimmen. Die *Validierung des Prozesses* bedeutet, dass durch eine Versuchsreihe Prozessparameter und Vorgehensweisen ermittelt werden, die zu fehlerfreien Produkten und Dienstleistungen führen. Damit wird die Überwachung des Ergebnisses durch die Überwachung der Prozessparameter ersetzt. Das Ergebnis wird – soweit möglich – dann nur in geringen Stückzahlen zerstörend geprüft.

Kennzeichnung und Rückverfolgbarkeit

Anforderungen an *Kennzeichnung und Rückverfolgbarkeit* werden im Abschnitt 8.5.2 festgelegt: Der Status muss während der gesamten Leistungserbringung erkennbar sein. Jedes Material, Zwischen- oder Fertigprodukt muss erkennen lassen, um was es sich handelt, welche Prozess- und Prüfschritte absolviert wurden und mit welchem Ergebnis. In der Fertigung wird diese Anforderung häufig durch sogenannte Auftragsbegleitkarten erfüllt, die den einzelnen Gebinden beigefügt werden. Rückverfolgbarkeit wird von der Norm nur gefordert, wenn das mit dem Kunden vereinbart wurde oder aus anderen Gründen (z. B. rechtlichen) notwendig ist. *Rückverfolgbarkeit* bedeutet, die Herkunft und den Ablauf der Verarbeitung von Materialien und Produkten während der Produktion und über die geplante Produktlebensdauer nachverfolgen zu können. Damit wird z. B. sichergestellt, dass im Fall von Serienschäden die Kunden vor Eintritt eines Schadens gewarnt werden können. Ein Beispiel sind die Rückrufaktionen in der Automobilindustrie.

Im Abschnitt 8.5.3 wird besondere Aufmerksamkeit für das *Eigentum des Kunden oder externen Anbieters* gefordert, um dieses vor Verlust bzw. Beschädigung zu schützen. Das Eigentum eines Kunden oder externen Anbieters kann Materialien, Bauteile, Werkzeuge, Betriebsstätten, geistiges Eigentum und personenbezogene Daten einschließen. Dabei handelt es sich oft um *beigestellte Produkte*, die der Kunde der Produktion zuliefert. Ein Beispiel aus dem Privatbereich wären Tapeten, die der Kunde von einem Maler anbringen lässt.

Eigentum des Kunden

Der Abschnitt 8.5.4 „Erhaltung" fordert, dass die *Ergebnisse während der Produktion und der Dienstleistungserbringung* so zu handhaben, zu verpacken, zu transportieren und zu lagern sind, dass bis zum vorgesehenen Bestimmungsort die Erfüllung der Anforderungen (Konformität) an das Ergebnis erhalten bleibt. Die Praxis zeigt, dass gerade auf dem Transportweg viele vermeidbare Schäden an Produkten entstehen, deren Ursache oft unsachgemäße Verpackung ist.

Erhaltung

Anforderungen an Tätigkeiten nach der Lieferung enthält der Abschnitt 8.5.5. Der Umfang dieser Tätigkeiten muss von der Organisation ermittelt werden, wobei Folgendes zu berücksichtigen ist:

Tätigkeiten nach der Lieferung

- gesetzliche und behördliche Anforderungen,
- die möglichen unerwünschten Folgen in Verbindung mit ihren Produkten und Dienstleistungen (Risiken für den Anwender und eigene Haftungsrisiken),
- die Art, Nutzung und beabsichtigte Lebensdauer ihrer Produkte und Dienstleistungen,
- Kundenanforderungen,
- Rückmeldungen von Kunden.

Abschnitt 8.5.6 enthält Anforderungen an die *Überwachung von Änderungen der Produktion oder der Dienstleistungserbringung*. Dieser Abschnitt bezieht sich also auf die Prozesse, während mit den Änderungen im Abschnitt 8.3.6 die Änderungen des Produkts oder der Dienstleistung gemeint sind. Eine solche Änderung könnte z. B. die Änderung von Umgebungsbedingungen beim Kleben oder der Einsatz einer neuen Maschine sein.

Überwachung von Änderungen

Freigabe von Produkten und Dienstleistungen

Im Abschnitt 8.6 wird gefordert, dass die Freigabe von Produkten und Dienstleistungen erst erfolgen darf, nachdem die geplanten Verifizierungen der Erfüllung der Anforderungen an die Produkte oder Dienstleistungen erfolgreich durchgeführt wurden. Die Personen, die die Freigabe autorisiert haben, müssen identifizierbar sein.

Steuerung nicht konformer Ergebnisse

Die Anforderungen an die Steuerung fehlerhafter Produkte und anderer *nicht konformer Ergebnisse* werden im Abschnitt 8.7 beschrieben. Die Organisation muss sicherstellen, dass ein *Ergebnis*, das die Anforderungen nicht erfüllt, gekennzeichnet und gesteuert wird, um seinen unbeabsichtigten Gebrauch oder seine Auslieferung zu verhindern.

Wenn möglich, ist der festgestellte Fehler zu korrigieren. Ist das nicht oder nicht wirtschaftlich möglich, muss das Ergebnis entweder ausgesondert (verschrottet) werden oder kann nach einer Sonderfreigabe – gegebenenfalls in Abstimmung mit dem Kunden – für den geplanten oder einen alternativen Einsatzzweck verwendet werden. Diese Abstimmungen müssen als dokumentierte Information aufbewahrt werden.

Bewertung der Leistung

9 Bewertung der Leistung

Abschnitt 9 der ISO 9001 regelt Anforderungen an die Bewertung der Leistung. Auch hier finden wir ein prozessorientiertes Vorgehen: erst messen, dann die Daten analysieren und schließlich daraus Bewertungen ableiten. Im Detail kann die Organisation festlegen, was überwacht und gemessen werden muss. Es gibt aber einige verpflichtende Punkte.

Kundenzufriedenheit

Zu diesen gehört zunächst die *Kundenzufriedenheit* (9.1.2). Diese wird als eines der Maße für die Leistung des Qualitätsmanagementsystems angesehen. Die Methoden zur Messung der Kundenzufriedenheit müssen von der Organisation festgelegt werden, konkrete Vorgehensweisen fordert die Norm nicht. Beispiele dazu haben wir in Kapitel 5 dieses Buchs bereits diskutiert.

Analyse und Bewertung

Im Abschnitt 9.1.3 „Analyse und Bewertung" wird darüber hinaus die Betrachtung mindestens folgender Daten gefordert:

- Konformität der Produkte und Dienstleistungen,
- Leistung und Wirksamkeit des Qualitätsmanagementsystems,
- Wirksamkeit durchgeführter Maßnahmen zum Umgang mit Risiken und Chancen,
- Leistung externer Anbieter (Lieferanten),
- Bedarf an Verbesserungen des Qualitätsmanagementsystems.

Interne Audits

Die von der Norm geforderten *internen Audits* (Abschnitt 9.2) sind ein mächtiges und hilfreiches Werkzeug, um die Wirksamkeit des Qualitätsmanagementsystems zu sichern, um Risiken und notwendige Verbesserungen zu identifizieren und die Erfüllung der Anforderungen zu bestimmen. Für wirksame Audits müssen *Nachweise* gesammelt werden. Wegen der hohen Bedeutung werden die Methoden zur Durchführung von Audits in diesem Buch in Kapitel 9 ausführlich behandelt.

Bei der Frage, was ein Audit ist, hilft uns ein Blick in die ISO 9000 weiter:

Audit: systematischer, unabhängiger und dokumentierter Prozess zur Erlangung von Auditnachweisen und zu deren objektiver Auswertung, um zu bestimmen, inwieweit Auditkriterien erfüllt sind.

(DIN EN ISO 9000:2015)

Es geht somit um die *objektive* Bewertung von Sachverhalten auf der Basis von Nachweisen (Aufzeichnungen). Dazu werden Auditinterviews geführt und ausgewertet.

Von der Norm wird die Durchführung interner Audits „in geplanten Abständen" gefordert. Die Audits sollen prüfen, ob die im Qualitätsmanagementsystem von der Organisation geplanten Regelungen sowie die Anforderungen der ISO 9001 eingehalten und erfüllt werden.

Die zu auditierenden Prozesse, der Auditumfang, die Audithäufigkeit, die Auditkriterien, die Methoden der Berichterstattung sowie die Auditoren (die das Audit durchführen) müssen geplant und festgelegt werden. Zur Sicherung der Objektivität dürfen Auditoren ihre eigene Tätigkeit nicht auditieren.

Im Ergebnis des Audits entsteht ein *Bericht*, der Stärken und Schwächen der auditierten Organisationsbereiche aufzeigt und der zuständigen Leitung vorzulegen ist. Die Norm verlangt, dass die für den jeweiligen Bereich verantwortliche Leitung notwendige Korrekturen und Korrekturmaßnahmen „ohne ungerechtfertigte Verzögerung" ergreift.

Durch die *oberste Leitung* ist „in geplanten Abständen" (ISO 9001) das Qualitätsmanagementsystem zu bewerten, um dessen fortdauernde Eignung, Angemessenheit und Wirksamkeit sicherzustellen (Abschnitt 9.3).

Managementbewertung

Für diese Managementbewertung gibt die Norm detailliert zu berücksichtigende Eingabeinformationen vor. Dazu gehören beispielsweise die Erfüllung der Ziele, Rückmeldungen vom Kunden, Informationen über die Kundenzufriedenheit und die Wirksamkeit von durchgeführten Maßnahmen zum Umgang mit Risiken und Chancen sowie Daten zur Produkt- und Prozessqualität. Anhand dieser Informationen muss die oberste Leitung neben einer Aussage zum Änderungsbedarf am QMS unter anderem auch Entscheidungen und Maßnahmen zu weiteren *Verbesserungen* sowie zum Bedarf an Ressourcen ableiten.

Die Managementbewertung muss als dokumentierte Information aufbewahrt werden.

Verbesserung

10 Verbesserung

Abschnitt 10 der ISO 9001 betont die Notwendigkeit, Chancen zur Verbesserung sowohl der Produkte und Dienstleistungen als auch der Leistung und Wirksamkeit des Qualitätsmanagementsystems (10.1) zu bestimmen. Unerwünschte Auswirkungen müssen korrigiert, verhindert oder verringert werden.

Nichtkonformität und Korrekturmaßnahmen

Neben diesem Grundsatz geht der darauffolgende Abschnitt 10.2 auf *Nichtkonformität und Korrekturmaßnahmen* ein. Dazu zunächst die entsprechende Definition:

> Korrekturmaßnahme: Maßnahme zum Beseitigen der Ursache einer Nichtkonformität und zum Verhindern des erneuten Auftretens.
> (DIN EN ISO 9000:2015)

Demgegenüber beseitigt eine *Korrektur* eine erkannte Nichtkonformität (Fehler).

Beispiel: Eine Buchse wurde mit einem zu geringen Innendurchmesser gefertigt. Als Korrektur kann ein Nachdrehen der Buchse erfolgen. Für die Festlegung einer Korrekturmaßnahme muss zunächst die Ursache des Fehlers gefunden werden. Lag diese z. B. in falschen Zeichnungsangaben, würde die Korrekturmaßnahme die Änderung und den Austausch der betreffenden Zeichnung umfassen. Häufig liegen die Ursachen für aufgetretene Fehler aber in dem Kenntnisstand bzw. Verhalten des Personals. Dann ist eine typische Korrekturmaßnahme die Schulung des Personals.

Durch die Beseitigung der Ursache einer Nichtkonformität soll also mithilfe einer Korrekturmaßnahme das *Wiederauftreten verhindert* werden.

Die ISO 9001 fordert, dass die Organisation beim Auftreten einer Nichtkonformität Maßnahmen zur Überwachung und zur Korrektur ergreift und angemessen mit den Folgen umgeht.

Nichtkonformitäten können sich auf Prozesse und Produkte beziehen und durch folgende Auslöser entdeckt werden:

- Audits,
- interne Reklamationen oder Kundenreklamationen,
- Kundenbeschwerden bzw. Auswertung von Kundenzufriedenheit.

Die Notwendigkeit von Maßnahmen zur Beseitigung der Ursachen der Nichtkonformität muss bewertet werden, damit diese nicht erneut oder an anderer Stelle auftreten. Dazu sind erforderlich:

- Überprüfen und Analysieren der Nichtkonformität,
- Bestimmen der *Ursachen* der Nichtkonformität,
- Bestimmen, ob vergleichbare/mögliche Nichtkonformitäten bestehen.

Es muss also nicht auf jede Nichtkonformität mit einer Korrekturmaßnahme inklusive Ursachenanalyse reagiert werden!

Bewährte Methoden zur Ursachenanalyse sind die 5-Why-Methode (fünfmal hintereinander hinterfragen, warum etwas so ist, s. Kap. 8.2) oder die Anwendung des Ishikawa-Diagramms (Fischgrätendiagramm). Nur wenn die wirkliche Fehlerursache gefunden wird, kann der Fehler dauerhaft beseitigt werden!

Die Wirksamkeit ergriffener Korrekturmaßnahmen muss überprüft werden und gegebenenfalls sind Risiken und Chancen zu aktualisieren bzw. ist das Qualitätsmanagementsystem zu ändern. Üblicherweise wird die Wirksamkeit dadurch überprüft, dass man über einen gewissen Zeitraum nach Erledigung der Korrekturmaßnahme beobachtet, ob derselbe Fehler wieder auftritt.

Im letzten Kapitel der ISO 9001 wird gefordert, die Eignung, Angemessenheit und Wirksamkeit des Qualitätsmanagementsystems fortlaufend zu verbessern. Ausgangspunkt dafür müssen die Ergebnisse von Bewertungen und Analysen sein.

Fortlaufende Verbesserung

Übliche Methoden der kontinuierlichen Verbesserung sind z. B. Qualitätszirkel und ein betriebliches Vorschlagswesen. Viele Unternehmen betreiben einen sogenannten Kontinuierlichen Verbesserungsprozess, bei dem durch fortwährende kleine Verbesserungsschritte Verbesserungen erreicht werden.

In den vorhergehenden Versionen der ISO 9001 wurden noch *Vorbeugungsmaßnahmen* gefordert. Diese sollen die Ursache eines möglichen Fehlers beseitigen. In der aktuellen Norm wird dieses Konzept durch die Anwendung des risikobasierten Denkens zum Ausdruck gebracht.

12.2.3 ISO 9004

Die DIN EN ISO 9004:2018-08: Qualitätsmanagement – *Qualität einer Organisation – Anleitung zum Erreichen nachhaltigen Erfolgs* vertieft und erweitert das Anliegen der ISO 9001. Während die ISO 9001 aufgrund der verbindlichen Anforderung das Wort „muss" verwendet, enthält die ISO 9004 Vorschläge und verwendet somit das Wort „sollte".

Die ISO 9004 bietet eine „Anleitung, die, unter Verweisung auf die in ISO 9000:2015 festgelegten Qualitätsmanagementgrundsätze, Organisationen dabei unterstützen soll, nachhaltigen Erfolg in einer komplexen, anspruchsvollen und von permanenten Veränderungen geprägten Umgebung zu erzielen. Während sich ISO 9001:2015 darauf konzentriert, Vertrauen in die Produkte und Dienstleistungen einer Organisation zu schaffen, dient die ISO 9004 dazu, Vertrauen in die Fähigkeit der Organisation zu erzeugen, nachhaltigen Erfolg zu erzielen." (DIN EN ISO 9004) Als Kernaufgabe wird dabei die Erfüllung von Kundenanforderungen und Erfordernissen anderer relevanter interessierter Parteien gesehen. Diese interessierten Parteien sind natürliche oder juristische Personen, die zur Wertschöpfung der Organisation beitragen oder auf andere Weise an den Tätigkeiten der Organisation interessiert oder davon betroffen sind. Das können die Eigner bzw. Anteilsinhaber der Organisation sein, aber auch die Gesellschaft, Behörden, Lieferanten und eigenen Mitarbeiter. Um diese Anforderungen erfüllen zu können, sollten das Umfeld beobachtet und die sich aus den Veränderungen ergebenden Risiken und Chancen ermittelt, bewertet und gelenkt werden. Die ISO 9004 bietet Anleitung und Unterstützung bei der Identifizierung relevanter interessierter Parteien und von deren Erfordernissen.

Während die ISO 9001 die Grundlage für Zertifizierungen bildet, bietet die ISO 9004 ein Selbstbewertungsinstrument, um zu überprüfen, in welchem Maß die Organisation die in der Norm enthaltenen Konzepte anwendet. Für die Durchführung der Selbstbewertung bietet die Norm im Anhang A eine Anleitung, die auch ein *Reifegradmodell* enthält.

Das gegenüber der ISO 9001 erweiterte Modell eines prozessbasierten Qualitätsmanagementsystems verdeutlicht diesen Ansatz (Bild 12.5).

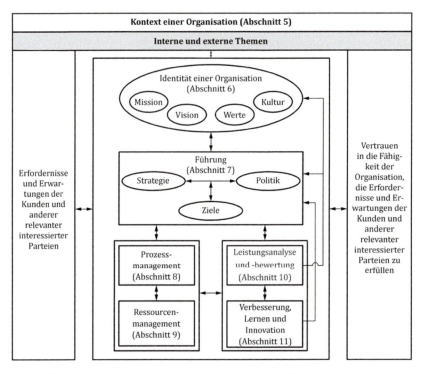

Bild 12.5 Qualitätsmanagementmodell der DIN EN ISO 9004

Die wesentlichsten Ergänzungen gegenüber der ISO 9001 werden in dieser Grafik deutlich. Dazu gehören z. B. die Hervorhebung der *Identität der Organisation* als neben dem Kontext wesentlichen Bestandteil zur Definition einer Organisation sowie die Bedeutung von *Lernen* als Grundlage für Verbesserungen und Innovationen.

Mit ihrem gegenüber der ISO 9001 erweiterten Qualitätsmanagementmodell nähert sich die ISO 9004 deutlich dem EFQM-Excellence-Modell an, das in Kapitel 14 ausführlich behandelt wird.

■ 12.3 Weitere Normen im Qualitätsmanagement

Die branchenübergreifende Normenreihe DIN EN ISO 9000 ff. bildet die Basis für eine Vielzahl branchenspezifischer Normen. Inzwischen haben die meisten Branchen solche Normen entwickelt. Die Bandbreite geht dabei von der Automobilindustrie über das Gesundheitswesen bis hin zum Facility Management.

Branchenspezifische Normen

Eine Suche nach dem Stichwort „Qualitätsmanagement" in der Normendatenbank des Beuth Verlags ergab am 25. Februar 2021 beachtliche 6025 Normen bzw. Artikel. Das weist auf die große Bedeutung des Qualitätsmanagements hin.

Wir wollen hier beispielhaft einige Normen nennen, die deutlich machen, wie die Anforderungen der ISO 9001 branchenspezifisch erweitert werden.

Da wäre zunächst die IATF 16949:2016-10 *Anforderungen an Qualitätsmanagementsysteme für die Serien- und Ersatzteilproduktion in der Automobilindustrie*. Hierbei handelt es sich um den Nachfolger der früheren ISO/TS 16949.

IATF 16949

Diese Norm erweitert in beträchtlichem Umfang die Anforderungen der ISO 9001 um branchenspezifische Erfordernisse und trägt damit den mit den großen Serienumfängen verbundenen hohen Risiken in der *Automobilindustrie* Rechnung. Mithilfe dieser Norm gelang eine internationale Vereinheitlichung der Anforderungen an Qualitätsmanagementsysteme im Automobilbau, denn sie basiert unter anderem auf der amerikanischen Norm QS 9000 (durch Chrysler, Ford und General Motors entwickelt) sowie dem Standardwerk der deutschen Automobilindustrie VDA-Band 6.1 *QM – Systemaudit*. Daher wird die IATF 16949 vorwiegend im europäischen und nordamerikanischen Raum durch die Automobilhersteller akzeptiert und für ihre Lieferanten als verpflichtende Liefervoraussetzung festgelegt.

Die Gliederung in Hauptabschnitte folgt der Gliederung der ISO 9001:2015 (entspricht der High Level Structure der ISO für alle Managementsystemnormen aus dem Jahr 2012). In den Unterabschnitten finden wir die Erweiterungen. Dazu gehören Begriffe der Automobilindustrie, technische Vorgaben, Forderungen an die Effizienz von Prozessen, Produktaudits usw. Zahlreiche Empfehlungen der ISO 9004 werden in dieser Norm als verbindliche Anforderungen formuliert.

IRIS – ISO/TS 22163

Erst 2006 wurde eine vergleichbare Norm für die Schienenfahrzeugindustrie entwickelt, der IRIS – International Railway Industry Standard. Eigner und Vertreiber dieses nicht von der ISO entwickelten Standards ist die UNIFE, der Verband der europäischen Bahnindustrie. Im Gegensatz zur Automobilindustrie wird im Schienenfahrzeugbau mit Kleinserien gearbeitet und ein strikt projektorientiertes Vorgehen gefordert. Insofern enthält diese Norm weitergehende Anforderungen an das Projektmanagement. Bei der Entwicklung des Standards wurde auch wieder die ISO 9001 als Basis gewählt, diese Norm ist komplett in IRIS enthalten. Darüber hinaus wurden aber auch Anforderungen aus der ISO/TS 16949 und der ISO 9004 übernommen. Der IRIS enthält dadurch ein eigenes Bewertungsschema für die Reife der Prozesse, das sich stark am Reifegradmodell der ISO 9004 orientiert. Bild 12.6 zeigt einen kleinen Ausschnitt aus der Bewertungstabelle. Die erste Spalte enthält die Kapitelnummer (hier 7.1.5.1) und die Nummer der Frage zu dem Kapitel (hier 1 bis 3). Die zweite bis vierte Spalte enthält Fragen, die aus der Anforderung des Standards abgeleitet werden. Diese Spalten enthalten die Reifegerade (englisch: maturity level) in der Reihenfolge:

- „insufficient" = 0: Es gibt keine Nachweise, dass die Anforderung in Spalte 2 erfüllt wird.
- „poor" = 1: ungenügende Erfüllung der Anforderung in Spalte 2. Bei geschlossenen Fragen (nur mit ja oder nein zu beantworten, siehe z. B. Abschnitt 7.1.5.1-1) gibt es diesen Reifegrad nicht, sondern nur „defined". Diese Fragen resultieren oft aus der ISO 9001.
- „defined" = 2: ausreichende Erfüllung der Anforderung. Für eine erfolgreiche Zertifizierung nach ISO/TS 22163 muss für jede Frage mindestens dieser Reifegrad erreicht werden.
- „qualified" = 3: Übererfüllung der Anforderungen in Spalte 2 durch zusätzliche Aktivitäten entsprechend Spalte 3, weitere Verbesserung ist noch möglich.
- „optimized" = 4: optimale Übererfüllung der Anforderungen in Spalte 2 durch zusätzliche Aktivitäten entsprechend Spalte 3 und 4, weitere Verbesserung ist nicht möglich.

Für das Niveau „qualified" wird sehr oft nach Beispielen für sogenannte „best practices" gefragt. Das bedeutet, dass innerhalb oder außerhalb der eigenen Organisation nach Beispielen gesucht wird, wie die jeweilige Anforderung möglichst effektiv und effizient umgesetzt werden kann. Dieses Beispiel gilt es dann nachzuahmen. Wenn man darüber hinaus noch weitere Verbesserungen findet und durchführt, erhält man „optimized".

Das Ziel eines solchen Reifegradmodells besteht damit also nicht in der letztendlichen Erreichung des höchsten Reifegrads für jede Frage. Ein solches Vorgehen würde zu viele Ressourcen binden und wäre letztlich unwirtschaftlich. Vielmehr geht es darum, Anregungen zu geben (siehe z. B. Abschnitt 7.1.5.1-2: Nutzung von Process Control Methods) und es dem Unternehmen zu überlassen, in welchen Bereichen weitergehende Verbesserungen auch einen Sinn ergeben.

7.1.5	Monitoring and measuring resources		
7.1.5.1	General		
7.1.5.1-1	The organization shall determine and provide the resources needed to ensure valid and reliable results when monitoring or measuring is used to verify the conformity of products and services to requirements.		
7.1.5.1-2	The organization shall ensure that the resources provided: a) are suitable for the specific type of monitoring and measurement activities being undertaken; b) are maintained to ensure their continuing fitness for their purpose.	Plus: The organization utilizes process control methods (1) to verify critical measurements.	Plus: The organization continuously improves the effectiveness of the monitoring and measuring resources by using advanced methods (2).
7.1.5.1-3	The organization shall retain appropriate documented information as evidence of fitness for purpose of the monitoring and measurement resources.		

Bild 12.6 Reifegradmodell im International Railway Industry Standard – ISO/TS 22163 (Quelle: UNIFE)

Der IRIS wurde im Jahr 2017 aktualisiert und an die Struktur der ISO 9001:2015 angepasst. Seit dieser Revision wurde der Standard in zwei Teile aufgeteilt:

- ISO/TS 22163 „Railway applications – Quality management system – Business management system requirements for rail organizations: ISO 9001:2015 and particular requirements for application in the rail sector", die Anforderungen an das Qualitätsmanagementsystem enthält. Diese Anforderungen sind damit nunmehr eine Technische Spezifikation der ISO.
- Zertifizierungsregeln, die mit dem IRIS Certification Conformity Assessment:2020 zuletzt im Jahr 2020 aktualisiert wurden. Die Verantwortung für diese Regeln liegt weiterhin bei der UNIFE.

Auch für Prüf- und Kalibrierlaboratorien wurde eine entsprechende Norm entwickelt: die DIN EN ISO/IEC 17025 *Allgemeine Anforderungen an die Kompetenz von Prüf- und Kalibrierlaboratorien*. Diese Norm enthält spezielle Anforderungen an das Qualitätsmanagementsystem und die technischen Anforderungen an Prüf- und Kalibrierlaboratorien. In der ISO/IEC 17025:2018-03 ist die ISO 9001 nicht direkt enthalten, sie folgt auch nicht deren Gliederung. Diese Norm orientiert sich nur inhalt-

DIN EN ISO/IEC 17025

lich an der ISO 9001. Dazu werden im Anhang A entsprechende Querverweise zwischen beiden Normen aufgezeigt.

Die ISO/IEC 17025 ist die Grundlage für eine Akkreditierung (siehe Abschnitt 13.3 in diesem Buch) der Laboratorien. Damit wird Vertrauen in die durch den Kunden nicht ohne Weiteres überprüfbare Arbeit der Laboratorien sichergestellt. Wenn verfügbar, sollten für Prüf- und Kalibrieraufgaben deshalb nach ISO/IEC 17025 akkreditierte Laboratorien bevorzugt werden.

■ 12.4 Normen für andere Managementsysteme

DIN EN ISO 14001

Die Norm DIN EN ISO 14001 *Umweltmanagementsysteme – Anforderungen mit Anleitung zur Anwendung* legt die verbindlichen Anforderungen an Umweltmanagementsysteme fest und ist ebenso wie die ISO 9001 damit die Basis einer (freiwilligen) Zertifizierung. Zuletzt wurde die Norm im November 2015 aktualisiert und folgt nun auch der sogenannten High Level Structure (siehe Abschnitt „Revision der ISO 9001:2015").

Die DIN EN ISO 14001 enthält Anforderungen an ein Umweltmanagementsystem, die einer Organisation helfen, ihre Umweltleistung zu verbessern. Darunter wird eine verringerte Auswirkung der Tätigkeiten und Produkte der Organisation auf die Umwelt verstanden.

Ergänzt wird die DIN EN ISO 14001 durch die DIN EN ISO 14004 *Umweltmanagementsysteme – Allgemeine Leitlinien zur Verwirklichung*, die zuletzt im August 2016 aktualisiert wurde. Dieser Leitfaden möchte Organisationen bei der Implementierung und Verbesserung ihres Umweltmanagementsystems unterstützen. Insbesondere für kleine und mittelständische Unternehmen ist dabei auch die DIN EN ISO 14005:2020 *Umweltmanagementsysteme – Leitlinien für einen flexiblen Ansatz zur phasenweisen Verwirklichung* interessant.

OHSAS 18001/DIN ISO 45001

International konnte man sich in der Vergangenheit auf die Entwicklung einer Norm für *Arbeitsschutzmanagementsysteme* nicht einigen, die ISO hatte dazu keinen Auftrag erhalten. Da aber trotzdem in der Industrie ein hoher Bedarf an einem solchen Standard – der beim Beurteilen und Zertifizieren von Arbeitsschutzmanagementsystemen hilft – existierte, wurde unter Führung der British Standards Institution (BSI) in einer Arbeitsgruppe, der auch namhafte Zertifizierungsgesellschaften angehören, ein entsprechendes Regelwerk entwickelt, die BS OHSAS 18001 *Occupational Health and Safety Assessment Series*.

Da inzwischen aber die Einführung und Zertifizierung von Integrierten Managementsystemen, die auch den Aspekt Arbeitsschutzmanagement beinhalten, stark zunahm, wurde nun doch eine ISO-Norm entwickelt: die DIN ISO 45001:2018-06 *Managementsysteme für Sicherheit und Gesundheit bei der Arbeit – Anforderungen mit Anleitung zur Anwendung.*

Bei der Entwicklung wurde – wie auch bei der Entwicklung der OHSAS 18001 – die ISO 14001 zugrunde gelegt und auch das dort vorgeschlagene *Managementsystemmodell* übernommen. So entstand ein Standard, der eine nahezu identische Gliederung wie die ISO 14001 aufweist. Das vereinfachte die Integration in ein gemeinsames Managementsystem erheblich.

Kern des Systems sind die Beurteilung der Risiken und Gefährdungen, denen das Personal am Arbeitsplatz ausgesetzt ist, sowie die darauf aufbauende Minimierung dieser Risiken bis auf ein akzeptierbares Risiko. Eine Organisation ist für die Sicherheit und Gesundheit der Beschäftigten bei der Arbeit und anderer Personen, die von deren Tätigkeiten betroffen sein können, verantwortlich. Diese Verantwortung beinhaltet die Förderung und den Schutz ihrer physischen und psychischen Gesundheit (ISO 45001).

Zahlreiche Unternehmen erkennen, dass die alleinige Berücksichtigung der Qualität und Kundenzufriedenheit nicht mehr ausreicht, um ein Unternehmen wettbewerbsfähig zu erhalten. Mindestens die *Aspekte Umweltschutz* und *Arbeitsschutz* müssen gleichberechtigt behandelt werden, um die Interessen der unterschiedlichen Anspruchsgruppen zu befriedigen und so die Zukunft des Unternehmens zu sichern. Richtet sich das Qualitätsmanagement hauptsächlich an den Erfordernissen des Kunden aus, so berücksichtigt das Umweltmanagement in erster Linie die *Ansprüche der Gesellschaft* an das Unternehmen, z. B. dass durch dessen Tätigkeit die Umwelt nicht mehr als unbedingt erforderlich beeinträchtigt wird. Der Arbeitsschutz muss darüber hinaus ein integraler Bestandteil eines Managementsystems sein, denn es gibt eine enge Verknüpfung zwischen Qualität und Arbeitsschutz: Die Motivation der Mitarbeiter ist für hohe Qualität und Kundenzufriedenheit ein entscheidender Faktor, diese Motivation wird durch wirksamen Arbeitsschutz wesentlich verbessert. Außerdem werden Fehlzeiten reduziert und so eine bessere Beherrschung der Prozesse erreicht.

Integrierte Managementsysteme

Wenn ein Unternehmen sich diesen Anforderungen stellen möchte, sind Managementsysteme ein ideales Hilfsmittel, Licht in den Dschungel von Anforderungen und Paragrafen zu bringen. Durch den ganzheitlichen Ansatz von Managementsystemen entsteht dabei ein Werkzeug, das die Unternehmensführung wirksam bei der Erfüllung seiner Aufgaben unterstützt. Ein *Integriertes Managementsystem* ist somit ein einheitliches Steuerungssystem zur Erreichung von Zielen und der Erfüllung gesetzlicher Anforderungen.

Aktuell ist eine Erweiterung der Integrierten Managementsysteme um weitere Aspekte zu verzeichnen. Dazu zählen z. B. Risikomanagement oder auch Informationssicherheitsmanagement.

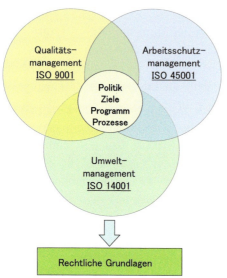

Bild 12.7
Teilsysteme eines Integrierten Managementsystems

Gemeinsame Anforderungen

Erleichtert wird die Integration durch einen hohen Anteil identischer Anforderungen in den Regelwerken, wie z. B.:

- Festlegung einer Politik durch die Unternehmensführung sowie die Ableitung messbarer Zielsetzungen, untersetzt mit Programmen, diese zu erreichen,
- Dokumentation der Aufbauorganisation mit Regelung von Verantwortungen und Befugnissen,
- Erkennen und Dokumentieren von Prozessen und deren Wechselwirkungen,
- Messen von Prozessen und Ergebnissen mithilfe von Kennzahlen,
- Verfahren zur Lenkung von Dokumenten und Aufzeichnungen (neu: dokumentierter Information),
- Durchführung interner Audits und Managementbewertungen,
- Schulungen der Mitarbeiter,
- Verwirklichung eines Verbesserungsprozesses.

Seit 2013 sind die allen Managementsystemen gemeinsamen Anforderungen in einem sogenannten Annex SL zu den ISO/IEC Directives, Part 1 definiert, der außerdem eine sogenannte High Level Structure für alle Managementsystemnormen bildet und einen identischen Kerntext sowie gemeinsame Begriffe enthält. Das bedeutet, dass in naher Zukunft alle bereits vorliegenden Managementsystemnormen überarbeitet und dabei an die neue Struktur angepasst werden.

Jede Organisation erbringt ihre Leistung durch die Ausführung von Prozessen (vgl. Kapitel 6 dieses Buchs), auch wenn diese nicht immer und durchgängig in dokumentierter Form vorliegen. Andererseits ist die Beschreibung von Prozessen eine zentrale Anforderung in allen Managementsystemnormen. Damit ist mit den Prozessen eine ideale Integrationsbasis gegeben (Pischon 1999).

Prozessorientierte Integration

Für die Einführung eines Integrierten Managementsystems werden zunächst die Prozesse entsprechend dem in Kapitel 6 geschilderten Vorgehen identifiziert und dokumentiert, bevor in einem weiteren Schritt die speziellen Anforderungen der zu berücksichtigenden Regelwerke eingearbeitet werden. Dabei werden die gemeinsamen Anforderungen automatisch nur einmal berücksichtigt und durch die Prozessorientierung an der Stelle in die Dokumentation eingearbeitet, wo sie in den Abläufen tatsächlich benötigt werden.

Beispiel: Prozess „Beschaffung von Material"

In diesen Prozess werden unter anderem die Anforderungen aus der

- ISO 9001,
- ISO 14001 und
- ISO 45001

integriert.

Durch die Anwendung der ISO 14001 und ISO 45001 wird dabei sichergestellt, dass im Zuge der Beschaffung von z. B. Gefahrstoffen alle mit diesen verbundenen rechtlichen und behördlichen Anforderungen im Umwelt- und Arbeitsschutz ebenfalls berücksichtigt werden. Erreicht wird das durch die Forderung der ISO 14001 und ISO 45001 nach Ermittlung und Einhaltung aller einschlägigen rechtlichen Vorschriften im Umwelt- bzw. Arbeitsschutz. Diese Anforderungen werden ganz konkret und direkt umsetzbar in der Prozessbeschreibung formuliert.

Der Anwender des Prozesses „Beschaffung von Material" wird somit in die Lage versetzt, rechtskonforme Beschaffungsvorgänge durchzuführen und dabei qualitätsgerechtes Material zu beschaffen.

Durch die Integration verschiedener Teilsysteme ergeben sich eine Reihe von Vorteilen:

Vorteile von Integrierten Managementsystemen

- einheitliche Dokumentation für mehrere Aufgabenbereiche,
- geringerer Dokumentationsaufwand,
- aufeinander abgestimmte Strategie, Politik, Ziele, Prozesse und mitgeltende Unterlagen,
- nutzergerechte Anwendung in der täglichen Arbeit,
- Erfüllung zusammenhängender Forderungen mit geringerem Aufwand.

Integrierte Managementsysteme sind aufgrund dieser Vorteile in allen größeren und auch in vielen kleinen und mittelständischen Unternehmen eingeführt.

Normung von Integrierten Managementsystemen

Eine eigenständige Norm für Integrierte Managementsysteme existiert bisher nicht. Ende der 1990er-Jahre waren bei der ISO dazu zwar Aktivitäten erkennbar, die aber offenbar nicht weiterverfolgt wurden. Mit der 2015 durchgesetzten sehr weitgehenden Harmonisierung der Normen für die Teilaspekte ist eine solche Norm auch nicht zu erwarten.

Allerdings hat bereits 2005 der Verein Deutscher Ingenieure (VDI) die noch immer gültige Richtlinie VDI 4060 Blatt 1 „Integrierte Managementsysteme (IMS) – Handlungsanleitung zur praxisorientierten Einführung – Allgemeine Aussagen" und Blatt 2 „Integrierte Managementsysteme (IMS) – Handlungsanleitung zur praxisorientierten Einführung – Beispiele aus der Praxis" veröffentlicht. Diese Anleitungen richten sich an praktisch alle Unternehmensgrößen und Branchen. Unterstützung bietet auch der DGQ-Band 12-02 *Integrierte Managementsysteme – Leitfaden für den Aufbau eines Integrierten Managementsystems* von 2008.

12.5 Zusammenfassung

Normen im Qualitätsmanagement legen Anforderungen an das Qualitätsmanagementsystem fest. Die bedeutendste Normenreihe ist dabei die branchenübergreifende und weltweit anerkannte Normenfamilie ISO 9000 ff., die die Basis für eine Reihe branchenspezifischer Normen bildet.

Innerhalb der Normenfamilie nimmt die ISO 9001 eine herausgehobene Stellung ein, weil sie die konkreten Anforderungen enthält und somit die Grundlage für Zertifizierungen bildet. Im Gegensatz zu oft geäußerten Befürchtungen führt die Einhaltung dieser Anforderungen nicht zu einer Überforderung von Organisationen oder ausufernder Bürokratie. Vielmehr enthält die Norm Grundregeln für eine vernünftige, auf Wachstum und langfristige Kundenzufriedenheit ausgerichtete Führung von Organisationen.

Dabei stützt sich die ISO 9001 auf die Definition von Begriffen in der ISO 9000. Mithilfe dieser Begriffsdefinitionen sind unter den Fachleuten Missverständnisse aufgrund unterschiedlich verwendeter Begriffe weitgehend ausgeschlossen.

Die Norm ISO 9001 ist kompatibel mit weiteren Managementsystemnormen, z. B. der ISO 14001 für Umweltmanagement oder der ISO 45001 für Arbeitsschutzmanagement. Oft wird sie mit diesen zu einem Integrierten Managementsystem kombiniert, was durch die 2015 durchgesetzte Harmonisierung dieser Normen erleichtert wird.

12.6 Aufgaben zur Wiederholung und Vertiefung

1. Definieren Sie den Begriff Normung anhand der DIN 820-3.
2. Erläutern Sie, warum Normung für das Zusammenleben der Menschen unabdingbar ist.
3. Ist die Anwendung von einschlägigen Normen grundsätzlich gesetzlich vorgeschrieben?
4. Was behandeln Normen im Qualitätsmanagement?
5. Welche Normen gehören zur Normenfamilie ISO 9000 ff.? Nennen Sie Nummer und Titel der Norm und erläutern Sie kurz den Inhalt.
6. Welche drei Produktkategorien werden unter der Bezeichnung „Produkt" in der ISO 9000 ff. subsumiert?
7. Nennen Sie die sieben in der ISO 9000 dargelegten Grundsätze des Qualitätsmanagements und erläutern Sie diese kurz.
8. Welche Bedeutung hat die sogenannte High Level Structure? Erläutern Sie es kurz.
9. Erläutern Sie den üblichen Aufbau der Systemdokumentation für ein Qualitätsmanagementsystem.
10. Welche Angaben muss der Anwendungsbereich eines QMS lt. ISO 9001 beinhalten?
11. Was umfasst der Kontext einer Organisation?
12. Worin besteht die Verantwortung der Obersten Leitung für das QMS?
13. Formulieren Sie ein mit den Anforderungen der ISO 9001 übereinstimmendes messbares und vollständiges Qualitätsziel für:
    a) die Fertigung von Notebooks,
    b) ein Hotel und
    c) die Beschwerdeabteilung eines Reiseveranstalters.
    - Untersetzen Sie jedes der Qualitätsziele durch eine normkonforme Planung zum Erreichen des Ziels.
14. Was verstehen wir unter dokumentierter Information?
15. Welche Anforderungen stellt die ISO 9001 an die Steuerung von dokumentierter Information? Was ist das Ziel?
16. Erläutern Sie die Anforderungen, die die ISO 9001 an die Infrastruktur der Organisation und deren Prozessumgebung stellt.

17. Welche Anforderungen stellt die ISO 9001 an die Kompetenz, Schulung und das Bewusstsein des Personals?
18. Erläutern Sie das Ziel und die zentralen Aspekte eines Prüfmittelüberwachungssystems.
19. Stellen Sie die von der ISO 9001 implizierte Prozesskette zur Leistungserbringung grafisch dar. Erläutern Sie die Bestandteile.
20. Setzen Sie sich detailliert mit dem Kapitel Entwicklung der ISO 9001 auseinander und erarbeiten Sie:
    a) relevante Punkte der Entwicklungsplanung,
    b) an Entwicklungseingaben gestellte Anforderungen,
    c) zentrale Methoden der Entwicklungsverifizierung und Entwicklungsvalidierung,
    d) Beispiele für Entwicklungsergebnisse,
    e) Vorgehen bei Entwicklungsänderungen.
21. Nennen Sie vier wesentliche Methoden zur Bewertung der Leistung einer Organisation, die in Kapitel 9 der ISO 9001 gefordert werden.
22. Wozu werden interne Audits durchgeführt?
23. Wozu dienen laut ISO 9001 Korrekturmaßnahmen?
24. Worauf müssen sich Verbesserungsmaßnahmen beziehen? Nennen Sie drei Beispiele für solche Maßnahmen.
25. Nennen Sie fünf zwischen den Normen ISO 9001, ISO 14001 und ISO 45001 übereinstimmende Anforderungen. Wo sind diese gemeinsamen Anforderungen dokumentiert?

Story

Im zwölften Kapitel Ihrer Story setzen Sie sich mit Qualitätsmanagementsystemen und zentralen Normen im Qualitätsmanagement auseinander.

- Welche Aufgabe und Bedeutung kommt Normen bei der Ausgestaltung und Etablierung von Qualitätsmanagementsystemen zu?
- Welche Anforderungen an ein Qualitätsmanagementsystem stellt die DIN ISO 9001:2015 und wie wird die Getränke-Flow GmbH diesen Anforderungen jeweils gerecht?
- Formulieren Sie drei mit den Anforderungen der ISO 9001 konforme messbare Qualitätsziele für die „Produktion eines Erfrischungsgetränks".
- Ihr Unternehmen führt interne Audits durch. Was versprechen Sie sich von deren Durchführung?

13 Audits, Zertifizierung und Akkreditierung

 Das vorherige Kapitel

Im vorhergehenden Kapitel haben wir erläutert, welche Rolle Normung für Qualitätsmanagementsysteme spielt.

Normen im Qualitätsmanagement legen Anforderungen an das Qualitätsmanagementsystem fest. Die bedeutendste Normenreihe ist dabei die branchenübergreifende und weltweit anerkannte DIN EN ISO 9000 ff. Die ISO 9001 aus dieser Familie kann die Grundlage für sogenannte Zertifizierungen bilden.

 Worum es geht

Die von der DIN EN ISO 9001 geforderten internen Audits sind ein mächtiges und hilfreiches Werkzeug, um die Wirksamkeit des Qualitätsmanagementsystems zu sichern und notwendige Verbesserungen zu identifizieren. Wir wollen hier erläutern, was Audits sind und welche Methoden für ihre Planung, Durchführung und Berichterstattung angewendet werden. Dabei gehen wir auch auf Prozess- und Produktaudits ein.

Audits werden auch im Rahmen eines Zertifizierungsprozesses angewendet. Damit diese Zertifizierung anerkannt wird, ist die Akkreditierung der Stelle, die die Zertifizierung ausführt, eine notwendige Voraussetzung.

13.1 Audits

Qualitätsaudits, im Folgenden abgekürzt Audits genannt, haben sich als wichtiges Instrument bewährt, mit dem sich die Unternehmensführung einen Überblick über wesentliche Qualitätsaspekte im Unternehmen verschaffen kann. Ein Audit bezieht sich im Sinne der DIN EN ISO 9001 in erster Linie auf das Qualitätsmanagementsystem, wir wollen deshalb hier auf Systemaudits auch tiefer eingehen. Der Begriff *Audit* wird aber auch z. B. für Prozess-, Produkt- und Lieferantenaudits verwendet.

Audit

Das Wort „Audit" leitet sich vom lateinischen Wort „audire" (hören) ab.

Audit: systematischer, unabhängiger und dokumentierter Prozess zum Erlangen von Auditnachweisen und zu deren objektiver Auswertung, um zu bestimmen, inwieweit Auditkriterien erfüllt sind.

Anmerkung 1: Die grundlegenden Elemente eines Audits umfassen die Bestimmung der Konformität eines Objekts nach einem Verfahren, das durch Personal durchgeführt wird, das nicht für das auditierte Objekt verantwortlich ist.

Anmerkung 2: Ein Audit kann ein internes (Erstparteien-Audit) oder ein externes (Zweitparteien- oder Drittparteien-Audit) Audit sein und es kann ein kombiniertes oder ein gemeinschaftliches Audit sein.

Anmerkung 3: Interne Audits, manchmal auch „Erstparteien-Audits" genannt, werden von der Organisation selbst oder in ihrem Auftrag für eine Managementbewertung und andere interne Zwecke durchgeführt. Sie können die Grundlage für eine Konformitätserklärung einer Organisation bilden. Die Unabhängigkeit kann durch die Freiheit von Verantwortung für die zu auditierenden Tätigkeiten dargelegt werden.

Anmerkung 4: Externe Audits schließen ein, was allgemein „Zweit-" oder „Drittparteien-Audits" genannt wird. Zweitparteien-Audits werden von Parteien, die ein Interesse an der Organisation haben, z. B. Kunden (3.2.4), oder von Personen in deren Auftrag durchgeführt. Drittparteien-Audits werden von externen unabhängigen Organisationen durchgeführt, wie z. B. denjenigen, welche eine Registrierung oder Zertifizierung der Konformität bieten, oder durch staatliche Behörden.

(DIN EN ISO 9000:2015)

Mit einfacheren Worten erklärt, ist das Audit eine besondere Form einer Prüfung oder Untersuchung, bei der festgestellt wird, inwieweit ein betrachtetes Objekt die gestellten Anforderungen erfüllt. Von einem kombinierten Audit wird dabei gesprochen, wenn zwei oder mehrere Managementsysteme zusammen auditiert werden.

Das Wort *systematisch* in der Definition erfordert, dass eine sinnvolle, geplante und konsequente Vorgehensweise für das Audit gewählt wird. Diese Vorgehensweise muss dokumentiert werden. Für die Durchführung von Audits wird außerdem *Unabhängigkeit* gefordert. Diese Unabhängigkeit bedeutet, dass die Auditdurchführenden – *Auditoren* genannt – keine direkte Verantwortung für die zu auditierende Einheit haben dürfen (siehe Anmerkung 1).

Je nach der betrachteten Einheit haben sich in der Praxis

- Audits von Systemen (Systemaudits),
- Audits von Prozessen (Prozess- oder Verfahrensaudits) und
- Audits von Produkten (Produktaudits)

durchgesetzt.

Auditarten

Die drei Auditarten unterscheiden sich dadurch, dass an Produkte, Prozesse und Systeme grundsätzlich verschiedene Forderungen gestellt werden und deren Erfüllung dementsprechend mit einer unterschiedlichen Vorgehensweise zu überprüfen ist. Dieser Sachverhalt ist in Bild 13.1 dargestellt, wobei die Aufzählung keinen Anspruch auf Vollständigkeit erhebt, sondern die Begrifflichkeiten klären soll.

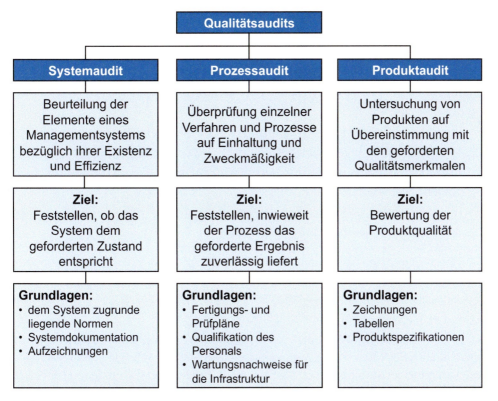

Bild 13.1 Auditarten

Die Bezeichnung „Auditor" ist nicht gesetzlich geschützt und wird in der ISO 9000:2015 einfach als „Person, die ein Audit durchführt" definiert. Damit ist wenig über die Anforderungen an diese Person gesagt. Nur für die Durchführung von Zer-

Auditoren

tifizierungsaudits werden klar definierte und international vereinbarte Kompetenzen und Qualifikationen von den Auditoren gefordert (siehe Kapitel 13.2).

Für andere Systemaudits bzw. Prozess- oder Produktaudits fehlen entsprechende Vorgaben. Eine Orientierung kann dabei die Norm DIN EN ISO 19011:2018 *Leitfaden zur Auditierung von Managementsystemen* geben. Ihre Anwendung ist aber freiwillig. Deshalb schaffen sich Organisationen eigene Regeln und Vorgehensweisen zur Berufung von Auditoren.

Audits als Managementinstrument

In einer Organisation sind alle jeweils beteiligten Mitarbeiter dafür verantwortlich, dass

- die Produkte und Dienstleistungen, die sie herstellen, den Spezifikationen entsprechen,
- die dazugehörigen Prozesse nach den zuvor festgelegten Vorgaben betrieben werden und
- die in den Bereichen relevanten Managementsysteme gemäß den gestellten Forderungen aufrechterhalten werden.

Die zuständigen Führungskräfte müssen die dafür notwendigen Bedingungen schaffen. Darüber hinaus gehört es zu ihren Führungsaufgaben, die Erfüllung der genannten Forderungen in einer geeigneten Form zu überwachen. Dafür eignen sich Audits in besonderer Weise:

- Sie stellen *Prüfungen* dar, die *zusätzlich* zu den routinemäßigen Tätigkeiten der Qualitätslenkung in den überwachten Bereichen durchgeführt werden.
- Sie werden durch Personen durchgeführt, die *unabhängig* von den überwachten Stellen arbeiten.
- Sie untersuchen *Stichproben* von nur wenigen Einheiten, liefern zu diesen aber detaillierte und fundierte Informationen.

Mit den Auditergebnissen stehen dem Management damit zuverlässige Daten zur Verfügung. Werden Audits planvoll in allen Unternehmensbereichen durchgeführt, liefern sie eine Aussage, wie weit die gültigen Vorgaben in der Organisation auf Produkt-, Prozess- und Systemebene eingehalten werden.

Audits und Qualitätscontrolling

Audits liefern einen umfassenden Soll-Ist-Vergleich. Damit können sie die Basis für einen Kontinuierlichen Verbesserungsprozess bilden, der allerdings vom Management angeregt werden muss. Die Schritte, die dazu nötig sind, kann man grundsätzlich wie folgt auflisten:

- durch Audits Abweichungen feststellen,
- Korrekturmaßnahmen planen und durchführen (von der Analyse der Ursache der Abweichung bis zur Überprüfung der Wirksamkeit der Maßnahme),
- Ziele anpassen.

Unschwer kann man diese Aktivitäten den Phasen des rückgekoppelten Regelkreises zuordnen. Sie entsprechen andererseits auch den typischen Aufgaben des Controllings, weswegen man die Audits in dieser erweiterten Form auch als Instrument innerhalb eines Qualitätscontrollings ansehen kann.

Das Controlling in den Unternehmen arbeitet bisher weitgehend mit finanzwirtschaftlichen Kennzahlen. Eine solche ergebnisbezogene Orientierung ist insofern einseitig, als sie nicht die Leistungspotenziale in der Organisation aufzudecken vermag. In diesem Sinne ist ein Qualitätscontrolling eine wertvolle Ergänzung zum finanziellen Controlling:

- Das *Produktaudit* erlaubt unter anderem Rückschlüsse auf die Kundenzufriedenheit und zeigt Potenziale zu deren Steigerung auf. Außerdem lässt es Potenziale zur Qualitätsverbesserung an den Produkten erkennen.
- Das *Prozessaudit* lässt ebenfalls Potenziale zur Qualitätsverbesserung an den Produkten erkennen, aber auch solche zur Kostensenkung und zur Verringerung von Durchlaufzeiten.
- Das *Systemaudit* weist auf Möglichkeiten hin, die Geschäftsprozesse auf Konsistenz und hinsichtlich ihrer Nahtstellen zu verbessern sowie die Strategie des Unternehmens auf allen Führungs- und Ausführungsebenen besser zu verankern.

13.1.1 Systemaudits

Bei einem *Systemaudit* muss überprüft werden, ob die Anforderungen des dem Managementsystem zugrundeliegenden Regelwerks (also z. B. der Norm DIN EN ISO 9001)

- durch die Systemdokumentation,
- bei der Anwendung der Systemdokumentation sowie
- bei nicht dokumentierten relevanten betrieblichen Abläufen

erfüllt werden.

Der Nachweis der Erfüllung der Anforderungen erfolgt durch die Vorlage entsprechender Aufzeichnungen durch die auditierte Organisation.

Systemaudit

 Als *Systemaudit* wird das Audit eines kompletten Managementsystems oder auch nur eines Teils davon bezüglich aller einzuhaltenden Anforderungen bezeichnet.

Systemaudits sind insofern – selbst wenn sie im Sinne einer Stichprobe nur einzelne Teile des Managementsystems prüfen – komplexer und damit zeitaufwendiger als Prozess- oder Produktaudits.

In Abhängigkeit von der Aufgabe des Audits werden drei Arten von Systemaudits unterschieden (Bild 13.2). Eine vergleichbare Einteilung ist aber auch für Produkt- und Prozessaudits möglich. Die in Bild 13.2 genannten Aufgaben müssten dafür entsprechend angepasst werden.

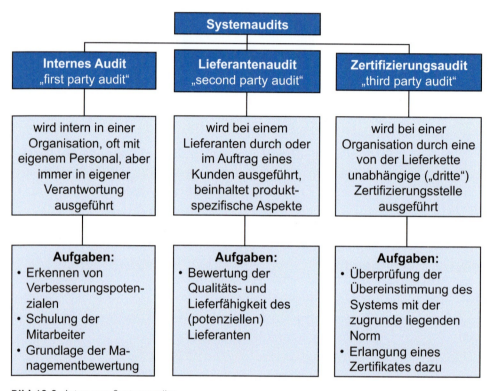

Bild 13.2 Arten von Systemaudits

Durchführung von Systemaudits

Einen Leitfaden zur Durchführung von internen Systemaudits und zur Qualifizierung von internen Auditoren bietet die o. g. DIN EN ISO 19011. In der Ausgabe von 2018 wurde auch für die Auditierung ein risikobasierter Ansatz aufgenommen. Dabei geht es einerseits darum, zu ermitteln, welches Risiko für die Erreichung der Auditziele besteht, und entsprechende Gegenmaßnahmen zu treffen. So ein Risiko könnte z. B. nicht ausreichende Zeit sein, um Sachverhalte gründlich auditieren zu können, oder Nichtverfügbarkeit relevanter Ansprechpartner. Insofern sind Gegenmaßnahmen immer im Zusammenhang mit einer gründlichen und mit der zu auditierenden Organisation abgestimmten Auditplanung zu sehen. Ein weiterer Aspekt lt. ISO 19011 ist das Risiko, das für die auditierte Organisation durch die Durchführung des Audits erzeugt wird. Hier geht es insbesondere um Risiken, die sich aus der Anwesenheit des Auditteams ergeben, die die Vorkehrungen der Organisation für z. B. Gesundheit, Arbeitsschutz, Umwelt und Qualität der Produkte beeinflussen kann, indem z. B. die Prozessumgebung (s. ISO 9001, Kap. 7.1.4) negativ beeinflusst wird.

Ein Systemaudit wird lt. ISO 19011 in die in Bild 13.3 dargestellten Phasen unterteilt.

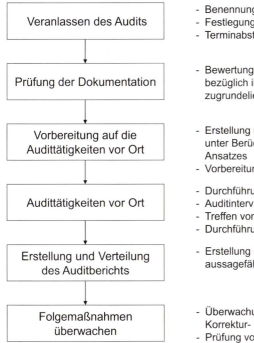

Bild 13.3 Ablauf eines Systemaudits (in Anlehnung an DIN EN ISO 19011 2018)

Je nach Art des Systemaudits erfolgt es auf unterschiedliche Veranlassung:

- *Interne Audits* werden für einen Zeitraum von ein bis drei Jahren in einem *Auditprogramm* vorgeplant. Dieses enthält den ungefähren Audittermin sowie die zu auditierenden Einheiten und Prozesse der Organisation. Falls in dieser Zeitperiode Audits durch externe Stellen zu erwarten sind, sollten sie in den Auditplan ebenso integriert werden wie alle anderen geplanten Auditarten.
- *Lieferantenaudits* werden vor der *Zulassung* eines Lieferanten bzw. nach aufgetretenen *Problemen* veranlasst, während
- *Zertifizierungsaudits* auf Basis einer *vertraglichen Vereinbarung* mit einer Zertifizierungsstelle im strengen *Jahresrhythmus* stattfinden (siehe Kapitel 13.2).

Jedem Audit wird ein *Audit(team)leiter* und je nach Umfang des durchzuführenden Audits eine entsprechende Zahl von *Co-Auditoren* zugewiesen.

Zu einem Systemaudit gehört entsprechend Bild 13.1 immer als erster Schritt eine *Prüfung der Dokumentation* des Managementsystems auf Übereinstimmung mit dem zugrunde liegenden Regelwerk.

Daran schließt sich eine detaillierte Planung der Durchführung der Audittätigkeit vor Ort an. Dieser *Auditplan* wird vom Auditleiter erstellt, mit der Organisation abgestimmt und sollte den risikobasierten Ansatz berücksichtigen. Weiterhin werden in dieser Phase notwendige *Arbeitsdokumente vorbereitet.* Das können z. B. Fragelisten sein, die sich insbesondere für noch nicht erfahrene Auditoren bewährt haben. Diese Checklisten sollen helfen, während des Audits alle notwendigen Punkte anzusprechen. Einen Auszug aus einer solchen Checkliste zeigt Bild 13.4 für den International Railway Industry Standard bzw. die ISO/TS 22163. Darin gibt es geschlossene Fragen, die nur mit Ja/Nein beantwortet werden, und auch offene Fragen mit den Bewertungsstufen null Punkte (insufficient) bis vier Punkte (optimized). Die Grundanforderungen des Standards sind jeweils mit zwei Punkten (defined) erfüllt.

7.5	Dokumentierte Information		
7.5.1	Allgemeines		
7.5.1-1	Das Qualitätsmanagementsystem der Organisation muss beinhalten: a) die von dieser Internationalen Norm geforderte dokumentierte Information; b) dokumentierte Information, welche die Organisation als notwendig für die Wirksamkeit des Qualitätsmanagementsystems bestimmt hat. (1)		
7.5.2	Erstellen und Aktualisieren		
7.5.2-1	Beim Erstellen und Aktualisieren dokumentierter Information muss die Organisation a) angemessene Kennzeichnung und Beschreibung (1); b) angemessenes Format (2) und Medium (3); c) angemessene Überprüfung und Genehmigung im Hinblick auf Eignung und Angemessenheit sicherstellen.	Plus: Falls dokumentierte Informationen für nicht geeignet oder angemessen gehalten werden, werden diesbezügliche Maßnahmen eingeleitet.	Plus: Beim Fehlen vertraglicher Verpflichtungen verständigt sich die Organisation mit dem Kunden über die Identifizierung, Beschreibung, das Format und die Medien für dokumentierte Liefergegenstände.

Bild 13.4 Auszug aus der Checkliste für die ISO/TS 22163 (Quelle: UNIFE)

Eine besondere Bedeutung kommt den *Audittätigkeiten vor Ort* zu: Nach einem *Eröffnungsgespräch* – in dem sich die am Audit beteiligten Führungskräfte und die Auditoren miteinander bekannt machen, letzte Änderungen am Auditplan abgestimmt werden und die Durchführung des Audits erläutert wird – finden an den Arbeitsplätzen der auditierten Personen (Führungskräfte und Mitarbeiter der Organisation) *Auditinterviews* statt. Dabei obliegt es den Auditoren, durch das Schaffen einer angenehmen Auditatmosphäre und eine entsprechende Gesprächsführung sicherzustellen, dass sie korrekte Informationen zur Durchführung der Tätigkeiten der befragten Personen erhalten. Hierbei spielt die Vorlage von Aufzeichnungen zum objektiven Nachweis durchgeführter Aktivitäten eine herausragende Rolle. Auf Basis dieser Aufzeichnungen sowie der mündlichen Kommunikation müssen die Auditoren bewerten, ob die zugrundeliegende Norm eingehalten und die Systemdokumentation korrekt angewendet wird. Diese Bewertung führt zu sogenannten *Auditfeststellungen*. Werden dabei Defizite deutlich – sogenannte *Abweichungen* –, verlangen die Auditoren die Durchführung geeigneter *Korrekturmaßnahmen*. Darüber hinaus werden sie auf Basis ihrer Kenntnisse und Erfahrungen *Empfehlungen* aussprechen, wie die Effizienz des Managementsystems weiter verbessert werden kann (siehe Kasten „Beispiele für Auditfeststellungen in einem Qualitätsmanagementaudit nach DIN EN ISO 9001").

In einem *Abschlussgespräch* am Ende eines – oft auch mehrtägigen – Audits ist es Aufgabe des Auditleiters, die Abweichungen und Empfehlungen dem Führungskreis der auditierten Organisation zu erläutern und die notwendigen Korrekturmaßnahmen zu vereinbaren.

Nach Abschluss der Audittätigkeiten vor Ort erstellt der Auditleiter einen aussagekräftigen *Bericht* über die Durchführung des Audits und die getroffenen Feststellungen.

Wurden während des Audits eine Vielzahl bzw. schwerwiegende Abweichungen festgestellt, wird deren Erledigung und Wirksamkeit in einem Nachaudit überprüft. In den übrigen Fällen wird die Organisation durch Zusendung entsprechender Nachweise den Auditoren gegenüber die wirksame Erledigung der Maßnahmen nachweisen. Nur durch die *konsequente Verfolgung* der wirksamen Erledigung der vereinbarten *Folgemaßnahmen* durch das Auditteam wird das Audit zu einem wertvollen Werkzeug bei der Verbesserung des Managementsystems.

Da Audits als Überwachungsmaßnahmen des Managements anzusehen sind, werden sie von den Mitarbeitern häufig als bedrohend empfunden. Für die Unternehmensleitung empfiehlt es sich daher, eine Kultur zu pflegen, in der Audits als wertvolle Informationsinstrumente erkannt werden. Dazu darf es keine Schuldzuweisung als Folge entdeckter Abweichungen geben. Sowohl interne als auch externe Auditoren haben ohnehin nicht die Aufgabe, Schuldige zu ermitteln.

Audits als Chance zur Verbesserung

Vielmehr muss durch das Management drauf geachtet werden, dass die Nutzung der aufgezeigten Möglichkeiten der Unternehmensentwicklung im Vordergrund steht.

Beispiele für Auditfeststellungen in einem Qualitätsmanagementaudit nach DIN EN ISO 9001

Feststellung 1: Die Auditoren stellen fest, dass ein oder mehrere Schulungsnachweise über durchgeführte Schulungen in der Organisation nicht vorhanden waren.

Bewertung: Da die DIN EN ISO 9001 die Aufbewahrung *dokumentierter Information als Nachweis der Kompetenz* fordert (vgl. DIN EN ISO 9001:2015, Kapitel 7.2 d)), ist das ein Verstoß gegen die Norm und die Auditoren werden eine Korrekturmaßnahme fordern.

Feststellung 2: Die vorhandenen Schulungsaufzeichnungen sind nicht den Personalakten der Mitarbeiter zugeordnet, sondern in einem gesonderten Ordner unsortiert abgeheftet. Dadurch wird die Übersicht, wer welche Schulungen absolviert hat, erschwert und das Auffinden eines bestimmten Nachweises gestaltet sich mühsam. Die Systemdokumentation enthält keine Vorgabe zur Art und Weise der Ablage der Schulungsnachweise.

Bewertung: *Wie* die Aufzeichnungen abzulegen sind, wird von der DIN EN ISO 9001 nicht gefordert. Insofern liegt kein Verstoß gegen die Norm oder die Systemdokumentation vor. Die Auditoren werden aber empfehlen, die Unterlagen wenigsten chronologisch zu sortieren und am besten in die Personalakten der Mitarbeiter einzufügen.

13.1.2 Prozess- und Verfahrensaudits

In der Praxis werden die Begriffe Prozessaudit und Verfahrensaudit häufig synonym verwendet. Die Definition eines Prozesses als eine Verkettung von Tätigkeiten haben wir bereits erläutert (siehe Kapitel 6).

Verfahren

Festgelegte Art und Weise, eine Tätigkeit oder einen Prozess auszuführen.
Anmerkung: Verfahren können dokumentiert sein oder nicht.
(DIN EN ISO 9000:2015)

Verfahrensaudit und Prozessaudit

Bei einem Verfahrensaudit geht es um eine Prüfung, bei der nicht nur die Art und Weise betrachtet wird, in der ein Prozess abläuft, sondern auch unter welchen sonstigen Bedingungen und mit welchem Ergebnis das geschieht. Daher greift die Bezeichnung Verfahrensaudit eigentlich zu kurz. Da es sich bei der auditierten Einheit um einen betrieblichen oder organisatorischen Prozess handelt, wollen wir im Folgenden den Namen Prozessaudit verwenden.

Grundsätzlich können die Anforderungen, die an einen Prozess gestellt werden, in die folgenden Gruppen zusammengefasst werden:

Anforderungen an einen Prozess

- *Merkmale* des Prozesses wie
    - Prozessdauer,
    - Prozessfähigkeit und
    - Ausbeute.
- Die *Art und Weise*, wie der Prozess durchgeführt wird. Die einzelnen Anforderungen werden meist nach den Haupteinflüssen auf den Prozess gruppiert, beispielsweise wie folgt:
    - *Mensch*: Sind die Mitarbeiter für das Betreiben des Prozesses hinreichend qualifiziert und wurden sie in ihre Arbeitsplätze hinreichend eingewiesen?
    - *Maschine* (Mittel): Werden die richtigen Betriebsmittel eingesetzt und sind sie entsprechend den Vorgaben eingestellt? Werden sie nach Vorschrift gereinigt und gewartet?
    - *Methode* (Verfahren): Werden die Tätigkeiten im Prozess entsprechend den dokumentierten Verfahrensanweisungen durchgeführt?
    - *Material:* Werden die vorgeschriebenen Rohteile, Schneidstoffe, Betriebs- und Hilfsmittel verwendet?
    - *Umwelt*: Entsprechen die Umweltbedingungen den Vorgaben?

Die in der Aufzählung genannten Merkmalsgruppen können je nach der Komplexität des zu auditierenden Prozesses viele einzelne Merkmale enthalten. Deshalb muss man mit Rücksicht auf den Prüfungsaufwand für das Prozessaudit entweder den Prozess in Unterprozesse zerlegen oder eine Auswahl der zu betrachtenden Prozessmerkmale treffen.

Wegen der Vielzahl der zu berücksichtigenden Informationen muss für ein Prozessaudit eine eigens darauf abgestimmte Checkliste erstellt werden. Es wird selten möglich sein, auf vorgefertigte Checklisten zurückzugreifen. Ein Beispiel enthält der Kasten „Beispiel: Checkliste Prozessaudit".

Checkliste für ein Prozessaudit

Bei der Erstellung der Checkliste bietet sich eine gute Gelegenheit, die Dokumentation zum Prozess auf Vollständigkeit und Richtigkeit zu überprüfen.

Beispiel: Checkliste Prozessaudit

Das hier vorgestellte Beispiel ist eine gekürzte, verallgemeinerte Frageliste für ein Prozessaudit in Fertigungsbereichen. Die genannten Kategorien der Prozessanforderungen lassen sich hier leicht identifizieren.

Frageliste (gekürzt):

1 **Prozessplanung**
   1.1 Liegen die Anforderungen an das Produkt (Lastenheft, technische Lieferbedingungen, Qualitätsforderungen, Gesetze, Umweltforderungen, Menge) und die Funktion des Produkts vor?
   1.2 Gibt es Änderungen am Produkt, die nicht in der Dokumentation berücksichtigt sind?
   1.3 Sind alle erforderlichen Dokumente verfügbar und aktuell (Zeichnungen, Spezifikationen etc.)?
   1.4 Ist der Prozessablauf vollständig beschrieben (z. B. Flussdiagramm)?
   1.5 Ist das Prozessrisiko untersucht worden (Prozess-FMEA)?
   1.6 Sind geltende Arbeitssicherheitsvorschriften bei der Prozessplanung eingehalten?

2 **Prozessverifizierung**
   2.1 Sind alle Einrichtungen, Betriebs- und Prüfmittel erfasst und freigegeben?
   2.2 Ist die Eignung der verwendeten Prüfmittel geprüft?
   2.3 Sind die Fertigungsunterlagen für alle Prozesselemente vollständig und aktuell? (Einricht-, Fertigungsplan, Arbeits-, Prüf- und Packanweisung)
   2.4 Werden die Prüftätigkeiten in geforderter Weise dokumentiert?
   2.5 Ist Materialvermischung bzw. -verwechslung vermieden und die Rückverfolgbarkeit gewährleistet?
   2.6 Wird fehlerhaftes Material eindeutig aus dem Materialfluss entfernt?
   Werden Regeln für Ordnung/Sicherheit/Sauberkeit eingehalten?
   2.8 Werden Werkzeuge, Vorrichtungen und Prüfmittel sachgemäß gelagert?
   2.9 Liegen Wartungs-/Instandhaltungspläne vor?

3 **Wareneingang Produktionsmaterial**
   3.1 Ist die Qualitätsfähigkeit der Unterlieferanten des Produktionsmaterials geprüft (Auditergebnisse)?
   3.2 Sind mit den Unterlieferanten Zielvereinbarungen für Anlieferqualität und Prozessfähigkeit abgestimmt?
   3.3 Ist das Produktionsmaterial zur Serienlieferung freigegeben?
   3.4 Wird das Produktionsmaterial produktgerecht gelagert?
   4.4 Verfügt das Personal über die erforderliche Qualifikation/Zulassung?
5 **Fehleranalyse – Korrekturmaßnahmen – kontinuierliche Verbesserung**
   5.1 Werden Qualitäts- und Prozessdaten vollständig und auswertbar erfasst?
   5.2 Sind für Produkte und Prozesse Zielvorgaben vorhanden?
   5.3 Werden bei Abweichungen die Ursachen analysiert und eingeleitete Korrekturmaßnahmen auf Wirksamkeit überprüft?

Quelle: *http://wiki.fed.de/index.php/Fragenkatalog_Prozessaudit;* gekürzt

Auch bei der Durchführung eines Prozessaudits werden die notwendigen Informationen nicht nur durch Tätigkeiten wie Messen, Prüfen und Vergleichen, sondern auch durch persönliche Gespräche gewonnen. Insofern sind die Anforderungen an die *Kompetenz* der Auditoren mit denen für ein Systemaudit vergleichbar.

Anforderungen an die Auditoren

13.1.3 Produktaudits

Das Produktaudit ist eine Qualitätsprüfung von Produkten, wobei hierunter auch Dienstleistungen als immaterielle Produkte zu verstehen sind. Im Rahmen des Produktaudits wird festgestellt, inwieweit die Merkmale der betrachteten Produkte die jeweiligen Spezifikationen erfüllen. Das Produktaudit unterscheidet sich wesentlich von Qualitätsprüfungen, wie sie im Rahmen der Qualitätslenkung von den zuständigen operativen Stellen gemäß den Fertigungs- und Prüfplänen durchgeführt werden:

Produktaudit

- Es werden *Stichproben* geprüft, deren Umfang klein ist.
- Die Stichproben beinhalten Produkte, die bereits von den zuständigen Stellen geprüft und freigegeben worden sind.
- In die Prüfung werden möglichst viele der spezifizierten Merkmale einbezogen.
- Nach Möglichkeit sollten nicht die Prüfmittel der Serienüberwachung eingesetzt werden.
- Die Prüfung sollte nach Möglichkeit auch Anforderungen von Kunden berücksichtigen.

Da beim Produktaudit nur kleine Stichproben geprüft werden, sind die Ergebnisse statistisch nicht signifikant. Dabei ist aber auch die folgende Überlegung statistisch begründet: Falls man in einer kleinen Stichprobe einen Fehler findet, ist es wenig wahrscheinlich, dass es sich um einen seltenen Fehler handelt. Vielmehr ist anzunehmen, dass dieser Fehler häufiger vorkommt und daher vorrangig abzustellen ist. Ein Produktaudit hat gerade die Aufgabe, solche (Serien-)Fehler aufzudecken.

Aussagekraft der Ergebnisse

Führt man Produktaudits *regelmäßig* durch, kann man aus den Datenreihen Schlüsse ziehen, auch wenn die Einzelwerte nicht statistisch gesicherte Aussagen ermöglichen. Beispielsweise lassen Trends in der Zeit Verbesserungen oder Verschlechterungen des Produkts vermuten und auch Vergleiche zwischen Betriebsteilen oder unterschiedlichen Standorten sind schlüssig, wenn sich mehrere Einzelwerte aus Produktaudits immer in der gleichen Weise unterscheiden.

Wenn es sich beim auditierten Produkt um ein einfaches Einzelteil handelt, kann man alle seine spezifizierten Merkmale in die Prüfung einbeziehen. Mit zunehmender Komplexität des Produkts wird das nicht mehr möglich sein. Wenn ein Einzelteil viele spezifizierte Merkmale aufweist, wird man nur eine Auswahl davon in die Audit-Checkliste aufnehmen.

Produktaudit von Einzelteilen

Produktaudit von Zusammenbauten

Wenn es sich bei der auditierten Einheit um einen Zusammenbau handelt, lassen sich Einzelteile oft nicht mehr mit vertretbarem Aufwand demontieren und prüfen. In solchen Fällen werden anstatt der Teilemerkmale spezifizierte Funktionen des Zusammenbaus geprüft. Zusätzlich zu Produktmerkmalen und -funktionen kann es sinnvoll sein, weitere Kundenforderungen, etwa an Verpackung und Versand, in das Audit einzubeziehen. Anhand von zwei Beispielen soll gezeigt werden, wie ein Produktaudit mit seinen entsprechenden Checklisten aufgebaut sein kann.

> **Beispiel: Produktaudit bei einem elektromechanischen Relais**
>
> Beim Produkt handelt es sich um ein elektromechanisches Relais, das zur Steuerung der Kraftstoffpumpe eines Pkw eingesetzt wird. Im Rahmen des Produktaudits entnimmt der Auditor einmal wöchentlich eine Stichprobe von fünf versandfertigen Relais aus ihrer Verpackung und nummeriert sie. Die Prüfung ist in die folgenden vier Abschnitte unterteilt:
>
> - Versandprüfung (Beschriftung, Verpackung etc.),
> - visuelle und mechanische Prüfung im zusammengebauten Zustand,
> - visuelle, mechanische und elektrische Prüfung im teilweise zerlegten Zustand und
> - Funktionsprüfung.
>
> Beim Audit wird in der Versandabteilung eine Stichprobe von fünf Relais entnommen. Die einzelnen Prüfungen sind in einer Checkliste zusammengestellt (Bild 13.5).
>
> Jeder der vier Abschnitte enthält eine Reihe von Merkmalen, die von den Auditoren geprüft werden. Die Ist-Werte werden dabei mit den Vorgaben verglichen. Treten Abweichungen auf, werden diese durch ein Kreuz in der Spalte für den jeweiligen Prüfling gekennzeichnet.
>
> Die vorletzte Spalte enthält die im Voraus festgelegten Fehlerpunkte pro gefundenen Fehler. Durch die Fehlerpunkte wird eine Gewichtung der Fehler aus Kundensicht vorgenommen. In der letzten Spalte (Fehlerpunkte pro Teil) werden die in der Stichprobe insgesamt gefundenen Fehlerpunkte durch fünf dividiert und damit auf das einzelne Relais bezogen.
>
> Die Prüfmerkmale der Funktionsprüfung am Ende der Checkliste weisen aufgrund der entscheidenden Bedeutung für den Kunden (Funktionsversagen) die maximale Fehlergewichtung von 100 auf. Als Gesamtsumme aller Einzelwerte in der letzten Spalte ergibt sich die „Qualitätswertzahl" QWZ als Kennzahl für die Produktqualität der untersuchten Relais.
>
> Die Dauer des Produktaudits beträgt etwa zwei Stunden. Die ausgefüllte Checkliste dient gleichzeitig als Auditbericht und wird an die Geschäftsführung sowie an den zuständigen Produktionsleiter verteilt.

Produktaudit					
Kunde	Artikel Relais 27.0100		Zeichn.-Nr./Index	Blatt	von
Anzahl Prüflinge 5	Entnahmeort/Datum				
Prüfer	Unterschrift		Verteiler	

	Merkmal	Soll	Ist	Fehlerpkte. pro Fehler	Fehlerpkte. pro Teil
Ent- nahme- ort	Teilenummer	o. k.		30	
	Anzahl	o. k.		30	
	Sauberkeit	o. k.		5	
	Verpackungsart	o. k.		30	
	Lage in der Palette	o. k.		30	
Über- prüfung mit Kappe	• Bedruckung und Stempel richtig, sauber + lesbar	o. k.		30	
	• Lagerichtig eingekappt	o. k.		30	
	• Vernietung der Stecker in Grundplatte sauber und fest	o. k.		50	
	• Stecker grade und gleitend in Stecklehre	o. k.		50	
Über- prüfung ohne Kappe	• Kappe enthält keine Fremdteile	o. k.		30	
	• Zinnspritzer Lötkugel	o. k.		30	
	• Kalte Lötstelle	o. k.		100	
	• Kontakte fluchten von Mitte ± 1 mm	o. k.		30	
	• Wicklung hat keine Berührung mit Joch	o. k.		100	
	• Spulenanschlüsse richtig eingelötet	o. k.		30	
	• Zugfeder richtig eingehängt	o. k.		50	
	• Litze nicht ausgefranst (Verschweißung)	o. k.		30	
	• Verstemmung Anker/Blattfeder	o. k.		30	
	• Neg. Pol der Elkos in eine Richtung	o. k.		50	
	• Durchzugsspannung	≤ 7,9 V		50	
	• Abfallspannung	≥ 2,0 V		30	
	• Kontaktabstand	≥ 0,4 mm		30	
	• Kontaktkraft	≥ 180 cN		50	
	• Vorglühzeit	3–5 s		100	
	• Bereitschaftszeit	8–12 s		100	
	• Nachglühzeit	145–215 s		100	
				QWZ	

Bild 13.5 Formblatt Produktaudit „Relais" (Quelle: quo connect)

Als Beispiel für einen *komplexen* Zusammenbau, der aus mehr als 6000 Einzelteilen besteht, dient im Folgenden ein Automobil. Ein entsprechendes Produktaudit muss so gestaltet werden, dass es mit einem vertretbaren Aufwand durchgeführt werden kann.

Beispiel: Produktaudit bei einem Automobil

Bei einem Automobilhersteller werden für das Produktaudit täglich drei Fahrzeuge eines Typs aus der Produktion entnommen. Entnahmeort ist die Versandfläche. Das bedeutet, dass die Fahrzeuge bereits serienmäßig geprüft und als fehlerfrei zum Versand freigegeben worden sind. Das Audit ist in mehrere Gruppen unterteilt:

- Sichtprüfung für Finish, Fehlteile und fehlerhaft montierte Teile,
- Funktionsprüfung der Elektrik,
- Wasserdichtigkeit der Karosserie und
- Probefahrt.

Bild 13.6 zeigt eine Seite aus der 108-seitigen Checkliste, die der Automobilhersteller verwendet. Diese Checkliste wird genutzt, um die festgestellten Beanstandungen an dem geprüften Fahrzeug zu dokumentieren. Eine Beanstandung besteht aus dem Beanstandungsort (erste Spalte in der Checkliste), der Beanstandungsart (BA) und der Beanstandungsgewichtung (W). Die Beanstandungsgewichtung richtet sich dabei nach einer fahrzeugspezifischen Zoneneinteilung (Zone). Stellt der Auditor beispielsweise eine Polierstelle auf der Frontklappe außen fest, trägt er in der Checkliste in die erste Zeile und den Spalten „BA" und „W/Zone" die Zeichenkombinationen OPP und C1 ein. Die Definitionen dafür sind in einem getrennten Dokument festgelegt. Nach Abschluss des Audits wird nach einem vorgegebenen Berechnungsverfahren eine Kennzahl, die sogenannte Qualitätsklasse, für das Fahrzeug ermittelt.

Die Dauer des Produktaudits beträgt etwa vier Stunden pro Fahrzeug. Die ausgefüllte und ausgewertete Checkliste liegt dem Auditbericht bei, der an die Geschäftsführung sowie an den zuständigen Produktionsleiter verteilt wird.

Quelle: Volkswagen

VOLKSWAGEN AG	Fahrzeugaudit Master Liste	Technisches Qualitätscontrolling K-GQS-7

Code Prüfpunkt	Ort	BA	W/Zone	BA	W/Zone	BA	W/Zone
5522 Frontklappe außen	A						
5522 Frontklappe innen	I						
55229 Dichtung Frontklappe							
55223 Dekorfolie Frontklappe							
66443 Abdeckung Frontklappe							
55224 Schriftzugfolie Frontklappe							
66042 Frontklappe Lüftungsgitter							
5518 Fanghaken Frontklappe							
55141 Fanghakenentriegelung Frontklappe							
55801 Schloss Frontklappe							
5038 Schlossträger links	L						
5038 Schlossträger Mitte	M						
5038 Schlossträger rechts	R						
5514 Zug Deckelschlossentriegelung vorn							
55191 Zentrierung Frontklappe links	L						
55191 Zentrierung Frontklappe rechts	R						
5530 Stützstange Frontklappe							
5531 Gasdruckfeder Frontklappe							
55225 Gummipuffer Frontklappe							
552210 Folie Anschlagpuffer Frontklappe							
55221 Serviceklappe/Wartungsdeckel vorn							
55222 Dichtung Wartungsdeckel vorn							
70171 Dämmmatte Frontklappe							
50956 Verschlussstopfen Frontklappe	L						
50956 Verschlussstopfen Frontklappe	R						
5525 Deckelscharnier vorn links	L						
5525 Deckelscharnier vorn rechts	R						
55251 Abdeckung Deckelscharnier v. li.	L						
55251 Abdeckung Deckelscharnier v. re.	R						
92541 Kabel-/Schlauchführung Frontklappe							
66011 Frontend							
5532 Cw-Leiste links	L						
5532 Cw-Leiste rechts	R						
5532 Cw-Leiste Frontend							
66012 Blende Frontend links	L						
66012 Blende Frontend rechts	R						
66013 Zierleiste Abschluss vorn Frontend							
50955 Verschlussstopfen Vorderwagen							
5011 Abschlussblech vorn unten							
66492 Folien allgemein							
66501 Zertifikat/Klebezettel allgemein							
28204 Hinweisschild Zündanlage							
19082 Hinweisschild Kühlmittel							

Datum 01.11.2006

Bild 13.6 Checkliste Produktaudit „Automobil" (Quelle: Volkswagen)

■ 13.2 Zertifizierung

Industrieunternehmen und auch einige Behörden fordern von ihren Lieferanten den Nachweis der Anwendung einer allgemeinen oder branchenspezifischen Qualitätsmanagementnorm (siehe Kapitel 8). Dadurch soll erreicht werden, dass die Voraussetzung für die Qualitätsfähigkeit des Lieferanten gegeben ist. Es wird Vertrauen in die Qualität der Produkte geschaffen sowie die Basis für eine kontinuierliche Verbesserung gelegt.

Der *Nachweis der Anwendung einer Norm* wird dabei durch eine sogenannte *Zertifizierung* erbracht. Diese basiert auf Audits, die von einer *Konformitätsbewertungsstelle* durchgeführt werden. Dabei sind Konformitätsbewertungen vielfältig anwendbar, wie die folgende Definition verdeutlicht.

Konformitätsbewertung

Konformitätsbewertung: Darlegung, dass festgelegte Anforderungen erfüllt sind.

Anmerkung 1: Konformitätsbewertung schließt Tätigkeiten ein, die in dieser internationalen Norm an anderer Stelle definiert sind, wie unter anderem Prüfen, Inspektion, Validierung, Verifizierung, Zertifizierung und Akkreditierung.

Gegenstand der Konformitätsbewertung: Objekt, für das die festgelegten Anforderungen gelten.

Beispiel: Produkt, Prozess, Dienstleistung, System, Installation, Projekt, Daten, Entwurf, Material, Behauptung, Person, Stelle oder Organisation oder eine Kombination dieser Begriffe.

(DIN EN ISO/IEC 17000:2020)

In derselben Norm wird der Begriff *Zertifizierung* definiert, der eng mit dem Begriff *Bestätigung* zusammenhängt:

Zertifizierung

Zertifizierung: Bestätigung durch eine dritte Seite, bezogen auf einen Gegenstand der Konformitätsbewertung, ausgenommen Akkreditierung.

(DIN EN ISO/IEC 17000:2020, Kap. 7.6)

Bestätigung

Bestätigung: Erstellen einer Aussage auf der Grundlage einer Entscheidung, dass die Erfüllung festgelegter Anforderungen dargelegt wurde.

Anmerkung: Die sich ergebende Aussage, in dieser internationalen Norm als „Konformitätsaussage" bezeichnet, soll die Sicherheit vermitteln, dass die festgelegten Anforderungen erfüllt wurden. Eine solche Bestätigung ist für sich allein keine vertragliche, gesetzliche oder anderweitige Garantie.

(DIN EN ISO/IEC 17000:2020, Kap. 7.3)

Als Zertifizierung bezeichnet man somit die Bestätigung der Übereinstimmung (Konformität) eines Gegenstands mit festgelegten Anforderungen durch eine unabhängige Konformitätsbewertungsstelle. Für diese ist auch der Begriff *Zertifizierungsstelle* gebräuchlich. Auch eine Zertifizierungsstelle wird einer Konformitätsbewertung unterzogen. Die Anforderungen dafür sind in der DIN EN ISO/IEC 17021-1:2015 *Konformitätsbewertung – Anforderungen an Stellen, die Managementsysteme auditieren und zertifizieren – Teil 1: Anforderungen* festgelegt. Diese Konformitätsbewertung wird laut DIN EN ISO/IEC 17000:2020 als *Akkreditierung* bezeichnet. In Kapitel 13.3 erläutern wir den Begriff näher.

Zertifizierungsstelle

Den Zusammenhang zwischen Akkreditierung und Zertifizierung verdeutlicht Bild 13.7 am Beispiel der Zertifizierung von Managementsystemen. Dabei wird die Zertifizierung des Managementsystems der Organisation durch *Auditoren* durchgeführt, die eine entsprechende Qualifikation nachweisen müssen. Dazu müssen sie bei einer Konformitätsbewertungsstelle für Personen – *Personalzertifizierungsstelle* genannt – eine Prüfung ablegen und erhalten dann ein Zertifikat, das ihre Befähigung bestätigt. Diese Befähigung gilt für die Dauer von drei Jahren und muss danach erneuert werden.

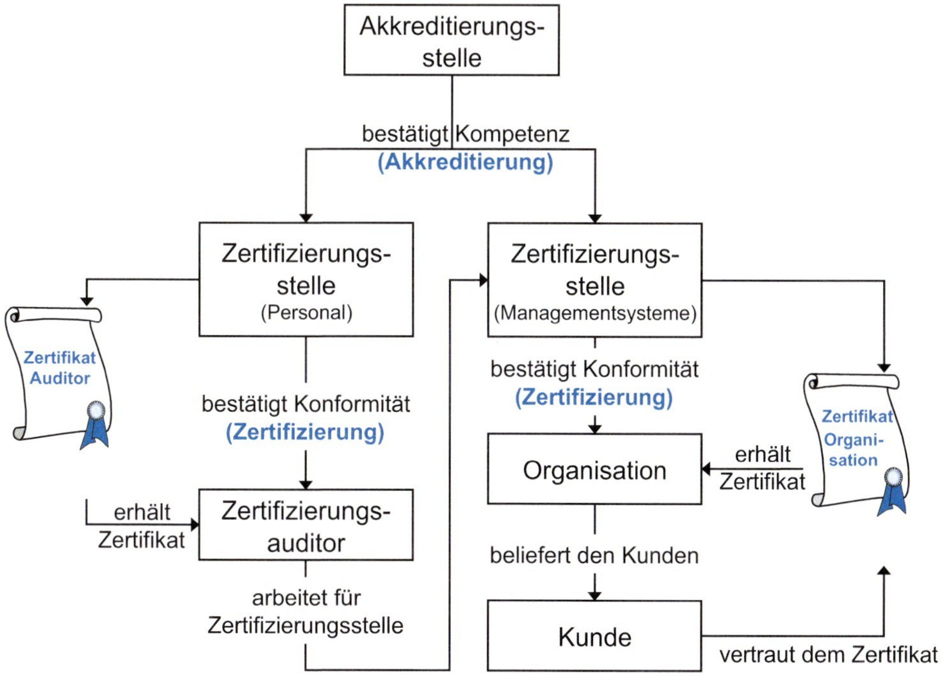

Bild 13.7 Zusammenhang zwischen Akkreditierung und Zertifizierung am Beispiel der Zertifizierung von Managementsystemen

In der Regel werden die Auditoren bei der Zertifizierungsstelle nicht angestellt, sondern führen diese Tätigkeit frei- und/oder nebenberuflich durch.

Bedeutung einer akkreditierten Zertifizierung

Aufgabe der Zertifizierungsstellen ist die Bestätigung der Einhaltung von Anforderungen an Personen, Produkte, Prozesse oder Systeme, z. B. auf der Basis von Audits oder Inspektionen. Dabei ist zu unterscheiden zwischen dem *gesetzlich geregelten Bereich* und dem *nicht gesetzlich geregelten Bereich*. Für den gesetzlich geregelten Bereich werden Akkreditierungen der Zertifizierungsstellen in gesetzlichen Vorschriften gefordert und auch die durch die Zertifizierungsstelle zu überprüfenden Anforderungen stammen zumindest teilweise aus solchen Vorschriften. Das betrifft z. B. Medizinprodukte.

Im nicht gesetzlich geregelten Bereich kommen diese Anforderungen oft aus Normen (vgl. Kapitel 12 „Qualitätsmanagementsystem und Normen").

Im nicht gesetzlich geregelten Bereich kann jede beliebige Person oder Einrichtung ein Zertifikat ausstellen und in diesem beispielsweise bescheinigen, dass ein Unternehmen ein Qualitätsmanagementsystem in Übereinstimmung mit der ISO 9001 eingeführt hat. Ein solches Zertifikat hat jedoch keinen Wert, da es von einer nicht vertrauenswürdigen Stelle ausgestellt wurde. Wert erhält es nur, wenn es im Zuge einer *akkreditierten Zertifizierung* entsteht, d. h., wenn die Zertifizierungsstelle akkreditiert ist. Erkennbar ist eine akkreditierte Zertifizierung an einem auf das Zertifikat gedruckten Zeichen der Deutschen Akkreditierungsstelle (DAkkS) sowie einem Akkreditierungsvermerk.

Die gleiche Argumentation gilt auch für die bereits erwähnten Personalzertifizierungsstellen: Damit ein Auditorenzertifikat einer solchen Stelle einen Wert erhält, muss die Personalzertifizierungsstelle akkreditiert sein. Dadurch wird ein einheitliches Qualifikationsniveau der Auditoren sichergestellt. Anforderungen an die Qualifikation von Zertifizierungsauditoren sind in der Norm DIN EN ISO/IEC 17021 festgelegt, die aus mehreren Teilen besteht.

Scopes

Zertifizierungsauditoren erhalten ihre Zulassung dabei grundsätzlich nur für Branchen, in denen sie über eine Berufserfahrung von mindestens drei oder fünf Jahren verfügen (vgl. DIN EN ISO/IEC 17021). Diese Zulassung für eine Branche wird Scope genannt. Die Branchen sind dabei in einer international einheitlichen Liste definiert, dem EAC-Code (Branchencode der European Co-operation for Accreditation, EA). Für ein Zertifizierungsaudit muss mindestens einer der beteiligten Auditoren einen Scope haben, der der Branche des zu auditierenden Unternehmens entspricht. Entspricht die Tätigkeit der Organisation mehreren Scopes, können diese durch ein Auditorenteam abgedeckt werden.

Ablauf eines Zertifizierungszyklus von Managementsystemen

Den Ablauf einer Zertifizierung (siehe Bild 13.8) wollen wir am Beispiel der Zertifizierung von Qualitätsmanagementsystemen erläutern. In vergleichbarer Weise läuft die Zertifizierung auch für andere Managementsysteme (z. B. für Umwelt- oder Arbeitsschutz) ab.

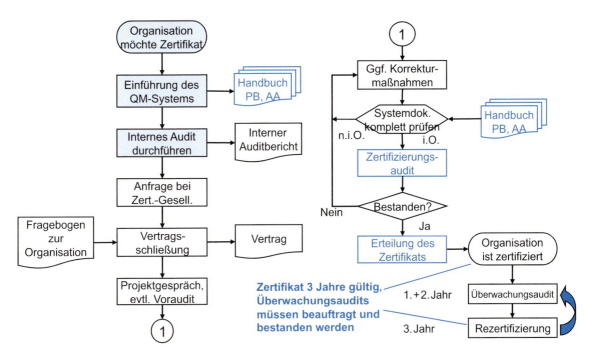

Bild 13.8 Ablauf eines Zertifizierungsverfahrens

Nach dem Aufbau des Qualitätsmanagementsystems wird die Organisation sich zunächst mit *internen Audits* vergewissern, ob das System in vollem Umfang der zugrunde liegenden Norm entspricht. Danach wird die Organisation eine oder mehrere Zertifizierungsstellen anfragen. Dabei hat die Organisation in Deutschland für ein Zertifikat nach ISO 9001 die Möglichkeit, zwischen 132 (Stand 25. Februar 2021; Quelle: *www.dakks.de*) akkreditierten Zertifizierungsstellen zu wählen.

Basis für die spätere *Vertragsschließung* ist ein Fragebogen zur Organisation, der als Ausgangspunkt für die Berechnung der notwendigen *Anzahl der Audittage* dient (siehe Kasten „Festlegung der Anzahl der Audittage").

Nach der Vertragsschließung kann optional ein sogenanntes *Voraudit* durchgeführt werden, bei dem die Zertifizierungsstelle prüft, ob ein Zertifizierungsaudit Aussicht auf Erfolg hat. Werden bei dem Voraudit Mängel festgestellt, müssen diese zunächst beseitigt werden.

Vor Beginn des eigentlichen Zertifizierungsaudits vor Ort prüft die Zertifizierungsstelle die komplette Systemdokumentation in einem *Stufe-1-Audit*. Dieses Audit wird im Allgemeinen einige Wochen vor dem Zertifizierungsaudit stattfinden und sollte laut ISO 17021 vor Ort im Unternehmen erfolgen.

Wurden im Stufe-1-Audit keine größeren Mängel gefunden bzw. diese beseitigt, kann das *Stufe-2-Audit* – das Zertifizierungsaudit vor Ort – folgen.

> **Festlegung der Anzahl der Audittage**
>
> Diese Anzahl ist international einheitlich und verbindlich durch das IAF (*International Accreditation Forum*) vorgeschrieben, um die Qualität der Zertifizierungsaudits zu sichern. Laut IAF MD 5 vom 7. Mai 2019 wird z. B. für das Erstaudit eines Qualitätsmanagementsystems in Abhängigkeit von der Anzahl der Mitarbeiter der Organisation Folgendes festgelegt:
>
> | | | |
> |---|---|---|
> | 6 bis 10 Mitarbeiter | = | 2 Manntage |
> | 86 bis 125 Mitarbeiter | = | 7 Manntage |
> | 276 bis 425 Mitarbeiter | = | 10 Manntage |
>
> Ein Manntag bezeichnet dabei die Arbeitsleistung eines Auditors von acht Stunden (IAF MD 5).
>
> Da für große Organisationen mit mehreren Standorten damit ein nicht mehr handhabbarer Auditaufwand entsteht, wurde die Möglichkeit sogenannter *Multi-Site-Verfahren* (Matrixzertifizierung) geschaffen. Dabei wird bei einer Organisation, die aus mehreren Standorten besteht, nicht mehr jeder Standort auditiert, sondern nur eine Anzahl, die sich aus der Wurzel der Anzahl der Standorte ableitet (IAF MD 1 2018). Dementsprechend sinken die internen und externen Zertifizierungskosten erheblich.

Wird dieses ohne Abweichungen (Nichtkonformitäten) bestanden, erteilt die Zertifizierungsstelle auf Basis des Berichts des leitenden Auditors ein *Zertifikat*, das bescheinigt, dass die Organisation ein Qualitätsmanagementsystem eingeführt hat, das der ISO 9001 entspricht.

Dieses Zertifikat gilt zunächst für drei Jahre, allerdings nur unter der Voraussetzung, dass in jedem der beiden folgenden Jahre *Überwachungsaudits* durchgeführt und bestanden werden.

Nach Ablauf der drei Jahre beginnt dieser Zyklus mit einem sogenannten Rezertifizierungsaudit und zwei darauffolgenden Überwachungsaudits für weitere drei Jahre von vorne.

Für die einzelnen Audits wird eine unterschiedliche Bezeichnung gewählt, da diese sich im Umfang erheblich unterscheiden. Die im IAF MD 5 vorgeschriebene Anzahl der Manntage bezieht sich auf das Erstaudit inklusive Prüfung der Systemdokumentation. Für die Überwachungsaudits beträgt der Aufwand nur ca. 33 % davon und für das Rezertifizierungsaudit ca. 66 % (IAF MD 5).

Motive für eine Zertifizierung von Managementsystemen

Es gibt eine Reihe von Motiven für Organisationen, sich zertifizieren zu lassen. Diese Motive werden üblicherweise in nach innen und nach außen gerichtete Motive unterschieden (vgl. z. B. Brauer 2009). Zu den *nach außen gerichteten Motiven* gehören insbesondere die Verbesserung der Marktposition sowie die Erleichterung beim Nachweis der notwendigen Sorgfaltspflicht im Zusammenhang mit der Produkthaftung. Eine wirkliche Verbesserung der Marktposition ist aber nur in den Fällen zu erwarten, wo ein Zertifikat nicht bereits zum allgemeinen Standard gehört, wie das z. B. bei einer Zertifizierung nach ISO 9001 der Fall ist. Bis Ende 2019 wurden weltweit für über 1,2 Millionen Standorte ISO-9001-Zertifikate ausgestellt (ISO-Survey 2019). In Deutschland sind ca. 73 500 Standorte zertifiziert und ca. 68 % der zertifizierten Unternehmen halten die Investition in das Managementsystem für gut bis sehr gut in Bezug auf die Kosten-/Nutzenabwägung (QI-FoKuS 2021). In derselben Studie wird als Hauptmotiv für eine Zertifizierung nach ISO 9001 bzw. 14001 von den Unternehmen die Kundenforderung nach einer solchen Zertifizierung genannt.

Bei den nach *innen gerichteten Motiven* wird in der Literatur nicht immer klar zwischen den Motiven zum Aufbau eines Qualitätsmanagementsystems und den Motiven für dessen Zertifizierung unterschieden. Aus unserer Sicht sollte das interne Hauptmotiv für die Zertifizierung der Wille sein, mithilfe der beauftragten Auditoren Schwachstellen und Verbesserungspotenziale des Qualitätsmanagementsystems zu erkennen. Ein zweites wichtiges Motiv ist auch die Erhöhung bzw. Aufrechterhaltung der Disziplin bei der Einhaltung der Regelungen des Qualitätsmanagementsystems durch die jährlich wiederkehrenden Audits. Eine aktuelle Studie zeigt, dass diejenigen Unternehmen, die nicht nach ISO 9001 zertifiziert sind, als Hauptziel der Einführung des QMS interne Verbesserungen benennen (QI-FoKuS 2021).

Oft wird als Motiv für die Zertifizierung das Ziel der Dokumentation und Optimierung der eigenen Prozesse genannt. Dieses Ziel lässt sich aber auch ohne Zertifizierung des Systems erreichen und ist somit eher als Motiv für den Aufbau eines Qualitätsmanagementsystems zu werten.

13.3 Akkreditierung

Akkreditierung ist die Bestätigung durch eine dritte Seite, die formal darlegt, dass eine Konformitätsbewertungsstelle die Kompetenz, Unparteilichkeit sowie einheitliche Arbeitsweise besitzt, bestimmte Konformitätsbewertungsaufgaben durchzuführen.
(DIN EN ISO/IEC 17000:2020, Kap. 7.7)

Akkreditierung

Aufgrund der oft unüberschaubaren Angebotsvielfalt an Waren und Dienstleistungen fordern Kunden eine *objektive Bewertung* von deren Qualität bzw. des Anbieters. Um diesen Nachweis anzutreten, kann ein Lieferant sein Produkt bzw. Dienstleistung, Labor, Managementsystem usw. durch eine Konformitätsbewertungsstelle bewerten lassen. Dieser Vorgang wurde – wie in Kapitel 13.2 erläutert – oft auch Zertifizierung genannt. Dort wurde auch dargelegt, dass nur eine akkreditierte Zertifizierung als wertvoll anzusehen ist.

Bei der *Akkreditierung* von *Konformitätsbewertungsstellen*, auch Zertifizierungsstellen genannt, geht es um die *Bestätigung der Kompetenz* dieser Stellen. Damit soll sichergestellt werden, dass ein ausgestelltes Zertifikat von Behörden und Geschäftspartnern ohne eigene Überprüfung anerkannt wird bzw. ihm geglaubt werden kann. Dieses Ziel wird auch schon im Begriff *Akkreditierung* deutlich: Er kommt von dem lateinischen „accredere" (Glauben schenken).

Die Akkreditierung stellt damit

- ein einheitliches *Qualitätsniveau* der akkreditierten Stellen sowie
- das *Vertrauen* in diese sicher.

Wo verfügbar, sollten deshalb akkreditierte Anbieter bevorzugt werden. Während jedoch im Bereich der Zertifizierung von Managementsystemen ausnahmslos alle Zertifizierungsstellen akkreditiert sind, ist z. B. bei Prüf- und Kalibrierlaboratorien der Nachweis der Kompetenz durch eine Akkreditierung eher die Ausnahme als die Regel.

Akkreditierung in Deutschland

Seit 2003 wurde vonseiten der Europäischen Union verstärkt an einer Vereinheitlichung der nationalen Akkreditierungsregeln gearbeitet. Kernforderung der daraus entstandenen und 2008 verabschiedeten EU-Verordnung 765/2008 „Verordnung des Europäischen Parlamentes und des Rates über die Vorschriften für die Akkreditierung und Marktüberwachung im Zusammenhang mit der Vermarktung von Produkten" ist die Schaffung nur einer einzigen nationalen Akkreditierungsstelle.

Deutschland hat diese Vorschrift mit der zum 1. Januar 2010 gegründeten DAkkS – *Deutsche Akkreditierungsstelle GmbH* – national umgesetzt. Grundlage war dafür das Inkrafttreten des Gesetzes über die Akkreditierungsstelle (AkkStelleG) am 7. August 2009.

Die DAkkS arbeitet nicht gewinnorientiert und deckt die Tätigkeiten der bisherigen zahlreichen deutschen Akkreditierungsstellen vollständig ab.

Sie führt Akkreditierungen in den folgenden Bereichen durch (DAkkS 2021):

- Prüf- und Kalibrierlaboratorien, medizinische Laboratorien,
- Inspektionsstellen,
- Zertifizierungsstellen für Personen, für Managementsysteme, für Produkte, Prozesse und Dienstleistungen,

- Validierungs- und Verifizierungsstellen,
- Anbieter von Eignungsprüfungen (Ringversuchsanbieter),
- Referenzmaterialhersteller,
- Biobanken.

Die DAkkS hat eine fachbezogene Organisationsstruktur (siehe Bild 13.9) und verschiedene Organe gemäß ISO/IEC 17011 und GmbH-Gesetz. Entsprechend dem GmbH-Gesetz gibt es bei der DAkkS eine Gesellschafterversammlung und den Aufsichtsrat.

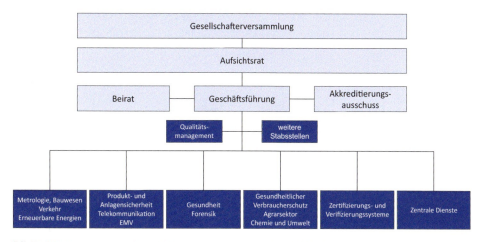

Bild 13.9 Organigramm der DAkkS, vereinfacht (Quelle: DAkkS 2021)

Darüber hinaus werden interessierte Kreise über den Beirat der DAkkS und einen Akkreditierungsausschuss eingebunden. Die Mitglieder des Beirats der DAkkS kommen aus verschiedenen interessierten Kreisen, unter anderem den Konformitätsbewertungsstellen, der Wirtschaft und den Verbraucherinnen und Verbrauchern. Die DAkkS untersteht der fachlichen Aufsicht der zuständigen Bundesministerien (DAkkS 2021).

Damit auf Akkreditierungen basierende Zertifizierungen weltweite Anerkennung finden, müssen international einheitliche Akkreditierungs- und Zertifizierungsregeln gelten. Erarbeitet und koordiniert werden diese Regeln durch das IAF (*International Accreditation Forum*), dem Weltverband der Akkreditierungsgesellschaften für Systeme, Produkte, Service und Personal. Mit seinem MLA (*Multilateral Recognition Arrangement*) zielt es auf die Anerkennung der Äquivalenz der Arbeit von Zertifizierungsstellen in den Ländern ab, in denen die Akkreditierungsstellen Mitglied im IAF sind (IAF 2015). Dabei besteht eine enge Zusammenarbeit mit der ISO, die durch die Normenreihe ISO 17000 ff. eine gute Basis für die weltweite Vereinheit-

IAF

lichung der Zertifizierung und Akkreditierung geschaffen hat (siehe Kasten „Die Normenreihe ISO 17000 ff.").

Das IAF hatte im Februar 2021 nationale Akkreditierungsgesellschaften aus 103 Ländern als Mitglieder (IAF 2021).

Bild 13.10 Organigramm des IAF, vereinfacht (Quelle: IAF 2021)

 Die Normenreihe ISO 17000 ff.

Mit der Normenreihe ISO 17000 ff. wird ein international einheitliches Vorgehen bei der Zertifizierung und Akkreditierung unterstützt. Aktuell gehören zu dieser Normenreihe z. B. die folgenden Normen:

DIN EN ISO/IEC 17000:2020-09 Konformitätsbewertung – Begriffe und allgemeine Grundlagen

DIN EN ISO/IEC 17011:2018-03 Konformitätsbewertung – Allgemeine Anforderungen an Akkreditierungsstellen, die Konformitätsbewertungsstellen akkreditieren

DIN EN ISO/IEC 17020:2012-07 Allgemeine Kriterien für den Betrieb verschiedener Typen von Stellen, die Inspektionen durchführen

DIN EN ISO/IEC 17021-1:2015-11 Konformitätsbewertung – Anforderungen an Stellen, die Managementsysteme auditieren und zertifizieren – Teil 1: Anforderungen

DIN EN ISO/IEC 17024:2012-11 Konformitätsbewertung – Allgemeine Anforderungen an Stellen, die Personen zertifizieren

DIN EN ISO/IEC 17025:2018-03 Allgemeine Anforderungen an die Kompetenz von Prüf- und Kalibrierlaboratorien

Der Ablauf einer Akkreditierung ist vergleichbar mit dem bereits dargestellten Ablauf einer Zertifizierung eines Qualitätsmanagementsystems. Auch bei einer Akkreditierung wird die Übereinstimmung eines Qualitätsmanagementsystems – das der Zertifizierungsstelle – mit dem zugrunde liegenden Regelwerk überprüft. Dieses Regelwerk besteht aus verschiedenen Normen der Normenreihe ISO 17000 ff. (siehe Kasten „Die Normenreihe ISO 17000 ff."), verpflichtenden Dokumenten des IAF sowie aus durch die DAkkS veröffentlichten Dokumenten. Darüber hinaus wird anhand von Stichproben die korrekte Umsetzung dieses Regelwerks geprüft, z. B. die Einhaltung der vorgeschriebenen Auditdauer.

Ablauf einer Akkreditierung

■ 13.4 Zusammenfassung

Audits sind ein zentrales und wirkungsvolles Werkzeug bei der Aufrechterhaltung und Verbesserung von Managementsystemen, Prozessen und Produkten. Sie stellen ein unverzichtbares Führungsinstrument im modernen Qualitätsmanagement dar.

Durch die systematische Vorgehensweise und die regelmäßige Ausführung von Audits wird sichergestellt, dass umfassende und realistische Daten vorliegen und konkrete Verbesserungspotenziale identifiziert werden können. Je nach der geprüften Einheit unterscheidet man System-, Produkt- und Prozessaudits. Ihr Unterschied in Zielsetzung und Vorgehensweise ist dadurch begründet, dass an Produkte, Prozesse und Systeme grundsätzlich andere Anforderungen gestellt werden.

Managementsystemaudits werden sowohl intern als auch durch Kunden (Lieferantenaudits) und Zertifizierungsstellen durchgeführt. Für diese Zertifizierungsaudits ist die Akkreditierung der ausführenden Zertifizierungsstelle eine absolute Notwendigkeit, um dem Zertifikat einen Wert zu verleihen. Für die internationale Gültigkeit und Anerkennung der Zertifikate sorgt dabei eine internationale Vereinheitlichung des Vorgehens bei der Akkreditierung und Zertifizierung. Diese Vereinheitlichung wird im Wesentlichen durch die ISO mit der Entwicklung weltweit gültiger Standards sowie durch das IAF mit der Veröffentlichung verbindlicher Regeln vorangetrieben. Eine sehr gute Übersicht über die Qualitätsinfrastruktur in Deutschland zeigt Bild 13.11, das auch die Bedeutung der Metrologie berücksichtigt.

Bild 13.11 Qualitätsinfrastruktur in Deutschland (Quelle: QI-FoKuS 2021)

Basis von wirkungsvollen Audits sind in jedem Fall gut ausgebildete Auditoren, die neben einer umfangreichen Berufserfahrung über spezielle Kenntnisse zur Durchführung und Auswertung von Audits verfügen müssen. International harmonisiert ist dabei jedoch nur die Ausbildung und Prüfung von Zertifizierungsauditoren.

■ 13.5 Aufgaben zur Wiederholung und Vertiefung

1. Wiederholen Sie die Definition der ISO 9000 für ein Audit. Welche Konsequenz hat das Wort unabhängig?
2. Erläutern Sie die Begriffe
   - Erstparteien-Audit,
   - Zweitparteien-Audit und
   - Drittparteien-Audit.

   Diskutieren Sie dabei die folgenden Punkte:
   - Wie sind die einzelnen Auditarten definiert?
   - Was ist ihr Ziel?
   - Auf welcher Grundlage finden sie statt?
   - Welchen Beitrag leisten diese Audits im Sinne eines Qualitätscontrollings?
   - Was ist die Veranlassung für solche Audits?
3. Welcher von den drei Begriffen aus Frage eins trifft zu, wenn ein Unternehmen bei einem seiner Lieferanten ein Audit durchführt?

4. Welche drei Arten von Qualitätsaudits kennen Sie in Bezug auf die drei Betrachtungsebenen im Qualitätsmanagement?
5. Nennen Sie je drei mögliche Anforderungen an ein Produkt, an einen Prozess und an ein System, deren Erfüllung in einem Audit geprüft werden könnte.
6. Was wird bei einem Systemaudit überprüft?
7. Erläutern Sie den Ablauf eines Systemaudits in Anlehnung an die ISO 19011.
8. Was bedeutet der risikobasierte Ansatz bei der Planung von Audits?
9. Was wird bei einem Prozessaudit geprüft? Überlegen Sie sich drei Anforderungen an den Prozess „Messtechnische Rückführung".
10. Bewerten Sie die Aussagekraft von Produktaudits.
11. Was unterscheidet ein Produktaudit von einer serienmäßigen Prüfung?
12. Wie ist der Begriff *Zertifizierung* laut DIN EN ISO 17000 definiert?
13. Wie ist der Begriff *Akkreditierung* laut DIN EN ISO 17000 definiert?
14. Sind die Begriffe *Zertifizierungsstelle* und *Konformitätsbewertungsstelle* synonym?
15. Erläutern Sie den Zusammenhang zwischen Zertifizierung und Akkreditierung.
16. Warum hat nur eine akkreditierte Zertifizierung einen Wert?
17. Erläutern Sie die Bezeichnungen und zeitlichen Abstände zwischen den ersten vier externen Audits im Rahmen der Zertifizierung eines Managementsystems.
18. Auf welcher Basis wird die für ein Zertifizierungsaudit vorgeschriebene Anzahl von Audittagen ermittelt?
19. Nennen Sie drei Motive für das Anstreben einer Zertifizierung.
20. Was soll durch eine Akkreditierung sichergestellt werden?
21. Wie viele Akkreditierungsstellen gibt es in Deutschland?
22. Welche Aufgabe hat das IAF?
23. Erläutern Sie die Bedeutung der Metrologie im Rahmen der deutschen Qualitätsinfrastruktur anhand von Bild 13.11.

> **Story**
>
> Im dreizehnten Kapitel Ihrer Story befassen Sie sich mit internen Audits und in diesem Zusammenhang ebenso mit den Begriffen Zertifizierung und Akkreditierung.
>
> - Welche Arten von Qualitätsaudits lassen sich grundsätzlich unterscheiden?
> - Welchen Stellenwert weisen Sie internen Audits zu? In welche Rubrik fällt das von Ihnen praktizierte interne Audit? Begründen Sie Ihre Einschätzung.
> - Aus welchen Gründen strebt die Getränke-Flow GmbH eine Zertifizierung ihres Managementsystems an? Erläutern Sie Ihre Position.

14 Total Quality Management

 Das vorherige Kapitel

Audits haben eine große Bedeutung bei der Überwachung der Qualität von Produkten, Prozessen und Systemen.

Zertifizierungsgesellschaften wenden Systemaudits (third party audits) an, um die Übereinstimmung eines Qualitätsmanagementsystems mit einer Norm zu prüfen und Verbesserungspotenziale zu erkennen. Die Zertifizierungsgesellschaften müssen wiederum von einer dritten Seite, in Deutschland von der Deutschen Akkreditierungsstelle DAkkS, bezüglich ihrer Kompetenz akkreditiert sein.

 Worum es geht

Das Qualitätsmanagement nach DIN EN ISO 9000 ff. zielt vor allem darauf ab, die Zufriedenheit der Kunden mit den ausgelieferten Produkten sicherzustellen. Die Leitung einer Organisation muss aber auch auf die Interessen weiterer Gruppen achten. Total Quality Management (TQM) identifiziert die wichtigen Interessengruppen der Organisation und arbeitet systematisch daran, deren Bedürfnisse zu befriedigen. Gegenüber anderen, bisher bekannten Managementmethoden stellt TQM einen ganzheitlichen und am besten ausgewogenen Ansatz dar.

14.1 Vom Qualitätsmanagement zum Total Quality Management (TQM)

Um langfristig am Markt zu bestehen, muss eine Organisation mehr tun, als lediglich die Qualitätsforderungen ihrer Kunden zu erfüllen und einen Gewinn zu erzielen. Vielmehr gilt es, auch die Ansprüche anderer Interessengruppen, auf Englisch Stakeholder genannt, zu erkennen und ihnen gerecht zu werden.

Dieser Gedankengang wurde von den Teilnehmern des Weltwirtschaftsforums (World Economic Forum), das 1973 in Davos stattfand, aufgegriffen. Sie erarbeiteten ein Grundsatzpapier, das sie einstimmig verabschiedeten und das als „The Davos Manifesto" die Ethik des Managements entscheidend veränderte. Wir geben den Text in seiner ursprünglichen englischen Fassung wieder (Kasten „The Davos Manifesto").

The Davos Manifesto

a) The purpose of professional management is to serve clients, shareholders, workers and employees, as well as societies, and to harmonize the different interests of the stakeholders.

b) 1. The management has to serve its clients. It has to satisfy its clients' needs and give them the best value. Competition among companies is the usual and accepted way of ensuring that clients receive the best value choice. The management's aim is to translate new ideas and technological progress into commercial products and sevices.

2. The management has to serve its investors by providing a return on its investments, higher than the return on government bonds. This higher return is necessary to integrate a risk premium into capital costs. The management is the shareholders' trustee.

3. The management has to serve its employees because in a free society leadership must integrate the interests of those who are led. In particular, the management has to insure the continuity of employees, the improvement of real income and the humanization of the work place.

4. The management has to serve society. It must assume the role of trustee of the material universe for future generations. It has to use the immaterial and material resources at its disposal in an optimal way. It has to continuously expand the frontiers of knowledge in management and technology. It has to guarantee that its enterprise pays appropriate taxes to the community in order to allow the community to fulfil its objectives. The management also has to make its own knowledge and experience available to the community.

c) The management can achieve the above objectives through the economic enterprise for which it is reponsible. For this reason, it is important to ensure the long-term existence of the enterprise. The long-term existence cannot

> be ensured without sufficient profitability. Thus, profitability is the necessary means to enable the management to serve its clients, shareholders, employees and society.
>
> Quelle: World Economic Forum (2009)

Das Total Quality Management (TQM) ist ein Managementkonzept, das auf dem Manifest von Davos aufbaut und damit zurzeit das umfassendste und schlüssigste seiner Art darstellt.

Interessengruppen

In der Betriebswirtschaftslehre sind unterschiedliche Interessengruppen bezüglich einer Organisation bekannt, von denen die folgenden fünf in das TQM-Konzept übernommen wurden:

- Kunden, Mitarbeitende,
- wirtschaftliche und regulatorische Interessengruppen,
- Gesellschaft und
- Partner und Lieferanten.

Zu den Kunden sollen nachhaltige Beziehungen aufgebaut werden.

Mitarbeitende sollen gewonnen, einbezogen, entwickelt und gehalten werden.

Seitens der wirtschaftlichen und regulatorischen Interessengruppen soll eine kontinuierliche Unterstützung sichergestellt werden.

Bezüglich der Gesellschaft soll zu deren Entwicklung, Wohlergehen und Wohlstand beigetragen werden.

Hinsichtlich der Partner und Lieferanten sollen Beziehungen aufgebaut und ein Beitrag zu deren nachhaltigem Nutzen geleistet werden.

Es leuchtet ein, dass eine Organisation auf die Dauer nicht gegen die Interessen dieser Gruppen handeln kann, ohne den Geschäftserfolg zu gefährden. Wer ständig neue Mitarbeiter oder Lieferanten suchen und einbinden muss, verschleudert Ressourcen. Ein schlechtes Image in der Öffentlichkeit treibt die Marketingkosten in die Höhe und erschwert die Personalbeschaffung. Schlechte Finanzergebnisse verhindern eine angemessene Verzinsung des eingesetzten Kapitals und erschweren die Aufnahme notwendiger Kredite. Wie wichtig eine gute Produktqualität für die Zufriedenheit der Kunden ist, wurde bereits hinreichend betont.

Ein Unternehmen, das beispielsweise den „Shareholder-Value", also das finanzielle Ergebnis mit höchster Priorität verfolgt und dafür die Produktqualität vernachlässigt und damit seine Kunden enttäuscht, geht ein hohes Risiko ein (Kasten „S-Bahn Berlin").

S-Bahn Berlin

Die S-Bahn Berlin, ein Tochterunternehmen der Deutschen Bahn, transportierte bis 2009 bei normalem Betrieb etwa 7,5 Millionen Fahrgäste pro Woche innerhalb der Hauptstadtregion. Das Schienennetz mit 330 Streckenkilometern, das auch einen Ring um Berlin bildet, gilt als Beispiel für eine gelungene Verkehrsplanung. Seit der Wiedervereinigung konnte die S-Bahn – auch wegen der Zuverlässigkeit und Pünktlichkeit des Zugverkehrs – ihren Marktanteil im öffentlichen Personennahverkehr steigern. 1995 registrierte die S-Bahn 245 Millionen Fahrgäste, 2008 waren es 388 Millionen, entsprechend einem Anteil von 40 % der Fahrten im öffentlichen Personennahverkehr.

Als 1999 Hartmut Mehdorn den Vorstandsvorsitz bei der Deutschen Bahn übernahm, bekam er von der amtierenden Bundesregierung den Auftrag, das Unternehmen finanziell zu sanieren, um es anschließend an die Börse bringen zu können. Im Rahmen dieses Vorhabens wurden auch von der S-Bahn Berlin für die kommenden Jahre positive Finanzergebnisse gefordert. Dazu gehörten beträchtliche Einsparungen, die durch Investitionskürzungen und Senkung der Betriebskosten zustande kommen sollten. Der damalige Sprecher der Geschäftsführung der S-Bahn, Günter Ruppert, der auch für die Technik zuständig war, lehnte alle Sparvorschläge ab, die seiner Ansicht nach den sicheren Betrieb der Fahrzeuge gefährdeten. Er wurde in der Folge stufenweise entmachtet und verließ 2007 das Unternehmen.

Zum Geschäftsführer für Technik wurde 2005 Ulrich Thon ernannt, der die Sparvorgaben des Konzerns durchsetzte. Obwohl die Anzahl der Fahrgäste stetig stieg, wurde die Anzahl der Wagen in den Zügen reduziert und schließlich wurden komplette Züge außer Dienst gestellt und teilweise vorzeitig verschrottet. Gleichzeitig wurde eine von den fünf Instandhaltungswerkstätten geschlossen und die Anzahl der in der Wartung beschäftigten Mitarbeiter von 760 auf 450 gesenkt. Diese Maßnahmen gingen mit einer Verlängerung der Wartungsintervalle einher, ab 2005 wurden die Züge statt wöchentlich nur noch in Intervallen von zwei oder drei Wochen in die Werkstätten gerufen.

Die Sparmaßnahmen führten die S-Bahn in die Gewinnzone, sie konnte mehrere Jahre lang Millionengewinne in zweistelliger Höhe an den Mutterkonzern überweisen. Für 2010 wurde sogar ein Gewinn von 125 Millionen Euro erwartet.

Im November 2006 fuhr im Bahnhof Südkreuz ein S-Bahn-Zug gegen ein Arbeitsfahrzeug, wobei 37 Fahrgäste verletzt wurden. Es stellte sich heraus, dass der Unfallzug seit 18 Tagen nicht gewartet worden war und keinen Sand an Bord hatte. Bei Gefahrenbremsungen wird Sand auf die Schienen gestreut, um die Reibung zwischen Rad und Schiene zu vergrößern. Bei vorschriftsmäßiger Befüllung hätte der Zusammenstoß entweder vermieden oder deutlich schwächer ausfallen können.

Im Mai 2009 brach ein Rad am hinteren Wagen eines Zugs, der daraufhin entgleiste. Die Geschäftsführung der S-Bahn verpflichtete sich gegenüber dem Eisenbahn-Bundesamt (EBA), die Räder wieder im wöchentlichen Rhythmus zu überprüfen. Die erhöhte Prüffrequenz führte nun zu Einschränkungen im Fahrbetrieb, da inzwischen nicht mehr genügend Reservefahrzeuge zur Verfügung standen. Die S-Bahn sagte dem EBA zu, die Räder nach einer festgelegten Laufstrecke zu tauschen. Das EBA stellte allerdings bei einer Kontrolle fest, dass die S-Bahn sich nicht an diese Absprache gehalten hatte, und legte 170 Züge still. Der Schienenverkehr kam auf einigen Strecken völlig zum Erliegen, auf anderen Strecken verkehrten die Züge im Abstand von 20 Minuten anstatt der bis dahin üblichen fünf Minuten.

Im September 2009 wurde festgestellt, dass die Fahrzeugbremsen nicht vorschriftsgemäß gewartet wurden und dass die Vorgaben zum Austausch von Verschleißteilen zwecks Einsparung geändert worden waren. Die dafür Verantwortlichen sind bis heute nicht ermittelt oder zumindest nicht genannt worden. Die S-Bahn musste weitere Züge aus dem Fahrbetrieb abziehen, die noch verbliebenen Instandhaltungswerkstätten waren überlastet. Das EBA verlängerte die Betriebserlaubnis für die S-Bahn lediglich um ein Jahr anstatt der üblichen 15 Jahre.

Die vier Geschäftsführer der S-Bahn Berlin, unter ihnen Ulrich Thon, wurden inzwischen entlassen. Die Staatsanwaltschaft Berlin ermittelte auch gegen ihn, konnte ihm aber kein schuldhaftes Handeln nachweisen.

Die neue Geschäftsführung der S-Bahn unter der Leitung von Peter Buchner bemüht sich, die technischen und organisatorischen Probleme zu lösen. Das Unternehmen ist durch die erforderlichen Abhilfemaßnahmen und durch den vorübergehenden Rückgang an Fahrgästen finanziell in die Verlustzone geraten. Bis Mai 2014 hat die Krise etwa 400 Millionen Euro gekostet:

- Der Senat von Berlin hat die Zuschüsse an das Unternehmen um etwa 150 Millionen Euro gekürzt, weil die vertraglich vereinbarten Transportleistungen nicht erbracht werden konnten.
- Für die ausgefallenen Fahrten wurden zudem die Inhaber von Dauerkarten mit einem Aufwand von etwa 150 Millionen Euro entschädigt.
- Für das Sanierungsprogramm der Züge fielen rund 100 Millionen Euro an, unter anderem für neue Laufräder, technische Verbesserungen an den Bremsanlagen, Modernisierung der Wagen älterer Baureihen und der Wiedereröffnung eines der stillgelegten Instandhaltungswerke.

Immerhin konnte 2014 das Transportvolumen von 2009 wieder erreicht werden, auch wenn auf einigen Strecken die Züge in größeren Zeitabständen als früher verkehren oder kürzere Züge als vorgesehen eingesetzt werden müssen. Zum ersten Mal nach Beginn der Krise konnte die S-Bahn Berlin auch einen Gewinn ausweisen.

Quellen: LabourNet (2009), Tagesspiegel (2009), Kurpjuweit (2012), Kurpjuweit (2014)

Die Interessen der einzelnen Interessengruppen sind verschieden und können sich durchaus widersprechen. Beispielsweise wird es meist nicht möglich sein, allen Lohnforderungen der Mitarbeiter oder Preisforderungen der Lieferanten nachzugeben, ohne den Gewinn zu gefährden und damit die Kapitalgeber zu enttäuschen. Auch beim Umweltschutz müssen Technologien gesucht werden, die einerseits mindestens die gesetzlichen Auflagen erfüllen und andererseits finanziell tragbar sind.

Der Umgang mit solchen Konflikten fordert Organisationen zu neuen und kreativen Lösungen heraus.

Total Quality Management als neuartige und umfassende Managementmethode zeigt einen Weg auf, um die unterschiedlichen Interessengruppen so gut es geht zufriedenzustellen.

> Die Botschaft von TQM lautet: Nachhaltiger Gewinn und Verantwortungsbewusstsein gegenüber den Interessenpartnern schließen einander nicht aus – in einer modernen Gesellschaft bedingen sie sich.
>
> Der Übergang vom Qualitätsmanagement zum TQM bedeutet damit den Übergang von der Produkt- zur Unternehmensqualität.

■ 14.2 TQM-Preise

Viele Länder haben mittlerweile die Bedeutung von TQM erkannt und fördern seine Einführung in den Unternehmen durch Preise und Auszeichnungen. Für die teilnehmenden Unternehmen bildet der Wettbewerb einen guten Maßstab, wie weit die Einführung der Managementmethode bereits fortgeschritten ist und wo noch Handlungsbedarf besteht.

Internationale TQM-Preise

Seit 1951 wird in Japan der Deming Prize verliehen, genannt nach dem Amerikaner W. Edwards Deming, der nach dem Zweiten Weltkrieg eine Reihe von Vorträgen über Qualitätsmanagement vor japanischen Wirtschaftsführern hielt und seitdem als Mentor der japanischen Qualitätsbewegung gilt.

Die Regierung der USA führte 1987 durch ein entsprechendes Gesetz den Malcolm Baldrige National Quality Award (MBNQA) ein, nachdem japanische Produkte, vor allem Automobile, aufgrund ihrer zunehmend besseren Qualität sich zu ernsthaften Wettbewerbern der einheimischen Erzeugnisse entwickelt hatten.

1992 gründeten 14 international bekannte Unternehmen in Europa die European Foundation for Quality Management (EFQM) mit Sitz in Brüssel. Sie ist die treibende Kraft für die Einführung des TQM im europäischen Raum und vergibt jährlich TQM-basierte Preise.

Deutsche TQM-Preise

In Deutschland wurde 1997 in Anlehnung an das TQM-Konzept zum ersten Mal ein nationaler Staatspreis ausgeschrieben: der Ludwig-Erhard-Preis (LEP).

Zusätzlich loben einzelne Bundesländer eigene Qualitätspreise aus, die ebenfalls die TQM-Grundsätze fördern sollen:

- Qualitätsinitiative Berlin-Brandenburg,
- Qualitätspreis Sachsen-Anhalt,
- Thüringer Staatspreis für Qualität und
- Bayerischer Qualitätspreis.

Die Preise selbst sind in ihren Anforderungen abgestuft. Während der Ludwig-Erhard-Preis an Spitzenunternehmen in Deutschland vergeben wird, gehen die Länderpreise an die besten Unternehmen im jeweiligen Bundesland.

Diese Abstufung soll den Unternehmen den Einstieg in den TQM-Wettbewerb erleichtern. Ein Unternehmen wird sich vermutlich zunächst um den Preis im jeweiligen Bundesland bewerben, bevor es an den Ludwig-Erhard-Preis oder an einen EFQM-Preis denkt. Diese Reihenfolge in den Bewerbungen ist aber nicht bindend. In Analogie zu den Spielklassen beim Sport spricht man von einem Ligaprinzip.

Tabelle 14.1 Auswirkung von Qualitätspreisen in einer Organisation

Wie wirken sich Qualitätspreise aus?	
Positiv	Negativ
Bieten Leitfaden zur Umsetzung des TQM	Verlangen hohen Aufwand an Ressourcen
Setzen klare Ziele	Bewertungsergebnisse verlangen kritikfähiges Management
Motivieren durch Wettbewerbssituation	Können zu Punkthascherei statt Prozessoptimierung führen
Fördern die interne Kommunikation	Erzeugen eine Gewinner-Verlierer-Situation
Ermöglichen Vergleich mit anderen Firmen	
Bringen den Gewinnern hohen Werbeeffekt	

Die Teilnahme an einem Wettbewerb um einen Qualitätspreis bringt einer Organisation klare Vorteile. Andererseits sind auch mögliche negative Auswirkungen zu beachten (Tabelle 14.1).

Der Ludwig-Erhard-Preis und die Qualitätspreise der deutschen Bundesländer basieren auf dem EFQM-Modell. Es wird im folgenden Abschnitt ausführlicher beschrieben.

14.3 Das EFQM-Modell 2020

Um das Konzept des TQM zu verdeutlichen, hat die European Foundation for Quality Management (EFQM) das sogenannte EFQM-Modell entwickelt. Es stellt eine Grundstruktur für ein Managementsystem dar, das für jede Art von Organisation verwendet werden kann, unabhängig von Geschäftsfeld, Größe oder Aufbau. Ein solches Managementsystem zielt auf nachhaltige Erfolge der Organisation ab, unter Berücksichtigung ihrer verschiedenen Interessengruppen. Es geht davon aus, dass eine Führungsmannschaft mithilfe der Mitarbeiter die Strategie einer Organisation nachhaltig umsetzt. Durch gut geführte Prozesse entstehen Produkte, die im Markt erfolgreich sind und zu Geschäftsergebnissen führen, die alle Interessenpartner begeistern. Eine solche Organisation wird im Sprachgebrauch der EFQM als exzellent bezeichnet.

Das vorliegende Kapitel beschreibt das EFQM-Modell nach der Überarbeitung von 2019 (Bild 14.1). Eine ausführlichere Darstellung findet sich in der Broschüre (*Das EFQM Modell*), die im Webshop der EFQM (*shop.efm.org*) gegen eine Schutzgebühr heruntergeladen werden kann.

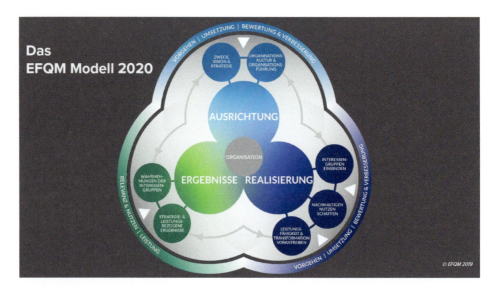

Bild 14.1 Das EFQM-Modell 2020

Die Struktur des EFQM-Modells baut sich auf drei wesentlichen Fragen auf:
- Warum existiert die Organisation, welche Strategie verfolgt sie (Ausrichtung)?
- Wie setzt sie diese Strategie um (Realisierung)?
- Was hat sie bisher erreicht (Ergebnisse)?

Sie werden in den folgenden Abschnitten im Einzelnen beschrieben.

Die Ausrichtung

Kriterium 1: Zweck, Vision und Strategie

1.1 Zweck und Vision definieren

1.2 Interessengruppen identifizieren und ihre Bedürfnisse verstehen

1.3 Ecosystem, eigene Fähigkeiten und wichtige Herausforderungen verstehen

1.4 Strategie entwickeln

1.5 Struktur und Steuerungssystem für die Leistungsfähigkeit der Organisation entwickeln und implementieren

Kriterium 2: Organisationskultur und Organisationsführung

2.1 Organisationskultur lenken und ihre Werte fördern

2.2 Rahmenbedingungen für erfolgreiche Veränderung gestalten

2.3 Kreativität und Innovation ermöglichen

2.4 Gemeinsam und engagiert für Zweck, Vision und Strategie der Organisation einstehen

Die Realisierung

Kriterium 3: Interessengruppen einbinden

3.1 Kunden – reichhaltige Beziehungen aufbauen

3.2 Mitarbeitende – gewinnen, einbeziehen, entwickeln und halten

3.3 Wirtschaftliche und regulatorische Interessengruppen – kontinuierliche Unterstützung sicherstellen

3.4 Gesellschaft – zu Entwicklung, Wohlergehen und Wohlstand beitragen

3.5 Partner und Lieferanten – Beziehungen aufbauen und Beitrag für die Schaffung nachhaltigen Nutzens sicherstellen

Kriterium 4: Nachhaltigen Nutzen schaffen

4.1 Nachhaltigen Nutzen planen und entwickeln

4.2 Nachhaltigen Nutzen kommunizieren und vermarkten

4.3 Nachhaltigen Nutzen liefern

4.4 Ein Gesamterlebnis definieren und verwirklichen

Kriterium 5: Leistungsfähigkeit und Transformation vorantreiben

5.1 Leistungsfähigkeit vorantreiben und Risiken managen

5.2 Die Organisation für die Zukunft transformieren

5.3 Innovation fördern und Technologie nutzen

5.4 Daten, Information und Wissen wirksam einsetzen

5.5 Vermögenswerte und Ressourcen managen

Die Ergebnisse

Kriterium 6: Wahrnehmungen der Interessengruppen

Die Reihenfolge stellt weder eine Priorisierung dar, noch erhebt sie Anspruch auf Vollständigkeit.

- Wahrnehmung der Kunden
- Wahrnehmung der Mitarbeitenden
- Wahrnehmung wirtschaftlicher und regulatorischer Interessengruppen
- Wahrnehmung der Gesellschaft
- Wahrnehmung der Partner und Lieferanten

Kriterium 7: Strategie und leistungsbezogene Ergebnisse

Strategische und operative Leistungsindikatoren können die folgenden und weitere sein:

- Indikatoren, bezogen auf nachhaltigen Nutzen im Sinne des Zwecks der Organisation
- Indikatoren zu den finanziellen Ergebnissen
- Indikatoren zur Erfüllung der Erwartungen wichtiger Interessengruppen
- Indikatoren, bezogen auf die Erreichung strategischer Ziele
- Indikatoren zur Messung und Verbesserung der Leistungsfähigkeit
- Indikatoren zum Fortschritt der Transformation
- Indikatoren zur Vorhersage der Zukunft

14.4 Die RADAR-Logik

In den bisher bekannten Managementsystemen, auch im Qualitätsmanagementsystem nach DIN EN ISO 9001:2008, werden zur Bewertung nur die erzielten Ergebnisse herangezogen. Wenn beispielsweise am Ende eines Berichtszeitraums die vorgegebenen Ziele erreicht oder übertroffen wurden, gilt die Organisation ohne Weiteres als erfolgreich.

Im Rahmen des EFQM-Excellence-Modells wurde erstmalig ein Bewertungsverfahren eingeführt, das nicht nur auf die Zielerreichung achtet, sondern auch die Art und Weise beurteilt, wie die Ergebnisse zustande gekommen sind. Zusätzlich wird Wert darauf gelegt, dass die Zielsetzung für den folgenden Berichtszeitraum auf systematische Weise erfolgt.

Die EFQM bezeichnet diese umfassende Art der Bewertung einer Organisation als RADAR-Logik. Das Wort RADAR ist eine Abkürzung aus Anfangsbuchstaben der folgenden Begriffe:

R Required **R**esults (Ergebnisse)

A Plan and develop **A**pproaches (Vorgehen)

D **D**eploy Approaches (Umsetzung)

AR **A**ssess and **R**efine (Bewertung und Verbesserung)

Während Vorgehen, Umsetzung, Bewertung und Verbesserung sich auf die Befähiger beziehen, geht es bei den Ergebnissen um Qualität und Quantität der erzielten Ergebnisse.

Die RADAR-Logik zielt darauf ab, dass die Organisation ihre Ergebnisse nicht einfach hinnimmt, sondern als Folge von Befähigeraktivitäten begreift. Daher sollen die Ergebnisse als Grundlage dazu dienen, die vorangegangenen Befähigermaßnahmen im Sinne einer Rückkopplung zu bewerten und gegebenenfalls so anzupassen, dass die Ziele für den nächsten Berichtszeitraum erreicht werden.

Beispiel für die Bewertung des Teilkriteriums 5e

(„Das Unternehmen baut Kundenbeziehungen systematisch auf und vertieft sie")

1 Sachverhalt

Ein produzierendes Unternehmen, das europaweit exportiert, hat einen Serviceprozess definiert, in dem die Außendienstmitarbeiter mittels eines Standardformulars Informationen von den besuchten Kunden erheben, die anschließend zur Verbesserung der Produkte und des After-Sales-Service genutzt werden, aber auch als Informationsgrundlage für die Strategieentwicklung des Unternehmens dienen.

Dieser Prozess wurde bisher für alle Produkte und alle Kunden im deutschen Markt eingeführt. Vorangegangen war eine Pilotphase, in welcher der Prozess mit fünf Kunden erprobt und optimiert wurde.

Im Sinne des EFQM-Excellence-Modells stellt der Serviceprozess eine Befähigermaßnahme dar.

2 Bewertung der Maßnahme

2.1 Vorgehen

Die Maßnahme ist fundiert, denn sie erfolgt im Rahmen eines festgelegten Prozesses und ist auf die Interessen der Kunden ausgerichtet.

Außerdem ist die Maßnahme integriert, denn sie liefert Informationen zur künftigen Strategie der Organisation, die von anderen Organisationseinheiten entwickelt wird.

> **2.2 Umsetzung**
> Die Maßnahme ist nur zum Teil eingeführt, da die Exportmärkte noch nicht eingebunden sind.
> Die Maßnahme ist sinnvoll und kann zu organisatorischen Verbesserungen führen.
> **2.3 Bewertung und Verbesserung**
> Im laufenden Betrieb sind kaum Aktivitäten zu Messen, Lernen, Kreativität, Verbesserung und Innovation zu erkennen.
> Mittels der „RADAR-Bewertungsmatrix – Befähiger" wird das Teilkriterium 5.4 mit 50 % bewertet.

Die Punktzahl 1000 ist ein Idealwert, der bisher von keiner bewerteten Organisation auch nur annähernd erreicht wurde. Die Gewinner des European Excellence Award oder des Ludwig-Erhard-Preises erzielten Werte zwischen 700 und 850 Punkten. Ein Unternehmen, das am Anfang des TQM-Weges steht, wird kaum 300 Punkte erreichen.

14.5 TQM-bezogene Preise

In der Bundesrepublik Deutschland kann sich eine Organisation um mehrere TQM-bezogene Preise bewerben, die alle auf dem EFQM-Modell basieren.

Der Ludwig-Erhard-Preis (LEP)

Die Bewerbung einer Organisation beginnt mit einer Selbstbewertung. Anschließend prüfen mehrere dazu ausgebildete Assessoren vor Ort, wie weit die Organisation dem Konzept des EFQM-Modells entspricht.

Bei 400 oder mehr erreichten Punkten erhält

- die Organisation den LEP in Bronze,
- bei mehr als 500 Punkten den LEP in Silber und
- bei mehr als 600 Punkten den LEP in Gold.

Die EFQM-Preise

Die EFQM vergibt eine Auszeichnung in drei Stufen. Zunächst muss sich die Organisation selbst bewerten. Danach folgt eine ein- oder mehrtägige Prüfung vor Ort durch einen Validator oder Assessor. Bei Erfüllung der Voraussetzungen erhält die Organisation

- die 1. Stufe, Commited to Excellence (1 Star), oder
- die 2. Stufe, Commited to Excellence (2 Stars), oder
- die 3. Stufe: Recognized for Excellence (3 Stars).

14.6 Mit TQM gewinnen

Verständlicherweise wird die Frage gestellt, ob die Einführung von TQM, die einen erheblichen Aufwand erfordert, tatsächlich langfristig auch zu einem verbesserten Finanzergebnis führt. Wir wollen dazu beispielsweise das Kriterium der Mitarbeiter etwas genauer betrachten.

Die meisten Unternehmen haben in ihrer Firmenpolitik eine Aussage wie etwa

„Die Mitarbeiter sind unser höchstes Gut"

aufgenommen. Genauso häufig stellt man fest, dass in einigen Unternehmen die tariflichen Verhandlungen und Festlegungen fast die einzigen mitarbeiterbezogenen Maßnahmen darstellen. Dementsprechend stellt sich die Motivation der Arbeitnehmer ein, wie auch im Kasten „Die Gallup-Studie" ausgeführt wird.

Die Gallup-Studie

Gallup Deutschland bezeichnet sich als ein forschungsbasierte Beratungsunternehmen. Seit 2001 veröffentlicht es jährlich eine Studie über den Grad der emotionalen Bindung der Beschäftigten in Deutschland an ihren Arbeitgeber.

Für 2013 weist diese Studie die folgenden Zahlen, die repräsentativ sein sollen, aus:

- 16 % der Beschäftigten sind hoch emotional an ihren Arbeitgeber gebunden.
- 67 % leisten Dienst nach Vorschrift.
- 17 % sind emotional ungebunden, haben also nach Gallup „innerlich gekündigt".

Die Gründe für die niedrige Motivation liegen meist in Unternehmensstrategien, die die Humanressourcen nicht pflegen, sondern sie unter Markt- und Wettbewerbsgesichtspunkten möglichst auszunutzen versuchen. Viele Beschäftigte geben an, dass sie nicht wissen, was von ihnen erwartet wird, dass ihre Vorgesetzten sich nicht für sie interessieren und dass ihre Meinungen und Ansichten kaum gehört werden. Unengagierte Mitarbeiterinnen und Mitarbeiter fehlen öfter und weisen eine höhere Fluktuation auf als ihre engagierten Kollegen.

Obwohl sich die Zahlen in der Studie in den letzten Jahren positiv entwickelt haben, ist noch ein erhebliches Verbesserungspotenzial erkennbar. Beispielsweise verringert eine schwache emotionale Bindung an den Arbeitgeber auch die Bereitschaft der Beschäftigten, im Unternehmen zu bleiben. Die Folgen ungewollter Fluktuation bringen für den Arbeitgeber erhebliche Kosten mit sich. Sie reichen vom Aufwand für Neuausschreibungen, Auswahlverfahren und Einarbeitung bis hin zu Know-how-Verlust und Kundenabwanderung wegen häufigen Wechsels der Gesprächspartner. Reduziert beispielsweise ein Unternehmen mit 2000 Beschäftigten den Anteil seiner Mitarbeiterinnen und Mitarbeiter ohne emotionale Bindung um fünf Prozentpunkte und erhöht gleichzeitig die Anzahl der Beschäftigten mit hoher emotionaler Bindung um den gleichen Anteil, würden sich die Kosten wegen ungewollter Fluktuation um etwa 420 000 Euro verringern.

Quelle: Gallup Deutschland (2014)

Studie der University of Leicester

Angesichts dieser Sachlage ist es durchaus zu erwarten, dass mit einem mitarbeiterorientierten Führungsverhalten und durch mitarbeiterbezogene Maßnahmen große Verbesserungsmöglichkeiten sowohl bei den mitarbeiterbezogenen Ergebnissen als auch bei den Schlüsselergebnissen vorhanden sind.

Der Einfluss von TQM auf den Erfolg von Unternehmen wurde mehrfach untersucht. Die umfangreichste Studie dieser Art stammt von der University of Leicester (Centre of Quality Excellence 2005). Diese Studie berichtet über 120 Unternehmen, die einen Qualitätspreis erhielten und deren Muttergesellschaften ihren Sitz in Europa, Japan und in den USA haben (Bild 14.2).

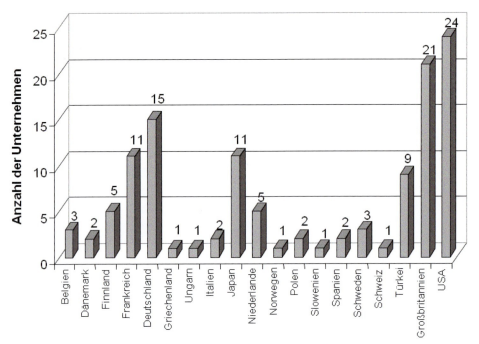

Bild 14.2 Sitz und Anzahl der Muttergesellschaften von Qualitätspreisgewinnern in der Studie (Quelle: Centre of Quality Excellence 2005)

Die Studie stellt die Entwicklung dieser Qualitätspreisträger einer Vergleichsgruppe von Unternehmen gegenüber, die sich nicht mit TQM beschäftigen. Der Umsatz der Qualitätspreisträger steigt in den Jahren nach der Auszeichnung schneller als der Umsatz der Vergleichsgruppe (Bild 14.3).

Auch der Aktienkurs der Qualitätspreisträger entwickelt sich langfristig deutlich besser (Bild 14.4).

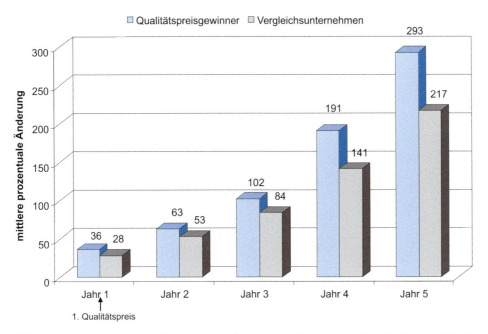

Bild 14.3 Umsatzänderung in den Jahren nach der ersten Preisvergabe (Quelle: Centre of Quality Excellence 2005)

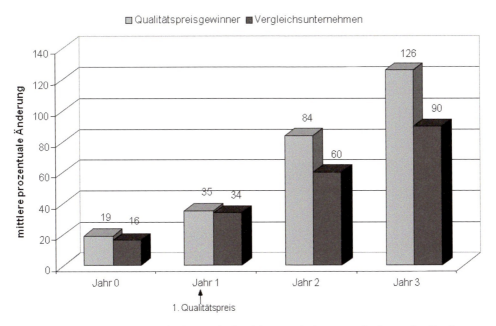

Bild 14.4 Veränderung des Aktienkurses in den Jahren nach der ersten Preisvergabe (Quelle: Centre of Quality Excellence 2005)

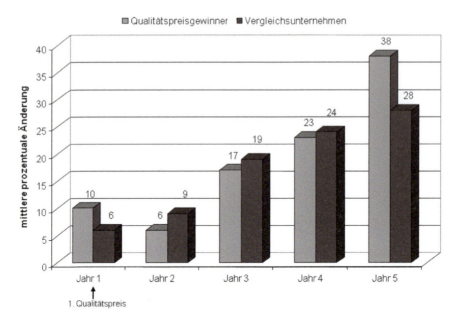

Bild 14.5 Entwicklung der Mitarbeiteranzahl (Quelle: Centre of Quality Excellence 2005)

Letztlich führt der langfristige Erfolg der Qualitätspreisgewinner auch dazu, dass vergleichsweise mehr Mitarbeiter in diesen Organisationen beschäftigt werden, sie schaffen neue Arbeitsplätze (Bild 14.5).

Sowohl die Entwicklung des Aktienkurses als auch die Entwicklung der Mitarbeiteranzahl machen aber auch deutlich, dass mit der Einführung von TQM keine kurzfristigen Erfolge zu erwarten sind.

TQM ist kein schnell wirkendes Mittel. Umso wichtiger ist die Überzeugung und nachhaltige Unterstützung seitens des Managements, noch bevor die ersten Erfolge messbar sind. Die Erfahrungen zeigen, dass eine Organisation einige Jahre braucht, um die Prinzipien von TQM nachhaltig umzusetzen. Aber auch eine lange Reise beginnt mit einem ersten Schritt.

■ 14.7 Zusammenfassung

Das Qualitätsmanagement nach ISO 9000 ff. zielt auf die Qualität der Produkte und damit in erster Linie auf die Zufriedenheit der Kunden ab. Andere Aspekte werden kaum betrachtet. Total Quality Management (TQM) als umfassende Managementmethode basiert dagegen auf dem Gedanken, dass ein Unternehmen nur dann langfristig überleben kann, wenn es die Bedürfnisse aller Interessengruppen ausreichend berücksichtigt. Gegenüber anderen bekannten Managementmethoden stellt das TQM einen ganzheitlichen und am besten ausgewogenen Ansatz dar.

In Europa hat die European Foundation for Quality Management (EFQM) ein Modell entwickelt, das sowohl als Anleitung dienen kann, wie eine Organisation TQM umsetzen könnte, als auch als Bewertungsmodell für den Grad der Umsetzung.

Das Modell beinhaltet fünf Interessengruppen: Kunden, Mitarbeiter, Kapitalgeber, Partner und die Gesellschaft. Es sagt grundsätzlich aus, dass durch eine gute Führung und gute Strategie die Mitarbeiter befähigt werden, die Geschäftsprozesse erfolgreich durchzuführen. Es entstehen Produkte, die die Kunden begeistern und durch den Markterfolg dem Unternehmen Gewinn bringen. Diese Kausalkette wird durch einen Lernprozess als Rückkopplung ergänzt, womit die Ziele bewertet und in der folgenden Abrechnungsperiode die Geschäftsprozesse entsprechend angepasst werden.

Dieses EFQM-Excellence-Modell hat sich europaweit durchgesetzt. Auf seiner Grundlage wird jährlich der EFQM Excellence Award vergeben.

Der Übergang von einem Qualitätsmanagementsystem nach ISO 9000 ff. zum TQM verlegt den Fokus von der Produktqualität zur Unternehmensqualität.

■ 14.8 Aufgaben zur Wiederholung und Vertiefung

1. Lesen Sie die Definition von TQM nach der DIN EN ISO 8402:1995 aufmerksam durch und beantworten Sie auf dieser Grundlage die folgenden Fragen:
    a) Worauf zielt TQM ab?
    Was ist das Mittel zu diesem Zweck?
    Welche Interessengruppen werden in der Definition genannt?
2. Lesen Sie den Kasten „S-Bahn Berlin" und beantworten Sie die folgenden Fragen:
    a) Welche Interessengruppen der S-Bahn Berlin können Sie anhand des Texts identifizieren?

b) Zu welchen Interessengruppen der S-Bahn Berlin gehören die folgenden Personen bzw. Institutionen?

Fahrgäste,

Deutsche Bahn,

Senat von Berlin,

Eisenbahn-Bundesamt und

Staatsanwaltschaft Berlin.

c) Welche Interessengruppe wurde durch das Sparprogramm besonders begünstigt und welche Interessengruppen wurden vernachlässigt?

3. Inwiefern wird Qualität im TQM anders definiert als in der Norm ISO 9000:2015?
4. Ordnen Sie die Kriterien des EFQM-Excellence-Modells der Struktur eines rückgekoppelten Regelkreises zu.
5. Warum gibt es beim EFQM-Excellence-Modell kein Befähigerkriterium „Kunden"?
6. Aus dem mit Prozentsätzen versehenen EFQM-Excellence-Modell, das der Bewertung einer Organisation dient, lässt sich die Wichtigkeit erkennen, die die EFQM den einzelnen Interessengruppen beimisst. Welche Interessengruppen belegen die ersten zwei Rangplätze?
7. Gut geführte Restaurants erfassen regelmäßig die Kundenzufriedenheit und die Belegung der verfügbaren Plätze an den Tischen in Form von Prozentzahlen. Welche dieser Kennzahlen gehört zu den Erfolgsmessgrößen und welche zu den Schlüsselleistungsindikatoren?

Begründen Sie Ihre Antwort.

8. Nennen Sie zwei Erfolgsmessgrößen und zwei Schlüsselleistungsindikatoren zum Kriterium „mitarbeiterbezogene Ergebnisse".

> **Story**
>
> Im vierzehnten Kapitel Ihrer Story beschäftigen Sie sich mit dem Managementkonzept Total Quality Management (TQM).
> - In welcher Form setzen Sie sich mit dem Managementkonzept Total Quality Management auseinander? Erläutern Sie Ihre Ausführungen.
> - Welchen Stellenwert hat das EFQM-Excellence-Modell in Ihrem Unternehmen? Begründen Sie Ihre Position.
> - Formulieren Sie für Ihr Unternehmen drei Erfolgsmessgrößen und drei Schlüsselleistungsindikatoren für das Kriterium „Prozesse, Produkte und Dienstleistungen".

15 Qualität und Wirtschaftlichkeit

 Das vorherige Kapitel

Total Quality Management (TQM) ist eine Managementmethode, die nicht nur die Kunden zufriedenstellen will, sondern auch die Interessen anderer für das Unternehmen wichtiger Gruppen berücksichtigt.

Das vorige Kapitel beschreibt ausführlich das europäische EFQM-Excellence-Modell, das die Idee des TQM ausgestaltet hat. Dazu gehört auch die RADAR-Logik, mit der ein Unternehmen hinsichtlich der Umsetzung des TQM-Gedankens bewertet werden kann.

Die EFQM hat den European Excellence Award ausgelobt, der jährlich an europäische Unternehmen vergeben wird.

 Worum es geht

Fehler in den Geschäftsprozessen einer Organisation ziehen Abstellmaßnahmen nach sich, die zusätzliche Kosten verursachen. Auch Prüfvorgänge, die immer in Verbindung mit möglichen Fehlern stehen, sind mit Aufwand verbunden, ebenso Fehlerverhütungsmaßnahmen. In diesem Kapitel werden die qualitätsbezogenen Kosten als Oberbegriff definiert. Im Rahmen einer sinnvollen Berichterstattung können qualitätsbezogene Kosten Hinweise auf Schwachstellen im Produktentstehungsprozess einer Organisation geben und zu deren Abstellung motivieren. Abschließend beantworten wir die häufig gestellten Fragen, was die Qualität koste und ob sie sich lohne.

15.1 Qualitätsbezogene Kosten

Es ist unstrittig, dass *Fehler*, die in Prozessen auftreten, zu mehr oder weniger umfangreichen Folgearbeiten führen und damit Kosten entstehen. Fehlerhafte Produkte, die unbemerkt zum Kunden gelangen und erst dort entdeckt werden, führen meist zu Garantie- und Kulanzkosten. Im ungünstigsten Fall, wenn fehlerhafte Produkte bei den Kunden oder anderen Nutzern Folgeschäden verursachen, drohen Produkthaftungsprozesse und hohe Geldstrafen für den Hersteller oder denjenigen, der diese Produkte in den Markt brachte.

Auch *Prüfungen* innerhalb oder am Ende des Prozesses, die einen Durchschlupf fehlerhafter Produkte verhindern sollen, verursachen Kosten.

Im Qualitätsmanagement wurden mehrere Methoden (Qualitätstechniken) entwickelt, um bei der Gestaltung neuer Produkte, Prozesse und Systeme Fehler möglichst zu *vermeiden*. Der Einsatz dieser Methoden verursacht allerdings auch einen Zusatzaufwand, der durch monetäre Bewertung der eingesetzten Ressourcen in Form von Kosten dargestellt werden kann.

Als Oberbegriff für die genannten Kostenarten führte Feigenbaum gemäß Bild 15.1 den Begriff der *Qualitätskosten* ein (Feigenbaum 1951).

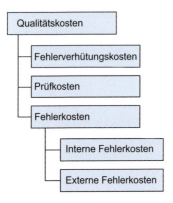

Bild 15.1 Einteilung der Qualitätskosten nach Feigenbaum

In den nächsten Jahrzehnten setzte eine intensive internationale Diskussion über die Begrifflichkeit der Qualitätskosten ein. Die Kritik lässt sich in zwei Hauptargumente zusammenfassen (siehe auch Jacobi 1997):

- Durch den Begriff Qualitätskosten würde unterstellt, dass eine verbesserte Qualität eines Produkts mit zusätzlichen Kosten verbunden sei, mithin, dass Qualität ein Produkt verteuere.
- Weiterhin würde unterstellt, dass Fehlerverhütungs- und Prüfkosten einerseits und Fehlerkosten andererseits im Rahmen einer „Qualitätskostenrechnung" gegeneinander aufgerechnet werden könnten.

Feigenbaum wollte jedoch hauptsächlich darauf hinweisen, dass die Unternehmensleitung einem erhöhten Fehleraufkommen nicht allein durch mehr Prüfaufwand begegnen sollte, indem sie zusätzliche Inspektoren einstellte. Eher sollten zusätzliche Maßnahmen zur Fehlerverhütung eingeführt werden. Dieser Gedanke ist nach wie vor gültig. Um aber Missverständnissen vorzubeugen, wurde im Rahmen der Normung anstatt *Qualitätskosten* der neue Begriff *qualitätsbezogene Kosten* eingeführt.

Qualitätsbezogene Kosten sind im Rahmen des Qualitätsmanagements entstehende Fehlerverhütungs-, Prüf- und Fehlerkosten.

Anmerkung 1: Qualitätsbezogene Kosten werden in einer Organisation nach deren eigenen Kriterien abgegrenzt und erfasst.

Anmerkung 2: Zu den qualitätsbezogenen Kosten gehören auch Kosten für Qualitätsaudits durch Kunden und Zertifizierungsstellen.

(DIN 55350-11:2008-05)

Qualitätsbezogene Kosten

Damit haben die Unternehmen weitgehende Freiheit, wie sie für ihre Zwecke mit diesen Kosten umgehen wollen.

Im Übrigen sollte man ohne Not keine Grundsatzdebatten wegen einer Benennung beginnen. Viele Definitionen, gerade auch in der Begriffsnorm DIN EN ISO 9000:2015, sagen nicht das aus, was eigentlich damit gemeint ist. Der genormte Begriff der Qualitätsplanung beinhaltet nicht etwa die Planung der Qualität, sondern beispielsweise die Festlegung von Merkmalswerten eines neuen Produkts. Genauso bedeutet Qualitätsverbesserung nicht Verbesserung der Qualität, sondern die Verbesserung der Qualitätsfähigkeit eines Prozesses oder Systems. Wichtig ist vor allem, dass die innerhalb einer Organisation verwendeten Begriffe von allen Beteiligten in derselben Weise verstanden werden.

Für die weiteren Betrachtungen wird eine Begrifflichkeit verwendet, wie sie von Geiger und Kotte vorgeschlagen wird (Bild 15.2).

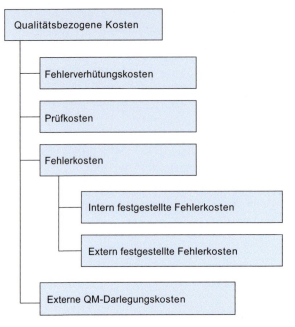

Bild 15.2 Einteilung der qualitätsbezogenen Kosten (Quelle: Geiger und Kotte 2008)

Die in dieser Einteilung verwendeten Begriffe werden im Folgenden definiert.

Fehler-
verhütungs-
kosten

 Fehlerverhütungskosten sind Kosten, die verursacht werden durch die Analyse und Beseitigung von Fehlerursachen.
Anmerkung: Zu den Fehlerverhütungskosten gehören insbesondere die Kosten für Vorbeugemaßnahmen und Korrekturmaßnahmen.
(DIN 55350-11:2008-05)

Fehlerverhütungskosten setzen sich aus den Kosten für die folgenden Tätigkeiten zusammen:

- Qualitätsplanung unter Berücksichtigung bekannter Produktfehler,
- interne und externe Qualitätsfähigkeitsuntersuchungen,
- Prüfplanung,
- Schulung zum Qualitätsmanagement,
- Programme zur Qualitätsverbesserung,
- qualitätsbezogene Wettbewerbsvergleiche,
- interne Qualitätsaudits,
- Leitung des Qualitätswesens (d.h. der Organisationseinheit, die hauptsächlich qualitätsbezogene Tätigkeiten durchführt),

- sonstige Tätigkeiten zur Fehlervermeidung.

Das Verhüten von Fehlern ist ein selbstverständlicher Bestandteil jeder Tätigkeit. Niemand erledigt seine Arbeit, um davon getrennt etwas zur Fehlerverhütung zu tun. Masing bezeichnet das Verhüten von Fehlern als inhärenten Teil der Arbeit, welcher entsprechend im Rahmen des Lohns oder Gehalts vergütet wird (Masing 1993). Welchen Anteil der gesamten Arbeit die Fehlerverhütung ausmacht, ist einerseits individuell verschieden und andererseits auch im Einzelfall nicht genau zu ermitteln.

Die aufgelisteten Tätigkeiten stellen dagegen besondere, zusätzliche Maßnahmen wie Schulungen oder Einsatz bestimmter Methoden dar. Sie verursachen mithin nur eine Untermenge der gesamten Kosten, die man als Fehlerverhütungskosten bezeichnen würde. Die Gesamtheit der Fehlerverhütungskosten kann praktisch nicht erfasst werden.

Auch eine Zielgröße für Fehlerverhütungskosten ist im Allgemeinen schwer anzugeben. Jede Organisation muss für sich entscheiden, ob und welche Fehlerverhütungskosten ausgewiesen und berichtet werden und ob es sinnvoll ist, dafür eine Zielgröße festzulegen.

Prüfkosten

Prüfkosten sind Kosten, die durch planmäßige Prüfungen verursacht sind, die keinen konkreten Fehler zum Anlass haben.

Anmerkung: Prüfkosten entstehen durch das für Prüfungen eingesetzte Personal und die zugehörigen Prüfmittel, eingeschlossen die Prüfmittelüberwachung in allen Bereichen der Organisation. Bei zeitlich ineinandergreifenden Prüftätigkeiten und anderen Tätigkeiten sind die Kosten für den Anteil der Prüftätigkeiten anzusetzen.

(DIN 55350-11:2008-05)

Prüfkosten setzen sich aus den Kosten für die folgenden Tätigkeiten zusammen:

- Eingangsprüfung,
- Zwischenprüfung,
- Endprüfung,
- Beschaffung, Betrieb und Instandhaltung von Prüfmitteln,
- Erstellung von Qualitätsgutachten,
- Qualifikationsprüfungen,
- Laboruntersuchungen,
- Prüfdokumentation.

Prüfkosten in diesem Sinn entstehen durch Prüfungen zur Absicherung gegen möglicherweise aufgetretene Fehler oder durch Prüfungen zum Regeln von Prozessen, um die Entstehung von Fehlern zu verhindern.

Bei einem Herstellprozess, der bezüglich eines Merkmals des erzeugten Produkts nicht fähig ist, muss dieses Merkmal bei jedem hergestellten Produkt geprüft werden. Nur so kann man fehlerhafte Produkte erkennen und aussortieren. Nicht fähige Prozesse verursachen also durch diese 100 %-Prüfungen erhebliche Prüfkosten.

Fähige Prozesse dagegen erfordern Stichprobenprüfungen von geringem Umfang im Rahmen der Statistischen Prozessregelung (SPR). Diese Prüfungen dürfen allerdings auch nicht weiter reduziert werden, da sie bereits einen minimalen Aufwand zur Prozessüberwachung darstellen.

Die Prüfkosten sind eindeutig definiert und können fast vollständig erfasst werden. Die meisten Organisationen scheuen jedoch den dazugehörigen Aufwand und als Folge wird es problematisch, eine Zielgröße für die Prüfkosten festzulegen. Jedenfalls muss eine solche Zielgröße größer als null sein.

Fehlerkosten

> Fehlerkosten sind Kosten, die durch Fehler verursacht sind.
>
> Anmerkung 1: Fehlerkosten können nach dem Ort der Feststellung der Fehler in zwei Untergruppen eingeteilt werden: in interne Fehlerkosten und in externe Fehlerkosten. Es kann zweckmäßig sein, für eine Organisation festzulegen, was unter „intern" und „extern" zu verstehen ist.
>
> Anmerkung 2: Beispiele für Fehlerkosten sind die Kosten für Beseitigung oder Linderung eines Fehlers, für Nacharbeit, Reparatur, Verschrottung, Entsorgung, Behandlung von Ausschuss, außerplanmäßige Sortierprüfung, Wiederholungsprüfung, Ausfallzeit, Gewährleistung und Produkthaftung.
>
> Anmerkung 3: Einige Fehlerkosten mögen schwer identifizierbar, können aber sehr bedeutsam sein, z. B. Kosten durch Imageverlust.
>
> (DIN 55350-11:2008-05)

Interessant ist die Anmerkung 3: Fehler verursachen nicht nur Kosten zu ihrer Behebung, sondern können darüber hinaus weitere Wirkungen und damit verbundene Kosten auslösen. Imageverlust ist in der Definition bereits genannt. Im Einzelnen kann das Auftreten von Fehlern beim Kunden zu Kundenverärgerung und damit zu Loyalitätsverlust führen, was sich dadurch äußern kann, dass der Kunde künftig bei anderen Herstellern kauft.

Häufig auftretende Fehler, auch wenn sie noch vor Auslieferung der Produkte entdeckt werden, können wegen der ständig anfallenden Nacharbeit die Mitarbeiter demotivieren.

Interne Fehlerkosten sind Kosten, die aufgrund betriebsintern entdeckter Fehler und deren Folgetätigkeiten entstehen, beispielsweise durch:

- betriebsintern festgestellten Ausschuss,
- betriebsintern durchgeführte Nacharbeit,
- Wiederholungsprüfungen,
- Sortierprüfungen aufgrund aufgetretener Fehler,
- qualitätsbedingte Wertminderung der Produkte (zweite Wahl),
- Tätigkeiten zur Fehlerabstellung.

Externe Fehlerkosten sind Kosten aufgrund von Fehlern, die nach Auslieferung der Produkte entdeckt werden und Folgetätigkeiten auslösen. Beispiele dafür sind Kosten für:

- extern festgestellten Ausschuss,
- extern durchgeführte Nacharbeit,
- Gewährleistung und Garantie,
- Produkthaftung.

Durch eine Erhöhung der Prozessfähigkeit der Herstell- und Verwaltungsprozesse – z. B. mithilfe der Six-Sigma-Methode – können die Fehlerkosten nahezu den Wert null erreichen.

An dieser Stelle ist jedoch Folgendes anzumerken: Die üblicherweise ausgewiesenen Fehlerkosten sind überwiegend solche, die aufgrund von Fehlern in der Produktion entstehen. Die Auswirkungen von Fehlern, die in anderen Phasen der Produktentstehung gemacht werden, bleiben meist verborgen. Tabelle 15.1 zeigt Beispiele für mögliche fehlerverursachende Organisationseinheiten, deren Fehlleistungen meist nicht identifiziert werden und wodurch der Handlungsbedarf für Fehlererfassung und -verhütung nicht erkannt wird.

Tabelle 15.1 Mögliche Verursacher von nicht erkannten Fehlern

Verursacher	Mögliche Fehler bei …
Marktforschung	Ermittlung der Kundenwünsche
Entwicklung	Konstruktion der Produkte
Produktionsplanung	Auswahl der Betriebsmittel
Beschaffung	Lieferantenauswahl
Produktion	Prozesslenkung
Vertrieb	Preisgestaltung, Verkaufsprognose
Versand	Verpackung und Transport
Kundendienst	Wartung, Reparatur, Umgang mit Kunden

Nach Jacobi werden im Schnitt nur etwa 30 % des Fehlleistungsaufwands monetär erfasst (Jacobi 1996). Hier ist ein großes Potenzial an Qualitätsverbesserung und Kostensenkung vorhanden.

Externe QM-Darlegungskosten

 Externe QM-Darlegungskosten sind Kosten, die durch externe Darlegungen des Qualitätsmanagementsystems verursacht werden.
(Geiger und Kotte 2008)

Externe QM-Darlegungskosten entstehen durch:

- Zweit- und Drittparteienaudits,
- Zertifizierung und Akkreditierung durch Dritte,
- eigene Vorbereitungsarbeiten für Zertifizierung und Akkreditierung durch Dritte.

Diese Kosten fallen in eine Kategorie, die erst seit den 1980er-Jahren nach der Einführung der Normenfamilie ISO 9000 ff. bedeutsam wurde und mittlerweile bei größeren Organisationen einen erheblichen Kostenumfang angenommen hat. Deshalb ist es sinnvoll, sie als zusätzliche Kategorie in die Gliederung der qualitätsbezogenen Kosten aufzunehmen. Im Verhältnis zum Umsatz fallen die externen QM-Darlegungskosten aber kaum ins Gewicht.

Die Erfassung der externen QM-Darlegungskosten gestaltet sich nicht als schwierig und ist für den Zeitraum von beispielsweise einem Jahr im Voraus gut planbar.

▪ 15.2 Erfassung und Berichterstattung

Die qualitätsbezogenen Kosten sind grundsätzlich nichts Neues. Sie werden von der Finanzabteilung einer Organisation, die sich um eine möglichst vollständige Erfassung aller Kosten im Unternehmen bemüht, seit jeher verbucht, allerdings nach anderen Ordnungskriterien.

Treiberebene und Werteebene

Die Definition der qualitätsbezogenen Kosten erfolgte nach den Unterscheidungskriterien, die für die Fachleute im Herstellungsprozess für Produkte und Dienstleistungen zweckmäßig sind. Dort entstehen Fehler, dort wird geprüft und es werden fehlerverhütende Maßnahmen durchgeführt. Die Organisationsbereiche, die in diesem Prozess arbeiten (z. B. Entwicklung, Einkauf, Produktion und Vertrieb), werden auch operative Bereiche genannt. Wenn es um Prüfungen geht, gehört auch das Qualitätswesen dazu. Die im Abschnitt 15.1 einzeln aufgeführten Tätigkeiten stellen die *Ursache* der qualitätsbezogenen Kosten dar, man bezeichnet sie auch als deren *Treiber*.

Die qualitätsbezogenen Kosten selbst gehören einer anderen Ebene an, auf der das betriebliche Geschehen monetär abgebildet wird. Für die Gestaltung und Analyse dieser Werteebene ist der Finanzbereich zuständig (Bild 15.3). Auf der Werteebene sind die qualitätsbezogenen Kosten entsprechend einem firmeneigenen System in Kostenerfassungsgruppen eingeordnet, auf die auch nur der Finanzbereich zugreifen kann.

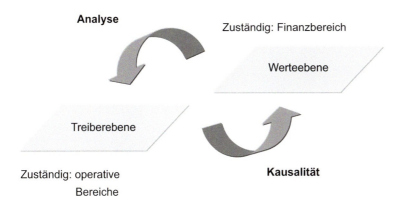

Bild 15.3 Treiberebene und Werteebene

 Die Erfassung der qualitätsbezogenen Kosten sollte daher ausschließlich durch den Finanzbereich erfolgen und auch ein Bericht über qualitätsbezogene Kosten („Qualitätskostenbericht") sollte vom Finanzbereich in Absprache mit dem Qualitätswesen und unter Mitwirkung der operativen Bereiche herausgegeben werden.

Bei der Wahrnehmung ihrer Tätigkeiten im Rahmen des Qualitätsmanagements benutzen die Mitarbeiter im Realisierungsprozess für Produkte und Dienstleistungen (Treiberebene) technische Kenngrößen. Die Mitarbeiter der Werteebene drücken sich dagegen mithilfe finanzieller Kenngrößen aus. Auch auf der Führungsebene einer Organisation wird überwiegend die „Sprache des Geldes" gesprochen (Bild 15.4).

Vorteile durch den Ausweis qualitätsbezogener Kosten

Die Darstellung qualitätsbezogener Kosten hat grundsätzlich den Vorteil, dass die Führungsebene der Organisation in ihrer gewohnten Ausdrucksweise auf die Probleme des Qualitätsmanagements, die ausschließlich auf der Treiberebene angesiedelt sind, aufmerksam gemacht werden kann.

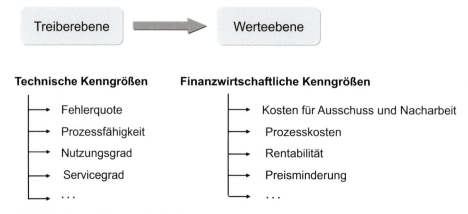

Bild 15.4 Kenngrößen auf der Treiberebene und der Werteebene

Auch weitere Vorteile sind erkennbar:

- Durch die Kostendarstellung können Probleme erkannt werden, die bisher nicht identifiziert wurden.
- Hohe qualitätsbezogene Kosten weisen auf Schwachstellen in den Regelkreisen des Qualitätsmanagements hin.
- Zusätzliche Verbesserungspotenziale werden aufgedeckt.

Bericht zu qualitätsbezogenen Kosten

Zunächst sollte eine Organisation ihre eigene Liste der Quellen aufstellen, die zu den definierten Kategorien von qualitätsbezogenen Kosten führen. Der nächste Schritt kann darin bestehen, die in einem bestimmten Zeitraum entstandenen Kosten zu erfassen, soweit es mit einem vertretbaren Aufwand möglich ist. Mit den gewonnenen Daten lässt sich ein Pareto-Diagramm erstellen, wie es beispielsweise in Bild 15.5 gezeigt wird.

Aus der kumulierten Darstellung geht hervor, dass in diesem Beispiel sieben Quellen etwa 80 % aller erfassten qualitätsbezogenen Kosten ausmachen. Auf die Auflistung der übrigen Quellen wird im Diagramm verzichtet.

Aufgrund dieser Information sollte man mit hoher Priorität die Fehler an den Produkten A und B identifizieren, die zu den hohen Gewährleistungskosten und zu externer Nacharbeit führen, und sie abstellen, etwa mithilfe der Six-Sigma-Methode. Diese Tätigkeit findet auf der Treiberebene mit technischen Hilfsmitteln statt. Mit zunehmenden Verbesserungen der Produkte empfiehlt es sich, erneut eine Pareto-Analyse – auf der Werteebene – durchzuführen, um neue Schwerpunkte zu erkennen.

Zur laufenden Berichterstattung können Diagramme nach Bild 15.6 hilfreich sein. Darin sieht man den zeitlichen Verlauf der qualitätsbezogenen Kosten für eine Organisationseinheit. Die Zahlen neben den Balken geben den *Anteil* der Kostenarten an der Summe der qualitätsbezogenen Kosten im angegebenen Zeitraum an. Auf der Ordinate kann man anstatt des absoluten Werts alternativ den Anteil der qualitätsbezogenen Kosten in Prozent vom Umsatz angeben.

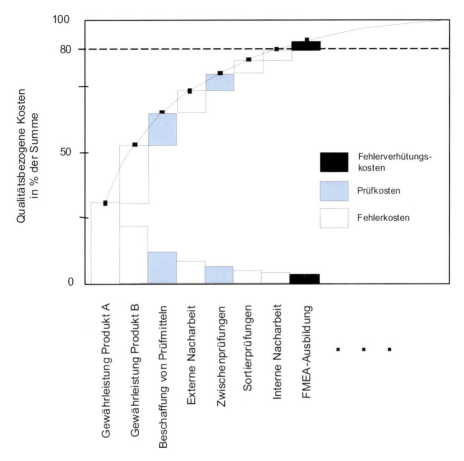

Bild 15.5 Pareto-Diagramm zur Erkennung von Schwerpunkten (in Anlehnung an Geiger und Kotte 2008)

Je nach der Größe einer Organisation kann es sinnvoll sein, je einen Bericht über qualitätsbezogene Kosten für unterschiedliche Hierarchieebenen zu erstellen.

Für die Leitungsebene wird der Bericht hauptsächlich Kosten und erzielte Einsparungen ausweisen. Auf der Ebene der Abteilungen und Kostenstellen sollen die ausgewiesenen Kosten den verursachenden Prozessen und Produkten zugeordnet werden, um entsprechende Schwachstellen zu erkennen und abzustellen.

Wichtig ist, dass nicht Kostenstellen oder Bereiche mit grundsätzlich unterschiedlichen Prozessen hinsichtlich ihrer qualitätsbezogenen Kosten verglichen werden

(Quervergleich oder Querschnitt). Sinnvoll ist lediglich der zeitliche Vergleich in jeweils demselben Organisationsbereich (Längsvergleich oder Längsschnitt).

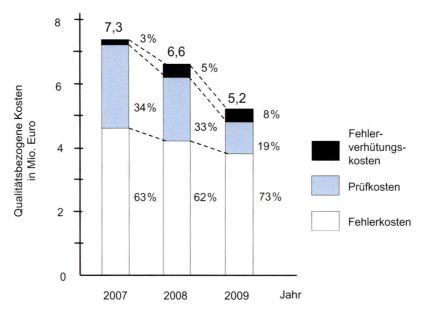

Bild 15.6 Qualitätsbezogene Kosten im Zeitverlauf

■ 15.3 Was kostet Qualität?

Ein Objekt weist dann gute Qualität auf, wenn die Gesamtheit seiner inhärenten Merkmale, mit anderen Worten seine Beschaffenheit, den vereinbarten Anforderungen entspricht.

In einem solchen Fall hat die Qualität dieses Objekts dasselbe gekostet wie seine Herstellung. Aufschlussreich ist in diesem Sinn die Darstellung in Bild 15.7.

Demnach können die Kosten, die nötig sind, um ein Objekt nach seinen Spezifikationen, also anforderungskonform, herzustellen, als *Konformitätskosten* bezeichnet werden. Darin sind neben den aufgeführten Arten von qualitätsbezogenen Kosten die „übrigen Kosten" für den gesamten Objektentstehungsprozess aufgeführt.

Durch Fehlleistungen innerhalb des Objektentstehungsprozesses können Fehler auftreten, deren Behebung zusätzliche Fehlerkosten verursacht. Die gesamten Entstehungskosten (Kosten der Qualität) sind dann die Summe aus Konformitätskosten und Fehlerkosten.

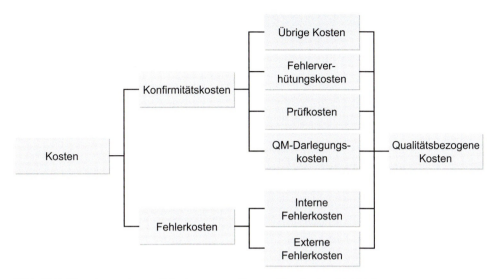

Bild 15.7 Einordnung der qualitätsbezogenen Kosten (Quelle: Jacobi 1996)

 Die Kosten für die gute Qualität eines Objekts sind gleich den Entstehungskosten, die eine Organisation benötigt, um ein fehlerfreies Objekt herzustellen.

Die Entstehungskosten und damit auch die Kosten für die Qualität können gesenkt werden, indem

- die Fehlerkosten, die durch Fehlleistungen in den Prozessen entstehen, reduziert werden und/oder
- die Konformitätskosten beispielsweise durch eine andere Konstruktion, billigere Kaufteile und Erhöhung der Produktivität gesenkt werden.

15.4 Lohnt sich Qualität?

Ob „Qualität sich lohnt", ist eine Frage, die seit jeher von Nichtfachleuten gern gestellt wird. Eine Antwort darauf muss auf der Grundlage des genormten Qualitätsbegriffs erfolgen: Qualität ist der Grad, in dem die inhärenten Merkmale eines Objekts, also seine Beschaffenheit, die gestellten Anforderungen erfüllen. Unter Beachtung dieser Definition ergibt die obige Frage zunächst keinen Sinn, denn ein Erfüllungsgrad, über dessen Höhe nichts gesagt ist, kann sich weder lohnen noch nicht lohnen. Aus der sinnleeren Frage können aufgrund der zwei Betrachtungsseiten der Qualität

(Soll und Ist) zwei sinnvolle Fragen entstehen, wobei wir uns dabei auf die Qualität von Produkten beschränken wollen:

- Lohnt es sich, die Anforderungen an das Produkt in einer hohen Anspruchsklasse anzusiedeln?
- Lohnt es sich, Produkte an Kunden auszuliefern, deren Beschaffenheit nicht den Anforderungen entspricht, die also fehlerhaft sind?

Lohnen sich Anforderungen in einer hohen Anspruchsklasse?

Es sei an das Beispiel im Abschnitt 4.1 erinnert, in dem von zwei Löffeln die Rede ist: einem Stahl- und einem Silberlöffel. Das Unternehmen, das sie herstellt und vertreibt, hat beide Produkte nach zwei unterschiedlichen *Anspruchsklassen* spezifiziert. Die Kosten für die Herstellung des Silberlöffels sind wegen des höheren Materialpreises und des aufwendigeren Fertigungsprozesses entsprechend höher und das Unternehmen wird dafür einen höheren Preis fordern, der auch einen höheren Gewinn ermöglicht. Wenn es gelingt, auf dem Markt die geplanten Verkaufszahlen und den geforderten Preis zu erzielen, hat sich für das Unternehmen das Projekt Silberlöffel gelohnt.

Wenn diese Einschätzung falsch war, wird das Unternehmen den geplanten Umsatz nicht erreichen, woraus man interne Fehlerkosten ableiten kann, verursacht eben durch das Marketing.

 Ein Produktangebot in einer hohen Anspruchsklasse lohnt sich, wenn das Marketing die Wünsche einer Zielgruppe von Kunden und deren Kaufbereitschaft richtig eingeschätzt hat.

Lohnt es sich, fehlerhafte Produkte auszuliefern?

Betrachten wir zunächst den Fall, in dem es zwischen zwei Firmen einen Liefervertrag gibt, in dem die Produkte genau spezifiziert sind. Dieser Fall wird auch als „Business-to-Business (B2B)" bezeichnet. Unter dieser Voraussetzung verstößt die Lieferung fehlerhafter Produkte ohne Wissen und Einverständnis des Kunden gegen geltendes Recht. Hier greifen beispielsweise Gewährleistung und Garantie, die den Hersteller zur Nachbesserung oder zum Ersatz seiner Leistung verpflichten. Es fallen voraussichtlich erhebliche externe Fehlerkosten an, verbunden mit einer Störung des Vertrauensverhältnisses zwischen den Vertragspartnern. Die Frage, ob sich Qualität lohnt, kommt in diesem Fall der Frage gleich, ob es sich für ein Unternehmen lohnt, gegen Gesetze zu verstoßen, in diesem Fall gegen § 433 BGB (siehe Kapitel 16).

Wenn ein Hersteller – beispielsweise von Keksen oder Geschirrspülern – in einem offenen Markt an Konsumenten liefert, kennt er im Allgemeinen seine einzelnen Kunden und ihre Anforderungen nicht. Er stellt seine Produkte nach eigenen Spezifikationen her. Dabei nimmt er an, dass die damit gegebene Beschaffenheit eine möglichst große Zielgruppe anspricht. Dieser Fall wird auch als „Business-to-Customer (B2C)" bezeichnet. Der Hersteller geht dabei von einem üblichen Gebrauch durch die

Kunden aus, bei dem die Produkte gemäß ihrer Spezifikationen voraussichtlich einwandfrei funktionieren. Den Kunden sind die Spezifikationen im Einzelnen meist nicht bekannt.

Liefert der Hersteller Produkte aus, die nach seinen eigenen Vorgaben fehlerhaft sind, kann es aufgrund dieser Fehler zu häufigeren Funktionsstörungen beim Gebrauch kommen. In diesem Fall greifen nicht nur Gewährleistung und Garantie, sondern darüber hinaus, wenn dem Kunden dadurch ein Schaden entsteht, die Produkthaftung durch den Hersteller. Die Kosten, die dadurch entstehen, sind um ein Vielfaches höher als die Kosten, die ein Hersteller dadurch spart, dass er ein fehlerhaftes Produkt nicht vor der Auslieferung nacharbeitet oder aussortiert. Um die Umwelt oder die Gesundheit der Benutzer bestimmter Produkte zu schützen, stellt auch der Staat Anforderungen an diese Produkte. Beispielsweise werden an Automobile Anforderungen bezüglich der Geräuschentwicklung und des Abgasverhaltens gestellt, deren Einhaltung sowohl bei der Zulassung als auch im laufenden Betrieb durch dazu beauftragte Stellen geprüft wird.

Im Kasten „Der Abgas-Fall" wird ein abschreckendes Beispiel beschrieben, in dem ein Automobilhersteller versucht, die Erfüllung von Anforderungen vorzutäuschen, um eine Erhöhung der Herstellungskosten zu vermeiden.

Der Abgas-Fall

In den 1980er-Jahren gelang es der zuständigen Motorentwicklung bei Volkswagen, einen leichten Dieselmotor mit Direkteinspritzung zur Serienreife zu bringen, der auch in Autos der unteren Mittelklasse – z. B. im Golf – eingesetzt werden konnte. Dieselmotoren verbrauchen rund 25 Prozent weniger Kraftstoff als Benzinmotoren und der Diesel war schon damals steuerlich subventioniert. Für die Besitzer der Dieselfahrzeuge bedeutete das eine deutliche Einsparung bei den Betriebskosten und trug somit zu deutlich steigenden Verkaufszahlen bei. Als eine wichtige Folgeentwicklung konnten die TDI-Motoren (die Abkürzung steht für Turbocharged Direct Injection) die Verkäufe der damit ausgestatteten Modelle noch weiter steigern. Ein Nachteil der Dieselmotoren besteht jedoch darin, dass ihre Abgase giftige Stickoxide (NO_x) und Feinstaubpartikel enthalten, welche die Umwelt belasten. Zur Abgasbehandlung setzte VW Katalysatoren und Partikelfilter ein.

Die Folgejahre brachten angesichts des Klimawandels eine ständige Verschärfung der Abgasvorschriften in den Industrieländern, vor allem in den USA. 2005 erkannten die zuständigen Entwickler bei VW, dass die bisher eingesetzte Technik zur Abgasbehandlung künftig nicht mehr den Ansprüchen genügen würde. Als Zusatzmaßnahme bot sich eine Einrichtung an, die dem Abgas verdünnten Harnstoff beimengt, bekannt unter dem Namen AdBlue. Während einige wichtige Wettbewerber diese Technik einsetzten, wurde sie von den VW-Entwicklern verworfen, weil durch AdBlue die budgetierten Herstellkosten der Dieselmotoren überschritten worden wären.

Als klar war, dass ab 2009 die Dieselmotoren der Modellreihe EA189 – eingesetzt unter anderem in den Modellen Golf und Passat, aber auch in Modellen der Tochtergesellschaften – die Abgasvorschriften in Deutschland und in den USA nicht mehr erfüllen würden, entschieden sich die Entwickler für eine illegale Maßnahme. Für die Zulassung eines Fahrzeugmodells in einem Land muss eine Stichprobe von Fahrzeugen dieses Modells einen Fahrzyklus auf einem Abgasprüfstand absolvieren. Die dabei ausgestoßenen Abgase werden in einer Messeinrichtung gesammelt und auf bestimmte Bestandteile untersucht. Falls diese Bestandteile, im vorliegenden Fall Stickoxide und Festkörperpartikel, die erlaubten Höchstwerte nicht überschreiten, wird das Fahrzeugmodell für den Markt zugelassen.

Die Motorenentwickler fügten in die Steuerungselektronik des Motors eine Software ein, die erkennt, ob das Fahrzeug auf einem Prüfstand fährt. Dabei drehen sich nämlich nur zwei angetriebene Räder auf einer Prüfrolle und das Lenkrad wird nicht bewegt. In diesem Fahrzustand wird das Kennfeld für die Einspritzung von der Software automatisch so verändert, dass die Motorleistung gedrosselt wird und damit weniger Schadstoffe im Abgas vorhanden sind. Diese Einstellung würde allerdings im normalen Fahrbetrieb keine zufriedenstellenden Fahrleistungen ermöglichen. Wenn das Fahrzeug wieder auf der Straße bewegt wird, schaltet die Software daher auf das für Straßenbetrieb optimierte Kennfeld um. Die Abgaswerte bei diesem Fahrzustand sind erheblich höher als die offiziell auf dem Prüfstand ermittelten. 2014 untersuchten Mitarbeiter der West Virginia University eine Stichprobe ausländischer Fahrzeuge auf ihr Abgasverhalten. In dieser Stichprobe waren zufällig zwei VW-Modelle für den US-Markt enthalten: ein Jetta und ein Passat. Die Forscher verglichen die Abgaswerte auf dem Prüfstand mit denen im Straßenbetrieb und fanden heraus, dass die Abgaswerte der VW-Modelle im Straßenbetrieb die gesetzlich vorgeschriebenen Grenzwerte um das Fünf- bis 35-Fache überschritten, während sie auf dem Prüfstand unauffällig waren.

Nachdem die Messergebnisse den Regierungsbehörden EPA (Environmental Protection Agency) und CARB (California Air Resources Board) übergeben wurden, forderte die EPA VW auf, die Unterschiede in den Messergebnissen zu erklären. Nach mehreren Erklärungsversuchen, die offenbar nicht befriedigen konnten, kündigte die EPA an, den beiden VW-Modellen keine Zulassung für das Jahr 2016 zu erteilen. Unter diesem Druck gab VW im September 2015 den Einsatz der „Betrugssoftware" (die EPA bezeichnet sie als „Defeat Device") zu.

Wir wollen bezüglich der Folgen für VW als Beispiel nur den Markt Deutschland betrachten. Hier waren in der Zeit von 2009 bis 2019 etwa 2,6 Millionen Autos mit der fraglichen Software an Kunden ausgeliefert worden. VW bot dem Kraftfahrt-Bundesamt (KBA) an, alle diese Autos so umzurüsten, dass sie die aktuellen Abgasvorschriften erfüllen. Das KBA genehmigte die vorgeschlagenen Maßnahmen und ordnete einen entsprechenden Rückruf an.

Zusätzlich war mit einer großen Zahl von zivilrechtlichen Klagen gegen VW zu rechnen. Sie konnten von den Autobesitzern kommen, die ihre Fahrzeuge zurückgeben oder wegen Fehlens zugesicherter Eigenschaften gegen Neufahrzeuge tauschen wollten. Da man mehr als 400 000 solcher Klagen erwartete, führte das Bundesministerium für Justiz die sogenannte Musterfeststellungsklage als neues Rechtsmittel ein. Sie soll feststellen, ob VW grundsätzlich zum Schadensersatz verpflichtet ist. Das entsprechende Verfahren würde sich allerdings über mehrere Jahre hinziehen und falls es zugunsten der Kläger ausginge, müsste jeder einzelne von ihnen getrennt einen Prozess gegen VW führen, um seinen speziellen erlittenen finanziellen Verlust feststellen zu lassen. Die betroffenen Autos würden dann so alt sein, dass sie nur noch einen geringen Restwert hätten.

In dieser Situation haben sich VW und der Bundesverband der Verbraucherzentralen (VZBV) auf einen Vergleich mit den etwa 262 000 Klägern, die sich der Musterfeststellungsklage angeschlossen haben, geeinigt. Demnach würden diese, nach einem ersten Angebot von VW, je nach Alter ihres Fahrzeugs eine Entschädigung zwischen 1350 und 6257 Euro erhalten. VW plant dafür bis zu 830 Millionen Euro ein. Zusätzlich will der Konzern die Abwicklung des Vergleichs und die damit verbundenen Kosten übernehmen.

Seit Bekanntwerden der Abgasmanipulation wird auch ermittelt, welche Führungskräfte davon wussten. Einige wurden schon entlassen oder angeklagt.

Insbesondere stellt sich aber die Frage, seit wann der damalige Vorstandsvorsitzende Martin Winterkorn von der Manipulation wusste. Das Landgericht Stuttgart geht davon aus, dass Winterkorn bereits im Mai 2014, also 16 Monate bevor die US-Behörden aktiv wurden, durch ein Schreiben von Frank Tuch, dem Leiter der Konzern-Qualitätssicherung, darüber informiert wurde. Tuch, der pflichtgemäß ein schwerwiegendes Qualitätsproblem seinem Vorgesetzten. gemeldet hatte, wurde als einer der ersten leitenden Angestellten entlassen. Der Prozess gegen Martin Winterkorn und Rupert Stadler, dem damaligen Vorstandsvorsitzenden von Audi, wird zurzeit vorbereitet.

Wie stark sich der erlittene Vertrauensverlust in der Öffentlichkeit auf die Verkaufszahlen und die Arbeitsplätze im Unternehmen auswirken wird, bleibt abzuwarten. Jedenfalls wird die Abgasaffäre nach Aussagen eines Mitglieds des Aufsichtsrats den Konzern noch die nächsten zehn Jahre beschäftigen.

Feststeht: Die illegale Abgasmanipulation war eine in voller Absicht erfolgte Nichterfüllung von Anforderungen, um Kosten zu vermeiden. Der finanzielle Schaden, der VW im weltweiten Geschäft durch den Abgasskandal entsteht, wird auf etwa 40 Milliarden Euro geschätzt. Hinzu kommt der schwerwiegende Imageverlust, den der weltgrößte Automobilhersteller bereits erlitten hat.

(Quellen: Laufende Berichterstattung in den Medien, unter anderem Der Spiegel, Die Wirtschaftswoche, Handelsblatt und Der Tagesspiegel.)

Die Hauptaufgaben des modernen Qualitätsmanagements bestehen darin, einerseits Fehler an Objekten und Systemen gar nicht erst entstehen zu lassen und andererseits die Ursachen bereits entstandener Fehler zu ermitteln und zu beseitigen. Die erste dieser Hauptaufgaben bezeichnet man auch als *präventives Qualitätsmanagement*. Dazu wurden in den letzten 50 Jahren insbesondere die Methoden

- Quality Function Deployment (QFD) und
- Fehlermöglichkeits- und -einflussanalyse (System-FMEA)

entwickelt. Sie werden im Einzelnen in Kapitel 11 beschrieben. Beide Methoden sind für einen Einsatz in den frühen Phasen des Produktentstehungsprozesses vorgesehen. Ihre Anwendung ist zunächst mit Fehlerverhütungskosten verbunden, die planbar sind und je nach Anfall genau erfasst werden können. Der damit verbundene Nutzen, nämlich vermiedene Fehlerkosten, liegt dagegen in der Zukunft und kann aus mehreren Gründen nicht genau vorausgesagt werden. Das führt dazu, dass eine „Qualitätskostenrechnung" nicht analog einer Investitionsrechnung durchgeführt werden kann. So stellt sich ständig auch eine dritte Frage, die mit den Kosten zusammenhängt:

- Ist der Aufwand, der mit der Anwendung präventiver Qualitätstechniken verbunden ist, wirtschaftlich sinnvoll?

Wir wollen versuchen, diese Frage für die angeführten Qualitätstechniken getrennt zu beantworten.

Quality Function Deployment

Die QFD ist die klassische Methode, die Kundenwünsche in operational definierte Objektmerkmale umzusetzen. Nachdem sie seit 1970 in Japan erstmalig beim Schiffsbau und in der Autoindustrie eingesetzt wurde, konnte bei einigen Produktanläufen die Zahl der notwendigen Nachänderungen im Vergleich zu ähnlichen vorangegangenen Projekten angeblich um 20 bis 50 % reduziert werden (Zollondz 2006). Einzelheiten zu diesen Projekten sind in der Fachliteratur nicht zu finden, seit vielen Jahren sind auch keine ähnlichen Erfolge mehr veröffentlicht worden.

Weil die QFD systematisch vorgeht und viele relevante Informationen auswertet, ist ihre Anwendung zeitaufwendig. Daher kann man sie nur für weniger komplexe Objekte empfehlen. Nach unserer Erfahrung ist die Methode in Deutschland zwar durchaus bekannt, wird aber nur selten angewendet.

Im Rahmen von Six Sigma stellt der CTQ-Baum eine wesentlich einfachere Technik dar, um Kundenwünsche in Objektmerkmale umzusetzen (siehe Kapitel 4). Ein schlüssiger Nachweis, dass aufgrund der Anwendung Kosten reduziert werden, ist aber bei beiden Techniken nicht erbracht worden.

Fehlermöglichkeits- und -einflussanalyse

Am Beispiel der Entwicklung von Kühlersystemen für die Automobilindustrie ist es Thomas Dietmüller zum ersten Mal gelungen, die Wirtschaftlichkeit einer FMEA-Anwendung nachzuweisen (Dietmüller 2007). Dazu hat er 22 Entwicklungsprojekte und die anschließende Fertigungsphase bei einem Automobilzulieferer untersucht. Wegen der vergleichbar geringen Komplexität der Kühlersysteme waren die Entwicklungszeiten kurz. Die Fertigung andererseits lief auch nur über eine begrenzte Zeit, bedingt durch den Modellwechsel bei den Fahrzeugen. Mithilfe geeigneter Kennzahlen und einer Regressionsanalyse konnte eine signifikante negative Korrelation zwischen einer methodisch einwandfrei durchgeführten FMEA in der Entwicklungsphase einerseits und den internen Fehlerkosten während der nachfolgenden Fertigungsphase andererseits nachgewiesen werden. Nach dem Kapitalwertverfahren gerechnet führte ein durchschnittlicher Mehraufwand von 5000 Euro für FMEA-Aktivitäten dazu, dass über die Projektlaufzeit die internen Fehlerkosten durchschnittlich um etwa 50 000 Euro gesenkt werden konnten.

Dieses Ergebnis lässt sich nicht verallgemeinern. Die Automobilindustrie hat aber schon seit Längerem den Beitrag der FMEA zu einer Verringerung der Fehlerkosten erkannt und fordert ihre Anwendung nicht nur bei jeder neuen Entwicklung, sondern auch bei jeder Veränderung an einer Konstruktion oder an einem Fertigungsprozess.

Sowohl die QFD als auch die FMEA werden in Teams durchgeführt, die sich aus Fachleuten verschiedener Unternehmensbereiche zusammensetzen. Das wirkt sich wie folgt positiv aus:

- Die gemeinsame Beschäftigung mit dem untersuchten Produkt oder Prozess führt auf jeden Fall zu einem vertieften Verständnis des Betrachtungsobjekts bei den Beteiligten und zu einem gegenüber Einzelarbeit besseren Arbeitsergebnis.
- Durch die interdisziplinäre Zusammensetzung der Teams verbessert sich die Kommunikation im Unternehmen über die Bereichsgrenzen hinweg.

Diese Effekte lassen sich nicht monetär bewerten, sind aber bedeutend, wenn man das Organisationsgebaren nicht nur finanziell beurteilt, sondern auch die Mitarbeiterperspektive und die Prozessperspektive einbezieht (siehe auch Kapitel 14).

15.5 Zusammenfassung

Fehler in den Geschäftsprozessen einer Organisation ziehen Abstellmaßnahmen nach sich, die zusätzliche Kosten verursachen. Auch Prüfvorgänge, die immer in Verbindung mit möglichen Fehlern stehen, sind mit Aufwand verbunden, ebenso Fehlerverhütungsmaßnahmen und Tätigkeiten in Verbindung mit der Qualitätsmanagementdarlegung (Qualitätssicherung). Die dadurch verursachten Kosten werden unter dem Oberbegriff der qualitätsbezogenen Kosten zusammengefasst und wie folgt gegliedert:

- Fehlerverhütungskosten,
- Prüfkosten,
- Fehlerkosten und
- externe QM-Darlegungskosten.

Zunächst sollte eine Organisation ihre eigene Liste der Quellen aufstellen, die zu den definierten Kategorien von qualitätsbezogenen Kosten führen. Der nächste Schritt kann darin bestehen, die in einem bestimmten Zeitraum entstandenen Kosten zu erfassen, soweit es mit einem vertretbaren Aufwand möglich ist.

Eine Berichterstattung sollte nicht auf eine möglichst vollständige Erfassung der qualitätsbezogenen Kosten zielen, sondern eher Schwerpunkte aufzeigen, die den Verantwortlichen für den Produktentstehungsprozess Verbesserungspotenziale aufzeigen.

Immer noch werden die Fragen gestellt, wie teuer Qualität sei und ob Qualität sich lohne. Für diese Fragen gibt der Text Antworten, die auf der Qualitätsdefinition und auf den aktuell angewendeten Qualitätstechniken beruhen.

■ 15.6 Aufgaben zur Wiederholung und Vertiefung

1. Warum ist der Begriff *Qualitätskosten* missverständlich?
2. Nennen Sie die Gliederung der qualitätsbezogenen Kosten nach Geiger und erklären Sie den Begriff *externe QM-Darlegungskosten*.
3. Warum fielen im Jahr 1960 noch keine externen QM-Darlegungskosten an?
4. Gehören die Tätigkeiten, die zu externen QM-Darlegungskosten führen, zur Qualitätssicherung nach DIN EN ISO 9000:2015?
5. Warum werden die Kosten für interne Qualitätsaudits zu den Fehlerverhütungskosten gezählt und nicht zu den Prüfkosten?
6. Welcher Kategorie der qualitätsbezogenen Kosten würden Sie die Kosten für Six-Sigma-Seminare zuordnen?
7. Sollte der Leiter einer Produktionsabteilung einen eigenen Bericht zu qualitätsbezogenen Kosten erstellen und verteilen? Begründen Sie Ihre Antwort.
8. Welche Prüfkosten fallen grundsätzlich für einen Fertigungsprozess mit der Prozessfähigkeit von $c_{pk} = 0{,}9$ an und welche für einen Fertigungsprozess mit $c_{pk} = 1{,}6$?
9. Ist für die Prüfkosten einer Produktionsabteilung eine Zielgröße von null sinnvoll?
10. Warum ist eine Qualitätskostenrechnung im Sinne einer Investitionsrechnung nicht möglich?
11. Warum sind Vergleiche von Organisationseinheiten mit unterschiedlich gearteten Wertschöpfungsprozessen nicht sinnvoll? Geben Sie ein Beispiel.

12. Lohnt es sich für einen Gemüsehändler, jedem Kunden, der ein Kilogramm Tomaten kauft, eine schon weiche Tomate unbemerkt in den Einkaufsbeutel zu legen?

> **Story**
>
> Im fünfzehnten Kapitel Ihrer Story wenden Sie sich dem Bereich Qualität und Wirtschaftlichkeit zu.
>
> - Welche Formen qualitätsbezogener Kosten lassen sich grundsätzlich unterscheiden?
> - Welche qualitätsbezogenen Kosten fallen in der Getränke-Flow GmbH an? Begründen Sie Ihre Ausführungen.
> - Wie erfassen Sie in Ihrem Unternehmen qualitätsbezogene Kosten? Wie stellen Sie diese dar?

16 Haftung für mangelhafte Produkte

 Das vorherige Kapitel

Um die Qualität der Produkte sicherzustellen, sind bestimmte vorbeugende Maßnahmen sowie Prüfungen im Herstellprozess erforderlich. Andererseits verursachen fehlerhafte Produkte Kosten von unterschiedlicher Art und Größenordnung, beispielsweise interne und externe Fehlerkosten. Dazu kommen Kosten für die Darlegung des eigenen Qualitätsmanagementsystems. Das Kapitel behandelt das Konzept der qualitätsbezogenen Kosten und deren Berichterstattung.

Zum Abschluss werden die häufig gestellten Fragen beantwortet, was Qualität koste und ob sie sich lohne.

 Worum es geht

Solange es die Lieferbeziehung zwischen Herstellern und Käufern gibt, wurden auch fehlerhafte Produkte ausgeliefert. Entsprechend haben die Staaten Gesetze erlassen, um die Kunden vor den Folgen solcher Lieferungen zu schützen. Die zivilrechtliche Haftung der Hersteller für mangelhafte Produkte ist in Deutschland im Wesentlichen durch das Bürgerliche Gesetzbuch und durch das Produkthaftungsgesetz geregelt. Damit wird der finanzielle Schaden ausgeglichen. Wenn außerdem durch fehlerhafte Produkte Leben oder Gesundheit des Käufers verletzt werden, liegt ein Tatbestand des Strafrechts vor und die Staatsanwaltschaft ist verpflichtet, gegen die schuldigen Personen zu ermitteln.

16.1 Fehler und Mangel

Das Qualitätsmanagement einer Organisation sieht seine Hauptaufgabe darin, die Erwartungen der Kunden an die ausgelieferten Produkte zu erfüllen. Da es seit jeher trotzdem immer wieder zu Kundenbeanstandungen kommt, haben Gesetzgeber schon in der Antike das Verhältnis zwischen Herstellern und Kunden geregelt. Insbesondere wurde die Auslieferung „wichtiger" Produkte (etwa Lebensmittel, Häuser, Waffen und Dienstleistungen), die Mängel aufwiesen, unter schwere Strafen gestellt.

Codex Hammurabi

Bereits in der ersten uns bekannten Gesetzessammlung, dem „Codex Hammurabi", ist z. B. der folgende Text enthalten:

(218) „Wenn ein Arzt bei einem Patienten einen langen Schnitt mit dem Operationsmesser ausführt und ihn tötet, ... sollen ihm die Hände abgehackt werden."

(229) „Wenn ein Baumeister ein Haus für jemanden baut und es nicht ordentlich ausführt, und wenn das Haus, das er gebaut hat, einstürzt und den Eigentümer tötet, soll der Baumeister getötet werden."

Der „Codex Hammurabi" umfasst etwa 280 Paragrafen. Er wurde vom babylonischen König Hammurabi (1728 – 1686 v. Chr.) erlassen, der ihn seinerseits angeblich vom Gott Marduk erhielt (Doormann 2002).

In Deutschland haftet ein Hersteller bzw. Verkäufer gegenüber den Käufern für mangelbehaftete Produkte, wobei unterschiedliche Rechtsquellen herangezogen werden können.

Bevor wir im Einzelnen auf die Produkthaftung eingehen, sollen die in diesem Zusammenhang wichtigen Begriffe *Fehler* und *Mangel* gegenübergestellt werden.

Der Begriff *Fehler* (nach der aktuellen Begriffsnorm gleichbedeutend mit Nichtkonformität) ist im technischen Bereich seit langer Zeit gebräuchlich und auch bei anderslautenden Definitionen in den Normen sinngemäß unverändert geblieben.

Nichtkonformität, Fehler

 Nichterfüllung einer Anforderung.
(DIN EN ISO 9000:2015)

Da es in der Rechtsprechung vor allem um fehlerhafte Produkte geht, sollen in den folgenden Erläuterungen Prozesse oder Systeme nicht betrachtet werden.

Im technischen Sinn weist ein Produkt einen Fehler auf, wenn es mindestens einer Anforderung nicht entspricht, die im Produktrealisierungsprozess gestellt wurde. An einem Pkw-Motor können beispielsweise die folgenden Fehler auftreten:

- Der Zapfen einer Kurbelwelle weist einen Durchmesser auf, der die Toleranzgrenzen in der technischen Zeichnung überschreitet. Das ist ein Produktionsfehler.

- Ein Wellendichtring besteht aus einem Kunststoff, der nicht der Zeichnungsangabe entspricht. Da es sich um ein Kaufteil handelt, liegt der Fehler beim Lieferanten.
- Obwohl alle Einzelteile ihren Spezifikationen entsprechen und die Montage nach Vorschrift erfolgte, erreicht der Motor die angegebene Leistung nicht. Hierbei liegt ein Konstruktionsfehler vor.

Fehler können im weiteren Verlauf des Produktrealisierungsprozesses entdeckt und vor Auslieferung an den Kunden abgestellt werden. Ein zu großer Durchmesser eines Kurbelwellenzapfens kann in der Folge zu Montageproblemen führen und wird entsprechend nachgearbeitet. Ein Wellendichtring aus nicht freigegebenem Material wird wahrscheinlich bei der Eingangsinspektion oder bei Produktaudits auffallen und zurückgewiesen werden. Eine zu geringe Motorleistung kann auf dem Leistungsprüfstand erkannt werden und entsprechende Maßnahmen auslösen.

Auch wenn ein fehlerhaftes Produkt an den Kunden ausgeliefert wird, muss es nicht zu Beanstandungen kommen, denn der Kunde kennt im Allgemeinen die technischen Spezifikationen der Einzelteile und Zusammenbauten nicht und kann sie in den wenigsten Fällen selbst überprüfen. Außerdem muss nicht jeder Fehler zu einer Beeinträchtigung im Gebrauch führen, bleibt dann unbemerkt und wird infolgedessen die Kundenzufriedenheit nicht beeinträchtigen.

Unabhängig vom Sprachgebrauch der Technik wird in der Rechtsprechung der Begriff des *Sachmangels* verwendet.

Sachmangel

 (1) ¹ Die Sache ist frei von Sachmängeln, wenn sie bei Gefahrübergang die vereinbarte Beschaffenheit hat. ² Soweit die Beschaffenheit nicht vereinbart ist, ist die Sache frei von Sachmängeln,

1. wenn sie sich für die nach dem Vertrag vorausgesetzte Verwendung eignet, sonst,
2. wenn sie sich für die gewöhnliche Verwendung eignet und eine Beschaffenheit aufweist, die bei Sachen der gleichen Art üblich ist und die der Käufer nach der Art der Sache erwarten kann.

³ Zu der Beschaffenheit nach Satz 2 Nr. 2 gehören auch Eigenschaften, die der Käufer nach den öffentlichen Äußerungen des Verkäufers, des Herstellers (§ 4 Abs. 1 und 2 des Produkthaftungsgesetzes) oder eines seiner Gehilfen insbesondere in der Werbung oder bei der Kennzeichnung über bestimmte Eigenschaften der Sache erwarten kann, es sei denn, dass der Verkäufer die Äußerung nicht kannte und auch nicht kennen musste, dass sie im Zeitpunkt des Vertragsschlusses in gleichwertiger Weise berichtigt war oder dass sie die Kaufentscheidung nicht beeinflussen konnte.

(2) ¹ Ein Sachmangel ist auch dann gegeben, wenn die vereinbarte Montage durch den Verkäufer oder dessen Erfüllungsgehilfen unsachgemäß durchgeführt worden ist. ² Ein Sachmangel liegt bei einer zur Montage bestimmten Sache ferner vor,

> wenn die Montageanleitung mangelhaft ist, es sei denn, die Sache ist fehlerfrei montiert worden.
>
> (3) Einem Sachmangel steht es gleich, wenn der Verkäufer eine andere Sache oder eine zu geringe Menge liefert.
>
> (§ 434 BGB)

Ein zentraler Begriff in dieser Definition ist die *Beschaffenheit* der Sache. Wie in Kapitel 3.2 aufgeführt, wird die Beschaffenheit eines Objekts, hier Sache genannt, durch die Ausprägung seiner inhärenten Merkmale beschrieben. Werden vor dem Kauf der Sache die Merkmalsausprägungen angegeben (z. B. Kohlenhydrate: mindestens 4,9 g pro 100 ml), kann eindeutig festgestellt werden, ob die Sache hinsichtlich des Anteils von Kohlenhydraten mangelfrei übergeben wurde.

Es empfiehlt sich also, beim Kauf das Produkt möglichst genau zu beschreiben und damit seine Beschaffenheit festzulegen, damit sich Abweichungen davon später zweifelsfrei feststellen lassen.

Zu der Beschaffenheit gehören schließlich auch Eigenschaften, die der Käufer nach den Äußerungen des Verkäufers, des Herstellers und insbesondere in der Werbung erwarten kann. Bei der Ermittlung der gewöhnlichen Verwendung kommt es außerdem darauf an, ob der Käufer als Privatperson (Verbraucher) oder als Unternehmer handelt. Beispielsweise findet sich bei den meisten elektrischen Küchengeräten, die in den Warenhäusern angeboten werden, der Hinweis des Herstellers, dass diese nicht für den gewerblichen Betrieb geeignet seien.

Mangel

Der Mangelbegriff wurde inzwischen auch in die Begriffsnorm der ISO übernommen:

> ❗ Nichtkonformität in Bezug auf einen beabsichtigten oder festgelegten Gebrauch.
>
> Anmerkung 1 zum Begriff: Die Unterscheidung zwischen den Begriffen Mangel und Fehler ist wegen ihrer rechtlichen Bedeutung wichtig, insbesondere derjenigen, die im Zusammenhang mit Produkt- und Dienstleistungshaftungen steht.
>
> Anmerkung 2 zum Begriff: Der vom Kunden beabsichtigte Gebrauch kann durch die Art der vom Anbieter bereitgestellten Informationen, wie Gebrauchs- oder Instandhaltungsanweisungen, beeinträchtigt werden.
>
> (DIN EN ISO 9000:2015)

Nach dem BGB wird unterschieden, ob die Beschaffenheit der Sache (also des verkauften Produkts) vereinbart ist oder nicht. Falls sie vereinbart wurde, wird jede Abweichung davon als Sachmangel betrachtet. In diesem Fall stimmt die ISO-Definition mit dem § 434 bezüglich eines Fehlers bzw. Sachmangels überein.

Falls die Beschaffenheit des Produkts nicht vereinbart wurde, kommt es darauf an, wie sich das Produkt für die „gewöhnliche" Verwendung durch den Käufer eignet. In diesem Fall sagt der § 434 BGB Ähnliches aus wie die ISO-Definition des Mangels.

Zu beachten ist, dass nach den obigen Definitionen nicht zwingend ein Zusammenhang zwischen einem *Fehler*, d.h. einer Abweichung von einer Spezifikation, und einem *Mangel*, also einem beeinträchtigten Gebrauch, hergestellt wird: Nicht jeder Fehler muss zu einem Mangel führen. Andererseits kann auch ein fehlerfreies Produkt, das die herstellerinternen Spezifikationen erfüllt, im Gebrauch ausfallen und damit einen Mangel aufweisen.

In der Rechtsprechung wird grundsätzlich *vermutet*, dass ein Mangel durch einen Fehler an der Sache verursacht wurde.

16.2 Überblick über die Haftung für mangelhafte Produkte

Bei der Haftung für mangelhafte Produkte lassen sich in Deutschland verschiedene Haftungskategorien unterscheiden (Bild 16.1).

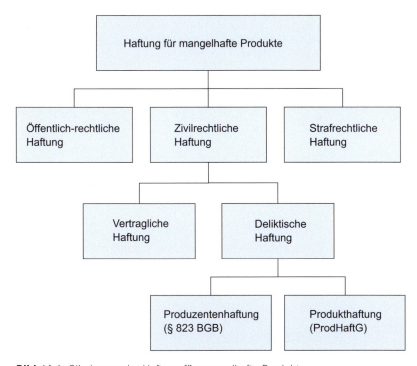

Bild 16.1 Gliederung der Haftung für mangelhafte Produkte

Die strafrechtliche Haftung und die öffentlich-rechtliche Haftung regeln die Beziehungen zwischen dem Staat und den Rechtsuntergebenen, den Bürgern. Im Folgenden beschränken wir uns auf die Erläuterung der zivilrechtlichen, also der vertraglichen und der deliktischen Haftung.

Das Zivilrecht regelt die Rechtsbeziehungen zwischen Bürgern und Unternehmen, zwischen Bürgern untereinander oder zwischen Unternehmen untereinander ohne Beteiligung staatlicher Stellen. Diese Rechtsbeziehungen können durch Verträge oder durch Gesetze entstehen und begründen entsprechend die vertragliche Haftung bzw. die deliktische Haftung. Bei der deliktischen Haftung können wiederum zwei Rechtsquellen herangezogen werden: das Bürgerliche Gesetzbuch (BGB) für die Produzentenhaftung und das Produkthaftungsgesetz (ProdHaftG) für die Produkthaftung.

■ 16.3 Vertragliche Haftung

Die Pflichten des Verkäufers und des Käufers bei einem Kaufvertrag sind im § 433 BGB festgelegt.

Vertragstypische Pflichten beim Kaufvertrag

(1) ¹ Durch den Kaufvertrag wird der Verkäufer einer Sache verpflichtet, dem Käufer die Sache zu übergeben und das Eigentum an der Sache zu verschaffen. ² Der Verkäufer hat dem Käufer die Sache frei von Sach- und Rechtsmängeln zu verschaffen.

(2) Der Käufer ist verpflichtet, dem Verkäufer den vereinbarten Kaufpreis zu zahlen und die gekaufte Sache abzunehmen.

(§ 433 BGB)

Der Verkäufer begeht eine *Vertragsverletzung*, wenn er

- die Sache mit Mängeln behaftet ausliefert,
- die falsche Sache ausliefert oder
- eine falsche Menge der Sache ausliefert (siehe dazu § 434 BGB).

Die Lieferung eines anderen Produkts als dem, das bestellt wurde (Falschlieferung), und die Lieferung einer geringeren Menge als der bestellten (Minderlieferung) werden einem Sachmangel gleichgestellt.

Gewährleistung

Bei Vorliegen eines Mangels stehen dem Käufer im Rahmen der *Gewährleistung* die folgenden Ansprüche zu.

Ist die Sache mangelhaft, kann der Käufer
1. Nacherfüllung verlangen,
2. von dem Vertrag zurücktreten oder den Kaufpreis mindern und
3. Schadensersatz oder Ersatz vergeblicher Aufwendungen verlangen.
(§ 437 BGB)

Rechte des Käufers bei Mängeln

Unter Nacherfüllung versteht man die *Nachlieferung* einer mangelfreien Sache oder die *Nachbesserung*, d. h. die Beseitigung des Mangels an der gelieferten Sache. Eine Nachbesserung gilt nach dem zweiten Versuch als gescheitert. Der Verkäufer hat das Recht, zunächst auf die Nacherfüllung zu bestehen. Erst wenn der Verkäufer die Nacherfüllung verweigert oder diese für den Käufer unzumutbar ist, kann der Käufer seine weitergehenden Ansprüche geltend machen.

Nacherfüllung

Wenn die Nacherfüllung nicht zustande kommt, kann der Käufer vom Kaufvertrag zurücktreten. Der Rücktritt ist bei geringfügigen Mängeln allerdings ausgeschlossen.

Rücktritt

Wahlweise zum Rücktritt kann der Käufer den Kaufpreis mindern, wobei die Kaufpreisdifferenz der Wertminderung des Produkts durch den Mangel entsprechen soll. Minderung ist auch und gerade bei geringfügigen Mängeln üblich.

Minderung

Das Schuldrechtsmodernisierungsgesetz von 2002 führte mit dem § 280 BGB eine generelle Schadensersatzhaftung für schuldhafte vertragliche Pflichtverletzungen ein, wobei das Verschulden des Verkäufers gesetzlich vermutet wird.

Schadensersatz

Schon allein die Lieferung einer mangelhaften Sache zieht eine Schadensersatzverpflichtung nach sich. Dazu muss nicht ein Mangelfolgeschaden am Eigentum oder anderen Rechtsgütern des Käufers entstanden sein. Der Käufer kann beispielsweise eine mangelhafte Lieferung zurückweisen und einen Schadensersatz für ihm entgangene Vorteile verlangen.

Es ist zu unterscheiden zwischen einer vom Hersteller oder Verkäufer ausgesprochenen Garantie und der *gesetzlichen Gewährleistung*.

Bei einem Verbrauchsgüterkauf gelten innerhalb der EU besondere Regeln zum Schutz des Verbrauchers:

Gesetzliche Gewährleistung

In jedem Fall hat der Verkäufer laut Gesetz beim Verkauf neuer Sachen *wenigstens zwei Jahre*, bei gebrauchten Sachen wenigstens ein Jahr Gewährleistung zu bieten (§ 475 Satz 2).

Ein *Verbrauchsgüterkauf* liegt vor, wenn ein Verbraucher von einem Unternehmer eine bewegliche Sache kauft.

Ein *Verbraucher* ist jede natürliche Person, die ein Rechtsgeschäft zu einem Zweck abschließt, der weder ihrer gewerblichen noch ihrer selbstständigen beruflichen Tätigkeit zugeordnet werden kann.

Ein *Unternehmer* ist eine natürliche oder juristische Person, die bei Abschluss eines Rechtsgeschäfts in Ausübung ihrer gewerblichen oder selbstständigen beruflichen Tätigkeit handelt.

Beispiel

Ein Steuerberater kauft ein Bücherregal. Wenn er es in seinem Wohnzimmer aufstellt und mit seinen privaten Büchern füllt, handelt er als Verbraucher. Stellt er das Regal in seinem Steuerbüro auf und bestückt es mit der dort benötigten Fachliteratur, handelt er als Unternehmer.

Es kann vorkommen, dass ein Hersteller bzw. Verkäufer eine Garantie ausspricht, die er dem Käufer verkaufen will, und die den Käufer schlechterstellt als die gesetzliche Gewährleistung (Kasten „Die Apple-Garantie").

Die Apple-Garantie

Im Sommer 2012 kaufte einer der Autoren dieses Buchs bei einem großen Apple-Händler in Berlin einen Laptop für seinen privaten Bedarf. Vor der Ausfertigung der Rechnung wies ihn der Verkäufer darauf hin, dass Apple auf das Produkt eine einjährige kostenfreie Gewährleistung anbietet sowie für ein weiteres Jahr ein „AppleCare Protection Plan" genanntes Servicepaket, wofür der Kunde allerdings bezahlen muss. Auf den Einwand des Kunden, innerhalb der EU gelte eine zweijährige gesetzliche Gewährleistung, wollte sich der Verkäufer nicht äußern.

Offenbar hatten sich zahlreiche Apple-Kunden über diese Garantiepraxis beschwert, denn im selben Jahr schrieb die EU-Kommissarin Viviane Reding an die Verbraucherschutzminister aller EU-Mitgliedsstaaten:

„Es scheint, dass Apple-Verkäufer es versäumen, dem Verbraucher klare, wahrheitsgemäße und vollständige Informationen über die ihnen nach EU-Recht zustehende gesetzliche Garantie (Anmerkung: Gewährleistung wäre hier der richtige Begriff) zu geben. ... Apple hat prominent für seine eigene kommerzielle Garantie geworben, es aber versäumt, darauf hinzuweisen, dass die Verbraucher nach EU-Recht einen automatischen und kostenlosen Anspruch auf eine zweijährige Gewährleistung haben."

Wegen dieser Praxis hatten die italienischen Behörden bereits im Dezember 2011 eine Geldbuße in Höhe von 900 000 Euro gegen Apple verhängt.

Apple hat 2014 seine Webseite, in der die Garantie beschrieben wird, neu gestaltet und das geltende EU-Recht deutlich herausgestellt.

Quelle: www.apple.com/de/legal/statuory-warranty

16.4 Deliktische Haftung

Unter deliktischer Haftung wird im Allgemeinen die Haftung für Schäden verstanden, die als Folge von Produktfehlern oder -mängeln außerhalb des Produkts selbst an sonstigen Rechtsgütern des Geschädigten eingetreten sind. Als derartige Mangelfolgeschäden gelten:

- Personenschäden und daraus resultierende Vermögensschäden (z. B. Vergiftung durch mangelhafte Lebensmittel und daraus folgender Gehaltsausfall durch längere Arbeitsunfähigkeit).
- Sachschäden und daraus resultierende Vermögensschäden (z. B. Brand in einer Werkzeugmaschine und Gebäudeschaden sowie ein daraus folgender Produktionsausfall des Maschinenbetreibers).
- Unmittelbare Vermögensschäden (z. B. Nichterreichen der vertraglich festgelegten Leistung einer Maschine und daraus resultierende Umsatzeinbuße).

Ansprüche aus deliktischer Haftung gehen insofern über die vertraglichen Ansprüche hinaus, als auch andere als die am Vertragsverhältnis unmittelbar beteiligten Personen diese Ansprüche geltend machen können. Die Ansprüche können außerdem an den Hersteller und dessen Lieferanten gestellt werden, obwohl das mangelhafte Produkt von einem dazwischengeschalteten Händler gekauft wurde. Daher hat die deliktische Haftung erheblich an Bedeutung gewonnen.

In Zusammenhang mit der deliktischen Haftung gelten in Deutschland zwei Rechtsquellen:

- die Produzentenhaftung nach § 823 BGB und
- die Produkthaftung nach dem Produkthaftungsgesetz (ProdHaftG).

Beide Rechtsquellen bestehen nebeneinander und können entsprechend herangezogen werden.

16.4.1 Produzentenhaftung

Die maßgebliche Generalklausel für die Produzentenhaftung ist der § 823 BGB.

Wer vorsätzlich oder fahrlässig das Leben, den Körper, die Gesundheit, die Freiheit, das Eigentum oder ein sonstiges Recht eines anderen widerrechtlich verletzt, ist dem anderen zum Ersatz des daraus entstandenen Schadens verpflichtet.
(§ 823 Satz 1 BGB)

Schadensersatzpflicht

Verkehrssicherungspflichten

Von einem Hersteller wird erwartet, dass er eine Reihe von Vorsorgemaßnahmen trifft, die der Vorbeugung von Produktmängeln und damit der Gefahrabwendung für andere dienen. Solche Maßnahmen werden als *Verkehrssicherungspflichten* bezeichnet. In der Literatur findet man auch die Bezeichnung Kardinalspflichten. Die im Folgenden aufgeführten Verkehrssicherungspflichten sind nicht gesetzlich geregelt, sondern im Rahmen der Rechtsprechung in zahlreichen Einzelfällen entwickelt worden:

- Konstruktionspflicht,
- Fabrikationspflicht,
- Instruktionspflicht,
- Produktbeobachtungspflicht.

Konstruktionspflicht

Der Hersteller ist verpflichtet, ein Produkt so zu konstruieren, dass es ein durchschnittlicher Benutzer im Rahmen der voraussichtlichen Verwendung gefahrlos gebrauchen kann. Wenn in der Planung und im Vorstadium der Herstellung ein vom Hersteller verschuldeter Fehler begangen wird, haftet der Hersteller für den daraus entstandenen Schaden.

Fabrikationspflicht

Fabrikationsfehler beruhen auf menschlichem oder technischem Versagen im Fertigungsprozess. Der Hersteller ist verpflichtet, die möglichen und zumutbaren Sicherheitsvorkehrungen und Kontrolleinrichtungen zu schaffen, um das Ausliefern eines fehlerhaften Produkts zu verhindern.

Auch bei sorgfältigen Prüfungen ist nicht mit 100-prozentiger Sicherheit auszuschließen, dass ein fehlerhaftes Produkt durchschlüpft. Man spricht in diesem Fall von einem Ausreißer. Obwohl grundsätzlich nicht vermeidbar, führen Ausreißer in der Rechtsprechung nur selten zur Freistellung des Herstellers von Schuld.

Instruktionspflicht

Der Hersteller haftet für eine umfassende Information der Benutzer über alle mit dem Produkt verbundenen Gefahren. Somit hat er für eine verständliche und vollständige Anleitung zum sachgemäßen und gefahrlosen Verwenden durch den Benutzer zu sorgen. Dazu gehört, dass

- auf die Sicherheitsmaßnahmen hingewiesen wird, die für einen möglichst gefahrlosen Umgang mit dem Produkt nötig sind,
- auf die Umstände hingewiesen wird, unter denen das Produkt nicht eingesetzt werden darf,
- keine falschen Verwendungsvorstellungen im Benutzer erweckt werden dürfen, etwa durch übertreibende Werbung.

Produktbeobachtungspflicht

Der Hersteller muss über die ganze Lebensdauer des Produkts das Produkt im Markt beobachten und bei möglicherweise vom Produkt ausgehenden Gefahren entsprechende Maßnahmen treffen.

- In der Konstruktion und im Herstellprozess muss sichergestellt werden, dass der Gefahr verursachende Fehler abgestellt wird.
- Bereits produzierte Ware, bei der dieser Fehler vorkommen kann, muss vor Auslieferung geprüft und nachgebessert werden.
- Sind fehlerhafte Produkte ausgeliefert worden, müssen die Käufer in geeigneter Form informiert werden, wie sie sich zu verhalten haben. Je nach Gefahrenlage können Rückrufaktionen erforderlich werden.

Ob ein Fehler, der aus der Verletzung dieser Pflichten entstanden ist, vom Hersteller verschuldet ist, muss grundsätzlich der Geschädigte beweisen. *Beweislast*

Bei Konstruktions-, Fabrikations- und Instruktionsfehlern geht die Rechtsprechung mittlerweile von einer *Beweislastumkehr* zulasten des Herstellers aus, da der Geschädigte in den meisten Fällen keinen Einblick in dessen Geschäftsabläufe hat. Der Geschädigte muss also lediglich den Produktfehler und seinen eigenen Schaden nachweisen. Der Hersteller muss nachweisen, dass er nicht schuldhaft gehandelt hat.

Bei der Produktbeobachtungspflicht bleibt es dabei, dass der Geschädigte dem Hersteller eine Pflichtverletzung nachweisen muss.

16.4.2 Produkthaftung

Das Produkthaftungsgesetz (ProdHaftG) von 1990 geht auf eine EU-Richtlinie zurück, die alle EU-Staaten verpflichtet, auf nationaler Ebene vergleichbares Recht zu schaffen. Es stellt in seinem sachlichen und personellen Anwendungsbereich keine ausschließliche Regelung dar, es gilt vielmehr das Prinzip der Anspruchskonkurrenz zur Produzentenhaftung nach BGB. Das bedeutet, der Käufer eines Produkts kann in Deutschland den Hersteller wahlweise auf der Grundlage des Produkthaftungsgesetzes oder auf der Grundlage der Produzentenhaftung verklagen.

Die maßgebliche Generalklausel für die Produkthaftung ist der § 1 ProdHaftG.

Wird durch den Fehler eines Produkts jemand getötet, sein Körper oder seine Gesundheit verletzt oder eine Sache beschädigt, so ist der Hersteller des Produkts verpflichtet, dem Geschädigten den daraus entstehenden Schaden zu ersetzen. Im Falle der Sachbeschädigung gilt dies nur, wenn eine andere Sache als das fehlerhafte Produkt beschädigt wird und diese andere Sache ihrer Art nach gewöhnlich für den privaten Ge- oder Verbrauch bestimmt und hierzu von dem Geschädigten hauptsächlich verwendet worden ist.

(§ 1 ProdHaftG)

Haftung

Während bis 1990 die Begriffe Fehler und Mangel in Deutschland in unterschiedlicher Bedeutung und ohne einen kausalen Zusammenhang zwischen einander benutzt wurden, entstand durch die Einführung des ProdHaftG eine neue Situation.

Durch § 3 ProdHaftG wird impliziert, dass jeder Beeinträchtigung des Gebrauchs (Mangel) ein Fehler beim Hersteller zugrunde liegt. Die Begriffe Fehler und Mangel werden in der Rechtsprechung seitdem in einem *kausalen Zusammenhang* gesehen und fälschlicherweise oft als gleichbedeutend benutzt.

Fehler

Ein Produkt hat einen Fehler, wenn es nicht die Sicherheit bietet, die unter Berücksichtigung aller Umstände, insbesondere

a) seiner Darbietung,
b) des Gebrauchs, mit dem billigerweise gerechnet werden kann,
c) des Zeitpunkts, in dem es in den Verkehr gebracht wurde,

berechtigterweise erwartet werden kann.

Ein Produkt hat nicht allein deshalb einen Fehler, weil später ein verbessertes Produkt in den Verkehr gebracht wurde.

(§ 3 ProdHaftG)

Verschuldensunabhängige Haftung

Im Gegensatz zur verschuldensabhängigen Produzentenhaftung muss bei einem Produkthaftungsfall nach dem ProdHaftG das Verschulden des Herstellers nicht mehr nachgewiesen werden. Dies bedeutet, dass es gleichgültig ist, wer seine Verkehrssicherungspflichten nicht erfüllt hat. Allein das Vorliegen eines Schadens, ausgelöst durch ein fehlerhaftes Produkt, erfüllt die Voraussetzungen der Anwendbarkeit des ProdHaftG.

Vom Geschädigten müssen wie bisher Schaden, Fehler und Kausalität nachgewiesen werden, jedoch kein Verschulden.

Weitere Neuerungen durch das ProdHaftG sind:

- eine erweiterte Definition des Fehlerbegriffs,
- eine Erweiterung des haftenden Personenkreises,
- Haftung auch bei Ausreißern,
- erweiterte Entlastungsmöglichkeiten des Herstellers sowie
- Festlegung einer Haftungshöchstgrenze bei Personenschäden.

Erweiterter Fehlerbegriff

Maßstab für die Fehlerhaftigkeit eines Produkts sind die objektiven Sicherheitserwartungen der voraussichtlichen durchschnittlichen Benutzer. Statt auf den individuellen Empfängerhorizont kommt es auf die objektiven berechtigten Erwartungen der Allgemeinheit an die Sicherheit des Produkts an. Dabei bleibt es im Streitfall der gerichtlichen Beurteilung vorbehalten, welches Maß an Sicherheit berechtigterweise erwartet werden kann.

Ein Fehler bezieht sich nicht ausschließlich auf die Produktmerkmale, sondern ebenso auf die Anwendungsmöglichkeit.

Nach § 1 ProdHaftG haftet im Schadensfall der Hersteller. Aufgrund der erweiterten Auffassung dieses Begriffs (§ 4 ProdHaftG) ist nicht nur der Produzent gemeint. Hersteller können im Sinne des Gesetzes sein:

Haftender Personenkreis

- Endhersteller,
- Zulieferer,
- Quasi-Hersteller (solche, die das Produkt nicht selbst herstellen, es aber mit ihrem Namen oder Markenkennzeichen versehen),
- EG-Importeure und gegebenenfalls
- Händler (Vertreiber von No-Name-Produkten).

Daher sollte im Zusammenhang mit dem ProdHaftG das Wort Produzentenhaftung unbedingt vermieden werden, weil eben nicht nur Produzenten haftbar gemacht werden können.

Die Möglichkeit von Ausreißern in der Produktion ist kein Entlastungsgrund, weil die Haftung verschuldensunabhängig erfolgt.

Haftung bei Ausreißern

Nach § 1 ProdHaftG ist die Ersatzpflicht des Herstellers ausgeschlossen, wenn:

Erweiterte Entlastungsmöglichkeiten

- er das Produkt nicht in den Verkehr gebracht hat,
- nach den Umständen davon auszugehen ist, dass das Produkt den Fehler, der den Schaden verursacht hat, noch nicht hatte, als der Hersteller es in den Verkehr brachte,
- er das Produkt weder für den Verkauf oder eine andere Form des Vertriebs mit wirtschaftlichem Zweck hergestellt noch im Rahmen seiner beruflichen Tätigkeit hergestellt oder vertrieben hat,
- der Fehler darauf beruht, dass das Produkt zu dem Zeitpunkt, zu dem der Hersteller es in den Verkehr brachte, dazu zwingenden Rechtsvorschriften entsprochen hat, oder
- der Fehler nach dem Stand der Wissenschaft und Technik zu dem Zeitpunkt, zu dem der Hersteller das Produkt in den Verkehr brachte, nicht erkannt werden konnte.

Bei Personenschäden wurde die Haftungsgrenze auf 85 Millionen Euro angehoben.

Haftung bei Personenschäden

Tabelle 16.1 zeigt eine Gegenüberstellung von Produzentenhaftung und Produkthaftung.

Tabelle 16.1 Vergleich zwischen Produzentenhaftung und Produkthaftung (nach Scharm 2007)

	Produzentenhaftung (§ 823 BGB)	Produkthaftung (ProdHaftG)
Haftungsvoraussetzungen	Verletzung einer Verkehrssicherungspflicht: - Konstruktion - Fabrikation - Instruktion - Produktbeobachtung Verschuldensabhängig	Produktfehler durch mangelhafte - Konstruktion - Fabrikation - Instruktion Verschuldensunabhängig
Ersatzpflichtiger Schaden	Personenschaden Sachschaden Schmerzensgeld	Personenschaden (bis 85 Mio. Euro) Sachschaden (Selbstbehalt von 500 Euro) Schmerzensgeld
Verjährung	3 Jahre	10 Jahre

16.5 Strafrecht

Bei der zivilrechtlichen Haftung geht es grundsätzlich um einen Vermögensausgleich, bei dem beispielsweise der Hersteller haftet.

Wenn außerdem durch fehlerhafte Produkte Leben oder Gesundheit des Käufers verletzt werden, liegt ein Tatbestand des Strafrechts vor und die Staatsanwaltschaft ist verpflichtet, gegen die schuldigen Personen zu ermitteln. Ein Unternehmen ist aber nicht strafrechtsfähig. Daher richten sich die Ermittlungen der Staatsanwaltschaft immer gegen Mitarbeiter und Führungskräfte des Unternehmens, deren Tätigkeit in Zusammenhang mit dem fehlerhaften Produkt gestanden hat. Ermittelt wird meist wegen fahrlässiger Körperverletzung oder fahrlässiger Tötung. Das Strafgesetzbuch (StGB) sieht in solchen Fällen Strafen vor.

Fahrlässige Körperverletzung

Wer durch Fahrlässigkeit die Körperverletzung einer anderen Person verursacht, wird mit Freiheitsstrafe bis zu drei Jahren oder mit Geldstrafe bestraft.

(§ 229 StGB)

Fahrlässige Tötung

Wer durch Fahrlässigkeit den Tod eines Menschen verursacht, wird mit Freiheitsstrafe bis zu fünf Jahren oder mit Geldstrafe bestraft.

(§ 222 StGB)

Der Sojamilch-Fall (2) (Fortsetzung vom Kapitel 2.3)

Die Verteidigung der Firma Humana basierte auf dem Standpunkt, dass sie zwar verantwortlich dafür sei, dass die ausgelieferte Ware nicht der Deklaration entsprach. Es sei aber nicht erwiesen, dass dieser Fehler die Ursache für die Erkrankung der Kinder sei, zumal die Mehrheit der mit der Sojamilch gefütterten Kinder nicht erkrankt war.

Der Zivilprozess dauerte etwa drei Jahre, worauf sich Humana und drei der klagenden Familien auf eine finanzielle Entschädigung einigten. Sie beinhaltete eine Zahlung von 1,9 Millionen Euro pro Familie und deckte das Schmerzensgeld sowie den Aufwand für die medizinische Langzeitbehandlung der erkrankten Kinder ab. Im Gegenzug unterzeichneten die Familien eine Erklärung, wonach Humana keinerlei Verantwortung für die Gesundheitsschäden ihrer Kinder trage. Sie akzeptierten damit die Entschädigungszahlungen als eine „Geste guten Willens" und verzichteten auf weitergehende Ansprüche gegen Humana.

Unabhängig vom Zivilprozess in Israel leitete die Staatsanwaltschaft Bielefeld noch 2003 Ermittlungen gegen die entlassenen Humana-Angestellten wegen fahrlässiger Tötung ein. Nachdem aber das Zivilverfahren mit dem oben beschriebenen Vergleich zu Ende gegangen war, schloss die Staatsanwaltschaft ihre Ermittlungen ab und erlegte den vier Angestellten Geldbußen zwischen 6000 und 20 000 Euro auf.

Quellen: Humana (2003), Aktionsgruppe Babynahrung, *Ärzte Zeitung online*

Im Rahmen der strafrechtlichen Haftung ist zunächst ein aktives, widerrechtliches Handeln erforderlich. Es kann aber auch das Unterlassen einer Handlung strafbar sein. Wenn beispielsweise Führungskräfte von der Gefahr wissen, die von einem Produkt ausgehen kann, und keine entsprechenden Maßnahmen veranlassen, machen sie sich strafbar (siehe Kasten „Der Lederspray-Fall").

Der Lederspray-Fall

Bei der Anwendung von Lederpflegemitteln der Werner & Mertz GmbH, die bereits seit mehreren Jahren auf dem Markt waren, traten bei den Benutzern Atembeschwerden und teilweise massive Gesundheitsschädigungen auf. Als die ersten Schadensfälle bekannt wurden, ließ der Hersteller die Sprays auf toxische Wirkungen untersuchen, jedoch ohne Ergebnis.

In einer Sondersitzung der Geschäftsführung wurde beschlossen, das Spray weiter zu vertreiben. Es wurden einige Änderungen am Produkt vorgenommen und die auf den Spraydosen angebrachten Warnhinweise ergänzt. Weitere Untersuchungen brachten ebenfalls keinen Hinweis auf eine bestimmte schadenauslösende Substanz.

Diese Maßnahme sah der Bundesgerichtshof (BGH) in seinem Urteil vom 6. Juli 1990 als nicht ausreichend an. Vielmehr sei aufgrund der Wertigkeit der gefährdeten Rechtsgüter Leben und körperliche Unversehrtheit ein Produktrückruf

> notwendig gewesen. In der anzustellenden Abwägung mit den einhergehenden Nachteilen des Herstellers und der Vertriebshändler wie anfallende Kosten, Absatzrückgänge und Ähnliches hätten Letztere in Kauf genommen werden müssen.
>
> Sämtliche amtierende Geschäftsführer der Muttergesellschaft und der beiden Vertriebsgesellschaften wurden wegen fahrlässiger und gefährlicher Körperverletzung zu Gefängnisstrafen und Geldbußen verurteilt.
>
> Quelle: BGHSt 37, 106 ff.

Ein Unternehmen oder eine natürliche Person kann eine Versicherung für den Fall abschließen, dass im Rahmen des *Zivilrechts* einem geschädigten Käufer ein Sachschaden ersetzt werden muss.

Gegen Strafen im Rahmen des *Strafrechts* kann sich aber niemand versichern.

 Ein wirksames Qualitätsmanagementsystem, das die Verkehrssicherungspflichten des Unternehmens einbezieht, ist in besonderer Weise geeignet, das Produkthaftungsrisiko zu verkleinern.

■ 16.6 Zusammenfassung

Solange es die Lieferbeziehung zwischen Herstellern und Käufern gibt, wurden auch Produkte ausgeliefert, die aus Sicht der Kunden Mängel aufwiesen. Entsprechend erließen die Staaten Gesetze, um die Kunden vor den Folgen solcher Lieferungen zu schützen. Gleichzeitig entwickelten die Hersteller Vorgehensweisen, wodurch die Qualität der ausgelieferten Produkte gesichert werden sollte. Daraus entstand das heutige Qualitätsmanagement.

In diesem Kapitel wurden zunächst die Begriffe Fehler und Mangel erläutert, die im Qualitätsmanagement und im juristischen Sprachgebrauch unterschiedlich gebraucht werden.

Die zivilrechtliche Haftung für mangelhafte Produkte ist in Deutschland in die vertragliche Haftung und in die deliktische Haftung unterteilt. Die vertragliche Haftung ist im Bürgerlichen Gesetzbuch (BGB) geregelt. Bei der deliktischen Haftung können zwei Rechtsquellen nebeneinander herangezogen werden: die Produzentenhaftung nach BGB und das Produkthaftungsgesetz (ProdHaftG), das gemäß einer EU-Richtlinie entstand.

Im Rahmen der vertraglichen und deliktischen Haftung ist der Verkäufer verpflichtet, dem Käufer den Schaden zu ersetzen, der ihm durch ein mangelhaftes Produkt entstanden ist.

Wenn außerdem durch mangelhafte Produkte Leben oder Gesundheit des Käufers verletzt werden, liegt ein Tatbestand des Strafrechts vor und die Staatsanwaltschaft ist verpflichtet, gegen diejenigen Personen beim Verkäufer bzw. beim Hersteller zu ermitteln, die den Mangel zu verantworten haben. Gegebenenfalls werden die Schuldigen mit Gefängnis oder Geldbußen bestraft.

Ein Hersteller kann eine Haftpflichtversicherung abschließen, um sich finanziell abzusichern. Gegen eine Strafe nach dem Strafgesetzbuch ist jedoch keine Versicherung möglich.

■ 16.7 Aufgaben zur Wiederholung und Vertiefung

1. Erklären Sie die Begriffe *Fehler* und *Mangel*.
2. Gibt es zwingend einen kausalen Zusammenhang zwischen Fehler und Mangel?
3. Wo ist ein Fehler zu suchen, wenn ein zeichnungsgerechtes Produkt im Gebrauch versagt?
4. Was versteht man unter Verkehrssicherungspflichten? Nennen Sie drei Beispiele dafür und erklären Sie die Bedeutung.
5. Welche Verkehrssicherungspflicht verletzt ein Autohersteller, der seit mehreren Jahren weiß, dass die Zündschlösser eines seiner Modelle während der Fahrt ausfallen können, und die Käufer dieses Modells nicht darüber informiert?
6. Welche Beziehungen regelt die zivilrechtliche Haftung?
7. Welche Rechtsquelle behandelt die vertragliche Haftung?
8. Wozu sind Verkäufer und Käufer verpflichtet, wenn sie einen Kaufvertrag abschließen?
9. Wann ist eine Sache frei von Mängeln?
10. Welche Ansprüche stehen dem Käufer zu, wenn ihm eine mangelhafte Sache übergeben wurde?
11. Für welchen Zeitraum hat ein Verkäufer mindestens Gewährleistung zu bieten, wenn es sich um einen Verbrauchsgüterkauf handelt?
12. Was versteht man unter Garantie?

13. Welche sind die Rechtsquellen für deliktische Haftung in Deutschland und seit wann gibt es sie?
14. Wie definiert das ProdHaftG einen Fehler?
15. Welche Vorteile bringt das ProdHaftG gegenüber der Produzentenhaftung nach BGB aus Sicht des Käufers und welche aus Sicht des Herstellers?
16. Wann können nach Auslieferung mangelhafter Produkte strafrechtliche Sanktionen verhängt werden?
17. Gegen wen können sich solche strafrechtlichen Sanktionen richten?
18. Ist dafür immer eine strafbare Handlung in Form eines aktiven Tuns erforderlich?

> **Story**
>
> Im sechzehnten Kapitel Ihrer Story setzen Sie sich mit der Haftung für mangelhafte Produkte in Ihrem Unternehmen auseinander.
> - Geben Sie drei Beispiele für Fehler, die bei der Produktion Ihrer Getränke auftreten können.
> - Formulieren Sie im Kontext der Produzentenhaftung vier Beispiele für Verkehrssicherungspflichten in Ihrem Unternehmen.
> - Welche Kenntnisse muss sich die Getränke-Flow GmbH bezüglich der Beweislast in der Produzentenhaftung aneignen?

17 Qualitätsdaten und -berichte

Das vorherige Kapitel

Die Haftung für fehlerhafte Produkte, die unbemerkt in den Markt gelangen, ist nicht nur kostspielig, sondern schadet auch dem Ruf des Unternehmens und damit der Akzeptanz seiner Produkte auf dem Markt.

Worum es geht

Nicht alle Merkmale eines Produkts sind für die Kunden sichtbar oder werden als „qualitätsrelevant" eingestuft. Der Hersteller sollte aber aufgrund seiner umfassenden Produktkenntnis alle Produktdaten während des betrieblichen Ablaufs beobachten und wenn nötig in den Herstellprozess eingreifen.

In diesem Zusammenhang hat es sich bewährt, qualitätsrelevante Kennzahlen – auch Qualitätsdaten genannt – zu den Produkten und den zugehörigen Herstellprozessen regelmäßig zu erfassen und auszuwerten. Deren Entwicklung wird regelmäßig in Qualitätsberichten unternehmensintern veröffentlicht. Nach Bedarf sind entsprechende Verbesserungsmaßnahmen zu ergreifen.

■ 17.1 Qualitätsdaten

Bisher wurde im Rahmen dieses Buchs dargelegt, wie man Qualität in einer Organisation fortlaufend verbessern kann. Die Verbesserung wird an der Entwicklung von Kennzahlen oder Daten erkennbar, die den Produkten, Prozessen und Systemen der Organisation zugeordnet werden können.

Daten

Fakten über ein Objekt.
(DIN EN ISO 9000:2015)

Fakten sind durch Beobachtungen, Messungen, statistische Erhebungen und anders gewonnene Zahlenwerte, Angaben oder formulierbare Befunde.

„Daten" ist ein Pluralwort. Es gibt auch das Singularwort „Datum", aber es wird fast ausschließlich als kalendarische Angabe verwendet, zum Beispiel als Geburtsdatum.

In Kapitel 4 wurden die Anforderungen, die an Produkte, Prozesse und Systeme gestellt werden, ausführlich beschrieben (siehe auch Bild 4.2). Als „Qualitätsdaten" bezeichnen wir nun Daten, die zur Beschreibung der aktuellen Beschaffenheit von Produkten, Prozessen oder Systemen dienen.

Qualitätsdaten

Daten zur Beschreibung der Beschaffenheit von Produkten, Prozessen oder Systemen im Unternehmen.
(DIN EN ISO 9000:2015)

Die Tabelle 17.1 bis Tabelle 17.4 geben einen ersten und keinesfalls vollständigen Überblick über Qualitätsdaten, die in unterschiedlichen Bereichen einer Organisation erhoben werden können.

Tabelle 17.1 Qualitätsdaten in der Entwicklung

Qualitätsdaten in der Entwicklung	Ursachen
Kundenbeanstandungen	Mangelhafte Produktplanung
Ergebnisse von Produkt – und Vergleichstests	Konstruktionsfehler
Materialprobleme in der Produktion	Material nicht geeignet

Tabelle 17.2 Qualitätsdaten in der Beschaffung

Qualitätsdaten in der Beschaffung	Ursachen
Fehler bei der Bestellung	Interne Kommunikation
Fehlerhafte Liefermenge	Lieferant
Qualitätsmängel der Ware	Lieferant
Verluste durch verspäteten Wareneingang	Transportfirma

Tabelle 17.3 Qualitätsdaten in der Produktion

Qualitätsdaten in der Produktion	Ursachen
Nacharbeitsquote	Ungenügende Prozessfähigkeit
Ausschussquote	Ungenügende Prozessfähigkeit
Fehlerquote	Ungenügende Prozessfähigkeit
Innerbetriebliche Transportschäden	Ungeeignete Transportmittel

Tabelle 17.4 Qualitätsdaten im Kundendienst

Qualitätsdaten im Kundendienst	Ursachen
Kundenzufriedenheit mit dem Arbeitsergebnis mit der Preisgestaltung mit der Höflichkeit des Personals	Personalmangel Schulung des Personals
Reparaturdauer	Abläufe im Betrieb Verfügbarkeit von Ersatzmaterial

Auch Kennzahlen zur Beschaffenheit von Prozessen und Systemen im Unternehmen stellen Qualitätsdaten dar. Näheres dazu findet sich in den Kapiteln 7 und 13.

17.2 Qualitätsberichte

Ausgehend von erreichbaren Qualitätszielen soll ein Unternehmen regelmäßig Abweichungen bei der Qualität seiner Produkte, Prozesse und Systeme erfassen und darüber in angemessener Form an die Unternehmensleitung berichten. Die Berichte sollen außerdem die Hauptursachen für die Zielabweichungen nennen und über die ergriffenen Abstellmaßnahmen informieren. Sie sind in jedem Fall vertraulich.

Im folgenden sind Beispiele für Qualitätsberichte aufgeführt. Aus den genannten Gründen sind sie anonymisiert und mindestens zehn Jahre alt.

Bild 17.1 zeigt die Zusammenfassung des Qualitätsberichts einer Eisenbahngesellschaft vom 2. Quartal eines Kalenderjahrs.

Im Bild 17.2 wird die Qualitätskennzahl „Things Gone Wrong (TGW/100) – 12 MIS" benutzt. Sie gibt die Anzahl der Beanstandungen pro 100 Fahrzeugen eines Modelljahrs wieder, die sich noch im Garantiezeitraum von zwölf Monaten befinden. Die Zahlen wurden für die Märkte Großbritannien und Bundesrepublik Deutschland für die aufgeführten Modelle erhoben.

Die Kennzahl „Things Gone Wrong (TGW)" steht für die Anzahl von Beanstandungen bei einer Einheit, die Kennzahl „Months In Service (MIS)" für die Anzahl der Monate dieser Einheit im Gebrauch.

Beim Modell Fiat Ducato sind zum Beispiel fünf Beanstandungen je 100 verkaufter Fahrzeuge in den Werkstätten der deutschen Vertragshändler verzeichnet.

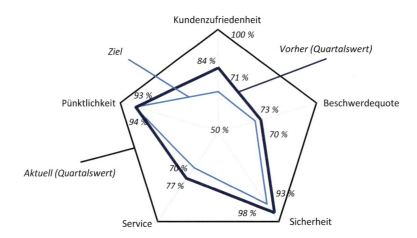

Konzern-Kennzahlen	Vorher (Quartalswert)	Aktuell (Quartalswert) Ziel erreicht/ nicht erreicht	Ziel	Zielerreichungsgrad (%)	Trend (zum Vorquartal)	Hoch (12 Monate)	Tief (12 Monate)
Kundenzufriedenheit (Note gemäß Infas-Befragung)	3,4	3,5	2,5	71	↘	3,5	3,3
Beschwerdequote (Anzahl je eine Mio. Reisende)	700	500	-	-	↘	700	500
Sicherheit (Index)	-	-	-	-	-	-	-
Pünktlichkeit (%)	90	88	95	93	↘	90	80
Service (Index, Basiswerte etc.)	100	98	-	-	↘	100	98

Bild 17.1 Qualitätsziele und ihre Erreichungsgrade bei einer europäischen Eisenbahngesellschaft

Bild 17.3 enthält einen Qualitätsvergleich zwischen den Versionen eines PKW-Modells eines deutschen Herstellers mit Diesel- und Benzinmotoren über einen längeren Zeitraum für den deutschen Markt. TGW/100 steht für Beanstandungen je 100 Fahrzeugen und R/100 für Reparaturen je 100 Fahrzeuge. Für das Modelljahr 1989 wird für die Autos beider Motorversionen das Ziel von 20 TGW/100 gesetzt. Das Modell mit den wenigsten Reparaturen im deutschen Markt, das sogenannte „Best in Class (BIC)" wird dann voraussichtlich den Wert von 15 TGW/100 erreicht haben.

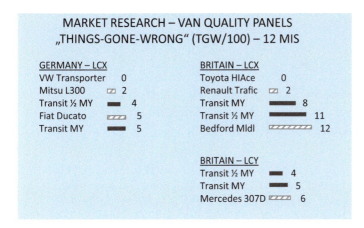

Bild 17.2 Qualitätsvergleich von Leichttransporter-Modellen verschiedener Hersteller

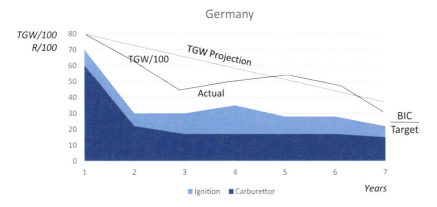

Bild 17.3 Qualitätsvergleich zweier PKW-Modelle mit unterschiedlichem Antrieb

Zum Produktionsbeginn eines neuen Produkts ist seine Maßhaltigkeit entscheidend für die Qualität. Deshalb ist es hilfreich, schon in der Prototypenphase die Einhaltung der Toleranzwerte zu überwachen. Dabei haben sich zwei Kennzahlen für ein Herstellteil als hilfreich erwiesen:

PIST: Points of Inspection Satisfying Tolerance (Messpunkte innerhalb der Zeichnungsangabe) und

PIPC: Points of Inspection out of Capable Processes (Messpunkte, die aus einem fähigen Fertigungsprozess heraus entstanden sind).

Tabelle 17.5 Zweckmäßige Maßhaltigkeit schon vor dem Serienanlauf

Kennzahl	1. Prototyp	2. Prototyp	Produktionsversuchsserie	Nullserie	Anlauf
PIST	70%	80%	90%	100%	100%
PIPC			70%	80%	100%

Die bisher geschilderten Qualitätsberichte sind interne Dokumente verschiedener Unternehmen und werden vertraulich behandelt. Wir wollen aber auch auf eine andere Art von Qualitätsberichten hinweisen, die in Deutschland von der Stiftung Warentest regelmäßig veröffentlicht werden.

> Die Stiftung Warentest wurde 1964 nach einem Beschluss des Deutschen Bundestages gegründet, um dem Verbraucher durch vergleichende Tests von Waren und Dienstleistungen eine unabhängige und objektive Unterstützung beim Kauf zu bieten.
>
> Die Testobjekte werden anonym gekauft und in unabhängigen Instituten mit wissenschaftlichen Methoden getestet. Danach erfolgt eine Bewertung nach dem Schulnotenprinzip mit „sehr gut (1,0)" bis „mangelhaft (6,0)". Die Testergebnisse werden in der monatlich erscheinenden Zeitschrift „Test" veröffentlicht.

Im Folgenden ist das Ergebnis eines vergleichenden Tests von dreizehn Kaffeemaschinen vorgestellt, wie er in der Zeitschrift „Test" vom August 2020 erschien. Die Prüfer legten sechs Prüfkriterien mit einer zugehörigen Gewichtung fest:

Technische Prüfung (45%)   Handhabung (35)

Stromverbrauch (5%)   Geräusch (5)

Sicherheit (5) und   Schadstoffe(5)

Jedem der Prüfkriterien wurden Merkmale zugeordnet, bewertet nach dem Schulnotensystem mit einer Note von 1,0 bis 6,0. Diese bewerteten Merkmale stellen die Qualitätsdaten der untersuchten Kaffeemaschinen dar und der zusammenfassende Testbericht ist der entsprechende Qualitätsbericht. Bild 17.4 zeigt einen Ausschnitt daraus.

Mittlerer Preis ca. (Euro)	115	54	80
Kaffee als Kapsel/Pad verfügbar	■/□	■/□	■/□
Preis pro Espresso/Lungo ca. (Cent)	25/25	29/29	39/41
Laufende Kosten pro Jahr ca. (Euro)	370	431	588
Kapsel-/Padsystem	Cremesso	K-fee your system	Nespresso
Kapsel/Pad auch von Fremdanbietern	■	■	■
Stiftung Warentest-Qualitätsurteil 100 %	**GUT (1,9)**	**GUT (1,9)**	**GUT (2,0)**
Technische Prüfung 45 %	Gut (1,9)	Gut (1,7)	Gut (2,1)
Zubereitungszeit	+	+	+
Espresso/Lungo brühen	+/+	+/++	+/+
Geprüfte Sorte Espresso	Cremesso Espresso Classico	Mr. & Mrs. Mill Feel The Passion Espresso	Nespresso Volluto
Geprüfte Sorte Lungo	Cremesso Lungo Crema	Mr. & Mrs. Mill Explore The World Lungo	Nespresso Vivalto Lungo
Handhabung 35 %	Gut (2,2)	Gut (1,9)	Gut (2,2)
Gebrauchsanleitung	+	++	○
Inbetriebnehmen, Einstellen, Anzeigen	+	+	+
Getränke zubereiten/Reinigen und Entkalken	+/○	+/+	+/+
Stromverbrauch 5 %	Gut (2,2)	Befriedigend (3,0)	Gut (1,8)
Geräusch 5 %	Sehr gut (1,4)	Gut (2,1)	Gut (2,1)
Sicherheit 5 %	Sehr gut (1,0)	Sehr gut (1,0)	Sehr gut (1,0)
Schadstoffe 5 %	Gut (1,7)	Gut (2,5)	Gut (1,9)
Ausstattung/Technische Merkmale			
Platzbedarf: Höhe x Breite x Tiefe ca. (cm)	24x13x34	26x12x38	21x11x34
Dauer erste Tasse: Espresso/Lungo ca. (s)	43/52	31/58	66/81

Bild 17.4 Qualitätsbericht zu einer Kaffeemaschine

■ 17.3 Zusammenfassung

Qualitätsmanagement ist Management bezüglich der Qualität. Nach einem einfachen Modell kann Management als Regelkreis mit den Aktivitäten Ziele setzen, Planen, Realisieren und Kontrollieren dargestellt werden (Abb. 2.2). Sowohl zum Setzen von Qualitätszielen als auch zur Kontrolle ihrer Einhaltung benötigt man sogenannte Qualitätsdaten aus dem Unternehmen, die den jeweiligen Zustand der Produkte, Prozesse und Systeme wiedergeben. Regelmäßige Berichte zur Entwicklung der Qualitätsdaten sind unverzichtbare Bestandteile des Qualitätsmanagements.

17.4 Aufgaben zur Wiederholung und Vertiefung

1. Welche von den folgenden Kennzahlen sind als Qualitätsdaten anzusehen?
   - Anteil pünktlicher Auslieferungen im Dezember 2020
   - Anteil von Frauen im Vorstand einer Versicherungsgesellschaft
   - Tägliche Temperaturschwankungen in einer Tischlereiwerkstatt
   - Fettgehalt von Vollmilch
   - Erfolgreiche Zertifizierung einer Anwaltskanzlei nach DIN EN ISO 9001
   - Anzahl der Feiertage im Jahr im Saarland
   - Anzahl von Atemschutzmasken in einem Karton
   - Streuung des Gewichts einzelner Äpfel in einer Lieferung aus dem Alten Land
   - Anzahl der Druckstellen je Apfel bei einer Stichprobe von 50 Äpfel
   - Mindesthaltbarkeitsdatum einer medizinischen Salbe
   - Verfallsdatum eines Gutscheins.
   - Seit 2003 sind mehr als 2000 Krankenhäuser in Deutschland verpflichtet, alle zwei Jahre einen strukturierten Qualitätsbericht zu veröffentlichen. Informieren Sie sich über den geforderten Inhalt und Umfang dieses Berichts Halten Sie einen etwa fünfminütigen Vortrag darüber!

> **Story**
>
> Im letzten Kapitel Ihrer Story beschäftigen Sie sich mit Qualitätsdaten und Qualitätsberichten.
>
> Formulieren Sie für die Getränke-Flow GmbH vier konkrete Beispiele für Qualitätsdaten in der Entwicklung sowie ihre jeweiligen Ursachen.
>
> Formulieren Sie für die Getränke-Flow GmbH vier konkrete Beispiele für Qualitätsdaten in der Beschaffung sowie ihre jeweiligen Ursachen.
>
> Formulieren Sie für die Getränke-Flow GmbH vier konkrete Beispiele für Qualitätsdaten in der Produktion sowie ihre jeweiligen Ursachen.

Literatur

AIAG & VDA (2019): *FMEA-Handbuch - Fehler-Möglichkeits- und Einfluss-Analyse - Design-FMEA, Prozess-FMEA, FMEA-Ergänzung – Monitoring & Systemreaktion.* Berlin: Beuth.

Akao, Y. (1990): *QFD – Integrating Customer Requirements into Product Design.* Cambridge, Mass.: Productivity Press.

Akao, Y. (1992): *QFD-Quality Function Deployment.* Landsberg am Lech: Moderne Industrie.

Backerra, H.; Malorny, Ch.; Schwarz, W. (2007): *Kreativitätstechniken. Kreative Prozesse anstoßen, Innovationen fördern.* München: Hanser.

Bauer, C.-O.; Hinsch, C. (1994): *Produkthaftung.* Berlin: Springer.

Bhote, K. R. (1990): *Qualität – der Weg zur Weltspitze.* Grossbottwar: Institut für Qualitätsmanagement.

Bläsing, J. P. (Hrsg.) (2009): *Poka Yoke. Null-Fehler sind erreichbar. Robuste Prozesse mit Poka Yoke Methoden gestalten.* Ulm: TQU.

Brauer, J.-P. (2009): *DIN EN ISO 9000:2000 ff. umsetzen. Gestaltungshilfen zum Aufbau Ihres Qualitätsmanagementsystems.* München: Hanser.

Breyfogle, F. W. (1999): *Implementing Six Sigma.* New York: John Wiley & Sons.

Brüggemann, H.; Bremer, P. (2012): *Grundlagen Qualitätsmanagement.* Wiesbaden: Springer Vieweg.

Buchholz, W. (2006): *Grundlagen des Prozessmanagements.* www.giessen-friedberg.ihk.de/Geschaeftsbereiche/Starthilfe/Anlagen/buchholz.pdf, Zugriff 18.11.2011.

Camp, R. C. (1994): *Benchmarking,* München: Hanser

Centre of Quality Excellence (2005): *Report on EFQM and BQF Funded Study into the Impact of the Effective Implementation of Organisational Excellence Strategies on Key Performance Results.* Leicester: University of Leicester.

DAkkS (2021): *http://www.dakks.de,* Zugriff 25.02.2021.

DGQ (2012): *DGQ-Band 13-11 FMEA – Fehlermöglichkeits- und Einflussanalyse.* Frankfurt am Main: Beuth.

Dietmüller, T. (2007): *Performance Measurement im präventiven Qualitätsmanagement – eine Vorgehensweise für Serienentwicklungsprojekte.* Dissertation TU Berlin.

Dietrich, E.; Schulze, A. (2014): *Eignungsnachweis von Prüfprozessen.* München: Hanser.

DIN 820-3:2021: *Normungsarbeit – Teil 3: Begriffe.* Berlin: Beuth.

DIN 32937:2018-04: *Mess- und Prüfmittelüberwachung – Planen, Verwalten und Einsetzen von Mess- und Prüfmitteln.* Berlin: Beuth.

DIN 55350-11:2008: *Begriffe zum Qualitätsmanagement – Teil 11: Ergänzung zu DIN EN ISO 9000:2005.* Berlin: Beuth.

DIN EN 60812:2006: *Analysetechniken für die Funktionsfähigkeit von Systemen – Verfahren für die Fehlzustandsart- und -auswirkungsanalyse (FMEA).* Berlin: Beuth.

DIN 66001:1983: *Informationsverarbeitung; Sinnbilder und ihre Anwendung.* Berlin: Beuth.

DIN 69900:2009: *Projektmanagement – Netzplantechnik; Beschreibungen und Begriffe.* Berlin: Beuth.

DIN EN ISO 9000:2015: *Qualitätsmanagementsysteme – Grundlagen und Begriffe.* Berlin: Beuth.

DIN EN ISO 9001:2008: *Qualitätsmanagementsysteme – Anforderungen.* Berlin: Beuth.

DIN EN ISO 9001:2015: *Qualitätsmanagementsysteme – Anforderungen.* Berlin: Beuth.

DIN EN ISO 9004:2018: Qualitätsmanagement – Qualität einer Organisation – Anleitung zum Erreichen nachhaltigen Erfolgs. Berlin: Beuth.

DIN EN ISO 14001:2015: *Umweltmanagementsysteme – Anforderungen mit Anleitung zur Anwendung.* Berlin: Beuth.

DIN EN ISO 14004:2016: *Umweltmanagementsysteme – Allgemeine Leitlinien zur Verwirklichung.* Berlin: Beuth.

DIN EN ISO 14005:2020 *Umweltmanagementsysteme – Leitlinien für einen flexiblen Ansatz zur phasenweisen Verwirklichung.* Berlin: Beuth.

DIN EN ISO 19011:2011: *Leitfaden zur Auditierung von Managementsystemen.* Berlin: Beuth.

DIN EN ISO 14253-1:2018: *Geometrische Produktspezifikationen (GPS) – Prüfung von Werkstücken und Messgeräten durch Messen - Teil 1: Entscheidungsregeln für den Nachweis von Konformität oder Nichtkonformität mit Spezifikationen.* Berlin: Beuth.

DIN EN ISO/IEC 17000:2020: *Konformitätsbewertung – Begriffe und allgemeine Grundlagen.* Berlin: Beuth.

DIN EN ISO/IEC 17021-1:2015: *Konformitätsbewertung –Anforderungen an Stellen, die Managementsysteme auditieren und zertifizieren – Teil 1: Anforderungen.* Berlin: Beuth.

DIN EN ISO/IEC 17024:2012: *Konformitätsbewertung – Allgemeine Anforderungen an Stellen, die Personen zertifizieren.* Berlin: Beuth.

DIN EN ISO/IEC 17025:2018: *Allgemeine Anforderungen an die Kompetenz von Prüf- und Kalibrierlaboratorien.* Berlin: Beuth.

DIN ISO 3534-2:2013: *Statistik – Begriffe und Formelzeichen – Teil 2: Angewandte Statistik.* Berlin: Beuth.

DIN ISO 22514-1:2016: *Statistische Methoden im Prozessmanagement – Fähigkeit und Leistung – Teil 1: Allgemeine Grundsätze und Begriffe.* Berlin: Beuth.

DIN ISO 22514-2:2019: *Statistische Methoden im Prozessmanagement – Fähigkeit und Leistung – Teil 2: Prozessleistungs- und Prozessfähigkeitskenngrößen von zeitabhängigen Prozessmodellen.* Berlin: Beuth.

DIN ISO 31000:2018: *Risikomanagement - Leitlinien.* Berlin: Beuth.

DIN ISO 45001:2018: *Managementsysteme für Sicherheit und Gesundheit bei der Arbeit - Anforderungen mit Anleitung zur Anwendung.* Berlin: Beuth.

Doormann, V. (2002): *http://doormann.tripod.com/hammur.htm*, Zugriff 01. 02. 2011.

EFQM (2013a): *EFQM Excellence Model.* Brüssel: EFQM.

EFQM (2013b): *Assessing For Excellence.* Brüssel: EFQM.

Feigenbaum, A. V. (1951): *Quality Control.* New York: McGraw-Hill.

Fraunhofer-Gesellschaft (2003): *Zukunft der deutschen Automobilentwicklung.* Stuttgart: Fraunhofer-Institut für Arbeitswirtschaft und Organisation IAO.

Füermann, T.; Dammasch, C. (2008): *Prozessmanagement. Anleitung zur ständigen Prozessverbesserung.* München: Hanser.

Gaitanides, M. et al. (Hrsg.) (1994): *Prozessmanagement.* München: Hanser.

Gallup Deutschland (2014): *www.gallup.com/strategicconsulting/158162/gallup-engagement-index.aspx*, Zugriff 12. 08. 2014.

Garvin, D. A. (1988): *Managing Quality.* New York: The Free Press.

Geiger, W.; Kotte, W. (2008): *Handbuch Qualität.* Wiesbaden: Friedrich Vieweg & Sohn.

Gietl, G.; Lobinger, W. (2003): *Qualitätsaudit.* München: Hanser.

Gigerenzer, G. (2004): *Das Einmaleins der Skepsis: Über den richtigen Umgang mit Zahlen und Risiken.* Berlin: Berliner Taschenbuch Verlag.

Gladen, W. (2008): *Performance Measurement: Controlling mit Kennzahlen.* Wiesbaden: Gabler.

Gundlach, C. (2004): *Entwicklung eines ganzheitlichen Vorgehensmodells zur problemorientierten Anwendung der statistischen Versuchsplanung.* Kassel: University Press.

Harry, M.; Schroeder, R. (2000): *Six Sigma.* Frankfurt: Campus.

Herrmann, A.; Johnson, M. (1999): „Die Kundenzufriedenheit als Bestimmungsfaktor der Kundenbindung". *Schmalenbachs Zeitschrift für betriebswirtschaftliche Forschung,* 51(6):579–598.

Herrmann, J. (2007): „Audit". In: Pfeifer, T.; Schmitt, R.: *Handbuch Qualitätsmanagement.*

Herrmann, J.; Gembrys, S. (2008): *Qualitätsmanagement.* München: Haufe.

Hoeth, U.; Schwarz, W. (2002): *Qualitätstechniken für die Dienstleistung. Die D7.* München: Hanser.

Homburg, Ch. (Hrsg.) (2008): *Kundenzufriedenheit. Konzepte – Methoden – Erfahrungen.* Wiesbaden: Gabler.

Homburg, Ch.; Fürst, A. (2003): *Complaint Management Excellence – Leitfaden für professionelles Beschwerdemanagement.* Mannheim: Institut für Marktorientierte Unternehmensführung der Universität Mannheim.

Hosotani, K. (1992): *The QC Problem-Solving Approach.* Tokyo: 3 A Corporation.

Humana (2003): *http://bse.khd-research.net/M/edien31.html#Humana_1,* Zugriff 01.02.2011.

IAF (2015): *http://www.iaf.nu,* Zugriff 15.12.2015.

IAF MD 1 (2018): *IAF Mandatory Document for the Audit and Certification of a Management System Operated by a Multi-Site Organization. www.iaf.nu,* Zugriff 25.02.2021.

IAF MD 5 (2019): *IAF Mandatory Document Determination of Audit Time of Quality, Environmental, and Occupational Health & Safety Management Systems. www.iaf.nu,* Zugriff 25.02.2021.

IATF 16949 (2016): *Anforderungen an Qualitätsmanagementsysteme für die Serien- und Ersatzteilproduktion in der Automobilindustrie.* Berlin: Beuth.

IHK Köln (2011): *http://www.ihk-koeln.de/upload/Produkthaftung_9941.pdf,* Zugriff 01.02.2011.

IRIS Certification Conformity Assessment:2020. *Rules for achieving and maintaining IRIS Certification recognition. 2nd Edition.* Brüssel: UNIFE.

Ishikawa, K. (1974): *Guide to Quality Control.* Tokyo: Asian Productivity Organization.

ISO / TS 22163:2017: *Railway applications – Quality management system – Business management system requirements for rail organizations: ISO 9001:2015 and particular requirements for application in the rail sector.* Berlin: Beuth.

ISO (2019): *The ISO Survey of Management System Standard Certifications – 2019.* Genf: International Organization for Standardization. *www.iso.org/the-iso-survey.html,* Zugriff. 23.02.2021.

Jacobi, H.-J. (1996): „Instrumentarium zur monetären und nichtmonetären Bewertung von Geschäftsprozessen". In: Kamiske, G. F. (Hrsg.): *Rentabel durch TQM.* Berlin: Springer.

Jacobi, H.-J. (1997): „Wirtschaftlichkeitsbetrachtungen zum Qualitätsmanagement". In: Kamiske, G. F. et al. (Hrsg.): *Bausteine des innovativen Qualitätsmanagements.* München: Hanser.

Kamiske, G. F.; Brauer, J.-P. (2008): *Qualitätsmanagement von A bis Z. Erläuterungen moderner Begriffe des Qualitätsmanagements.* München: Hanser.

Kano, N. et al. (1984): „Attractive quality and must-be quality". *Journal of the Japanese Society for Quality Control* 14(2):39–48.

Kaplan, R. S.; Norton, D. P. (1992): „The Balanced Scorecard – Measures that Drive Performance". *Harvard Business Review*, 70(1):71–79.

Kleppmann, W. (2009): *Taschenbuch Versuchsplanung – Produkte und Prozesse optimieren.* München: Hanser.

Kurpjuweit, K. (2012): „S-Bahn macht 32 Millionen Euro Verlust". *Tagesspiegel*, 05.05.2012, S. 16.

Kurpjuweit, K. (2014): „Wir können Mängel lindern, aber nicht beheben". *Tagesspiegel*, 03.02.2014, S. 8.

LabourNet (2009): *www.labournet.de/branchen/dienstleistung/tw/bahn/berlinersbahn.html*, Zugriff 01.02.2011.

Lunau, S. (Hrsg.) (2007): *Six Sigma + Lean Toolset.* Berlin: Springer.

Masing, W. (1993): „Nachdenken über qualitätsbezogene Kosten". *Qualität und Zuverlässigkeit.* 38 (3): 149–153.

Masing, W. (2007): *Handbuch des Qualitätsmanagements.* München: Hanser.

Maslow, A. H. (2002): *Motivation und Persönlichkeit.* Hamburg: Rowohlt Taschenbuch.

Mertins, K.: Kohl, H. (2009): *Benchmarking.* Düsseldorf: Symposion Publishing.

Meyer, F. A. (2010): *Radarise Your Business For Success.* Brüssel: EFQM.

Meyers Konversations-Lexikon (1978): *Eine Encyklopädie des allgemeinen Wissens.* Leipzig: Bibliographisches Institut.

Microsoft (2021): *https://www.microsoft.com/de-de/microsoft-365/sharepoint/collaboration*, Zugriff 26.02.2021.

Mittelstraß, J. (1996): *Leonardo-Welt.* Frankfurt am Main: Suhrkamp.

Mittelstraß, J. (2003): *Das Maß des Fortschritts.* Karl-Rahner-Akademie: Köln.

OHSAS 18001 (2007): *Arbeits- und Gesundheitsschutz – Managementsysteme – Anforderungen.* Berlin: Beuth.

Palandt, O. et al. (2009): *Bürgerliches Gesetzbuch.* München: Beck.

Pischon, A. (1999): *Integrierte Managementsysteme für Qualität, Umweltschutz und Arbeitssicherheit.* Berlin: Springer.

QI-FoKuS (2021): *Die Nutzung und Wirkung genormter Managementsysteme. Eine Studie im Rahmen der Initiative QI-FoKuS. https://doi.org/10.26272/opus4-51083*, Zugriff 01.03.2021.

Radtke, Ph.; Stocker, S.; Bellabarba, A. (2002): *Kommunikationstechniken. Sieben Techniken für eine erfolgreiche Kommunikation.* München: Hanser.

Reichheld, F. (2006): *The Ultimate Question – Driving Good Profits and True Growth.* Boston: Harvard Business School Publishing Corporation.

Rinne, H. (2008): *Taschenbuch der Statistik.* Frankfurt am Main: Harri Deutsch.

Saatweber, J. (2007): *Kundenorientierung durch Quality Function Deployment: Systematisches Entwickeln von Produkten und Dienstleistungen.* Düsseldorf: Symposion Publishing.

Scharm, J. (2007): „Rechtliche Aspekte des Qualitätsmanagements – Haftungsgrundlagen und Risikovermeidung". In: Management Circle (Hrsg.): *Der Qualitätsmanager.* Eschborn: Management Circle.

Schierenbeck, H.; Wöhle, C. B. (2008): *Grundzüge der Betriebswirtschaftslehre.* München: Oldenbourg.

Schmelzer, H. J.; Sesselmann, W. (2010): *Geschäftsprozessmanagement in der Praxis: Kunden zufrieden stellen – Produktivität steigern – Wert erhöhen.* München: Hanser.

Schmitt, R.; Pfeiffer, T. (2010): *Qualitätsmanagement.* München: Hanser.

Schwarze, J. (1999): *Übungen zur Netzplantechnik.* Herne: Neue Wirtschaftsbriefe.

Seghezzi, H. D. (2003): *Integriertes Qualitätsmanagement.* München: Hanser.

Seghezzi, H.D.; Fahrni, F.; Friedli, T. (2013): *Integriertes Qualitätsmanagement – Der St. Galler Ansatz.* München: Hanser.

Shingo, S. (1969): *Zero Quality Control: Source Inspection and the Poka Yoke System.* Cambridge: Productivity Press.

Softselect (2021): *http://www.softselect.de/dms-software*, Zugriff 27.02.2021.

Spiegel Online (2007): *Geiz war geil. http://www.spiegel.de/wirtschaft/0,1518,485489,00.html*, Zugriff 19.11.2011.

Stadt Köln (2002): *www.stadt-koeln.de/2/ehrenamt/00270*, Zugriff 01.02.2011.

Stauss, B.; Seidel, W. (2007): *Beschwerdemanagement – Unzufriedene Kunden als profitable Zielgruppe.* München: Hanser.

Tagesspiegel (2009): *www.tagesspiegel.de/berlin/wie-die-s-bahn-inschieflage-geriet/1647724.html*, Zugriff 01.02.2011.

Theden, Ph.; Colsman, H. (2005): *Qualitätstechniken. Werkzeuge zur Problemlösung und ständigen Verbesserung.* München: Hanser.

Tomys, A.-K. (1994): *Kostenorientiertes Qualitätsmanagement. Ein Beitrag zur Klärung der Qualitätskosten Problematik*. München: Hanser.

Töpfer, A. (Hrsg.) (2003): *Six Sigma.* Berlin: Springer.

www.tuv.com/media/germany/60_systeme/qualitaet/iso9001_2015.pdf, Zugriff 25.03.2014.

VDA (2020): VDA Band 4 Abschnitt 3: *Qualitätsmanagement in der Automobilindustrie – Sicherung der Qualität in der Prozesslandschaft – Abschnitt 3: Methoden – Design for Manufacturing and Assembly (DFMA), Digital Mock-Up (DMU), Design of Experiments (DoE) – Versuchsmethodik, Herstellbarkeitsanalyse, POKA YOKE, Quality Function Deployment (QFD), TRIZ, Wirtschaftliche Prozessgestaltung und Prozesssicherheit, 8D-Methode, 5 Why-Methode, Auswahl präventiver Qualitätsmethoden.*

VDA QMC (2009): *Standardisierter Reklamationsprozess.* Berlin: Verband der Automobilindustrie, Qualitäts Management Center.

Veitz, H. (2006): „Reif oder unreif? Geschäftsprozesse erfolgreich managen". *Qualität und Zuverlässigkeit*, 51(10):42–44.

ViCon Gmbh (2021): *www.viflow.de*, Zugriff 27.02.2021.

Vocatus AG (2007): „Die Aussagekraft des Net-Promoter-Score". *Feedback* 8(1):3–6

Wagner, K.W.; Käfer, R. (2017): *PQM – Prozessorientiertes Qualitätsmanagement. Leitfaden zur Umsetzung der ISO 9001.* München: Hanser.

Weyers, St. (2007): *Erhebungsmethoden – Befragung und Beobachtung im Vergleich. http://www.uni-frankfurt.de/fb/fb04/personen/weyerss/SoSe07_MeS/9Erhebungsmethoden.pdf*, Zugriff 18.11.2011.

Wünschmann, St. (2007): *Beschwerdeverhalten und Kundenwert.* Wiesbaden: Deutscher Universitäts-Verlag.

Zollondz, H.-D. (2006): *Grundlagen Qualitätsmanagement.* München: R. Oldenbourg.

Zollondz, H.-D.; Ketting, M.; Pfundtner, R. (2016): *Lexikon Qualitätsmanagement*. Berlin/Boston: Walter de Gruyter.

Index

Symbole

4M-Methode 217
5-Why-Methode 154
8D-Methode 152
8D-Problemlösungsmodell 154
8D-Report 154

A

Abweichungen 295, 308
Activity-Network Diagram 206
Affinitätsdiagramm 195
Akkreditierung 305, 309
– Ablauf 313
– in Deutschland 310
– von Konformitätsbewertungsstellen 310
Akkreditierungsstelle 310
Änderung am QMS 261
Änderungen der Produktion oder der Dienstleistungserbringung 271
Anfangsausbeute 56, 123
Anforderung 48, 51, 267
– an Produkte 52
– an Prozesse 55
– an Systeme 59
Arbeitsschutzmanagement 280
Audit 19, 273, 288 ff.
– externes 288
– internes 272, 288, 293
– Stufe-1-Audit 307
– Stufe-2-Audit 307

Auditarten 289
Auditor 289, 306
– Zertifizierungsauditor 306
Auditplan 294
Aufzeichnung 264
Ausbeute
– einheitenbezogene 122
– fehlerbezogene 122

B

B2C-Lieferbeziehung 53
Balanced Scorecard 137
Balkendiagramm 177
Baumdiagramm 198
Bedingung
– beherrschte 270
Bedürfnispyramide 2, 54
Beschaffenheit 32, 41
Beschaffung 270
Bestätigung 304
Betrieb 266
Betriebliche Planung und Steuerung 267
Beweislast 367
Bewertung der Leistung 272
Bewusstsein 264
Black Belt 165
Blindleistung 128
Business Process Management 84
Business-to-Business 53
Business-to-Customer 53

C

Champion 165
Codex Hammurabi 358
COM7 173
Critical to Customer 57
Critical to Quality 58
Critical-to-Quality-Baum 57
CTC 57
CTQ 58

D

D7 173
DAkkS 310
Defizitbedürfnisse 2
Dekomposition 21
Deming, W. Edwards 150
Design-FMEA 215
Design of Experiments 230
DFMEA 215
Dienstleistung 56, 251
Dienstleistungsprozess 57
Dietmüller, Thomas 352
DIN 66001 98
DMADV-Modell 166
DMAIC 162
DMAIC-Modell 151
DoE 230
Dokument 264
Dokumentenmanagementsysteme 106
Dokumentierte Information 264
Durchgangsausbeute 124
– durchschnittliche 126
– kumulierte 125

E

EAC-Code 306
EFQM-Excellence-Modell 277
Eigentum des Kunden oder externen Anbieters 271
Endausbeute 123
Entwicklung 268
Entwicklungsänderung 269

Entwicklungseingaben 268
Entwicklungsergebnisse 269
Entwicklungsplanung 268
Entwicklungsprozess 268
Entwicklungsvalidierung 269
Entwicklungsverifizierung 269
Entwicklungsverifizierung und -validierung 269

F

Fabrikationspflicht 366
Failure Mode and Effects Analysis 214
Fehler 41
Fehlerkosten 4, 346
– externe 341
– interne 341
Fehlermöglichkeits- und -einflussanalyse 214, 352
Fehlersammelliste 173
Fehlleistung 128, 346
Feigenbaum, Armand V. 336
Fileserver 106
First Pass Yield 56, 123
Fischgrätendiagramm 182
Flowchart 98
Flussdiagramm 98, 175
– Matrix-Flussdiagramm 100
– Service Blueprint 100
– Swimlane-Flussdiagramm 100
– Symbole 98, 175
FMEA 204, 214
– Aufgabenpriorität 221
– Fehlerfolgenkette 218
– Fokuselement 218
– Kausalkette 218
– Risikoprioritätszahl 220
– Ziele 214
FMEA MSR 216
FMECA 224
Forderung 48
FPY 56, 123
Freigabe von Produkten und Dienstleistungen 272
Führung 258

Führungsprozess 87
Funktionsanalyse 217

G

Gauß-Verteilung 132
Geschäftsprozessmanagement 84
Globalisierung 7
Green Belt 165

H

High Level Structure 254, 280 ff.
Histogramm 176
- Klassenanzahl 177
- Klassenbreite 178
House of Quality (HoQ) 225

I

IAF 311
IATF 16949 277
Indexkennzahlen 118
Information
- dokumentierte 264
Instruktionspflicht 366
Integrierte Managementsysteme 281
Interessierte Parteien 257
International Accreditation Forum 311
International Railway Industry Standard 278, 294
Intranetlösungen 108
IRIS 278, 294
Ishikawa-Diagramm 182
Ishikawa, Kaoru 151
ISO 9000 252
ISO 9000 ff. 48, 64, 248, 251
ISO 9001 254
- Abschnitt 4 256
- Abschnitt 5 258
- Abschnitt 6 259
- Abschnitt 7 261
- Abschnitt 8 266
- Abschnitt 9 272
- Abschnitt 10 274

- Anwendungsbereich 255
- Hauptabschnitte 254
ISO 9004 275
ISO 14001 280
ISO 17000 ff. 312
ISO/IEC 17025 279
ISO/TS 16949 277
IT-Tools im Prozessmanagement 105

J

Juran-Diagramm 179

K

K7 173
Kano-Modell 70
- Basisanforderungen 70
- Begeisterungsanforderungen 71
- Leistungsanforderungen 71
Käufermarkt 3
Kennzahlen 116
- absolute 117
- Anforderungen 118
- Ausbeutekennzahlen 122
- entwickeln 120
- Gliederungskennzahlen 118
- Kennzahleneinzelblatt 121
- Perspektiven 116
- relative 117
- Ziele 116
- Zielwerte 116
Kennzeichnung und Rückverfolgbarkeit 270
Klassifizierung 37
Kommunikation 264
Kommunikationstechniken 173
Kompetenz 264
Konformitätsbewertung 304
Konformitätskosten 346
Konstruktionspflicht 366
Kontext der Organisation 256
Kontinuierlicher Verbesserungsprozess (KVP) 104
Korrektur 274

Korrekturmaßnahme 274
Korrelation 180
Korrelationszahl 180
Kosten
– qualitätsbezogene 337
Kreativitätstechniken 173
Kundenbefragung 73
– Fragebögen 74
Kundenbindung 67f.
– Zusammenhang mit der Kundenzufriedenheit 68
Kundenorientierung 258
Kundenzufriedenheit 64
– Bedeutung der 67
– Einflüsse auf die 65
– Messung der 72
– Net Promoter Score 79
Kurzzeitfähigkeit 161
KVP 104

L

Langzeitfähigkeit 161
Lederspray-Fall 371
Leistungsprozess 88
Leitung
– oberste 252
Lenkungskreis 95
Lieferantenaudit 293

M

M7 194
– Anwendung 194
– Zusammenwirken der 195
Management 12
Managementbewertung 273
Managementkreis 13
Managementmodell 13
Managementprozess 87
Managementsystem 281
– intern 281
Managementwerkzeug 194
Mangel
– deliktische Haftung 362

– öffentlich-rechtliche Haftung 362
– strafrechtliche Haftung 362
– vertragliche Haftung 362
Manntag 308
Markt
– gesättigter 3
Maschinenfähigkeit 134
Maslow, Abraham 2
Master Black Belt 165
Matrixdiagramm 200
Matrixzertifizierung 308
Merkmal 36
– inhärentes 37
– zugeordnetes 37
Minderung 363
Mindestaufbewahrungsdauer 265
Mittelwert 132
Mittel-Ziel-Diagramm 198
MLA 311
Modelle 12
Motivationsmodell 2
Multi-Site-Verfahren 308

N

Nachaudit 295
Nacherfüllung 363
Net Promoter Score 79
Netzplan 206
– freier Puffer 209
– Gesamtpuffer 208
– kritischer Pfad 208
– Vorgangsknotennetz 207
New Seven Tools for Quality Control 193
Normalverteilung 132
Normen im Qualitätsmanagement 250
Normung 248
– Anwendung von Normen 249
– Bezug von Normen 250
– Entstehung 249
Normungsgremien 249
Nutzleistung 127

O

OHSAS 18001   280
Organisation   252
Orthogonaltafel   234

P

Pareto-Diagramm   178, 344
Pareto-Prinzip   178
PDCA-Zyklus   14
Personelle Ressourcen   264
PFMEA   215
Planung
– Änderungen am QMS   259
Poisson-Verteilung   124
Poka Yoke   242
Politik   258
Portfoliodiagramm   203
Problem   148
– 8D-Methode   152
– PDCA-Zyklus   150
– Problemlösung durch Entfokussierung   149
– Sieben-Schritte-Modell   151
Problementscheidungsplan   204
Problemlösung   148
Problemlösungsmodell   149
Produkt   251
Produktaudit   291, 299
Produktbeobachtungspflicht   366
Produkt-FMEA   215
Produkthaftung   6, 367
– verschuldensunabhängige Haftung   368
Produkthaftungsgesetz   362
Produktion und Dienstleistungserbringung   270
Produktrealisierungsprozess   35
Produzentenhaftung   362, 365
Projektauswahl   164
Projektsteckbrief   162f.
Projektteam   95
Projektzeitplan   95
Prozess   84
– Anforderungen   297
– Arten   87
– Aufgabe   86
– beherrschter   130
– spezieller   85
– Start- und Endereignis   86
– unterstützender   88
Prozessaudit   291, 296
Prozessausbeute   55
Prozessbeschreibung   99
Prozesseigner   94
Prozessfähigkeit   55, 130
Prozess-FMEA   215
Prozessleistung   128
Prozessmanagement   83 f., 94
– Phasen   95
– Verbesserungsregeln   103
– Wahl der Darstellungsform   97
Prozessmessung
– Perspektiven der   117
Prozessoptimierungstools   109
Prozessorientierung   89 ff.
– Nutzen   92
Prozessreifegradmodell   103
Prozessteam   94
Prozessverantwortlicher   94
Prozessverschiebung   160
Prozesswirkungsgrad   127
Prüfmittel   263
Prüfmittelmanagement   261
Prüfmittelüberwachungssystem   262

Q

Q7   157, 172
– Anwendung   172
– historische Entwicklung   172
QFD   225
– House of Quality   225
– Qualitätsplanungsteam   225
Qualität   1, 32
– drei Ebenen der Qualitätsbetrachtung   34
Qualitätsanforderungen   18
Qualitätsaudit   288

Qualitätsbericht 377
Qualitätsbezogene Kosten 337
Qualitätsdaten 376
Qualitätskosten 336
Qualitätskostenrechnung 337, 352
Qualitätsmanagement 15, 42
– Darlegung 19
– Grundsätze des 253
– präventives 351
– prozessorientiertes 20
Qualitätsmanagementhandbuch 266
Qualitätsmanagementmodell 276
Qualitätsmanagementsystem 257
Qualitätsmerkmal 37, 42
– metrische Skala (Kardinalskala) 39
– Nominalskala 40
– Ordinalskala 40
– qualitatives 38 ff.
– quantitatives 38
Qualitätsplan 267
Qualitätsplanung 51
Qualitätspolitik 16
Qualitätsregelkarte 184
– Annahmeregelkarte 186
– attributive Daten 186
– Eingriffsgrenzen 184
– Konstanten zur Berechnung der Eingriffsgrenzen 187
– Prozessregelkarte 186
– variable Daten 185
– Warngrenzen 184
Qualitätssicherung 19
Qualitätstechnik 156
Qualitätstechniken
– Gliederung der 158
Qualitätswissenschaft 15
Qualitätsziele 18, 260
Quality Function Deployment 54, 225, 352

R

Relationendiagramm 197
Ressourcen 85, 261
Risiken und Chancen 259

risikobasierter Ansatz
– für Audits 292
Risikoprioritätszahl 220
Rolled Throughput Yield 125
Rollen, Verantwortlichkeiten und Befugnisse 258
RTY 125
Rücklaufquote 75
Rücktritt 363
Rückverfolgbarkeit 271

S

Schadensersatz 363
Scopes 306
Service Blueprint 100
Shainin 237
– A-zu-B-Analyse 241
– Komponententausch 239
– Multi-Vari-Bild 239
– Paarweiser Vergleich 240
– Signifikanztest 239
– Streudiagramm 241
– Variablenvergleich 240
– Verfahren 238
– vollständiger Versuch 241
SharePoint 108
Shift 161
Shingo, Shigeo 242
Sieben elementare Werkzeuge 157
Sigma-Zahl 160
Signifikanztest 239
Six Sigma 159
– Erfolgsfaktoren 162
Six-Sigma-Methode 151
Sojamilch-Fall 24
Spezielle Prozesse 270
Statistische Versuchsplanung 230
Steuerung der Entwicklung 269
Steuerung der Produktion und der Dienstleistungserbringung 270
Steuerung nicht konformer Ergebnisse 272
Stiftung Warentest 380
Strukturanalyse 217

Stufe-1-Audit 307
Stufe-2-Audit 307
Stützleistung 127
SWOT-Analyse 256
System 36
Systemaudit 291
Systemdokumentation 266, 307

T

Taguchi 234
– Äußeres Feld 235
– Inneres Feld 235
– Orthogonaltafeln 235
Tree Diagram 198
Treiberebene 342

U

Überschreitungsanteil 162
Umweltbewusstsein 4
Umweltmanagement 280
Union of Japanese Scientists and Engineers 151
Unterstützende Prozesse 88
Unterstützung 261
Ursache-Wirkungs-Diagramm 182

V

Validierung 268
Validierung von Prozessen 270
Verbesserung 274

Verfahrensaudit 296
Verifizierung 268
Verkäufermarkt 3
Verkehrssicherungspflichten 366
Versuchsplanung
– klassische 232
ViFlow 108
Vorbeugungsmaßnahme 275
Vorgangsknotennetz 206

W

Wachstumsbedürfnisse 2
Werteebene 342
Wissen der Organisation 263

Y

Yellow Belt 165
Yield 122

Z

Zertifizierung 304
– Ablauf 306
– Anzahl der Audittage 308
– Motive 308
Zertifizierungsaudit 293
Zertifizierungsstelle 305
Zertifizierungszyklus 306
Zielformulierung 260

Die Autoren

Prof. Dr.-Ing. Joachim Herrmann arbeitete viele Jahre als Qualitätsmanager in der Automobilindustrie, bevor er die Leitung des Lehrstuhls für Qualitätswissenschaft an der Technischen Universität Berlin übernahm.

Prof. Dr.-Ing. Holger Fritz verantwortet an der Beuth Hochschule für Technik Berlin das Fachgebiet Qualitätsmanagement und Industrielle Messtechnik. Vorher war er Abteilungsleiter Business Excellence Methoden bei der Fraunhofer Gesellschaft.